吳奔星——著
吳心海——編

# 從「土改」到「反右」
## 吳奔星一九五〇年代日記

# 《吳奔星一九五〇年代日記》序

周正章

　　近年來，諸多屬民間的「新史料」，競相進入了知識界的視野，並已逐漸成為出版物中的「新寵」了。

　　之所以如此者，大概與人們不懈尋求歷史的真相有關，並與人們不斷地從中受益，使之向縱深擴展的勢頭有增無減有關；究其緣由，那是由於我們在威權主義的統治下，經歷並閱讀刻意偽造的所謂「歷史」，確實已經太久太漫長了。當官方的歷史檔案遲遲不能按部就班的解密時，與之相對照的，則是近年來民間「新史料」的挖掘、收集、整理與出版，大有蔚然成風之勢；大概算是形格勢禁，不得不為之的另闢蹊徑之舉罷。於是，這許許多多涉及各種「政治運動、政治人物與政治事件」的，個人的「回憶錄」、「書信」、「日記」、「筆記」、「私人檔案」等歷史資料，便破土而出，應運而生了；深受歡迎的關鍵，就在於它們不是遭受意識形態過慮、炮炙、乃至閹割過的「偽史料」，而是富有歷史細節感的、散落於街頭巷尾的、原汁原味原生態的「真史料」。

　　而那富有歷史細節感的日記的價值，此刻便順其自然地從中突現了出來，成為「新寵」中的「新寵」了。

　　提起日記，吳奔星先生曾這樣說過：「寫日記，是為了寄託自己的精神，並非為了出版，為了賺稿費。如果帶有功利之心，日記就不能說真話了。」

　　吳先生如是說，我們據此可知，他老人家的這部「並非為了出版」的《吳奔星一九五〇年代日記》，是以怎樣的態度來寫作的了。他的這部日記，正是這樣一部並非「帶有功利之心」而「說真話」的日記。今天看來，唯其「說真話」，他的正直、憧憬、執著，與天真、幻覺、追求，及其作為一代詩人與學者的優點與弱點，乃至時代的光怪陸離的投影，盡顯其中。

　　這本日記所載內容為「土改」、「思想改造」和「反右」三個

《吳奔星一九五〇年代日記》序　3

部分。在我看來，這三個部分選得很好，似乎應為知識份子在新政權下，最初經歷的「心靈苦難三部曲」，也可說是知識份子進入新政權之門檻首當其衝的「三斧頭」：一恐嚇，二羞辱，三整肅！這「三斧頭」的說法，自然不是他日記寫作時的主觀意識，而是我今天概括的時代底色；讀者諸君只要細心閱讀，想必是不難體會到的。

說起「土改」，對於當時還是個在城市裏的懵懂的小學生的我來說，按常理應該是毫無印象的；但由於一個偶然的機緣，事實上卻留下了不可磨滅的記憶。

一天，我從小學校放學，背著書包，跨進家門，興致勃勃地說：「這下好了，農民都可以分到土地了！」想不到我的從鄉間來南京的三舅，猛地在我頭上拍一巴掌：「你個小孩子，懂個屁！自古以來沒有這樣的好事；前頭分，馬上一轉臉，公家就會統統收回去了！」我不敢回三舅的嘴，只是辯解了一句：「這是老師說的，報紙上也有了。」但心裏仍然不服，還嫌作為可以分到土地的貧農的三舅，「他政治覺悟實在太低，真是個老頑固，老落後！」可是，後來幾年間中國農村，發生接二連三的變化，從分田到戶到互助合作組，從低級社到高級社，整個農村土地快速向公社化聚攏的令人眼花繚亂的變化過程，倒一步又一步地印證了這個「公家先分後收」的此言不虛；而農民則從「分田分地真忙」，轉眼間落得個「無田無產一場空」的赤貧結局，終於被這個不經意的預言，所不幸言中。

對於三舅脫口而出的這句話，我一次又一次地在內心深處感到震顫；對於一個尋常鄉下人竟然會憑藉常識，做出這個堪稱睿智的判斷，我拍案叫絕！相比較而言，學富五車的文人，因為不斷被「洗腦」，竟然逐步讓諸多「政治概念」充斥了頭腦，而卻發展到遠離常識的地步，他們似乎倒少有甚至喪失獨立審視似的「批判的眼力」。吳先生的土改日記，他積極主動「啟蒙」農民在婚姻大事上的愚昧與無知，所反映出的一個知識份子的良知、赤誠與熱情，反倒顯得格外的天真爛漫與可愛了。

可是，安分守己到這份田地的書生，能配一個好的命運嗎？

現在，鑑於對暴力「土改」諸多資料的接觸，我又進一步想到主政者的深謀遠慮，及其對暴力「土改」效應的巧妙運用；其目的就是要讓這些剛從前朝接受下來的知識份子，在鮮血淋淋的所謂「階級

鬥爭」面前「目瞪口呆」一下。於是，只知道溫文爾雅，還喜歡高談闊論人道主義，而不知「階級鬥爭」為何物的知識份子，真的在「恐嚇」中改造成「新人」了。

如果說，在土地改革運動中，知識份子還是作為「客體」參與的，那麼，接踵而至的「思想改造運動」中，知識份子則成無可逃避的「主體」，而在劫難逃。轉瞬間，讓知識份子從人格上「自命不凡」的高坡，一路滑落到「自慚形穢」的凹地，人人斯文掃地，個個灰頭土臉。其目的，還不僅如此，「思想改造運動」深層緣由，那就是如黎澍所言，是「宋明理學翻版，專門製造偽君子也」。從此，宋明理學的假道學，就在鮮豔奪目、簇簇嶄新的紅旗之下，大行其道了；治者們爐火純青的操作與嫻熟高妙的機巧，竟到使天下之袞袞文人學士，大多無人知曉、渾然不覺的地步。

例如：日記中所載，吳先生一九四六年一月在陶行知和鄧初民兩位先生主編的《民主星期刊》上，發表批評國民黨政治腐敗的《實現民主與剷除「三才」》一文，大意是說國民黨要想實現民主，必須剷除內部的「奸才、奴才和庸才」，否則就沒有實現民主的希望。這篇文章發表不久，《民主星期刊》就被國民黨政府查封了，吳先生也受到了當局的警告：要他指出「三才」的具體姓名。

相隔三年多時間，一九四九年春天南京國民黨政府即告垮臺，事實業已證明吳先生這篇文字，無疑是篇呼喚民主反對專制的好文章。

一九四九年政權更替後，吳先生提及此事時，難免有些沾沾自喜，自我陶醉的味道，這是完全可以理解的，又有何不妥呢？其實，此類文字，若以中共當年重慶開展「統戰」時的角度來分析，求之不得，多多益善，功不可沒，何錯之有？但「此時」已過，「彼時」已來，到了過河該拆橋之時，就毫不留情地一「拆」了之了。從所提「三才」，即「奸才、奴才和庸才」而言，是切中官場之要害的；即便是反觀今天之官場而言，也是不可多得的一針見血的快人快語啊！

可是「明確立場，原形畢露」一節，關於「思想改造」的日記，卻揭露出了可怕的結論。「明確立場」，明確了什麼「立場」；「原形畢露」，畢露了什麼「原形」？其實，原本就是一個以教書而非政治為謀生方式的知識份子的「立場」與「原形」，一個正直果敢而非黨無派的知識份子抨擊國民黨黑暗政治的「立場」與「原形」，但卻

經高明的領導「攻其一點，不及其餘」的一點撥，眾人便心領神會地硬生生地在不斷給予當事人「幫助改造」下，並讓你當事人在自己「心悅誠服」地「思想改造」中，取得「進步」與「提高」，從而當初公開發表批評國民黨的文字的「立場」與「原形」，竟然變成一個與吳本來就毫不相干的、完全陌生的、意想不到的「為了鞏固反動政權」的「立場」與「原形」。從此，取得這個結論，你便只有「夾著尾巴做人」的資格了！難怪黑格爾老人說，邏輯要是到了中國，就會變得不通了。果不其然，他的弟子，以及再傳、再再傳弟子，竟然能把上述兩者之間的邏輯演繹到這般令人瞠目結舌！當時思想改造運動中名為「辯證法」實為「詭辯術」的運用，真是到了無中生有、害人不淺，並無以復加的地步！

吳先生就是在日記中所寫的階級鬥爭的風風雨雨中，戰戰兢兢成為改造後的「新人」的，成為一步步走向下坡路的「新人」，並終於被打入了「另冊」。「土改」與「思想改造」兩部分日記，正好交待了前因後果與來龍去脈。

吳先生遭受右派羅網的具體情況，日記中自有詳細記載。這裏，就恕不細說「反右運動」部分，亦不加點評與介紹了。

心海兄在整理這部日記時，所遵循的原則，我是欣賞的。即「整舊如舊」，嚴格到連原稿中偶爾出現的筆誤，也一仍其舊，並標明「原文如此」，以證其「真」。此法說起來輕巧，真正做起來實非易事；不只要細心加耐心就可以了，倘若整理者在文史方面未曾經歷過相當的訓練，是不可能勝任愉快的。

心海雖為報人出身，但因家學淵源深厚，長期受其父吳奔星先生的薰陶，耳濡目染，學養深厚，厚積而薄發。近四年來，劍指文壇，累累得手，頻頻斬獲，手身果然不凡，積發表的文字已達二十萬字之多，好評如潮，令人羨慕也；其結集《文壇遺蹤尋訪錄》已經問世。因而，心海在這樣學養堅實的基礎上，來整理這部日記，焉能不輕車熟路乎？讀者豈有不放心之理！

至於，心海、浦雷伉儷在那五十年代僥倖留存的劣質紙的故紙堆裏，經年累月，斟字酌句，耗費心血，就無須去多加表彰了；因為，在我看來，這是孝子賢媳應盡的義務。

吳老二〇〇四年逝世後的這些年，心海為其先父整理出版的著

作，有《別：紀念詩人學者吳奔星》（逝世一周年，二〇〇五年）、《暮靄與春焰——吳奔星現代詩鈔》新詩集（誕辰百周年，二〇一二年）、《吳奔星一九五〇年代日記》（誕辰百周年，二〇一三年）之多。這三部書的問世，讓吳奔星的詩人兼學者的身後應有形象，在讀者的心目中更充實豐滿了。當然，此情此景，也是時下諸多上了年紀的文人，甚至聲名顯赫而享譽海內外且耄耋高齡的大多數學者，既羨慕不已，而又自歎弗如的；因後繼無人，藏書散失，資料飄零，他們只能無可奈何地深感無緣享有這份福分而興歎不已了，而深感無緣享受這份福分了。然而，吳老身後的陰福，實在不淺！

這當然與心海把吳老先生在《遺囑》中，向子女們交待的一句話，時刻記在心頭有關，並不斷使其成為不斷激勵自己的力量的源泉：「在你們當中只有心海文化素養高一些，……希望你們共同支持他成為我的接班人！超過我的成就！」

哪料想，吳老撒手人寰已歷九年，其公子心海先生與我，頗為投緣，接觸頻繁，過從甚密……。我又陸陸續續在吳老的題目下，意外地做了一點力所能及的工作，加深了對吳老的認識與理解。哪料想，去年我從心海送達案頭的，由他為其父整理的《吳奔星一九五〇年代日記》中，進入了吳老內心的隱秘世界，乃至思想苦難的歷程呢，更料想不到的是心海竟囑我為之作序。雖頗有榮幸之感，但考慮到可能應有更加合格的人來寫的，余生亦晚，趕不上「成熟」地體驗那個斗轉星移的「文化斷層」的風雨，而只能「幼稚」地經受一點風捲殘雲的餘緒，故時時躊躇不前；不過，心海執意不改初衷，不時詢問，又不急不慢，令我感動，想必他有他的考慮罷。

若以我與心海的交情而言，那肯定是卻之不妥，更無從向其開口的，我只有恭敬不如從命的份兒。

於是，從去年拖延到今年，心胸終於釋然，待春節一過，我就抓住這件「頭等大事」不放，排除「一切干擾」，欣然命筆了。

是為序。

二〇一三年十月十六日
修訂

# 目 次

1950年5月出版的《新建設》2卷7期封面，其中有吳奔星文章《試論中學國文課本的選編》（相關情況見1950年5月22日日記）

一九五〇年

1950年12月1日九三學社第一次工作會議代表合影，吳奔星為最後一排左四

1950年4月30日吳奔星（左二）與黎錦熙（右二）、賀灃江（右一）、江靜（右四）等攝於北京西單師大辭典處黎錦熙辦公室前

1950年1月6日重工業部關於「國立高工」的通知（相關情況見1950年5月24日、6月6日日記）

1950年5月25日老舍回復吳奔星23日信函（相關情況見1950年5月23日日記）

## 5月22日

接《察哈爾文教》編輯室十八日來信，說該刊二卷四期正在徵稿，要我寫點稿子，在二十五日以前寄去。我找出二月前寫的一篇文章，題目是《我在工業學校怎麼搞寫作教學的？》，下有小標題「發動課間文及課本詩的寫作」。興華[1]根據底精抄到晚六時才整理清楚。大熱天，也夠她累的了。尤其遺憾的，因為她抄稿子，對小印[2]的照管全交給了二嫂。小印坐在車中，二嫂洗菜去了，撲東一聲，小印一個倒栽蔥摔在石頭上，左額腫了一大塊，擦上消炎膏，倖免破相。不過，遺憾之餘，也有值得欣慰的。郵局寄來了兩本《新建設》，刊出了我的文章《試論中學國文課本的選編》。接著該社的勤務員又送來十萬五千元[3]的稿費，計小米百斤。興華連說：「不少，不少！」不覺喜溢眉宇。因為家中僅餘五百元，如此款不來，又須借債，真是雪中送炭。至於文章發表了，倒平凡得很。（文見該刊二卷七期）

## 5月23日

為了鄭君囑託的事，一黑早便起床，吃了兩個沖蛋，五時半劉中立君來了，一同坐車到西直門火車站，七時十分開車，八時半便到了門頭溝。門頭溝是華北著名產煤地之一、除國營煤礦外，尚有私人開採的小窯，密佈在盆地之中，如滿天星斗。但聞解放後，多已停工。

門頭溝周圍也有好幾里，小徑迂迴，缺少交通工具。因公接頭，動輒要花費好幾小時。

門頭溝遍地皆煤，只要勞動，就可賺取生活資料。我們城裏住慣了的人一到這兒，便感覺到一股緊張的味兒。

下午四時回家。

---

[1] 即吳奔星夫人李興華（1921—1993）。河南濟源人。蘇州國立社會教育學院畢業，曾在北京、蘇州、南京等地任中學語文教師。1958年被劃為「右派」分子，被迫退職。「右派」問題改正後，在徐州師範學院歷史系工作。

[2] 吳奔星次子，生於1949年7月。

[3] 應為第一套人民幣（1948年12月1日至1953年12月陸續發行）幣值，和目前人民幣幣值比率為1：10000。

　　小印今日十一周月，是按陰曆計算的。今天是四月初七日，我們大家為他吃了壽麵。

　　北京市文代大會即將於二十八日召開，我向老舍[4]先生去了一個信，申請加入。

# 5月24日

　　上午十一時半，主任秘書馬恩沛同志找我談話，說部分同志對我在校[5]的時間太少提出了意見。我當面回答他：我除星期四以外，其他時間都在校。不在校的時間也花費在為同學們找教材、校改講義或批改文卷。這些工作也就等於理工科先生們佈置實驗、指導實驗一樣。他們看不見我，正如我看不見他們一樣。我話雖這麼說，心理上不免一層陰影，教國文的人要想在工業學校生根是頗不容易的，還是遷地為良的好。

　　下午四時與雅彬[6]去中央看《清宮秘史》[7]。

　　昨天收到《人民日報》「人民文藝」的信，說我那篇漫談「蓮花樂」的文章，已轉寄《光明日報》的「民間文藝週刊」[8]。如不用，已囑馬上退回來。

---

4　老舍（1899—1966），本名舒慶春，字舍予，北京滿族正紅旗人，原姓舒舒覺羅氏（一說姓舒穆祿氏，存疑），現代小說家、文學家、戲劇家。文革期間受到迫害，1966年8月24日深夜，自沉於北京西北的太平湖畔，終年67歲。

5　重工業部國立高工。

6　即吳奔星夫人李興華。

7　《清宮秘史》，香港永華影業公司1948年攝製的歷史題材影片，編劇姚克，導演朱石麟，由舒適飾光緒皇帝，周璇飾珍妃，唐若青飾西太后，洪波飾李蓮英。影片完成後在香港上映，1950年3月在北京、上海等地上映。

8　《漫談蓮花樂（上）》6月4日發表於《光明日報》副刊「民間文藝」第14期，《漫談蓮花樂（下）》發表於6月11日《光明日報》副刊「民間文藝」第15期。

黎先生[9]說：符定一（宇澄）[10]老先生托他找一位英文秘書，黎先生本要我去，我恐勝任而不能愉快，推薦了三哥[11]，並為他寫了一份履歷，交給黎先生。

## 6月4日

于剛（陳澤雲）[12]偕其愛人程緋英（陳德明）[13]於午後三時來訪。

## 6月6日

今天是教師節[14]。下午二時參加乙班座談會，我講了幾句話，同學們也一再表揚了我的教學成績，黑板報也有一篇《我們的國文教師吳先生》。那樣頌揚我，我非常慚愧。散會時，同學們把我和校長[15]等舉起來，叫作「坐飛機」，我坐了兩次。四十歲的人了，被孩子們舉起來，真是返老還童了。

主任秘書找我瞭解情況，說重工業部來電話：衛生部有函給重工業部，因湖南會館事瞭解我的情況[16]。

---

9　黎錦熙（1890—1978），字劭西，湖南湘潭人。語言文字學家、詞典編纂家、文字改革家、教育家。曾任北平師範大學教授、文學院院長、校務委員會主席（校長）。1949年後任北京師範大學中文系教授、中國科學院哲學社會科學部委員、中國文字改革委員會委員、九三學社中央常務委員。吳奔星1933年到1937年在北平師範大學國文系讀書時的老師。

10　符定一（1877—1958），湖南衡山人。清末畢業於京師大學堂。曾任清政府資政院秘書。辛亥革命後，曾任湖南省教育總會會長、湖南第一師範學校校長、北洋政府安福國會眾議院議員、財政部次長、鹽務署署長等職。曾創辦衡湘中學。1949年出席中國人民政治協商會議第一屆全體會議。曾任中央文史研究館館長、政務院文化委員會委員、全國政協委員等。

11　吳士醒，又名吳士星。1937年北京大學英文系畢業，後任山東師範大學外文系教授。

12　于剛（1914—1994），湖南長沙人。1934年考入北京師範大學文學院歷史系。1949年後任周恩來總理辦公室秘書、統戰部副秘書長等職。

13　程緋英（1913—1984），又名陳德明，湖南長沙人。1933年考入北平師範大學物理系。時在中央統戰部工作。

14　1932年，民國政府曾規定6月6日為教師節。1949年後曾沿用過一段時間。

15　1949年12月26日，重工業部部長陳雲簽署重人字56號令：「茲任命高錫金同志為國立高工副校長。」

16　1950年，經北京市人民政府民政局批准，北京湖南會館成立「湖南省人民

# 7月9日

　　星期日，上午赴高工開會，至十時許赴湖大校長李達[17]先生處，他寫了一個條子要我同中文系主任譚丕謨[18]通信接洽教課的事。

　　下午赴賀先生[19]晚宴。她宣佈我十號四十大壽，等於替我邀請了客人，如胡慶華、曹甕[20]、黎錦熙諸師友都打算來。

　　回來告訴興華，她說：一做壽又得花費百多斤小米，將來小印滿周歲，又做不成了。我說：一定慶祝一下。

# 7月10日

　　今天是夏曆五月二十六日，我的生日。先兩天，興華買了一隻大母雞，同鄉的朋友們誤會我做四十大壽，上午送了許多壽麵壽桃，陳列在會館正廳中，儼然是一個老頭子做壽的神氣，很滑稽，也很難為情。

　　晚上吃飯連小孩子竟有三桌，幫忙的人最後還有一桌。

　　賀先生說：你四十年來沒有熱鬧過的，熱鬧熱鬧也好。

　　記得齊白石老人在七十五歲時，舒貽上[21]為他算命，說他難得過去，他就瞞天過海，到了生日那天，說他是七十七歲，現在齊老已

---

共有財產整理委員會籌備會」，　吳奔星擔任籌備委員，協助主任委員黎錦熙工作。吳奔星作為「最負責之督導人」，因觸動把持會館財產並中飽私囊的原有負責人楊繼武的利益，遭楊繼武唆使長班毆打。（見《北京會館檔案史料》，北京出版社，1997年，1223頁和1230頁）

[17] 李達（1890—1966），字永錫，湖南零陵人。中國共產黨內著名的馬克思主義理論家之一。1949年任北京政法大學副校長；1950年至1952年任湖南大學校長；1953年至1966年任武漢大學校長。

[18] 譚丕謨（1899—1958），即譚丕模，文史學家。湖南祁陽人。曾任中山大學、湖南大學、北京師範大學教授。著有《新興文學概論》、《文藝思潮之演進》、《中國文學史綱》、《宋元明思想史綱》、《清代思想史綱》等。

[19] 即賀澹江（1907—1983），黎錦熙夫人。長沙名士賀長齡後人，祖母黃杏生是辛亥元勳黃興的大姐。

[20] 曹甕（1903—？），湖南衡山人，早年在長沙第一師範讀書。研究古音韻學。北平師範大學文學院畢業。吳奔星在北京師範大學文學院國文系讀書時，曹任文學院助教。曹1949年後曾任內蒙古師範學院教授。

[21] 舒貽上（1889—1967）。湖南長沙人。原名之鎏，號貽上。1912年留學日

九十歲了。我現在實只有卅八歲，如果也可加壽的話，加一番就是八十歲，豈非變成老妖怪了[22]？

# 11月1日

晨起覆葉聖陶[23]一函，婉拒前往出版總署工作之約[24]。

---

本東京高師。曾是毛澤東早年的老師，1949年12月經毛澤東介紹到北京出版總署工作，1952年調至人民出版社。有《動物生態學》等多部譯著傳世

[22] 吳奔星2004年去世，享年91周歲。

[23] 葉聖陶（1894—1988），原名葉紹鈞，字秉臣，漢族人，江蘇蘇州人，作家、教育家、編輯家、文學出版家和社會活動家。時任出版總署副署長。

[24] 對於婉拒前往出版總署工作的原因，吳奔星後來曾回憶說是某當事人要求對其試用所致，1949年前即有教授頭銜、同時擁有編輯書刊及教材豐富經驗的吳奔星不同意試用，自然話不投機；宋雲彬1950年10月23日日記有「吳奔星經聖陶函約來談。余等對之印象均不佳」字樣（見《紅塵冷眼》，太原：山西人民出版社，第206頁），可互為參考。

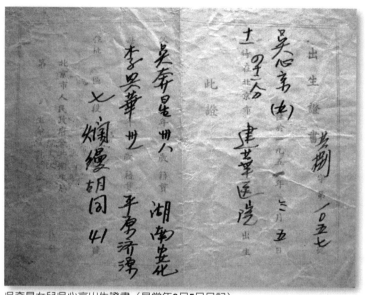

吳奔星女兒吳心京出生證書（見當年3月5日日記）

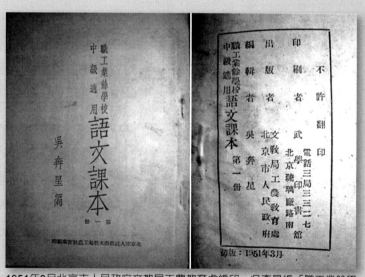

1951年3月北京市人民政府文教局工農教育處編印、吳奔星編「職工業餘學校中級適用」語文課本第一冊封面及封底版權

1951年8月30日吳奔星與夫人李興華偕女吳心京（當年3月5日出生）攝於北京真光攝影社（相關情況見1951年3月5日日記）

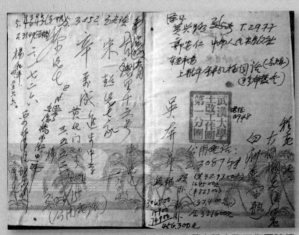

吳奔星1951年任武漢大學教授時參加武漢大學土改工作團時使用的日記本扉頁

1951年10月13日的日記原稿（見當年10月13日日記）

1951年10月14日的日記原稿（見當年10月14日日記）

1951年8月武漢大學聘任吳奔星為文學院教授聘書

1951年下年度武漢大學土改工作團第一分團胸章

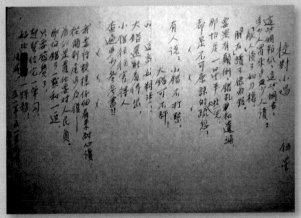

1951年五一節吳奔星詩作《校對小唱》，文後有「工農教育處」字樣。這是他在北京文教局工農教育處工作期間留下的唯一親筆

## 3月5日

上午十一時四十二分，小京[1]生於北京建華醫院。

## 3月21日

晚間賀先生以電話通知，《察哈爾文教》寄來六十多萬元版稅（六十五萬七千一百二十元）。

## 10月10日　星期三

上午八時訪楊潛齋[2]，同赴教育學院[3]看蔣懷奇副院長，不晤；與周學根[4]、王鳳兩先生談片刻，即過江，至漢口，赴永康里十六號，訪大剛報副社長曾卓[5]（慶冠），即在曾處午餐。

飯後，與潛齋赴中國圖書發行公司看書，買《人民文學》四卷六期及《新中華》第十四卷十八期各一冊，又買許傑[6]近作《魯迅小說講話》[7]一冊。之後，赴一西藥房買萬金油一盒，始與潛齋告別。

在漢口一百貨店為千帆[8]購膠底帆布鞋一雙，價六萬元。

---

[1]　吳奔星次女吳心京。後為兒科主任醫師。

[2]　楊潛齋（1910—1995），湖北武昌人，畢業於武昌湖北省立文科大學，從事文字、訓詁、語言學理論的教學與研究，曾任華中師範學院中文系教授、中國訓詁學研究會副會長。

[3]　指湖北教育學院。其時湖北教育學院聘請吳奔星為兼職教師。

[4]　周學根，湖北人，曾任華中師範大學歷史文獻研究所副教授。

[5]　曾卓（1922—2002），原名曾慶冠。筆名還有柳紅、馬萊、阿文、方甯、方萌、林薇等。原籍湖北黃陂，生於湖北武漢。1936年加入武漢市民族解放先鋒隊，武漢淪陷前夕流亡到重慶繼續求學，並開始發表作品。1940年加入全國文協，組織詩墾地社，編輯出版《詩墾地叢刊》。1943年入重慶中央大學歷史系學習。1944至1945年從事《詩文學》編輯工作。1947年畢業後回武漢為《大剛報》主編副刊。1950年任教湖北省教育學院和武漢大學中文系，1952年任《長江日報》副社長，當選武漢市文聯、文協副主席。

[6]　許傑（1901—1993），文學家、教育家、文學理論家。原名世傑、字士仁，筆名張子山。浙江台州天臺人。生前為華東師範大學中文系教授。

[7]　上海泥土社1951年出版。

[8]　程千帆（1913—2000），湖南人，古典文學研究專家，時任武漢大學中文系主任。

返校時已六點，不及上山吃飯，即邀千帆夫婦、女公子[9]及其老太爺在車站吃麵。

千帆告我，土改工作團第一分團後日六時離校，明日當可準備一日。返舍後，將內衣褲洗濯，晾於靠椅。

## 10月11日　星期四

下午聽千帆說：去漢川的小火輪機件發生故障，明晨走不了；與其中途拋錨，不如後天走。

興華八號的信，今天收到。

買了幾枚雞蛋，準備明天當早點的；明天既然不走了，就留著後天吃。

到俱樂部看報，見十月七日《人民日報》有雪原同志一篇介紹《銅牆鐵壁》的文字[10]，我正好在看這部十八萬字的長篇小說，發現雪原同志的介紹只不過一點兒皮毛。

《說說唱唱》[11]來信說《永不掉隊》沒有表現主人公的心理矛盾，有些語言不太好懂。

## 10月13日　星期六

昨晚徹夜未眠。四時起床整理行裝，五時正請大師傅挑行李下山。乘汽車至江濱。搭郎縣號小火輪赴漢川，八時許開船，下午三時許到埠，當在縣委會休息。

晚飯係昨日所準備，菜已有敗味，米中有泥沙，稗子特多，經開水一沖，即漂浮一層，頗難下嚥，但亦勉強吞下，以資果腹。平常吃好了，這時正可鍛鍊一下。

夜間五人同床，均睡地板。

## 10月14日　星期日

下午二時張政委報告土改問題。張系河北人，曾參加地道戰，久

---

[9]　程麗則。

[10]　文章篇名為：介紹柳青的新作《銅牆鐵壁》。

[11]　曲藝刊物。月刊，三十二開本。大眾文藝創作研究會編輯，李伯釗、趙樹理任主編。1950年1月在北京創刊，1955年3月停刊，共出刊63期。

經鍛煉的老幹部。但他的口語，南人多不懂。此時漢川正召開各界人民代表大會，多工農代表。休息時，我問他們懂不懂，他們說十句懂兩三句。這原因不外兩個：南北距離問題及文化水平問題，後一問題實由地主階級長期剝削所造成的。因此，在農民分地之後，必有學習文化的要求。

下午七時，張政委召開座談會，許多教員和同學都向張政委表示決心和不怕苦的精神。

發家書一通。

張政委（信）[12]報告土改問題

本縣土改剛開始。今天打算講兩個問題：

為什麼要土改？

怎樣進行土改？

今天主要是將本縣的情況證明劉少奇同志的報告中所講的道理。

共同綱領規定將對半封建的土地所有制，變成農民的土地所有制。因為我們國家的土地所有制不合理，所以要改變。鄉村中占人口不到百分之十的地主，竟佔據百分之七、八十的土地。他們以佔據的土地，長期的剝削農民。本縣是老區，曾在各個革命時期作為根據地，但基本情況並無變化，封建勢力仍佔用大量土地進行剝削。農民年年交課借債，幾年之後，竟將土地賣出去了。有一個蕭姓地主，五十年間以剝削方式得來一百畝田。

解放後，進行過減租反霸，但基本情況還未改變。今天地主階級仍照在縣中操縱村級政權。十一區和平鄉有所謂八大金剛、四大天王、一隻猴子、一隻老虎，都是吃人的。正如劉少奇、鄧子恢同志所說的：上層解放了，下層並沒有解放。

以上是從封建的一面看情況，基本上沒有變化。

再從農民一面看看：百分之九十的農民僅占百分之二、三十的土地，人多土地少，就得靠其他辦法過活，如砍柴、捕魚……長年勞動，吃不飽，穿不暖。本縣今年因沒有倒土，農民生活情況較好。

多數農民掌握少量土地，就無法發展生產。正如鄧老所說：封建勢力嚴重地束縛了生產力的發展，農民一方面無法供給工業所需的

---

[12]　即張信，1949年2月後曾擔任中共漢川縣委副書記兼組織部長。

原料，一方面又無力購買工業品。因此，土地不改革，直接影響生活，間接影響了工商業的發展。如果農民分了田，這些問題便都能得到解決。

封建勢力不推翻，就形成生產上的障礙，如果不經過激烈的階級鬥爭，土改變成和平分田，結果是明分暗不分。如果進行了土改，就對國家的工業化創造了基本條件。

以上算是第一個問題。

消滅封建要徹底，但是不要鬧。

首先依靠貧農，因為土改是為了貧農。貧農是鄉村中無產階級、半無產階級，他們是鄉村中受壓迫受剝削的最下一層。他們堅決勇敢、積極徹底，土改是階級對階級，只有依靠鄉村中的無產階級——貧雇農去反鄉村中的非無產階級，土改才能徹底。要依靠貧雇農，必須首先滿足他們的要求，至少適當的滿足他們，他們沒有生活資料、生產資料，不滿足他們就無法依靠、不能依靠。同時，使他們往其他方面打主意去了，滿足貧雇農的要求必須限制在反封建的範圍內，不得反資本家，反工商業。

土改中間必須貫徹總路線——依靠貧雇，團結中農，中立富農，孤立地主，有步驟的消滅封建地主階層。

對地主階級是勞動改造，但勞動改造前，必須首先打倒其威風，不打倒他，他便不服從勞動改造。

對一般地主是沒收五大財產，不要吊打非刑。

在一鄉有些惡霸地主關在牢中，有的當審判官，有的訴苦，當作一種被審判時的準備工作。

有些地主要自己的女兒跟村級幹部搞「皮絆」，這是最辣手的一套，地主階級又奸又狡。

所謂依靠貧雇農是依靠他們的堅決主張，徹底行動，事實嚴明，不鬥爭就不成就。解放後，地主階級逃避鬥爭，分散財產，他們裝成窮相，穿件破衣，你如果不在劃階級時鬥爭他，就扣不上他地主階級的帽子。當時靠貧雇農孤軍作戰，也是不行的。必須要堅決團結中農，貫徹中貧農是一家的原則，因為中農也是受壓迫受剝削的。但是不能依靠他，依靠他就易發生妥協現象。團結中農是保護他的財產，不必要他參加什麼會。至於中立富農，原因是富農一般的是站在地主

一邊。富農是鄉村中的資產階級，在某一階段，他在生產上也起了一些作用。不過富農中也有反動富農，也有屬於惡霸的，不能當一般富農看待。所謂保存富農經濟，不是單純的為了保存他的財產，主要是為了保存中農。正如毛主席所說：富農站崗，中農睡覺。這不但是方法問題，應看作政策根據。

城區的民主改革在土改時期暫時停止，因為全縣有五十萬人口要進行土改，領導上不夠分配，精力不夠，加以還要修堤。

抗美援朝、鎮壓反革命，繼續貫徹。

修堤工程計畫在土改期間儘量縮小。

建立堅強的領導，成立縣的土地改革委員會，由政府有關部門的人員參加組成之，約十一至十五人。

## 10月15日　星期一

晚七時開聯歡會。

首先張政委致開會辭。

接著農民代表講話（四位）。

接著工人代表講話（一位）。

他們形象忠厚，語言樸素，一致要求土地，徹底翻身。

部隊同志講話。

漢川土改隊同志講話。報告雙廟鄉土改情況，漢川土地一般分散，唯雙廟鄉較集中。

八區農代講話。說過去被踩在腳板心裏過日子，殘酷極矣。

又一農代講話。

又一農代講話。

又一農代講話，年約五十以上。

又一農代講話，慷慨激昂。

又一農代表示感謝毛主席。

城關鎮市民代表講話。

一區農代講話。

工人代表講話。

全體工人代表講話。

七區工代講話。

又一農代報告某保長壓迫人民情形。

六區農代歡迎土改團。

又一農代講話，控訴地主惡霸。

又一農代報告地主分散財產情形。

九區農代報告地主惡霸情況。

又一農代表示希望之意，他是二區，介紹該區惡霸地主。

一機關代表說明漢川情況並表示歡迎之意。

農民代表的話，儘管詞句不連，但抓住他們一星半點，玩味不盡。

# 10月16日　星期二

上午八時座談內容：

襄河對漢川人民的經濟生活的影響以及漢川人民政治生活的特點。

如何充分發動群眾。

團結問題。

程：漢川人民因水興關係，居無定所，安土重遷的思想比較少。

趙：今年堤未潰口，使人民對政府的信心提高了一步。

阮：1.聯歡會的優良影響。

　　2.農民存有小變天的思想，我們表示決心——□□[13]不走是
　　　不必要的。

　　3.語言問題。

下午二時半各小組彙報，由張政委酌答。

張政委解答問題（下午八時）

1.如何發動群眾。

2.怎樣叫做鬥爭？

3.政策問題。

4.中心工作與一般工作的矛盾如何解決？

5.整頓作風，加強團結。

1.如何發動群眾：

三條路線：階級路線、群眾路線、組織路線。

---

[13]　字跡不清。下同。

階級路線：依靠貧雇，鞏固地團結中農，中立富農，有步驟的消滅封建。

光三同三心還不夠，必須為貧雇農辦事，滿足他們的要求。不滿足則不能依靠。

中農思想上是向著地主，想做地主，但由於被壓迫、剝削，往往復成貧農，因此，這個階級最不穩固。

對中農不排斥，不打擊，不傷害，就能鞏固團結。保護他們而不侵犯他們。如有中農當過保長的，拉過壯丁的，只能做政治鬥爭，不能做經濟清算，否則，犯了錯誤，就要退還、賠償、道歉。

富農是鄉村中的資產階級。他的生產好，不但對他家好，同時也對國家好，因此，不能打擊他。不過，中國的富農帶有很大的封建性，因為富農也有做惡霸的，也剝削別人。他請長工，封建性很大，他一時一刻都沒有忘記向地主階級發展。富農中有反動的，有老實的，要區別對待，反動富農與地主同樣：武裝解除，財產（經濟）清算，威風（政治）打倒。

沒收反動富農時，別忘了為他家屬留一分。

至於老實富農，便不能如此，只能徵收其出租土地。

如能正確執行，便能中立富農。

必須依靠貧雇，才能團結中農，才能中立富農，才能打倒地主（封建）。

群眾路線：多數群眾的自覺自願制度。

當群眾不知不覺時，我們的任務即使教育啟發。

當群眾要行動的時候，就要導入正軌，向正確方向發展。

反對尾巴主義及先鋒主義。應當站在群眾當中，領導群眾，把政策教給群眾。從群眾要求，從群眾水平出發，才能使群眾自覺自動。聽、看、分析（調查研究）是瞭解群眾要求及水平的方式。然後教育啟發，提高一步。——即提高其階級覺悟。

劃階級有三條道路：

幹部劃群眾，怨聲載道。

少數劃多數，一聲吼的辦法。

以上二種非群眾路線，必須大多數群眾起來劃，三查三訴。

三查：查發家史，查勞動，查隱瞞，對敵人是查，對自己是訴，

其實還不止三查。

群眾自己劃，多半是互相比較。

組織路線：即訪貧、問苦，紮根串聯，一步一步組織群眾，不致使地主階級混入。同時，可自然地解決宗派鬥爭，當然，最基本的還要加強階級教育。

由這種組織路線搞起來的隊伍，才可自覺、互信、公信。（有大家信任的領袖）

根子的條件：苦大仇深，常年勞動，作風正派。

對根子的要求：

1.敢反映情況（包括訴苦）

2.敢於串聯。

建立感情的辦法：

1.不怕吃苦。

2.幫助生產。

3.發揚優點。

由訪貧串聯而來的群眾就是幹部，再由他們審查舊農會，去假留真。

進村時就應直接走訪貧串聯的組織路線，不是走幹部路線。做到群眾敢說話、敢鬥爭，就達到了目的。

發動群眾最容易發生包辦代替強迫命令的毛病，必須注意避免。辦法是：

1.我們做，群眾看。

2.群眾做，我們看。

3.群眾做，我們指導——檢查、督促、幫助。


# 10月17日　星期三

上午七時半張政委繼續報告。

發第二封家信。

一中隊到英山鄉，由二區區委王清和同志領導。

晚八時在月光下開聯歡會，互相鼓勵一番。

## 10月18 星期四

上午十二時乘雲夢號輪船由漢川赴馬口[14]，水程卅里，開到馬口後，尚須步行八里才到英山鄉。

今天大概是黃道吉日吧，襄河兩岸抬花轎娶親的有好幾起。張政委說，地主造謠：未出嫁的姑娘不能分田，因此農村中嫁女的特別多。

船到繫馬口已一時半，在鎮公所休息，各分鹽燒餅三塊。三時正，徒步出發。到英山鄉口，即有婦女會、小學之腰鼓隊郊迎。到二區政府時已四時，四中隊師生們已先到。

晚飯後參加黃岡鄉鬥霸大會，鬥爭惡霸王公立。他相當狡賴。人民初步算帳，要他拿出穀子二百一十八石，他只承認八十石，還要兩月交還。他很想藉此拖過土改關。據說他還有血債，可能予以鎮壓。

## 10月19日 星期五

上午二區區委王清和報告

二區五萬三千人的翻身，都落在我們肩上。一切要從團結上實現我們的光榮任務。

困難是最初與農民見面，但有辦法克服。今天報告一下在黃岡鄉取得重點的經驗，只是介紹些實際情況及決定人員如何分配的問題。

先請黃區長報告情況：

我也只瞭解大概，詳細瞭解要靠大家去瞭解。我來此一年半。

本區田少人多，共有七萬五千多畝田，每人平均一點五畝天。因此人民不能全靠土地生活。靠北平原部田地較多，每人平均有一畝八九分到二畝二三；南半部平均只有一畝二三分。老百姓除了靠田地外，只有靠襄河，將生產所得運往漢口。南半部人民除土地吃飯外，秋後多半到嘉魚、宜昌、沙市一帶賣糖，做其他小買賣生活，另一部靠南面一條小河直通漢口做小生意。

本區共有六個鄉，均有鄉政府、婦女會，也有發展了青年團的，也有好幾個村子開始組織了貧雇團，實行反霸。有十四個村人員不

---

[14] 湖北省漢川市馬口鎮。

純，多半貪污，一部分包庇地主，一部分是國民黨的連排長和壯丁；一部分是流氓，雖搞過減租反霸，但利益不大，只涉及他們的親友。

本區自解放後，未復水淹人民生活還差不多，有山有湖，旱田與水田相仿，有兩大特點：

1.群眾對共產黨對人民頗有瞭解，在大革命時代相當出名，有兩□一老，湖北農學院長童氏[15]即本區人氏。革命失敗後，人民大受摧殘。因此，現在人民有顧慮，不過，小一些。他們怕我們走了，他們不得了。

2.解放後，國民黨的地下組織有一專員，現已槍斃，其他如國民黨的科長、軍統、中統人員頗多，鎮反時本區被捕殺者也多，已殺七、八十人，關者一百餘人，已捕而未判者二千多人。被鎮壓的起碼殺過四五人，甚至二三十人的，殺一兩個人的，尚在關押。

另外，地主階級非常狡猾、頑抗，沒有一個地主老老實實把田地拿出來的。直到今年秋徵，地主還在對抗，甚至公開抗拒或暗害幹部，或最終操縱。現在好一點，有一些老實地主已經退押，但大部分還未退。今天秋徵，上級指示：自覺自願完成任務。本區三百萬斤，現已交足二百五十萬斤，比去年情況好多了。群眾認識到多交一點糧，政府就多能給我們辦點事。特別是迫切求分田，完成土改。

人和鄉：去年曾搞過一次重點，已鎮壓了兩個惡霸地主。有婦女組、共青團、民兵、農會，有八九十個幹部。惡霸姓王的，已鎮壓兩個，現在還有一個。

英山鄉：惡霸已殺了八個，對地主的打擊還不夠，他們非常頑抗。前幾天（十四）正開代表會，他放火，跑了，他說：毛主席他都不怕。他是看了黃岡鄉的土改聲勢浩大，他不服氣。他的女兒、兄弟勸他，他也不聽，最後就把自己的房子燒了。由此，可知地主階級頑抗非常堅決。

晚上重新調整小組，把五組改為四組，每組並加入農民代表四人。分組後，由一同志介紹英山鄉情況，之後，各組自由漫談，以天

---

[15] 即童世光（1904—1996），湖北省漢川市馬口鎮童家嶺村人。早年曾就讀於武昌文華大學預科，1923年考入北京燕京大學。1926年3月，在湖北沙市加入中國共產黨。1950年到1978年間任湖北省農學院院長。

氣特冷,提前結束,打算明晨漫談。早飯後,即到分配的村灣去看地形。

## 10月20日　星期六

上午九時赴檀樹灣、汪家沱、西山灣、廖家嘴、盧家嘴等處。有一貧農為賣花生數斤,謝以三千元。

多數老百姓對土改毫無認識。我們去了,他們以為是查戶口的。有農民幹部告訴他們:是來幫助你們翻身的。他們似乎不懂翻身一詞。我就建議他:乾脆說幫你們分田的好了。千帆說:工農幹部喜歡掉名詞,知識份子下鄉處處避免名詞,倒很不錯。

晚七時談今天下鄉的工作,並就領導問題,吃住問題等交換意見。

## 10月21日　星期日

上午八時檢討昨天下鄉訪貧工作。第一分組較深入,所得材料較多;第二分組公開向農家表示了借住之意。

早飯後王政委報告進村後交代政策、說明來意時,應貫徹依靠貧雇的路線。對中農富農也要說明,即使地主來打聽,也該予以說明。見什麼人說什麼話。我們的目的是發動群眾,如果是單純的訪貧問苦,將陷於孤立。

我們要表明:打不倒地主不走,分不到田不走,貧雇當不了家不走。

我們要說明來意:土改以及有關土改的政策。

要說明保護誰,消滅誰,靠近誰是光榮,靠近誰是恥辱。

中農是騎牆派,兩邊倒。

婦女工作在發動群眾時最重要。

要建立農村的統一戰線,打倒封建。

晚飯後遷至貧農楊金香家。

## 10月22日　星期一

昨晚與繆蕭庭(琨)[16]兄同睡一榻。半夜忽然下雨,幸喜不大,

---

[16] 繆琨(1918—1974),江蘇東台人,古典文學研究專家,「文革」前執教

只有麻煩西蒙同志至□□□。

　　上午七時半才起床。八時許吃早飯，農民的米比區署的好些。吃的菜有腐乳、醃豇豆、炒鹹菜、酸蘿蔔片，都是自作的。農民說：他們很少到市上去買菜。我們吃起來味道頗佳。

　　上午十一時召開本小組所屬各村灣的群眾大會，地點在鄉公所。到的貧雇農約有五十多人，還有地主三人。首先由鄉長王香林作介紹，接著是小組的工作人員講話，到十二時才散會。

　　本灣（植樹灣）有農會代表余東甫及婦女代表何雲芝。

　　晚間貧雇會發言要點：

　　1.別怕地主（該打、關、殺）。

　　2.不要為地主做事。

　　3.打破情面。

　　4.婦女也要起來。

　　5.分田以後的好處。

# 10月23日　星期二

　　早飯後，各分組彙報昨晚貧雇農會議情況。會後與繆肅、阮寶洲[17]赴馬口。送信、購物，並吃了一些點心。

　　晚飯後，趙君奇[18]傳達中隊彙報結果。

　　貧農余小和之妻報告：他家正在整修房屋，地主廖本林願賜予他一些磚修補。她問可不可以用？我們對她這種作風表示歡迎，並且予以鼓勵，因為她已初步樹立了階級意識，知道了地主與她們是敵對的階級。

---

　　於武漢大學中文系，是「五老八中」的「八中」之一。1942年考入武漢大學文科研究所文史學部學習，獲文學碩士學位。入武大後任講師，「文革」後不久逝世。曾與程千帆合編《宋詩選》（古典文學出版社1957年版）。

[17] 阮寶洲（1927—），湖北紅安人，1953年畢業於武漢大學中國文學系。歷任中師教導主任、副校長、教育學院教務處長，鄂州市副市長兼任職業大學校長。

[18] 趙君奇（1927—1983），湖南湘潭人。繆琨妻弟。武漢大學中文系1949級學生。後任武漢二中語文老師。

　　我們的房東貧農楊金香夫婦也有些覺悟。他說：在你們沒來時，我們不敢批評地主，現在我們敢說話了。有一地主名叫汪傑，解放前，我們碰著他，總是叫「汪叔叔，上哪兒去？」他總是鼻子裏答應：恩。架子很大。現在呢？我們相見時，總是他先來打招呼：楊大哥，上哪兒去？對我們非常客氣。

　　我們說：這不是他們對你客氣，而是因為你們翻了身，做了主人，他要垮臺了。

　　他問我們說：解放後，地主對我們倒還客氣。解放前的苦處，十多年前的苦處，還能不能說呢？

　　這就說明他有苦未說。我們當然鼓勵他們說。但是夜已深了，等以後慢慢啟發。這一個貧農本質是好的，常年勞動，作風正派，態度積極，可以作為開展農民群眾運動的根子。

　　繆公問楊金香：你對分田有無信心？他說：有，你看我已寫在愛國公約上嗎？的確，他家的愛國公約貼在神龕上。

# 10月24日　星期三

　　上午赴新屋台看一組諸同志，十二時回來。千帆適自區上來訪。

　　下午七時半開貧雇會，到貧雇男女八、九人，目的在啟發他們的階級意識，申訴對地主的仇恨，以便組織他們對地主展開鬥爭。

　　發言要點：

　　1.表揚余小河（並不以狗腿目之，暗藏不如明分），楊金香、何玉芝。

　　2.民兵看守地主分散財產。

　　3.重申不為地主服務的思想，提高覺悟程度。

　　4.分田地區並不限於本灣。

　　5.過去的仇恨都可清算，舉汪傑為例。

　　貧雇農經過啟發後，紛紛發言，有的訴苦，有的檢舉地主廖本林分散的財物，有的表明與地主並無牽連。一般都表現了覺悟程度在逐漸提高。

## 10月25日　星期四

偕繆公赴童家嶺訪周大璞[19]先生。回時參觀英山小學。

下午趙君奇傳達中隊部會報情形。

自在武漢接興華十月九號信後，已半月未得家信。

## 10月26日　星期五

下午七時開中貧農會議，發言提綱：

1.為什麼要團結中農

A.中農貧農是一家。

B.中農也是被壓迫的，由中變貧由貧變雇。

C.中農只有靠攏貧農才有生路。

2.反破壞、反分散、反隱瞞、□□□。

以童家嶺為例，查□。

3.貧雇農中農對工作隊的招待不必鋪張。

廖炳林欠余子清堤工卅多個（一九四九至一九五一年總數）

## 10月27日　星期六

得興華函，家況康寧。

晚開根子會。

## 10月28日　星期日

上午召集地主廖炳林、汪天新之子訓話。

十一時半與繆公赴馬口，送家信一件，並小吃一頓。

下午七時開中貧農會議，貧農余小和報告廖炳林有放火陰謀。經貧農全體決定，扣押區署，當即執行，由千帆隨民兵押解而去。

---

19 周大璞（1909—1993），語言學家。出生於河南省固始縣李店鄉周圍村一個沒落的地主家庭。生前曾任武漢大學中文系教授、系主任，古籍研究所所長。

## 10月29日　星期一

上午千帆帶來自武大轉來信件多起。

下午漢川文工團在童家嶺用汽燈表演連環圖畫，第一個叫土地還老家。中休時，王政委及程千帆向群眾講話，接著又演《鴨綠江上的血淚仇》，係根據王明希的《漁夫恨》唱詞所繪，說明者照念原詞，群眾多不領會。

## 10月30日　星期二

函覆孫乃蓉、盧南喬[20]並致書三哥。

晚看漢川文工團演出漢戲《小放牛》及《九件衣》。

## 10月31日　星期三

晚在鄉公所開全鄉積極分子大會，由千帆作報告。中休時，各組分別小組漫談。

## 11月1日　星期四

得興華函，內附《語文教學》及《人民日報》函各一件。

晚開中貧農會議，當場將汪家沱惡霸汪傑捆送區公所。汪傑與上次所捆之廖炳林一樣，當被捆時神色自若，滿不在乎，豈其藐視法紀乎？擬余一般所謂假像乎？

余小和之妻熊氏告我，廖炳林還有一個木制蒸籠及長板凳一條在她處，並說她前所報告用地主廖炳林之磚一共三千塊，約合人民幣四、五萬元。她家這次蓋房子，因經濟困難，橡皮當短少四分之一，因此房屋不能全部落成。

張秋實來函，報告她已將我的通訊處告訴伊兄拱貴矣！

---

20　即盧振華（1911—1979），湖北黃岡人，吳奔星北京師範大學國文系同班同學，後任山東大學歷史系教授。

# 11月2日　星期五

興華寄來首批報紙——光明[21]、十月廿五——廿七，共三份。

晚間在王家祠堂開全鄉貧雇代表大會，同時，在各灣開中貧農會議，收集地主惡霸廖炳林及汪傑的罪證。

二十五日的《光明日報》讀者來信一欄，有齊心君對我編的中級語文課本第二冊一個長征女戰士的回憶提出意見，說蠻地、蠻人應加修正。我已草擬說明之復函一件。

# 11月3日　星期六　初五

興華十月廿九自京來函，今天收到，總計行程需要五日。

人民文藝叢書之一《永遠前進》[22]，只差一篇就看完了。以「改造的開端」和「幸福」二篇最好，因為這二篇讀後留下了深刻難忘的印象。

晚間成立貧雇小組，選舉正副組長及代表共三人。

# 11月4日　星期日

上午查封地主廖炳林的財產。在倉下搜出地契，在稻草堆中搜出麻油三瓶。說明地主階級最不老實。

晚開貧雇小組聯席會，有貧農劉樹索、吳樹清、余運海等訴苦。劉有吃肉的故事，余有雞子被殺的故事，都是被地主壓迫的事實。吳有地主對他改口的故事，是翻身後的新氣象。吳渾名洋哈巴，又叫齋公，女人是瞎子，都不叫名字逕呼瞎子。今天吳查封地主汪傑財產時，汪傑的老婆公然叫他樹清哥，叫他老婆金梅姐。

又有劉樹棠反映，毛主席領導我們翻身，扯掉家神（歷代宗祖），掛起毛主席像來。

這些新人新事，都值得寫成作品。

---

[21]　指《光明日報》。
[22]　劉白羽、生木等著，新華書店1950年8月發行。

## 11月5日　星期一

下午開婦女會，有楊老太訴苦。

氣候轉冷，明日須穿毛褲矣。

## 11月6日　星期二

昨夜開始大雨，今天中午稍停，至晚飯時又開始下著。

譚元堃[23]同志來函，告以工農教育處語文研究工作基本停頓，希望我於明春回京大力開展。

俞小和新屋落成。他的老婆說：往日住茅屋，下雨的時候根本感覺不到，直到漏雨時才能挪動被褥。現在住瓦屋，雨一下就聽到丁冬的聲音，就是漏雨，也可以事先預防，同時也知道哪兒漏，哪兒不漏了。她說後，非常感謝毛主席帶來了好光景。的確，暴風雨來襲，他們就事先知道消息了，不像先前要等雨淋到頭上才知道。

晚開貧雇會議，何玉芝主席。她是一個文盲婦女，居然能說話，並且非常有條理，真是難能可貴。會議的內容是決定鬥爭地主惡霸汪傑。

## 11月7日　星期三　初九

上午與老繆赴馬口理髮並取款。

晚開中貧農會議，討論明天鬥爭惡霸地主汪傑的事。

## 11月8日　星期四　初十

早飯後全鄉鬥爭汪和清（傑），結果他答應了二十天內交出一千萬元。

晚飯後開貧雇農會議，總結上午鬥爭會並啟發貧雇農如何訴苦鬥爭。

晚上的會，首先召訓地主廖炳林的老婆及其姑娘，然後開會，最後留貧雇小組商討。這樣一個佈置使會議勝利結束。

---

[23] 譚元堃，西南聯大畢業。時任北京市人民政府工農教育處副處長。後任北京市教育局副局長、北京市成人教育研究會顧問、北京聯合大學首任校長。

## 11月9日　星期五　初十一

自接興華上月廿八日來信後，已快半個月了。《光明日報》也只收到三份，不知是病了，還是出了什麼差錯？

晚開鬥爭會，鬥爭童家嶺地主童叔根及他的嫂嫂（她掌握家庭經濟）。他們相當狡猾，結果不如鬥爭汪傑那麼好。

今天一早么嬸娘余劉氏喊著：吳先生，我加入貧雇小組行嗎？這證明貧雇農的政治覺悟正在提高。我答應她：歡迎。等貧雇小組討論後決定。

早起，屋後鳥聲嘈雜，鳥的種類相當多，有的還很美麗。古人說：好鳥枝頭皆朋友，落花水面亦文章。經過月來的體驗，覺得這兩句詩決非農民的情感，只充分表現了封建士大夫的閒情逸致。

## 11月10日　星期六　十二

收到興華十一月十五日自京所復家信及《光明日報》六份（十月二十八日——十一月三日）。

正午赴漢江寄家書一件。

晚開貧雇小組會議，農民們對余子清老漢與地主廖炳林瓜葛不清，展開了熱烈的批評。

## 11月11日　星期日　十三

千帆出示陳登恪[24]先生致其一函，抄附中南區教育部致學校函一件，原文如下：

> 奉中央教育部十月十二日函開：據北京市人民政府文教局報告稱：今年八月武漢大學未徵得該局同意，逕自洽聘該局工農教育處幹部吳奔星，此屬無組織無紀律的現象，一則影響工作，

---

[24] 陳登恪（1897—1974），古典文學研究專家，武漢大學中文系「五老」之一。詩人陳三立第八子，史學大家陳寅恪之弟。字彥上，江西義寧（今修水縣）人。1928年，聞一多出任武大文學院院長，陳登恪受到聘請，前往武漢大學外文系任法語教授，後任系主任。後轉任國文系教授，教授唐宋小說，曾任文學院院長。1949年後，為武漢大學中文系教授。

二則使人事處理上造成紊亂。為防此現象，特請你部酌情處
理，並促吳奔星速返北京市文教局工作。因特轉知你校，希望
吳奔星速回北京市文教局工作，並盼見復。

正午鬥爭惡霸童延齡，晚開中貧農會議。

# 11月12日　星期一　十四

晚間繼續鬥爭童延齡。

首先童梁（喜貞）氏說話：你賣了我的媳婦，半夜三更燈籠火把
來搶，使我沒得吃的，你真狼心狗肺！你賣了九十三塊。

其次是余王氏訴苦：他沒有屋住，要大家捐錢給他造房子。他的
牛吃人的莊稼，不但不賠禮，還要人家陪小心。他逼人賣田，他說解
放軍來了，你們會吃草，國民黨在，穿吃搖擺。

辛未年：我欠他兩吊錢，他把我的床搬去了。

惡霸說：人民政府不興打人。

大家說：惡霸也不打？

賀澹江來信希平等對待孩子，並□為金、心二兒添置棉衣。

張啟佑來信借款二三十萬元。

# 11月13日　星期二　十五

早飯後，在區署開幹部會議，廖一志報告：

貧雇小組十五個，組員二百一十八人。

全鄉二千四百零二人。

昨天繆公等特赴縣城參加擴幹會議，約十至半月。

從區上回來，順便買了二十四枚雞蛋。

# 11月14日　星期三　十六

早飯後，繆肅庭（琨）赴漢川縣城開會。

函復張啟佑並寫家書一件。

晚開貧雇小組會，收集地主廖炳林的材料。

## 11月15日　星期四　十七

今天收到興華一信及所寄四——九號的《光明日報》。興華說：賀先生要借五十萬元，黎先生也準備借，加以金築[25]、心村[26]不聽話，弄得她大傷腦筋。

賀（黎）先生自家收入近二千斤小米，也要進行揩油式的借款，實不應該，思想上大有問題。

晚開貧雇小組會，繼續摸廖炳林的底。

## 11月16日　星期五　十八

晚間召開鬥爭廖炳林的苦主會，並召見其他地主老婆問話。

赴漢江寄家信兩件。

## 11月17日　星期六　十九

上午十二時開會鬥爭不法地主廖炳林及其老婆童芹芝。群眾算剝削帳共一百一十二石四斗。他雖答應兩星期交清，但又找不到保人，仍舊交押。

## 11月18日　星期日　二十

昨晚打好「白石湖是人民的」一文的腹稿，只是白天無暇執筆。

晚開貧雇小組會討論：

1.今後鬥爭對象。

2.反地主拖抗。

3.反地主分散財產。

下午傅先保同志的未婚夫來找她到區上扯結婚證，傅同志不允，擬解除婚約，理由是結婚妨礙了革命。我為他們判決：土改後結婚，雙方同意，欣然而散。

傅先保是一位天真、樸實、可愛的女同志，由於她參加了我們的工作，使我們接近了、帶動了婦女，隨而更深入地發動了農民同志，

---

[25]　吳奔星長女。
[26]　吳奔星長子。

順利地完成了土地改革的艱巨的任務。她在我的心目中，留下了難以遺忘的形象。我想試一試，通過她的婚事，寫下她和我們相處的一段歷程，為土改，為私交，留個永恆的紀念。

## 11月19日　星期一　二十一

賀先生來信借款，興華來信說她已拿走五十萬了。小印曾病兩周，聽說現已好了。

### 【附錄】土改以後再結婚吧

我們才下鄉的那幾天，地主階級就大造謠言，想阻撓土改工作的順利進行。使農民群眾，特別是婦女不敢接近我們。謠言的內容是：

「土改隊多半是年輕小夥子，都是來搞老婆、搞皮絆[27]的！」

雖然經我們在群眾大會說明來意，表明政策之後，謠言終歸是謠言，並那樣起到預期的作用；不過婦女，特別是少婦、少女，對我們多少懷有戒心，開會時樣子多不自然，婦女晚上開會更不願踴躍到會、發言，有時還要提前回家。

為了推進工作，區委會派了幾個本鄉生長的婦女幹部來我們隊伍工作，分配到我們組的是傅先保同志。

傅先保同志矮個子，圓臉孔，上身是幹部服，下身是普通褲子，穿一雙頭子上繡了花的布鞋。她今年二十歲，是離此十來里的舒家村人，從小沒上過學，認不了幾個字，寫自己的名字，都是七歪八斜的。今春減租退押時，她表現得很積極。為了培養女幹部，區委調她出來做土改幹部。在我們來二區之前，她曾在十一區搞過十來天的土改試點工作，多少取得了一些直接經驗，調到我們組後，分配給她的工作是深入地發動婦女。

她已主持過兩次婦女會，還敢說話，只是一說就臉紅。由於文化低，滿口是「堅決要翻身、解決打倒地主階級、中貧農是一家，堅決要團結起來，婦女堅決要解放，……」辭彙的變化少，堅決二字特別多，講話好比喊口號，內容雖沒有一貫的條理，對婦女多少起一些鼓勵的作用。我們暗地不免發笑，但都避免外露，不斷的鼓勵她，就

---

[27] 搞皮絆或打皮絆，湖北地區方言，指男女之間的婚外戀或婚外性關係。

這樣學習下去，總會講話的。的確，由於她的話簡單，變化少，農村婦女反而容易記得，到現在都會跟著喊口號，口頭上也流露出一些新名詞。同時，婦女們對我們男同志也敢於接近，不像初開時那麼拘謹了，這不能不說是傅同志的功勞。

時間一久，我們也同她說些笑話。在彙報、學習、或者吃飯開始前，一見傅同志進來，同志們總喜歡說：堅決革命到底，堅決要翻身……她也知道是說她，大家就不問原因笑開了。起初她不習慣，後來也就隨聲附和：堅決要什麼了。她很虛心，除了向我們學習政策，如土改法、新婚姻法，還向我們學文化，每天要我寫一句簡單的實用的話，如：擁護毛主席，擁護人民政府，為人民服務之類。她照著寫，學會了，再換別的。經過十多天，她已會寫不少的字了。

不過，大家雖混得很熟，總不敢問起她的婚事。我們都以地主階級所造的謠言為鑒戒。但這裏的風俗，多半是指腹為婚，並且一般的都是早婚。有時，我們有必要問起農民們的兒女婚事，也曾順便問她一聲，她臉一紅，我們知道局面僵化，便不約而同的說一句：堅決要革命！哄然一笑，輕鬆了尷尬的場面。


有一天，趙同志告訴我，區上發生了一幕悲喜劇：有一對未婚夫婦要扯結婚證，被劉秘書教訓一通。這對未婚夫婦，男的是舊港村的許希富，女的就是傅先保同志。我這才知道早一向提到婚事時，她臉一紅的根源。原來她從小就許配了許家，不過，直到今年才見面。半年前許家要求完婚，傅家表示同意。當事人雙方見過一兩次面後，也同了意。男方準備臘月二十日結婚，特邀女方到區上辦結婚手續。這時區委書記和區長都到縣城開擴大幹部會議去了，由劉秘書當家。劉秘書對傅先保同志說：

你現在是幹部，事先未徵求組織同意，中途拋棄工作，要去結婚，想想看，對嗎？

劉秘書的嗓子相當大，傅同志一聽之下，紅臉得像豬血，一聲不響地走了出來，氣衝衝地對男的說：不結婚了！男的受了當頭一棒，也就沒有好聲氣地回答：不結就不結！

「那麼，你退八字好了，另外再找吧！」

「找就找！找不到算我倒楣！」

雙方你一言，我一語的，鬧得不歡而散。

我聽到這裏，就對趙同志說：傅同志這麼對待問題，不太好。我們該幫助她合理解決。

話還沒停板，傅同志來了，我就向她說：

「恭喜，恭喜！」

她一楞，說：「什麼呀？」

「你不是扯過結婚證書了嗎？」

「見了鬼！」她嘟囔著嘴，一屁股坐下，對趙同志說：

「趙組長，請給我寫個信，告訴我媽，說我不結婚了，要許家快退八字！」

我說：「你太急性了！有問題該好好解決。如果你從前同意，現在因為當了幹部不同意，也還是可以的。你不是學過了新婚姻法了嗎？那上面不是說結婚須男女雙方本人完全自願嗎？……」

她不等我說完：「我就是不同意，一不做，二不休，要鬧就鬧到底。」

「那豈不是堅決要不結婚了嗎？」

她一聽「堅決」，忍不住又笑了起來。

趙同志說：「那個男的我見了一眼，非常體面呀！」

傅同志突然把頭低下去了。

我說：「你不必急於解除婚約，免得將來失悔！我推想你對他還有相當的感情，只是因為結婚與革命發生了衝突，才心血來潮地要求解約，是不是？……」

我說到這兒，看她一眼，她的嘴角泛起忍不住的笑痕，然後繼續說：

「你的意思我曉得：不結婚吧，那個男的實在又值得你留戀；結婚吧，，又怕他不准你再出來當幹部，左也難，右也難，不能兩全其美。經劉秘書一說，你就堅決要他退八字了，是不是？」

她的頭更加低下去了。我說：

「為免將來懊悔，你何不說服他不要性急，土改以後再結婚呢？」

她說：「婚期之差個多月，他家什麼都準備好了，鄉下人腦筋舊，什麼都圖個順利，堅決不答應，我就只有堅決要退八字了！」

趙同志說：「你左也堅決，右也堅決，就讓你堅決下去吧。」

我們三人一笑就分散了。

　　三天以後，日頭快偏西的時候，我從魯家嘴經過山西灣正要往檀樹灣去的時候，見山西灣寡婦雷英家門前擁擠著一堆婦女、小伢，迎面走來傅先保同志，手上拿了一把牙刷和一支牙膏。她說剛去鎮上發信轉來。我才知道她真的請趙同志寫了信。她說完，很快地向雷英家；跑去，因為她就住在雷英家中。我剛走幾步，忽聽一聲輕微細長的「吳先生」，帶些焦躁與秘密的氣氛。回頭一看，傅先保同志正向我招手，許多婦女也正朝我看。我有些糊塗了，加以傅同志又跑來，把身子向我身子擦，把頭向我頭部挨。我不知怎麼回事，倒有些難為情起來，一直等她向我耳語：「那個人來了！」

　　「哪個人？」我知道他的確有話跟我說，這才平靜下來。

　　「還不是大前天那個人！」

　　「哦！……」

　　我會意了，腳步不由自主地跟著她走。

　　「在哪兒？」

　　「坐在雷寡婦家，聽說好半天了。」

　　「你打算怎麼辦？要不要我去跟他談談？」

　　「好吧。」

　　「你的意思究竟怎樣？答應他麼？」

　　「不，還是要他退八字，我才向家裏發了信的，也是這個意思。」

　　「真這麼堅決？」

　　她把我一推：「要去就快去，別扯遠了。」

　　於是我向雷英家走去，扒開封住門的婦女走了進去。許希富坐在竹椅上，頭紮包巾，身繫腰帶，腳登草鞋，顯得挺精神，挺自然、大方。在鄉下，這樣的後生是叫人喜歡的。他看見了我，站了起來。我讓他坐下，我問他的姓名、年齡，然後靠著他坐下，表示我是土改隊的工作幹部，故意問他找傅先保同志什麼事。

　　他說：「還不是那個事？」

　　「什麼事？」我笑了。他似乎奇怪我還不曉得他們的事吧，瞟了我一眼。這時傅先保同志也從外面進來，坐在我的後面。我掉頭問

她：「他說的那個事，是什麼事？」

「我那曉得，問他吧。」

我盯著許希富。他說：「我和她下月二十日就結婚了，想和她到區上去扯結婚證書！」

「哦，大喜，大喜！……」

我的話還沒說完，傅先保從後面把我的凳子推了一下，以為我沒有照她的意思說話，她不滿意。

「請你向我談談幾個問題吧：你家是什麼成分？你們訂婚多久了，見面幾次了？彼此印象如何？結婚以後怎麼辦？」

他說：「是中農，從小就訂了婚的。今年春天，毛主席派來工作隊搞減租退租時，我們才開始見面，連這次，也只四回。」

他說到這裏就停住了，顯然對於我的「彼此印象如何，結婚以後怎麼辦」的問題答不上來。於是我說：「才見四回面就結婚，是不是太急了呀？」

「往日老輩們結婚，是一回面也不見的；我們見了四次還少呀？」

真出乎我意料之外，這個二十歲的小孩說得如此合情合理，使我對他感到興趣，而且覺得他相當可愛。旁觀的婦女也都笑了起來。但我故意難為他地說：「傅先保是我們土改隊的幹部，幹部結婚除了本人同意外，還得我們允可，區上才能批准的。你懂不懂得？」

「懂得！」

我掉頭又問傅先保：「你同意了嗎？」

「沒有，沒有，今早我還發了信回去的！」

許希富不等我說，就搶了過去：「怎麼沒有？前兩回見面你都同了意，怎麼翻了？當了幹部說話就不負責任了哇？」

我怕他倆直接爭論，就叉開他們的談鋒：「不是說話不負責任，在結婚前，彼此都還可以考慮，如果不同意，隨時都可表示意見。你也是一樣。現在在你們的面前有三條路：一是如期結婚，二是以後結婚，三是解約。你們都有權利自由選擇。」

接著我向傅先保說：「你究竟怎樣？」

她說：「還是要他退八字，我要搞工作！」

我以為她在這兒可能會說一聲堅決要革命，那知她避免了。說明這個女孩子隨時在學習，而且在進步。我處在這一對可愛的少男少女

間，決不能作左右袒，只能作和事老，因為我體會到女方的思想感情的矛盾——她是對於結婚與工作都感興趣，有孟子魚我所欲也，熊掌亦我所欲之勢，二者不可得兼，只有硬著頭皮說一聲退八字。其實我想是可以得兼的。於是我對男方說：「你呢？」

「我當然是走頭一條路，要結婚呀！」

「她為了搞工作，不願結婚倒是好的，我想她一定是怕結了婚就不能出來當幹部了！」

「結了婚出來當幹部，我也不反對！」

「那末，就不必忙呀！何不等幾個月再結婚？」

「我家新衣也做好了，花轎嗩吶租妥了，並且給了定錢，如果一拖延，定錢就糟蹋了！」

「真的嗎？」

「真的。」

旁觀的婦女也就為他解釋，說預定花轎先交定錢，是這裏的風俗。於是我就說：「定錢損失了是小事，晚幾個月結婚，少一個人吃飯，不就省出來了嗎？」

「婚姻大事，老人家都希望吉利一些，改日期不好的！」

旁邊的婦女都點著頭說：「是呀！他說的在理！」

「改日期固不吉利，退八字不是更不吉利嗎？」

旁觀的婦女都笑了，許希富卻沈默著。於是我向他說：「你們千百年的好事，我們土改隊本來是贊成的。不過，現在的工作正緊，要她去結婚，本也難得抽出時間來！」

「先生！你家看能不能要她請短假，結了婚就出來工作。」

他從旁觀的人口中曉得我是大學堂裏的一位先生，就加了先生的稱呼，樣子顯得非常誠懇，同時也有些焦急不安。他是極想如期完婚的，所以才這麼讓步！

「你先說請幾天假，我再徵求她的同意。」

「先生說好啦！」

「還是你自己說。」

他硬要我決定，我也硬要他決定，爭了半天，最後我才笑著說：「又不是我結婚，我怎知道你們要幾天才合適呀？」

全場的人哄笑起來，傅先保同志臉又通紅了，重重的推了我的椅

子一下，並且說：「都給我出去，算了，算了，不談了。」

男方看情勢不好，連忙說：「您看一個禮拜好嗎？」

我正預備說話，傅先保搶去了話頭：「一天也不行，乾脆退八字好了！」她的表情相當嚴肅，我只得掉過頭說：「好事情要好好商量，別性急。」接著又向男方說：「三天怎麼樣？」

男的正在考慮，在場的一位婦女說：「先生，我們這地方新姑娘要三天才卸妝，請三天假怕不行吧？」

我想：女的一天假也不願請，你還說三天假不行，怎麼辦呢？於是我就向男的說：「第一條路怕是走不通了，我們試著走第二條路，推遲幾個月再說怎麼樣？」

男的默不做聲，顯然是不願意。

「你說我們這二千五百人一鄉的土改重要呢？還是你同她兩個人結婚的事重要。」

他覺得我把問題提得如此尖銳，默不做聲是抗不住的事。同時，旁邊又有一位婦女說：「先生說的對！傅同志是領導我們開會的唯一的女同志，她如果走了，我們就不能開會了！」

「是呀！傅同志一走，我們就開會不成了呀！再說：結婚日期是可以往後推的，我們的土改是不能推遲的。」

旁邊的婦女都點頭贊同，異口同聲說：「是呀！」

滿屋子充滿了聲音，許希富知道默不做聲是抗不住的，但又沒有理由駁倒我和婦女們的話，仍然默不做聲，頭部低下，眼睛朝下看著！我於是抓緊時機對男女雙方說：「大家都別嚷了，都聽我說：如果你們不同意，我就走了，由你們自己商量去。」

我稍微停頓了一下，幾十雙眼睛向我集中，特別是許希富把頭一抬，張大眼睛看著我，焦急地不知我將說些什麼。

「你們兩人都不要堅持了，我們人民政府對於訂婚結婚都是很慎重的，隨便結婚或解約都是不好的。為了使結婚不妨礙工作，我以為土改完成以後再結婚。土改並不要多久，早則今冬，遲則明春，三五個月的事情。那時，男家缺少嗩吶，我們土改隊發動學校打腰鼓扭秧歌送傅先保同志去結婚，你們大家看這個辦法可得可不得？」

我話還沒講完，在場的婦女小伙一聲吆喝：可得！像喊口號似的，充滿了樂觀的氣氛。男女雙方也都笑了。我問傅同志：「還要退

八字嗎？」

　　她高興地說：「好吧！就照您的辦。」

　　我又向男的說：「同意不同意。」

　　「同意！」

　　他看見傅同志那麼堅決，也只得說一聲同意，表面雖帶笑容，內心當然有許多思慮在攪擾著。為了安慰他：「你儘管相信我們，到時候一定可以完婚！你是中農，她是貧農，中貧農是一家，你倆更加親密。你安心耕作，我保證傅先保同志永遠是你的愛人，決不會跟別人鬧皮絆，……」

　　我話未落音，傅同志使勁把椅子一推，幾乎使我翻了個筋斗，引起一片笑聲。我順勢站了起來，送許希富笑嘻嘻地踏上歸途。婦女們瞟著他的背影說：「好後生！」

　　等我回頭再看傅先保，她也是一個背影對著大家，正向著牆暗笑，脖子都紅了！

# 11月20日　星期二　廿三

　　昨晚腸胃不適，失眠頗久。

　　晚開貧雇小組會，討論搜集廖德清的罪證問題。

　　會後，余小和余芝芳來談，只能鬥廖德清幫國民黨匪幫抽壯丁的事，至於人命案子情形複雜，恐不能歸咎廖德清一人。

## 取保

　　太陽快偏西了，千多人的鬥爭會場面還是熱烈緊張。苦主的苦水越吐越多，情緒越來越高。掌握會場火候的土改幹部，看這樣發展下去不免發生吊打現象，同時算算，剝削帳也已超過了貧雇小組摸底的數字，再鬥爭下去，數字一大，拿不出來，地主只有一死，果實拿不到，空鬥一場，倒是於群眾不利的事。土改隊程隊長就示意鬥爭會主席貧農汪全新快點把鬥爭會結束。

　　汪全新黨員（是貧農成分，經過區委及土改隊有意的培養，果然能掌握會場了）他腳蹬草鞋往方桌上一跨，正對著跪在地上的不法地主廖炳林和他的老婆童芹芝的眉眼，十個腳趾好比十把匕首，看起來是那麼威風。他首先把鬥爭回做了一個總結，接著宣佈了剝削帳是

五百石零九斗穀子，然後說：把廖炳林押回民兵中隊部，放他的老婆回去取保，保證廖炳林隨傳隨到，限期交清。說完，並問群眾同意不同意。他的話剛落，四周人潮洶湧，一片吵嚷：「就是他老婆拐嘛！這樣放她回去，太便宜了她！」

「主席，我的材料多著呢！悶著一肚子氣沒出呀！」

「喂！我們這裏還有十多個苦主根本就沒有開口呀！」

「這樣結束，地主的婆娘倒快活了，難道我們悶著一肚子氣回去不成！？」

「……」

你一言我一語，攪成一片，弄得主席汪全新下不了臺，連忙商量程隊長和其他幹部如何滿足苦主的鬥爭要求，使他們出一口氣。經過幾分鐘的商議，最後決定地主老婆也要取保，派民兵牽看她，等找好了保再放她回去為她的丈夫找保。工作隊的同志和鬥爭會主席團是預料得到她是找不到保的。這樣決定並非是農民們的報復傾向，而是使她沿門請保，讓群眾發洩一下階級仇恨。當汪主席把這個決定向群眾宣佈時，會場響起了震耳的掌聲。

集體的鬥爭剛結束，個別的鬥爭場面隨著展開了。

地主老婆童芹芝走在前面，民兵余子方手牽著繩索，像牽著一頭牲口，在後面跟著，時而發出嗤嗤快走的聲音。

東西南北的灣，不是她的親戚，就是兄弟、鄰居或者她認識的人。今天來鬥爭她們夫婦的也正是這些人，而且爭先發言的，還是姓廖的人，甚至是她丈夫的同胞兄弟。因此，天色並未黑下來，但她總覺前路茫茫，向那家去討保呢？走著想著腳步不禁又放慢了，但不為情面的嗤「快走」之聲，又不容許她走得太慢。

她是童家嶺的人，從小讀過幾句死書，過慣了小姐生活，而童姓又是這一鄉的所謂名門望族，更培養了她的嬌氣與傲氣，開言就罵，舉手就打，動手打人已成了她的習慣。在舊社會，童姓還出了幾個惡霸，家丁仗著人多勢大，橫行鄉里，誰也不敢惹，誰也高攀不上。如果有人與童姓結了兒女親家，那是幾輩子都引為榮幸的事。如果有人得罪了童姓，或是在童氏墳頭上拔去了一根草，那就會遭殃，重則拆屋取瓦，驅逐出境；輕則被打得頭破血流，還得賠罪。童芹芝自打嫁了過來，二十年中誰不巴結？她想那個見了他不叫么爹，見了我不

叫么娘？那個見他不哈腰，那個見我不拱手？想不到今天弄得這片田地，被人牽著去求保，見它媽的鬼了，不如死了倒乾脆。但一想想家中還有五個小孩，最小的已有半天沒吃奶了，心思急轉：死不得，死不得。仍然拖著酸軟的八字腳一步一步走著。

　　走過了幾家門口，想進去又縮了回來。她想：那一家沒受過我的氣？那一家想保我呢？還是去找炳林的三位哥哥吧。——老大老二是貧農，老三是富農，唯一的讀書人。於是她向廖家灣走去。邊走邊想：剛才的鬥爭會，他們三個也都參加了嗎？大爺二爺還鬥爭了他呀！這樣一來又失去了信心，腳步又走慢了。看看天色不早，心頭充滿著恐怖，聊以自慰地想著：可能他們剛才是假鬥吧，也許是為了各避嫌疑吧？不過真鬥假鬥，總算是骨肉之親，不能不顧念一下手足之情吧。於是鼓起勇氣往前走去，那知剛剛走到廖家灣，忽聽一片關門聲，老大老二早關上了門，只有老三來不及關，站在門檻上跟她扯嘴，說來說去，老三倒有些顧念手足之情，想為弟媳保一下，但又有些顧慮，怕人說他和地主有牽連，正猶豫間，聽見隔牆喊叫：「老三！你已讀了幾句書的人咯今天不是常聽你說大義滅親嗎？到時候了呀？還跟他囉嗦什麼？」

　　三爺如從睡夢中清醒過來，連說：「不行，不行！」

　　吧嗒一下把門一關，攢了地主老婆一身的灰！她在失望之後，真想死，但又沒有勇氣。在民兵的催促下，折回來向山西灣走去。過了幾家，想想都是仇視她的，望都不敢望一下。經過余寡婦的門口，看見余寡婦的婆婆在用連枷打蕎麥，她靈機一動，連忙問聲好兒，裝著傻笑，露出兩個已失時效的酒渦。當她正與老太婆提到做保的事情時，余寡婦從屋裏跑出來：「娘，你別慈悲了！難道您忘了那回事麼？」

　　隨著又轉向地主婆說：「真是狐狸精，你害得他好慘，還好意思要我們做保！走，快走，不走，我就叫貧雇小組的人來了！」

　　原來余寡婦的丈夫雷安成十年前在廖家當小工，年終結算工資約莫有廿來塊光洋。她不存好心，想拖賴不給。一天早上，她正抱著小孩餵奶，同時端著一碗飯在吃著，看著雷安成從旁走過，忽然故意把碗摔在地上，吧嗒一聲，隨著大嚷：

　　「快來人呀……

廖炳林還在睡懶覺，從床上爬起，連問在回事。她就說：「安成這傢伙不規矩，老看我臉上，還順手把我胸口摸了一把，把飯碗也碰到地上摔碎了。」

廖炳林一聲冒了火，分文不給還不說，一陣拳打腳踢，使雷安成昏迷過去，口吐鮮血。當時是國民黨反動派當權，八字衙門朝南開，有理無錢莫進來。他吃了啞巴虧，有苦說不得。自此以後，吐血的毛病老是診不好，不到三年便死去了。余寡婦每到過年就想起丈夫來，但是十多年來敢怒不敢言。剛才開鬥爭會，又沒輪到她，悶了一肚子怨氣，到這時候才吐了出來。

地主婆碰了一鼻子灰，一聲不響地趕快走，眼睛已無勇氣望一些有人煙的地方，不知不覺翻過一個山坡，來到汪家沱，一連又碰了幾個釘子。走到從前在她家當過長工的吳樹清家門口，靈機一動，不覺站住了。吳樹清在舊社會替她家當了七八年的長工，解放前幾年才結了婚，兩口子帶著四個孩子辛辛苦苦度日，因為人很忠厚，別人要他幹啥就幹啥，因此，人家叫他哈巴，又因為他的眼睛由於從小哭多了，起了一層白朦，灰白灰白的，又添上一個洋字，叫他洋哈巴。他的老婆桂貞也是瞎眼，大家稱她是瞎子婆，挖苦她：天生的一對，地生的一雙。自打解放後，大家都改了口，稱他樹清哥，稱他老婆叫桂貞姐或者樹清嫂。惟獨廖炳林同他的老婆不改口，以為看著他長大，看他成人，看他立家，又在自家做了七、八年的牛馬，值不得抬舉，仍舊一貫地叫他洋哈巴、瞎子婆。家裏缺人手時，總是說：去把洋哈巴叫來；小孩子要做衣服，也總是說，叫瞎子婆來做幾天。而且總是大模大樣、不知天高地厚似的粗聲粗氣。因此站了半天，不知如何開口，叫他們混名當然不行，稱哥稱姐又說不出口，踟躕好久，為了解除手膀子上的嘛索，早些回去吃晚飯，餵孩子，也只得放下架子，露出兩個褪了色的酒渦，輕輕地叫一聲：

「樹清哥！」

吳樹清正低頭淘米，一聽聲音很熟，知道是她，裝聾做啞，故意不理，頭也不抬，直等到她叫第二聲，才在鼻孔裏「恩」一聲，直通通地說：

「這裏沒有樹清哥，只有洋哈巴！」

她忍著氣，對著在灶台邊燒火的樹清嫂叫了一聲：

「桂貞姐，忙啥？」

桂貞吐了一口痰，來長聲音說：「哪里有什麼桂貞姐啊，這裏只有瞎子婆！你找錯了門吧。」

吳樹清夫婦照樣工作，她像冷水淋背，皮肉麻細細的，走開了。

她再也沒有勇氣請保了，腳步越來越慢，但是民兵余子方的催促聲，卻越來越凶：「媽的，快點，你吃多了好的不覺餓，我可要回去吃夜飯了！」

最後走到檀樹灣余子清家門口，余子清本來是跟地主家有來往的，曾經結拜過乾親家。今年春上減租退押後分果實時，群眾說他是狗腿子，沒有他的份。他老夫妻睡了三天三夜，氣得不得了。土改隊來後，成立貧雇小組，他請求了幾次，仍沒有被批准。不過，幹部們還是在爭取他，教育他，曾對他說：只要鬥爭廖炳林夫婦時他表現得好，可能批准參加。果然，今天在鬥爭會時，他訴苦得很好，涕淚俱下，大大改變了群眾對他的壞印象。但地主老婆以為他一向是最忠實的走狗，今天的鬥爭肯定是假的，所以一走到他的門口，心眼似乎亮了，這是她最後的一線希望啊。可是，出乎她的意料之外，她還沒有張口，余子清已經迎面而來，翹起兩撇鬍子，惡狠狠地對她說：

「你害了我一輩子還不夠！？我再給你跑腿，我們老兩口會餓死呀！你不要做夢了！砍掉我腦殼也不得為你做保！」

說時，他還把頭一偏，伸著右手掌當著是刀樣地比劃著脖子。

這一下，真把地主婆嚇昏了。往日的余子清哪是這樣呀，自己吃飯時，余子清替她抱小孩；一早起還給廖炳林倒夜壺，哪一樣不伺候得畢恭畢敬。想不到他今天來這麼一手，這是什麼力量使得她的忠實狗腿子變了，她真想不通，步伐又走慢了。經民兵一催，心一橫，狗急跳牆，回頭對民兵說：

「子方哥，乾脆請您保一下吧！」

說時，一臉苦笑，又露出那兩個可恥的酒渦。

子方一聽急了：「狗日的，不要臉的老妖精，老得要進棺材了，還想迷人啊。老子要揍你！」說著，一面用勁把繩索往後一拉，痛得她叫了一聲「哎喲」。趕著她像趕牲口一樣，向工作隊走去。

太陽落了西山，天色也黑了下來。隊長的臨時住處在貧農楊經香家。好像大家早就知道地主老婆要來似的，大門被先前在鬥爭會上沒

有發言的苦主擠得水洩不通。

這是，地主老婆在群眾中間低著頭站著，隊長正要講話，忽聽一個帶紅領巾的十三、四歲女娃大喊：

「毛主席萬歲！中貧農團結起，打倒狐狸精！」

大家跟著喊起來，緊張的場面又造成了。

隊長是一個黨員，深恐群眾乘機亂打，想抓緊時間講話，先要群眾肅靜一點，然後指著地主老婆的鼻子說：

「找到保了沒有？」

地主老婆低頭用眼睛掃射了一下周圍數不清的腿和腳，感到異常的恐懼，吞吞吐吐地說：

「沒有。」

於是隊長開始訓話了：

「兩千多人的一個鄉，連一個人都不敢保你，看你拐到什麼程度！如果再不向人民低頭，人民就不寬大你！……」

「不是為了小孩，我倒寧肯……死……」地主老婆搶著說，「死」字說得幾乎聽不清。

「等我說，不要強辯，不是看在小孩子的份上，早給你關起來了。以後你要老實點，不准亂說亂動。既然找不到保，就交全鄉人民看管。」隊長說到這裏，又向群眾說：

「這樣辦行不行？」

「行……喲……」

一陣掌聲，沖散了大家多少年來的怨氣、悶氣。大家瞪著眼，看著地主老婆的背影消失而且沉落在無邊的黑暗中。

一九五一、十一、二十、晚十一時

## 11月21日　星期三

昨開中貧農大會，根據群眾要求，將惡霸廖德清扣押，其罪狀有四：

1.為國民黨匪幫買賣壯丁，濫收壯丁費，剝削人民。

2.逼死吳修甫之姊。

3.逼迫旁嫂王秀英掃地出門。

4.借廖氏修譜，貪污二千一百光洋。

## 11月22日　星期四

昨晚徹夜大風，至今晚未息。半夜因須大便，以怕冷，不敢起床；忍無可忍，終至起來，便後才算睡了一會兒。

正午起忽飄雪粒，繼以雪花。屋子以瓦薄，經風一吹，雪花入內，地無干土，桌竟雪白一層，掃去片刻，有是一層。床頂幸有油布一張，不然，將無處安身。

早開擁幹會，以天冷，身心不適，請假未去。

## 11月23日　星期五

早起，室內雪深寸許。床頂油布上落了一大層，直等藏身雪窟。幸雪止，不然，勢必遷居。

得興華函，知賀澹江又將三百餘萬元哄騙而去，借給一豆腐鋪，此實鬼話。

晚開貧雇會。

### 原野載不動大家的歡喜
#### ——土改詩鈔：歡迎土改隊

怕莫還是頭一遍雞啼，
農民們就你呼喚我，我呼喚你；
為迎接第一道曙光，
連莊稼也樂得搖頭擺尾。
成群的農民像巨人般站起，
上升的太陽像一面光輝的紅旗。
歡呼哇，歡呼，
「歡迎毛主席派來的土改隊！」
千言萬語都融化在掌聲裏。
一切被地主階級剝奪去的土地，
都要回到父老鄉親的手裏。
笑聲像氾濫的洪濤，
原野載不動大家的歡喜！

十一、二十三、上午最後修訂

一九五一年　53

# 11月24日　星期六

中南文聯于黑丁[28]同志並轉諸同志:

我於今年九月中旬應武大之聘,自京南下。留校只二十日,又出發土改。僅就近與徐懋庸[29]、麗尼[30]、畢奐午[31]、曾卓諸同志晤談,不及過江赴文聯訪問並請教,非常遺憾。

讀《長江日報》,中南文代大會由勝利開幕到勝利閉幕,盛況空前。雖未親自與會,亦能字裏行間作概括的體會。特向諸同志的辛勤籌畫和偉大成就致親切的慰問與熱烈的祝賀,並為中南文聯成立及鞏固與發展而歡呼。

土改期間,曾寫成詩歌、通訊、小品各數篇。為響應文聯的號召,爭取諸同志的指教,特先抄呈小詩一首,看能作《長江文藝》補白之用否?專致

　　敬禮

　　附詩一首

　　簽名

---

[28]　于黑丁(1914—2001),原名敏道,筆名于雁,山東即墨口村人(今屬豐城鎮)。作家。曾任武漢中南文聯副主席、黨組書記,中南局宣傳部文藝處處長,中南作家協會黨組書記,《長江文藝》主編,河南省文聯主席、黨組書記、名譽主席。

[29]　徐懋庸(1911—1977),浙江上虞下管人。早年參加大革命運動。後到上海,與魯迅相識。1933年參加中國左翼作家聯盟,任常委、宣傳部長、書記。1938年赴延安,同年加入中國共產黨,後任抗日軍政大學政教科長,晉魯冀魯豫邊區文聯主任、冀察熱遼聯大校長等職。1949後,任中共武漢大學黨委書記、副校長,中南文化部副部長、教育部副部長等職。1957年被劃為右派。

[30]　麗尼(1909—1968),原名郭安仁,生於湖北孝感。1930年前後到福建,先後擔任《泉州日報》副刊編輯。1949年後,歷任武漢大學中文系教授、武漢中南人民出版社編輯部副主任、副社長兼總編輯,廣州暨南大學中文系教授,並為《譯文》(後改名《世界文學》)編委;「文革」中受到迫害,1968年歿於廣州。

[31]　畢奐午(1908—2000),河北井陘人,詩人、學者。曾任天津南開中學教師,清華大學中文系教員,武漢華中大學中文系講師、副教授,1949年後歷任武漢大學中文系教授,湖北省文聯副主席,武漢市文聯副主席。

上函寄中南文聯于黑丁同志，並附《原野載不動大家的歡喜》一詩，請他及其他同志提意見，作為《長江文藝》的補白。

　　為了寄致興華、賀先生及楊經理的信，於上午十時許偕阮寶洲、崔鴻烈二同學赴馬口，先在得月茶樓喝茶，在茶樓上請阮同學將上述之函及詩謄清一併投郵。喝茶後，並一同赴一小館吃蒸牛肉和蒸魚，有腥味，頗不適口，較之前數日吃的餛飩差遠了。

# 11月25日　星期日

　　早飯後彙報工作。我向工作組作了對於廖德清事件的看法和做法的報告。

　　接黎師[32]及秋實[33]函。

　　晚開貧協小組成立大會。

## 我要跟土地一同呼吸
### ——土改詩抄：記一個翻身長工的話

　　　　往日，我一去種地，

　　　　就滿肚子氣，

　　　　由年頭到年尾，

　　　　風裏，雨裏，雪裏，

　　　　三百六十個日子，

　　　　沒有哪天塞飽過肚皮。

　　　　地主們鞋乾、襪乾、腳乾，不下地，

　　　　計算租子差不了毫釐，

　　　　一不如意就把我來出氣，

　　　　罵的祖宗十三代徹了底，

　　　　年終結帳，七算八盤還要倒找他的利，

　　　　真是豈有此理！

　　　　我只有白瞪眼，乾著急。

　　　　現在分了財產和田地，

---

[32]　黎錦熙。

[33]　張拱貴之妹。

這才像苗兒生根、花兒有蒂，
不像浮萍飄搖在人家的塘裏。
我好比糖果塞滿了嘴，
說不出什麼滋味，
只曉得甜水滲透了心底，
擠出了滿肚子悶氣，
從今後，生產要特別努力，
交公糧，不拖拉一分一粒，
餘錢剩米捐獻買飛機，打美帝。
啊，土地就是命，
我要跟土地一同呼吸。

一九五一、十一、二十五、晚

## 11月26日　星期一

上午李、周二兄來此。

下午參加何建光家茶會。

地主拖拉應交之款項，晚飯後由貧雇小組審問情由，曾加捆綁。

## 11月27日　星期二

下午草擬《思想的改造應以感情的改造為起點》一文，明日再修改一次。

## 11月28日　星期三

曾卓來函，剪寄《大剛報》所發表之劉慶芳所作《採棉花》一詩及稿費一萬五千元。

又接興華函，滿紙辛酸，只怪金築及心村不聽話，真是沒有辦法。我對興華健康感到絕大的憂慮。

上午赴王氏宗祠開會，途中見一牛車碾米，好奇心使我坐上一試，牛驚走，把我摔倒，左臂左腿內部隱隱作痛。

## 11月29日　星期四

上午十二時在王氏宗祠成立英山鄉農民協會，漢川新華書店馬

口支店派一女同志方見廚當眾推銷通俗書刊，我買了一本《湖北文藝》。

## 11月30日　星期五

　　下午從貧農婦女劉英青口中記錄《苦心歌》一首。

　　阮寶洲代抄《思想的改造應以感情的改造為起點》一文完成。

　　整理《感謝毛主席指示了方向——土改詩抄：歡送會》一詩。

## 12月1日　星期六

　　早飯後赴馬口，將《思想的改造應以感情的改造為起點》一文投寄《長江日報》，並歡迎老繆他們自縣城開會歸來。

　　從傅先保、童傳芳二同志口中記錄民歌《十想》——對封建的包辦婚姻不滿的一首歌謠。

　　劉慶芳背誦《人民詩歌》上的一首民歌：

> 水車車水骨骨響，
> 葉子好比是人民，
> 龍頭好比共產黨，
> 葉子繞頭龍頭轉，
> 水車車水骨骨響。

## 12月2日　星期日

　　得興華上月廿七日信，對於貸款事表示不致收不回來，要我放心。

　　千帆自養魚鄉返回，出示西彥[34]一信，他在皖北土改，表示暫時不能離開浙大到武大來。

　　下午三組劃階級，有一王舉庭是教書的，群眾劃他地主，他硬不承認，只承認小土地出租者。後來承認：我是地主，我是地主。另一群眾說，他說：國民黨錯，有吃有喝；共產黨好，人人吃草。於是大

---

[34]　王西彥（1914—1999），浙江義烏人。1937年畢業於北平中國大學國學系。歷任福建永安《現代文學》月刊主編，桂林師範學院、湖南大學、武漢大學、浙江大學教授，上海作家協會專業作家、副主席。

家一致認他是地主。

楊近香長女培芳病篤，彼夫婦甚為著急。

## 12月3日　星期一

昨夜因楊培芳病危，我與老繆睡而複起者再，黎明為近香夫婦哭醒，以為氣絕，迨我等起床，見伊尚有一口氣，即為代請馬口譚永祥大夫來村診治，晚復請其注射Cyclacillin[35]一針，病勢雖穩定，但尚未脫危險期。

剛就寢不久，聞哭聲，知培芳亡故，悲戚的空氣，充滿室中。

## 12月4日　星期二

昨晚一夜沒睡好，聞楊氏夫婦哭兒之聲，亦不禁淚水盈眶。

早開擁幹會議，由王政委報告。

接興華十一月二十九日自京來示，說賀先生因我去信責備借款之事，到家大發雷霆。

擁幹會後，開指導員組長會議，千帆報告下一階段的地點問題，全隊開四鄉：丁集、白石、大嘴、舊港。我組在舊港，最遠，當時我曾提出意見，表示應重新按情況決定，曾發生爭議。

小組會後，千帆出示陳登老來函所抄中南教育部來函之附件，謂呈奉中央教育部令：稱我誤認革命陣營中尚有所謂自由職業者存在，並令學校與北京市府協商彙報。

## 12月5日　星期三

得興華函，說師大出版部找我算帳（為《鴨綠江歌》），欠一百廿六萬九千（一百二十陸萬玖千玖百元），原款數不明，顯見又是賀先生搗鬼。已函復興華。

## 12月6日　星期四

函天津語文教學社張道良[36]同志，請其代恰大眾書店，核算《鴨

---

35　氨環烷西林，抗生素。

36　張道良，天津人。副編審。曾任《中國公論》月刊編輯部主任，《光華日

綠江歌》書款,並表示前寄之稿件如內容有問題,可不刊出。

上午面對面劃階級,晚又召開貧農大會,對劃階級作準備工作。

千帆上午來此,還來二十六萬元。

## 12月8日　星期五

《文藝報》第四十七、八期有一篇記愛倫堡[37]、聶魯達[38]與中國作家的座談一文。愛倫堡以為,一個作家對待自己的創作要嚴肅認真。他說,蘇聯作家安得列夫有一次就創作問題請教列夫‧托爾斯泰時,托爾斯泰回答說,寫作有三個條件:第一、寫作必須出於內在的必要的願望,如沒有這種願望,就一定不要寫;第二、一個寫作計畫已經成熟了,寫作的要求很迫切,這時候,應該竭力壓制這種願望,能不寫,那還是不寫的好;第三、如果一定要寫,就必須盡所有的力量去完成創作,千萬不要為稿費而寫作。

他又說:青年作家是很難從學校培養的,最好的辦法就是生活。

他認為描寫生活,一定要對生活有很深的瞭解。

愛倫堡說:在生活中常有這樣的事,起初似乎不知談什麼,而到了談得正起勁時,卻要分離了。

這句話好呢有人情味。我們剛到鄉下和農民談不來,到談得來時,土改任務已完成了,要分別了。

聶魯達是詩人。他說,現在我們還生活在一個詩歌世紀,詩的音節在詩中是不可少的,但法國有些革命詩人,他們的詩作裏,有時連標點符也沒有,這可以說明,一首詩,押韻也好,不押韻也好,有標

---

報》、《光華週報》、《大地週刊》、《新生晚報》總編輯。1949年後,歷任天津大眾書店經理,《語文教學》月刊主編,天津通俗出版社編輯,天津人民美術出版社審讀。

[37] 愛倫堡(1891—1967),蘇聯新聞記者、作家。愛倫堡和聶魯達1951年9月15日至10月10日來華訪問。

[38] 巴勃魯‧聶魯達(1904—1973),智利詩人。少年時代就喜愛寫詩,16歲入聖地牙哥智利教育學院學習法語。 1928年進入外交界任駐外領事、大使等職。1945年被選為國會議員,並獲智利國家文學獎,同年加入智利共產黨。後因國內政局變化,流亡國外。曾當選世界和平理事會理事,獲史達林國際和平獎金。1952年回國,1957年任智利作家協會主席。1971年獲得諾貝爾文學獎。

點也好，沒有標點也好，主要是在詩的內容。

　　他認為馬雅可夫斯基的詩的最特出的優點，就在於他是毫無保留地用詩來為政治服務的。

## 12月9日　星期六

　　早飯後英山小學以洋鼓洋號列隊，送我組七位同學赴舊港。我和農民們送他們到黃岡鄉口家汉上船。

　　接信張拱貴[39]，說乃父死於獄中。

## 12月10日　星期日

　　赴馬口送信：一致許德珩[40]，一致張拱貴。順便買了七尺學生藍及龍頭細布和棉花一斤四兩，請一張姓成衣店做一件民族形式的棉襖，約計八萬八千元。

　　晚赴汪家沱開會，協助張天望劃階級。

　　自馬口回時，與繆、李、陳等乘小舟渡過白石湖，每人僅五百元，其樂不亞於西子湖畔，而其價則不可以道里計。風景無價，特人為之耳。

## 12月10日　星期一

　　得興華六日所發信，說她二伯同姑媽於三日上午到達北京。

---

[39] 張拱貴（1918—1999），湖北省羅田縣白廟河鄉南寶山人。語言學家。1934至1937年在武昌讀師範。1937年考取北平師範大學中文系。抗戰期間，先後入西安大學、西北聯合大學、西北師範學院，受業於著名語言學家黎錦熙。1941年畢業，留院任助教。1942年，兼西北大學講師。抗戰勝利後，任北平大學講師。1946年任蘇州國立社會教育學院副教授，兼國語專修科代主任。1950年任無錫蘇南文化教育學院副教授，同年8月加入九三學社。1952年任江蘇師範學院副教授。1955年以後，先後任南京師範學院、南京師範大學副教授、教授。

[40] 許德珩（1890—1990），字楚生，江西九江市人。政治活動家、教育家、學者。時任九三學社中央主席。

## 12月11日　星期二

魏克全[41]來函並轉來九三、何貽焜[42]、王學奇[43]等函件。

早飯後農民們沒收地主汪傑、汪天新、廖炳林財產。農民有宗派思想，本灣農民不免有一、二人包庇地主，故意多留財物。晚開農協小組會，予以檢討批評。

## 12月12日　星期三

由學校轉來顧學頡[44]、王寶昌函。

上午赴童家嶺參加沒收事。

晚開農協小組會議，為追索廖炳林欠款，曾將其狗腿子廖中堂捆綁對質。但中堂堅不承認。

## 12月13日　星期四

今日在中農余冰清家吃飯。早飯後赴區署，收察哈爾文教及九三社訊各一冊，張□□函一件。

晚開農協小組會，檢討此次沒收優缺點。

趙少奇自舊港來，依前所工作。

## 12月14日　星期五

開農協代表會，後腦發痛，會未終了即返舍休息。

君奇他們到金家台彙報，晚宿金香家。

---

[41] 魏克全，時任職於武漢大學。

[42] 何貽焜（1908—1959），湖南衡陽人，1937年畢業於北京師範大學國文系，為吳奔星同班同學。曾著有《亭林學說述評》（正中書局出版社，1945年11月）。其舊著《曾國藩評傳》中國文史出版社2013年7月再版。

[43] 王學奇（1920—），北京人，北京師範大學國文系畢業，元曲專家，為吳奔星學弟，兩人1951年曾合作出版《鴨綠江之歌》（詩歌加相聲）。

[44] 顧學頡（1913—1999），湖北人。古典文學家。北京師範大學國文系畢業。歷任國立西北大學、西北師院、湖北師院、民國大學講師、副教授、教授及人民文學出版社高級編輯。

## 12月15日　星期六

今天在廖子山上全鄉階級站隊，到群眾約兩千人，站成 ⊔ 字形，地主面向群眾跪著，富農靠貧農中農坐著。會後有英山小學腰鼓及陳木匠灣婦女的秧歌表演。

## 12月16日　星期日

早飯後，與蕭庭兄上馬口發信，並取回棉襖。

晚開農協小組會，選舉農協代表十人。會後並處理余宗澤家之婆媳糾紛，一致決議：由代表於明日說服雙方進行分家。

## 12月17日　星期一

早飯後，開農協代表會，選舉分配委員，成立分配委員會。

晚開會調查田畝。

處理林葉英脫離其嫡母的撫養，重回其再醮生母的懷抱的問題。

余宗澤及少兒媳魏美方已於今日分家。

## 12月18日　星期二

上午在區署開分配會。

接興華函，並轉來中國圖書發行公司抄錄讀者對《鴨綠江歌》意見一紙，說必須作者道歉後始能結帳。

阮寶洲自舊港來此，參加晚上的農協會。

## 12月19日　星期三

復興華函，並附致師大出版部函一件。

開婦女會，選舉組長副組長。

晚開農協小組會。

## 12月20日　星期四

興華來函並轉來師大出版部催索王學奇欠款函一件。

自昨晚起，婦女們於開會前練習扭秧歌。農村婦女的靈魂解放，此為起點。

## 12月21日　星期五

昨晚打好《火葬地主階級》一詩的腹稿。早上謄於本子上。

上午至王家祠堂開分配委員會，適千帆自丁集來，曾就我之重返北京一事交換意見。

晚開貧雇會，打通貧雇農思想，使他們認識應以團結、互助互諒的精神進行分田、分屋、分果實，以免地主階級從旁笑話。

## 火葬地主階級 —— 土改詩鈔

　　土改已經勝利
　　大家來燒紅契
　　紅契是螞蝗
　　吸乾了貧雇農的血液
　　紅契是鉤針
　　鉤光了貧雇農的骨髓
　　地主靠紅契養肥了自己
　　養肥了他們的妻子
　　一代又一代的罪惡
　　已有兩千多年的歷史
　　農民的血
　　農民的淚
　　農民的仇恨
　　藏在紅契的折紋裏
　　幸喜來了救星毛主席
　　帶給農民生存的希望
　　戰鬥的勇氣
　　血淚仇恨化成一把火，
　　火葬天下的地主階級！

一九五一、十二、二十一

## 12月22日　星期六

早起召開貧雇小組會，決定沒收地主廖炳林房屋。

下午開婦女會，對分配事作思想發動，並由各婦女表示態度。

晚開貧協會，討論房屋分配及如何徵收小土地出租者余天保田地問題。

## 12月23日　星期日

早飯後全鄉開會，追悼在朝鮮犧牲的志願軍汪某，漢川縣府送米七百斤慰問烈屬。

## 12月24日　星期一

早飯後赴區署商討貧雇農分田標準，每人約一畝二分。會畢，偕千帆返舍。

晚開農協小組會，評議中貧農分配果實的等級。

今天在廖炳源家吃飯，其子媳亦約定明日在她家吃飯。她說：她是被婆婆趕出來的。如果我們不吃她的飯，她婆婆會瞧她不起，過去被壓迫的仇恨就難於清除。我們為她的話所感動，只有答應吃飯，想不到吃飯還有政治意義。

近幾日，每晚開會後，例有農民邀約宵夜。今晚又在林家宵夜，由其媳及么姑娘煮雞蛋湯圓給我們吃。

## 12月25日　星期二

天氣突變，刮北風。

已半月未得家書。

晚間討論中農抽補田地問題。

## 12月26日　星期三

白天開會討論貧雇農應抽出多少田地，晚間正式分田。一般貧雇農得到田地都說：陰溝裏篾片翻了身！或者說：禾場裏打穀，有那一日！到今天為止，土地改革可以說勝利完成了，大概還有一星期就可離此返武漢轉京。

## 12月27日　星期四

赴區署彙報，決定明天開農代會，討論分田分果實問題。

自接興華十三日函後，即未得書信，可能是收到我的信遲了。

## 12月28日　星期五

收到興華十二月廿四信，說二伯在廿五日回去，使我不能見到他老人家，非常遺憾。家事複雜，要興華一人處理，也於心不安，決於半月內返家。

早開農協會，討論分配果實及田地問題。

本地幹部王道華同志的講話中，有許多農村中的俗語及歇後語值得學習。如他說：「荷葉包蟮魚，溜了」，這個歇後語，便很有文學意味；如他說，「女兒穿娘的鞋，老樣子」，也發人深思。

## 12月29日　星期六

張拱貴妹秋實來函，說趙澍宜[45]代寄的十萬元已收到。

早飯後在區裏開會，商定分配果實的等級問題。

晚間開始大雪，停開農協會。

## 12月30日　星期日

早起，遍地白雪，深數寸。

早飯前開農協小組會，討論後補丁等七家，請求小組追認。會後又率領婦聯小組赴汪家沱處理彭賢超之妻受其姑虐待事。

王道華同志自昨晨起腹痛如絞當抬至馬口就醫，亦不明根由。今日仍疼痛，恐係盲腸矣。

## 12月31日　星期一

興華來信，說師大出版部對《鴨綠江歌》的發行不負責任，反推到李經理個人名分上，孤立地看問題，真是豈有此理！

今日雪霽，明日可望天晴，歸期當在不遠。

晚間開會，商討明日慶祝元旦及選舉鄉長事宜。會中，王道華到來，想彼腸疾已漸痊可。渠並領導文英、早英、仙芝等婦女唱歌，勁

---

[45]　趙澍宜（1925—2011），湖南省湘潭人。繆琨夫人。1951年參加工作．一直在武漢大學歷史系工作。

頭甚大。

# 附錄：我們勝利地通過了土改關

## 武漢大學中國文學系參加武昌縣土改工作總結

解放以後，在新民主主義的教育方針下，在學校黨和校務委員會的直接領導下，我們武漢大學中國文學系在教學上已經逐漸走上了理論與實際聯繫、學校生活與社會生活結合的道路——一條全新的道路。我們深切體會到毛主席所說的話：「有出息的文學家必須長期地到工農兵群眾中去，到火熱的鬥爭中去。」我們堅決地找尋一切可能的機會，投身到廣大的工農群眾當中，去為他們服務，去熟悉他們的生活，去體驗他們的思想感情，去鍛鍊自己，改造自己。正因為如此，所以去年暑假我們到漢口申新紗廠與四野汽車修理廠去工作了一個月。這一次我們又很幸運地參加了武昌縣的轟轟烈烈的土改運動，深入到農村當中，接觸了廣大的農民，使我們無論在思想上，在業務上，在工作方法上，都有了更顯著的提高。為了把這些收穫、這些成績鞏固起來，作為推動未來工作的動力，我們在回校後，抓緊時間，進行了八天的總結。各人都把自己的體會談了出來，內容非常豐富。在這裏不能詳細報導，只想分四個方面來談談：

### （甲）階級觀點

（1）由模糊到明確下鄉以前，我們當中有些出身於地主家庭的還認為地主不一定都壞，也許有好的。有些以為地主雖然有罪惡，但也怪舊社會制度，不能單單歸咎於個人。有些因為一向生長城市，從來沒有到過鄉下，也不知農村究竟是什麼情況，以為說地主怎樣怎樣，也許是「言過其實」。有的則懷疑各地幹部對於政策的執行有偏差。有的甚至感覺某些地方關起地主，封閉地主房子，是有些過火。下鄉以後，我們每個人都當了直接幫助農民作翻身鬥爭的幹部，從自己的工作中，我們才看到聽到了許多具體鮮明的事實，親身體認了農民與地主階級的本質，這就使我們過去在思想上，所存在的一些糊塗觀點漸漸明朗，漸漸有了正確的認識。最顯明的例子，譬如從前不承認自己家庭是地主的陳利策同學，通過了領導農民劃階級，算剝削

賬，算勞動力以後，他明確地說：「現在我知道了自己的家庭應該是地主成份。」以前想著封房子押地主未免太過火的萬浣波同學，通過了鬥爭地主王輝亭、惡霸王九洲以後，就說：「現在我才明白農民一點不過火，幹部一點沒有偏向。」而在我們回校後的小組漫談中，許多先生同學也都這樣說：「過去我們怪舊社會制度，懷疑幹部不按政策辦事，現在才曉得這種思想是錯誤的。」「從前沒想到地主這樣頑抗，這一次才曉得地主真正兇狠陰毒。」而李健章[46]先生更特別引出了農民在鬥爭中說的一句話：「地主是三斤半的鯿魚，不要把他側面看了。地主的罪惡可多哩！」過去我們就正是這樣，從側面來看地主，所以看不清。現在我們通過了土改，才正視了看清了地主是怎樣一種人，有著什麼樣的罪惡，於是我們在觀點上、立場上，也就變得更明確、更堅定了。

（2）由抽象到具體過去我們在土改學習中，在書本上，在別人的言談裏，對地主階級的罪惡也不能說沒有一些空洞的認識，對農民的痛苦也不能說沒有一些抽象的同情，但是我們卻誰也不敢說有很深刻的瞭解，很鮮明的愛憎，就是剛到鄉下，我們也還沒有怎樣強烈的感覺，然而通過了一個階段的工作，通過了農民的訴苦鬥爭大會，通過了經常的農村訪問，通過了劃階級、查財產、沒收徵收一系列的鬥爭，我們才一次更深一次地感到過去農民受苦受剝削的血淋淋的慘狀，才一次更深一次地增加了對地主階級狡詐頑強的仇恨。也由於這，我們在小組漫談中才能舉出很多具體的例子，來證明地主在政治上經濟上對於農民的壓迫剝削。像秦潭鄉惡霸陳少田，請人割草不把錢，反而打人耳光，和日寇漢奸勾結，殺害很多農民；九夫鄉惡霸王九洲笑裏藏刀，農民從新四軍回來的看見他向自己點頭，就覺得自己的腦袋保不住；還有一些地主，他們或者憑藉政治勢力，亂抓壯丁；或者開設行店，販賣人口；或者寧肯把穀子放在倉裏黴爛，不借給農民吃；或者放一元賬，一年就滾到八十元利息。像這樣殘酷的事實都

<hr>

[46] 李健章（1912—1998），古典文學研究專家。筆名晦之，安徽合肥人。1939年畢業於武漢大學中文系，曾任四川江津國立第九中學國文教師。1941年應聘回武漢大學（戰時在四川樂山），任中文系助教。武大復員珞珈山后去安徽大學一年，任中文系講師。1947年複回武大執教，任中文系講師，1950年代晉升為副教授，「文革」後升教授，曾任中文系主任多年。

是我們親自看見親自聽到的。這給我們的影響很大，使我們不再是從
理論上來痛恨地主，也不再是空洞地同情農民了。

（3）由人道主義到階級仇恨　由於階級出身的關係，我們初下鄉
時，在思想上都不免或多或少地存在一些舊社會的人道主義和仁慈觀
點。像劉壽嵩[47]先生第一次參加鬥爭大會，對地主還不免有「惻隱之
心」，像張敘之同學把隱瞞成份的地主查出以後，想著他就要窮了，
還覺得過意不去。但是這種無原則的人道主義和仁慈觀點不久就丟掉
了。因為我們住在貧雇農家裏，和他們一道生活，從他們的日常生活
裏，從他們的日常談話裏，每一件事，每一句話，都可以叫我們看出
地主剝削的痕跡，農民憤恨的火焰；而且由於生活上的緊密聯繫，我
們和農民之間建立起了真正的階級情感，用這種情感，我們克服了對
地主的同情，也用這種情感，加深了對地主的仇恨。就像劉壽嵩先生
後來所說：當他聽到一個老太婆敘述她兒子放牛，牛吃了地主一顆白
菜，她兒子就被地主一鋤頭打死，他對地主的「惻隱之心」就完全消
失了。萬浣波同學也說：她看到王九洲那樣的惡霸垂死不向人民低
頭，真恨極了。她平常頂怕看殺人，但槍斃王九洲的時候，她卻堅決
地要去看。這些事例都說明了：通過這次土改，我們師生不獨在思想
上認識了地主階級的可惡可恨，而且也真正從情感上同情了農民，站
在農民的立場上。

如上所述，由於我們階級觀點的改變，思想感情的轉化，在這次
土改工作中，我們大家都做到了這樣幾點：

第一、認識了土改的正義性與必然性，加強了對工作的積極認
真。我們深切地體會到了地主階級是社會發展的絆腳石，是農業生產
力的主要障礙，不打倒地主，不消滅封建剝削，農村經濟就無法繁
榮，農民生活就無法改善，因此我們堅決地和農民站在一起，積極地
協助他們搞好土改，我們每個人都拿出了忘我的精神、高度的熱情來
進行工作。像李健章先生、胡國瑞[48]先生、周大璞先生，母親、孩子
病得垂危了，家裏來信催他回去看看，他們都說：「這兩天工作正

---

[47] 即劉綬松（1912—1969），中國新文學史專家。

[48] 胡國瑞（1908—1998），字芝湘，湖北當陽（歸宜昌市管轄）人。古典文
學研究專家，尤致力於魏晉南北朝文學史和唐詩、宋詞研究。武漢大學中
文系教授。

緊張，我怎麼能丟下回去？也許是家裏來信故意說得厲害些罷！」又像患有嚴重心臟病的郭安仁先生，一向身體不大健康的唐彥文同學，他們也都從沒有為了身體不好的緣故，放鬆一刻工作。其他像李萍生同學腳上起了大血泡，繆琨先生害著嚴重的胃病，不能吃飯，也都堅持了他們的工作。這種精神，這種熱忱，都說明了：當我們認識了土改的正義性和必然性以後，在行動上都拿出了全力來擁護它、執行它。

再則，看清了地主階級的暴虐性、頑抗性，正確地批判了自己的家庭。在兩個多月的農村生活中，在火熱的階級鬥爭中，我們所見所聞，所感所觸，都使我們對地主階級有了更清楚的認識，更深刻的瞭解，而且我們也不斷地聯繫到自己的家庭，拿它來對照比較，因而得到了較前正確的批判。例如一向認為自己家庭沒有罪惡的唐彥文同學，在瞭解了地主李道軒的剝削情況以後，就分析了自己的家庭，認識自己家裏五六月放穀賬，解放後分散財產，都是和李道軒一樣的罪惡。又如最初聽到要堅決消滅地主階級而為自己的地主家庭很感不安的胡道源同學，在鬥爭地主孫禮安以後，也認識到自己那個地主家庭的確應該打倒。在這樣的對比和分析之下，其他許多先生同學也都對自己的家庭有了進一步的認識。他們說：「我的家庭不是同某某地主一樣剝削嗎？」「我的父親不是比某某地主還要厲害嗎？」由於有了這種對比和認識，使我們在思想上提高了一步，所以在土改中，張永安先生雖然家裏遭到鬥爭，也能站穩立場，沒有動搖；劉慶芳、陳利策兩同學聽到父親被捕被關的消息，也能照常工作不鬧情緒，而高定鼎、萬浣波兩同學回校以後聽到父親被槍決也還是能積極工作，積極學習。因此，我們可以說：這次參加土改對於我們不僅是一個嚴重的考驗，而且也是一個很大的提高。通過了它，我們才更端正了階級觀點，才更站穩了立場。

### （乙）組織觀點

（1）從黨在土改中所起的作用認識到黨的偉大我們體會了黨的政策完全是根據人民的要求、人民的需要訂立的。沒有黨，沒有黨的政策，土改就成為不可能。初下鄉時，我們不知道如何工作，如何著手。但是因為有了黨的政策，有了區幹部的領導，我們掌握著一定的

政策和一定的方法步驟，去發動群眾，依靠群眾，我們的工作就很順利地開展了。同時，我們也看到在廣大農民群眾發動起來以後，不獨是他們從心底裏相信政府，擁護政府，而且在整個農村裏面也都起了從來沒有的巨大變革。在鬥爭會上，他們向地主說：「今天有人民政府，有毛主席給我們撐腰，我們再不怕你們了。」「今天是我們人民的政府，我們人人都可以講話。」在村子裏，八九歲的小孩打架，也會說：「現在共產黨來了，你可不能再像國民黨那樣隨便打人。」以往存在於農村中的各種壞風氣——賭博、搞皮絆、偷牛、偷雞這一類事情，現在差不多都已經消滅了，而且從來不許參加社會活動的鄉村婦女，在這回三八婦女節會上，也居然排起了浩浩蕩蕩的隊伍，紮著頭巾，扭著秧歌，甚至連五六十歲的老婆婆也出來扛旗幟，划蓮船，登臺講話，紀念自己的節日。這說明了農村中的封建勢力在土改中已經隨著地主階級崩潰，而新的人物新的氣象卻正在共產黨的領導下逐漸滋生。因此，回校後很多先生同學都同樣說：「過去我們唱『沒有共產黨就沒有新中國』，還沒有體會到它的深刻意味，現在我們才感到這句話的真實性了。」

　　（2）從農民對幹部的熱愛，體會到黨是人民的黨　從我們開始下鄉到我們最後離開，我們都一直感到農民對我們的真誠地信任，熱烈地愛護，他們為什麼會這樣呢？這就正如許多先生同學所說的，因為我們代表了黨，代表了政府去為他們服務。所以在工作中，他們把我們每一個人都當做共產黨、解放軍一樣地關懷，一樣地看待。在聯合鄉偶然發生了一場虛驚，貧雇小組的農民對何建元同學說：「何同志，不要怕，有我們。」農民們看見女同志到別村工作，很晚沒回來，就拿手電筒去接。而過年的時候，我們到縣裏開了幾天會，他們把頂好的年食都留下等我們回去吃，甚至放壞了，也不動一點。到我們走的時候，很多農民都流著眼淚說：「同志們為什麼要走呢？就在這裏幫我們把土改辦就了不好？」從這些地方，我們都深深地感到只有共產黨才真是為人民謀幸福的黨，才真正被廣大的人民所擁護、所愛戴。

　　（3）從幹部的思想態度作風，看出黨的教育力量　在鄉下我們接觸了許多工農幹部同志，雖然他們只受了很短期的學校教育（有的根本沒有住過學校），只有很有限的文化，但是他們處理事件的明敏果

斷，對同志的幫助關懷，為人民服務的堅決積極，都使我們受到極大的感動，得到很深的教育。像七區的曹政委，他那種艱苦樸實的作風，團結幹部的精神，分析問題，掌握運動，照顧全面的領導能力，都是我們師生所佩服敬仰念念不忘的。其他像農民出身的李定寶同志，那怕離家那麼近，為了工作也不回家；像知識份子出身的周世炳同志，那怕是高中學生，但從來都是不管下雨下雪，總赤著腳，為農民們奔忙。這些這些都使我們認識到只有在黨的教育培養下才能有這等人物這等表現。因此我們很多同學在回校後都說：「現在我才曉得組織教育的力量真正偉大。」

如上所述，在這次土改中，我們對黨有了進一步的認識，我們的組織觀點更明確，所以我們師生也就有了這樣兩點收穫：

一、是加強了組織性紀律性，堅決服從領導在學校裏，有少數同學平常自由散漫慣了，怕聽「組織性」「紀律性」幾個字，認為組織紀律就是限制自己的自由。但是在這次土改工作中，大家體會到只有團結、服從領導，才能搞好工作，組織紀律並不是限制自己的自由的，而是工作中必需的。因此在七區，很多同學雖然被分配到自己不願去的地方，或不願幹的工作，也堅決服從領導，愉快地接受任務。在八區，就是領導同志跟我們意見不同的時候，我們也堅決執行上級決定，不鬧情緒。先生們也沒有一個擺著教授架子。大家都充分發揮著組織性、紀律性，虛心聽取老幹部的意見，接受他們的領導。

二、是爭取組織教育，積極申請入黨入團由於認識了黨，看出了黨的教育力量，我們大多數的先生和同學都急切地要求參加組織，接受組織教育。好幾位先生在土改中都一致聲言要以自己的實際行動爭取入黨，而過去對黨有著不正確看法的李萍生同學，看著團員就不高興的王規凱同學和何建元同學，通過這次土改，也都認清了黨的性質、黨的力量，知道只有在黨的教育下才能得到自己的進步與發展。因此，他們不特自己申請入團，而且還以自己的積極行動，影響別人，使他們爭取入團。這些都證明了這次土改在我們師生的思想意識上具體行動上起了非常巨大的影響和作用。

## （丙）群眾觀點

（1）相信群眾，依靠群眾，才能搞好工作我們這些學校裏出來的

知識份子，思想上多少還存在著些自高自大、主觀幻想的毛病。但是從實際的工作裏面，漸漸地瞭解到：如果不相信群眾，不依靠群眾，什麼也搞不成。就像貸糧這樣的小事，也必須依靠群眾，掌握情況，才能辦得好，至於鬥爭地主，查財分田，那就更用不著說了。本來整個土改就是一場極複雜極艱巨的鬥爭，不把農民群眾充分地發動起來，靠誰來取得勝利？當我們在思想上明確了這一點以後，也就漸漸地克服了自己的盲目主觀看不起群眾的思想，深切地體會到今後在任何工作上都要相信群眾，依靠群眾，而不能憑自己主觀，包辦代替。

（2）到群眾中去，才能改造自己以前在學校裏，我們當中有些人想著農民都是拙腳笨手沒有知識的粗人，能搞些什麼名堂呢？下鄉以後，我們馬上就發覺了這種想法是完全錯誤的。在鬥爭會上，我們看見農民們講話有條有理，在清算地主查擠瞞田，討論分田地分果實的時候，我們也看到農民的比我們主意好，板眼多。我們又發現那些工農出身，一字不識的鄉村幹部在團結群眾、宣傳政策、掌握火候方面，也比我們強得多。從這些地方，我們才想到：我們除了比他們多識幾個字而外，沒有什麼強的；從這些地方，我們也才開始感到慚愧，感到自己渺小。我們認識到只有站在群眾的鏡子面前，才能照出自己的缺點；只有投入到群眾的洪爐裏，才能冶煉自己，改造自己。因此過去那些性格孤僻，不願接近群眾的，那些只願閉門學習，討厭集體活動的，在土改中都變得積極參加群眾活動，成為集體生活的擁護者了。

（3）全心全意為人民服務，才能得到工作的快樂我們在土改工作中看到了廣大農民對我們的熱愛，感到了從事群眾工作的愉快，我們才開始領悟到這句話的真實涵義，才發見自己過去在這方面作得太不夠。許多同學在回校後還不斷回憶到鄉下工作的快樂。他們說：「在鄉下，我們一心一意搞工作，什麼都沒想到，所以『心寬體胖』了。」有些身體不好的先生同學在鄉下身體也變得好些了。他們說：「只有在人民的熱情支持鼓舞下才能夠這樣，」「今後我一定要儘量充實自己，好有本錢來了全心全意為人民服務。」他們感覺到只要是為人民服務，隨便到那裏都可以；到處都可以生根開花，到處都是自由快樂的。

因為我們的群眾觀點，通過的土改工作，已經明確了起來，首先

使全系師生團結互助的精神加強了。在土改工作中，群眾對我們的熱愛，教育了我們，使我們真正做到尊師愛生，友愛互助。像周淑儀同學生病，她坐轎回來，李雄藩同學步行護送。其他類似的例子，還多得很。

其次，在土改工作中，群眾所表現的高度智慧教育了我們，使我們深到認識到：佈置工作，必須從群眾中來，才能到群眾中去，不能盲目主觀。不僅在土改工作中是這樣，在教學工作上也是這樣。回校以後，我們的教學工作的佈置完全採取民主集中制，在民主的基礎上集中，在集中的指導下民主。

### （丁）文藝觀點

（1）服務的對象　我們過去學習毛主席「在延安文藝座談會上的講話」，對於文藝應該為工農兵服務這一點，都已經從思想上理論上認識了、肯定了，但是實際上對於工農大眾在這方面的要求怎樣，需要怎樣，卻還沒有多大體會和瞭解。這次下鄉，我們看到每一個灣子裏農民都那樣熱烈地要求我們教他們唱歌子，要求我們替他們讀報紙，要求我們給他們編鬥爭惡霸的歌詞，甚至拿著土地回老家的圖畫在雪地裏看個不停，學會了一曲歌子，起早睡晚，都不住地哼著。這些都使我們深深地體會到在廣大的農村裏，那些從幾千年封建剝削之下覺悟起來的農民，那些從政治上經濟上翻了身的農民，是怎樣迫切地需要文學藝術，來滿足他們精神上的貧乏，而且這些新的文學新的藝術對於團結教育他們，啟發他們的階級覺悟，提高他們的鬥爭熱情，又起著怎樣大的作用。九夫鄉的農民田思燕，因為看了小唱選集，開會就非常積極，連家裏的事也丟下不管了。流芳街的業餘劇團公演了打菩薩的戲以後，許多年青的農民回到村子裏，都要搬掉廟裏的菩薩，把廟宇變成學校。這些活生生的事實都使我們認識到我們的文藝的確應該面向工農兵，為他們服務。

（2）創作的源泉　過去我們在學校裏，常常感到生活貧乏，沒有什麼可寫，有些人雖想寫點東西，但動起手來，總覺得寫不生動，寫不實際，所以，我們大多數人的寫作熱情都不高。但這一次當我們投入到這樣一個不平凡的鬥爭裏面，我們才發覺我們周圍的生活是怎樣廣闊，怎樣豐美，怎樣繁複而又新鮮。在整個鬥爭過程中，我們看到

了各種各樣的人物，各種各樣的類型，各種錯綜複雜的關係，各種不同的言語動作。我們感覺到每一件事情，每一個人物，都值得我們仔細觀察、分析、體會、揣摩，每一個農民的談話都值得我們留意、記錄。因此，在土改中，我們很多同學都記下了厚厚的日記，搜集了許多民間語彙歌謠，也寫出了一些作品。回校以後，大家伏在案子上，再不叫沒有東西可寫，而是覺得要寫的東西太多了，不知道從那裏寫起。從這裏我們才體會到毛主席所說的「人民生活中本來存在著文學藝術的礦藏……是一切加工形態文學藝術的取之不盡、用之不竭的唯一的源泉」。

（3）運動的開展文藝運動應該怎樣開展？毛主席說得很清楚：「對於人民，第一步最嚴重最中心的任務是普及工作而不是提高工作。」但是在我們當中有些人原先怎樣想呢？他們覺得：「我們已經有一定的基礎，一定的文化，為什麼要遷就他們呢？這樣豈不是把藝術水準降低了嗎？」下鄉以後，我們才知道這種思想完全錯誤，因為在現實面前，我們受到了教育。當我們給農民唱著我們在學校裏自認為很好的歌子——「明天一定比今天好」、「史達林頌」，他們卻一點不感興趣，甚至要打瞌睡，而在我們給他們唱起「四季歌」、「五朵花」的時候，他們不但非常喜愛，而且熱烈地要求我們教他們唱。尤其是那首在我們認為調子非常平板，不大好聽的婦女訴苦歌，很多老婆婆們聽了都流著眼淚說：「這個歌作得幾好啊！就跟看到了我們的苦楚一樣。」差不多每一個農民都喜歡它，因為他們覺得它很好懂，很好唱。又如湖北日報上所登的一些描寫農村生活，農民痛苦的小調鼓詞，在我們看來，似乎沒有什麼價值，可是，念給農民聽，他們卻不住地點頭說：「這簡直比看到我們還真些」、「真正說切了！」從這些地方，我們才知道我們所喜歡的東西，群眾不一定喜歡，我們認為很美，藝術性很高的東西搬在群眾面前，群眾卻並不一定賞識。就拿這次三八婦女節會上的情形來說，我們對革大文工團演出的盤子舞非常欣賞，然而群眾看得不起勁，而我們認為沒有什麼意味的採蓮船花鼓戲，他們卻看得津津有味。這些也可以使我們明瞭要想真正為工農兵服務，真正作到文藝大眾化，必須先要採取他們所喜見樂聞的形式來向他們普及，必須先要從普及的基礎上開始。同時，我們也認識到要作一個真正偉大的人民文學家，必須使自己的作品拿

出來能夠被廣大的群眾所接受，所喜愛。當然在這裏，我們也認識到所謂普及並不是說讓群眾的文藝永遠停止在五朵花、採蓮船這種形式上，而是要提高的。不過我們現在已深切理解到毛主席所說的「提高，不是在空中提高，不是關門提高，而是在普及基礎上的提高」。同時，要提高也不是從封建階級基礎上、資產階級小資產階級基礎上去提高，而是要「從工農兵的現有文化水平與萌芽狀態的文藝的基礎上去提高」。「是沿著工農兵自己前進的方向去提高」。這一觀點的明確，也是我們在這次土改中的一種收穫。

（4）作者的改造毛主席說：「我們知識份子出身的文藝工作者要使自己的作品為群眾所歡迎，就得把自己的思想感情來一個變化，來一番改造，沒有這個變化，沒有這個改造，什麼事情都是做不好的，都是格格不入的。」在整個土改工作中我們都深切地體會到這一點。在我們下鄉之前和下鄉以後，領導上也一再強調這一點，並且告訴我們：「只有全心全意把工作搞好，把自己的思想感情與農民的思想感情打成一片，把自己改造好了，才能寫出好的作品。」因此，我們在工作中始終是把改造思想放在第一位，而把搜集材料創作作品放在第二位元，並沒有發生那種拿著本子到處去找尋材料的現象，也沒有發現那種帶著參觀態度，站在一旁欣賞的人。當工作忙的時候，我們往往丟下十天半月的日記去把工作作好。這些都證明了在我們思想上是已經認識到作家思想的改造是比他的創作更重要的。當然，知識份子與農民的結合，思想感情的徹底改造轉變，也還不是一個短期的容易的事。讓我們隨便舉幾個例子來證明。譬如在鄉下，我們說：「今天晚上月亮好得很。」農民們卻說「天晴了，明天好曬豆絲。」我們說：「真是春天了，到處草都翻了青。」他們卻說：「這兩天快要起溝，點黃豆了。」從這些地方，我們也瞭解到要想真正寫出工農兵的東西，寫出為他們所喜愛所歡迎的作品，我們還需要繼續體驗他們生活，繼續改造自己的思想感情。

總結起來說，這一次的土改工作，實在是給了我們很多的東西，很大的益處。不僅使我們在思想上明確了四個最主要的觀點——階級觀點、組織觀點、群眾觀點、文藝觀點，解決了四個最基本的問題——立場問題、領導問題、工作方法問題、文藝創作與生活實踐的問題，而且使我們回校以後在工作上學習上以及其他各方面，都起了

巨大的推進作用。我們當中大多數的人都得到進步、轉變、提高。自然，這些成績，這些收穫，是不值得我們自滿的，在我們這些從舊社會中生長和教養出來的知識份子身上還存在著很多缺點、很多包袱、很多沒有肅清的舊的思想意識、傳統的習慣成見的殘餘。我們的改造還是長期的艱巨的，正像毛主席所說：「這還不過是萬里長征中的第一步。」對於我們，這一次土改，僅是下鄉工作的一個新的開始。我們還需要不斷地到革命實踐中去鍛煉提高，朝著「鞏固已有成績，繼續深入生活」這一方向努力。（周大璞、閔琮執筆）

（載《新中華》半月刊一九五一年七月一日第十四卷第十三期）

1951年6月16日全國政協文化俱樂部頒發出入證（見1月18日日記）

1952年1月25日發表在《長江日報》上的《在土地改革運動中對於思想改造的一些體會》一文，署名「武漢大學教授、九三學社中央宣傳委員」（見2月2日日記）

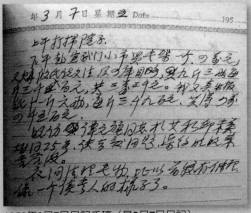

1952年3月7日日記手稿（見3月7日日記）

一九五二年

1952年2月10日北京市人民政府文教局工農教育處副處長譚元堃挽留吳奔星信（見2月11日日記）

吳奔星1930年代創辦的《小雅》詩刊合訂本（見2月19日日記）

1952年3月27日武漢大學關於離職教授吳奔星超支薪水48萬證明函（見4月7日日記）

1952年3月24日《光明日報》刊登的批評《語文教學新論》的文章（見3月27日日記）

1952年文教學院消費合作社制「學習」日記本

1952年6月3日日記中提及1948年8月2日發表于在南京《大剛報》第二版的
《對立監委優越待遇的控訴》

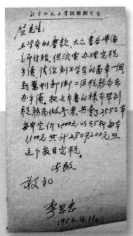

1952年4月11日李思忠致
賀灝江信函，關於《鴨綠
江歌》書款結算及報稅事
宜（見4月17日日記）

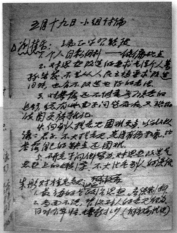

1952年5月19日日記之小組討論部分
手跡（見5月19日日記）

1952年蘇南文教學院教師學習小組名單（見5月19日日記）

1952年2月1日簽發蘇南文教學院聘書（見4月9日日記）

1952年4月份蘇南文教學院薪給清單（見4月16日日記）

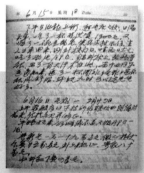

1952年6月15日日記手跡（見6月15日日記）

朱彤1949年編《平民世紀》第1卷第1期封面書影（日記提及）（見5月27日日記）

1952年8月13日蘇南人民政府公署通知成立蘇南師範學院籌建委員會函，吳奔星為籌建委員（見8月21日日記）

1952年9月17日蘇南師範學院籌建委員會致吳奔星函

1952年6月3日日記中提及吳奔星1946年1月16日發表於《民星期刊》的《實現民主與剷除「三才」》（見6月3日日記）

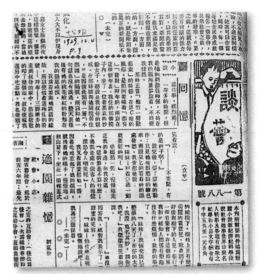

1952年6月3日日記提及長沙《大公報》1929年12月4日發表之小說《回憶》（見6月3日日記）

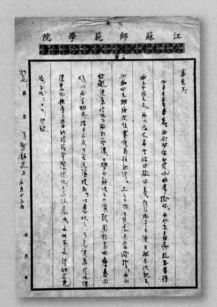

1952年9月12日徐銘延致吳奔星函（見10月12日日記）

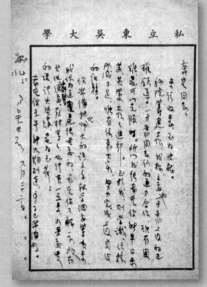

1952年9月22日吳天石致吳奔星信（見10月11日日記）

1952年10月9日日記手跡（見10月9日日記）

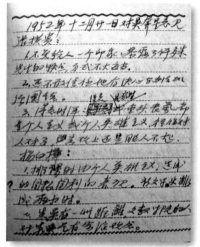

1952年12月21日的日記手稿（見12月21日日記）

1952年10月6日程千帆函謝推薦沈祖棻工作

1952年朱彤所書寫排課延遲情況便條

姓　名　　吳蘭階

別　號　　立峯

籍　貫　　湖南安化縣

通訊處　　安化東坪吳定灣

1947-48年間吳奔星任國
民政府交通部編審名片
（1952年6月3日日記「思
想檢查」中提及）

吳奔星長兄吳蘭階（立峰）北平師範大學英文系1931年畢業照
（1952年6月3日日記「思想檢查」中提及）

吳奔星與姚蜀平1948年在蘇州合影（1952年8月1日日記中提
及和姚蜀平一起逛公園情景）

1952年7月吳奔星抗戰期間學
生唐帝忠（雲波）贈送全家福
照片（見3月9日、7月18日日
記）

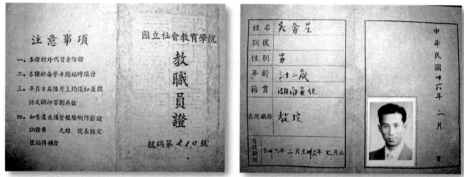

1947年2月國立社會教育學院頒發之教職員證（1952年6月3日日記「思想檢查」中提及）

1950年代紀庸（左三）和學生在江蘇師範學院大門口合影（紀英楠先生提供）

## 1月1日　星期二

早起率領群眾向軍烈屬賀年，並擬春聯二幅：

參軍為打美國鬼

分田好過太平年（軍屬）

土改新年最快活

翻身烈屬頂光榮（烈屬）

早飯後開全鄉鄉民大會，普選鄉長。

## 1月2日　星期三

上午偕蕭庭赴馬口打聽輪船。

晚年中農廖生林請吃活鯽魚，由其大、二媳婦烹調。我與老繆一人一尾，約重十四斤[1]，味甚鮮美，與昨晚所吃野鴨均係稀有之風味。

## 1月3日　星期四

與千帆、□[2]石、蕭庭等乘船過白石湖到馬口，千帆為我餞行。

晚在小組會向父老辭行，均念念不捨，要我多住幾日。婦聯小組林秦英、林文美、吳梅、陳仙芝、余桂香、王銀芝、林秋香等唱歌為我祝福，聲嘶力絕，亦不稍休，至為感動。想不到農村有如此吸引力，使我忍淚話別也。

## 1月4日　星期五

上午九時乘天門輪離馬口，蕭庭及天望送到江干，農民楊星進於昨晚包管子糖二斤送行，憫其貧苦，仍予退回，俞小和送行李，予五千元。

船至新溝附近，擱淺約四十分鐘，抵漢口，已四時半，到學校則已六時許矣。

---

[1]　重量有誤。

[2]　字跡不清，下同。

## 1月5日　星期六

晨起訪李格非[3]、孟憲鴻[4]、沈祖棻[5]、劉弘度[6]、席魯思[7]諸先生，並借九十萬元。

下午訪陳登恪先生。學校已決定我去北京。

購信紙套二萬五千元，理髮二千五百元，午點一千六百元。

換領證章，並報戶口。

## 1月6日　星期日

上午與楊善慈[8]先生過江到漢口，打聽開車時間及票價，順便買了一隻皮箱（三十八萬四千），一條圍巾（七萬八千）、一雙皮鞋（拾玖萬五千）、一雙藍光鞋（五萬五千）、兩雙小鞋（三萬八千）等。

訪可平不晤（武昌青石橋二十七號）。

## 1月7　星期一

上午赴楊家灣，預備做箱套，各成衣店均忙，無閑接受。最後在一衣店買了七尺學生藍，自己縫了一個口袋，裝零星什物，原來的麻布袋就作了箱套。

下午突得楊潛齋函，要我無論如何去一趟。五點乘車過江，七時返校。

晚間訪李格非、趙澍宜辭行。

[3] 李格非（1916—2003），湖北武漢人，語言文字學家、辭書學家，後任武漢大學教授。

[4] 孟憲鴻（1926—），河南孟縣人。後任武漢大學哲學系教授，

[5] 沈祖棻（1909—1977），浙江人。程千帆夫人，後經吳奔星介紹，任江蘇師範學院中文系副教授。

[6] 劉弘度（1887—1966），原名劉永濟，湖南新寧人。時任武漢大學中文系教授。

[7] 席魯思（1896—1966），即席啟炯，字魯思，湖南省永州市東安縣伍家橋鄉人，古典文學研究專家，武漢大學中文系教授。

[8] 楊善慈，湖南安鄉人。畢業於湖南大學礦冶系。曾在安鄉縣任中學校長，後任中南工業大學教授。

## 1月8日　星期二

　　早十時離珞珈山，楊潛齋、吳可平已在漢陽門候我，一同過江至江漢關，坐車至車站。我順便到中國旅行社購票。

　　買了腳盆（五萬）、麂皮鞋（十一萬）、燒箕（一萬五）、野鴨（四萬二）等件。

　　與楊、可平吃午飯，花三萬二千。

　　晚間在可平友人宋超君家吃飯，其夫人文金玉益陽人，頗賢淑。

　　送行者有拱貴妹秋實、宋超及夏伯克君，亦安化人。

## 1月9日　星期三

　　昨晚因被子打了行李票，只有用大衣蓋著睡了一夜，好在有暖氣設備，倒不覺得冷，如睡在熱炕上。

　　早起吃早點一份，四千五百元，頗嫌昂貴。

　　武漢天氣頗佳，一入河南境，見積雪未化，想前數日曾下大雪。

　　下午二時許過黃河鐵橋，黃河之水尚未結冰，但見江心時而漂浮冰塊，可能前幾日曾凍結過，近日天氣晴和又融化了。計自南岸至北岸火車徐行，費時廿五分鐘。

　　黃河北岸買燒雞一隻，雄的，價七千，味欠佳。至新鄉又買三隻，付去二萬元。

　　睡時聽車輪之聲，恍如在狂風暴雨中聽洪濤氾濫，這是火車的笑聲，直奔新中國的首都。

## 1月10日　星期四

　　火車中有一個小孩，三歲，與小印一般大，跟外祖父由南寧回到旅順去。晚上睡眠時，與我對睡下鋪，他的外祖父睡中鋪，不能照應，我不時被砰咚之聲驚醒，那都是這個孩子從鋪上滾下來，有時驚叫一聲，有時則仍然睡著，並且恰好把蓋著的皮夾克蓋在身上。

　　這個孩子是托兒所長大的，對父母的印象很淡薄，當然更談不上家。據他外祖父說，他能裝上子彈，個性強，不好哭。這是新中國的後一代，決無家庭包袱的後一代。

八時半抵京。夜訪黎師於辭典處[9]。

## 1月11日　星期五

今日足未出戶，高桁來訪，並在舍同進晚餐。

晚間修書與程千帆、繆琨、張拱貴及同我一起土改的武大同學。

《長江日報》十二月二十九日函告，我寫的《思想改造應以感情的改造為起點》一文，決定刊用。但恐須過一個時期，屆時將系統地刊出有關思想改造的稿件。

## 1月12日　星期六

中午劉應樸來訪，晚間高惠君來訪。高係畫家齊白石的護士，上炕老保之類的護士也。

晚在賀澹江處晚餐，主要的菜是我送去的野鴨。陪客中尚有屈園經理楊仲英在座。

取回語文教學退稿兩篇。

## 1月13日　星期日

劉為之[10]、鄭道崇先後來訪。

下午赴宣武門內木器店選購鋪板，以價高未成交。

## 1月14日　星期一

上午未出門。

下午四時半出門，擬繼續選購鋪板，以天晚，恐小市已散，折返，到新華書店溜了一過。

興華十年前初中同學尹福葆女士來訪，並同進晚餐。野鴨以時間過久，略有敗味，已不若日前之鮮美矣。

晚間傳亞男來訪，談片刻辭去。

---

[9]　黎錦熙1950年出任中國大辭典編纂處總主任。

[10]　劉為之，時在水利部工作。

# 1月15日　星期二

在宣內小市購窗板六塊，每塊約五寸，床凳兩張，共計人民幣九萬五千元。

晚間賀澹江、高桁等來訪。

# 1月16日　星期三

晚訪黎、賀，並購電泡一隻，價四千五百元。

三反[11]運動轟轟烈烈，人人參加，我卻置身局外，如生活在真空中。

# 1月18日　星期五

下午四時赴政協文化俱樂部還書，並買票沐浴，回頭購《文藝報》第五十四期一本。

# 1月19日　星期六

下午訪李白鳳[12]於其寓邸。

晚間謁黎劭西師，談師大三反事。

# 1月20日　星期日

上午十時一刻，領著金築、心村、心印上大光明電影院看蘇聯電影《生活的光芒》，但因小印吵鬧，未終場而出。

李白鳳來訪。

下午訪鄭道崇同志。

# 1月21日　星期一

下午以電話約定譚元堃，明日午後談話。

---

[11] 三反，指1951年底到1952年10月，中國共產黨在黨政機關工作人員中開展的「反貪污、反浪費、反官僚主義」運動。

[12] 李白鳳（1914—1978），祖籍北京，生於四川。詩人、書法家。生前任河南大學中文系教授。

晚間白鳳偕夫人[13]公子來訪，送其到西單，順便在黎錦熙（劭西）師處座談。

# 1月22日　星期二

譚元堃派專差送信來說，今日午後文教局開幹部大會，約會改至明日下午三時。

九三學社送通知說，收到了一九五一年社費八千元（按武漢市折實單位[14]兩個）。

購《文藝報》五十三期一本。

# 1月23日　星期三

下午三時赴南池子工農教育處與李一帆[15]、譚元堃、臧權諸同志談話，他們留我，我則提出辭意。

晚訪黎劭西師，並在賀先生處拿來十萬元過年並為小京看病。

小京發燒至四十度。

# 1月24日　星期四

小京十一個月，病尚未愈，夜睡不安。

函張拱貴，表示願去無錫。

黎師稱山西大學物色蘇聯文學教授[16]。

---

[13]　劉朱櫻。

[14]　中國大陸1949年建政初期為減輕通貨膨脹對國家經濟建設和人民生活的影響，所實行的一種用於貨幣換算的標準實物單位。具體作法是，由各地區、各大城市根據不同的用途，首先確定每個折實單位所包括的實物專案和數量標準。一般是在米、面、油、鹽，煤、布等基本生活必需品中選擇數種，數量主要參照當地群眾對這些必需品的消費比例確定，以便能夠反映具有代表性的貨幣價值。各地中國人民銀行逐日公佈的折實單位價格稱「折實牌價」。使用範圍包括折實儲蓄存款、銀行存款、發放工資、支付房租、發行公債等方面。國家經濟狀況好轉後，1954年底中國人民銀行停止公佈折實牌價，折實單位廢止。

[15]　李一帆（1908—？），河北人，時在北京市人民政府教育局工作。後調國務院對外文化聯絡委員會工作，先後任駐越南、羅馬尼亞、突尼斯等國大使館文化專員。

[16]　後李白鳳前去任教，期間出版《蘇聯文學研究》（火星出版社，1954

## 1月25日　星期五

李白鳳介紹李楫秋為我物色住房。

買雞一隻，重二斤十五兩，價兩萬六千五百元，一斤是九千三百元。

## 1月26日　星期六

函譚元堃，表示辭意。

## 2月1日　星期五

上午陪賀澹江先生赴楡錢胡同六號看房子。該房現住人為李白鳳先生，昔年詩友；渠因不日遷居，故賀先生有意遷往。正與李君談話間，師大韓文佑[17]君來訪，韓君，本師大女師附中教師，去年轉入師大中文系當副教授。

回家時已十一時，鄭道崇及李楫秋均來訪。一時許同進午餐，李之未婚妻仲崇菊亦在座。

下午與李楫秋赴北海小石作找房，但已為捷足者先登矣。晚間訪賀先生，並與黎先生談話。

日前函譚元堃表明堅決離職之意，迄今尚無答復。

昨日交付傅亞南一九五一年十二月二十一日至一九五二年二月二十一日兩月房租共貳拾捌萬元。原來講定按財政米價每斤一千零五十元計算，她忽然要求按伏地小米批發價一千一百七十元一斤計算；因此增加，未與計較。

## 2月2日　星期六

阮寶洲同學自漢川舊港來信，並寄來一月二十五日的《長江日

---

年）。

[17] 韓文佑（1907—1991），字剛羽，北京通縣人。1933年清華大學二年級肄業。嗣後在京津兩地教中學，1945年在北京大學文學院兼任講師，一面在北京幾處中學兼課。1950年在輔仁大學兼任講師，1951年在人民大學兼課。1951—1952年任北京師範大學中文系副教授，1952年來天津師範學院（河北大學前身）中文系，先後任副教授、教授、碩士生導師。

報》一份，上面刊有我所寫的《在土地改革運動中對於思想改造的一些體會》[18]一文。

　　上午赴什錦花園南吉祥胡同五號吳宅取回買自安樂口的床、桌及火爐等件。

　　晚上劉為之偕其夫人來訪。劉太太說：劉為之已辭去水利部職務，唯欠部中一百一十一萬元，須一周內交還，看我有無辦法？

## 【附錄】在土地改革運動中對於思想改造的一些體會

武漢大學教授　　九三學社中央宣傳委員　　吳奔星

　　知識份子在過去兩年的自我教育和自我改造運動中，雖說有了某些成就，但去理想還有相當的距離。原因之一、我個人的體會，是理論與實踐還沒有很好結合。

　　有些知識份子，雖然讀了些革命的理論，但感情卻往往抗拒的行動，特別是當革命的行動影響到他個人名利的時候。比如：各高等學校的院系調整及課程改革，就有些人執心會影響他們個人名利或小集團的權益，便不免鬧情緒，遲遲不進行；進行了又不能如期完成改革，或改得並不徹底。同樣，對抗美援朝、土地改革及民主改革等一系列的愛國運動，一般知識份子都是有了認識的，但要自己捐獻款子或實際參加工作時，有的就顧慮重重，不免有「不願意」、「怕危險」、「怕吃苦」等感覺。又比方說吧，我們在三月前參加中南區湖北省的土地改革，學習土地改革法令時，都興致勃勃；但到動員時，就有人製造不願參加的理由；到了農村後，又有許多人因不願吃苦或吃不了苦而大鬧情緒，也有借治病而中途一去不返的。這些人在口頭上都知道說：土地是一場系統的激烈的階級鬥爭，可以藉此教育自己和改造自己。但只是向別人說說而已，徒託空言而不能見諸實際行動。

　　我個人雖然在出發時曾表示了「輕傷不下火線，小病不離農村」的決心，至今還沒有退出農村，但在發動群眾的階段中，必須實行三同——與農民同住、同吃、同勞動——訪貧問苦、紮根串聊的時候，

---

[18]　文章署名「武漢大學教授、九三學社中央宣傳委員吳奔星」。

也曾有過毫無信心的想法。因為我與其他同志們的服裝、姿態、語言、習慣……，在在[19]與雇貧農有相當寬廣的距離。理論上瞭解了必須與農民同住、同吃、同勞動，才能生根，才能工作；但實踐上卻有些過不慣。農民大概也看得出我們的弱點，特別把我們當客人一般招待，騰出他們認為最好的地方給我們搭鋪，拿出他們認為可口的東西給我們吃；而過慣城市生活的我們有時還並不覺得滿意，嫌髒哪，嫌粗糙哪，是常有的事。我們有時也爭取為農民們服務，如挑水、燒火、打場、抱孩子、扯棉梗和做其他的事情，但也只能使農民們好奇地發生一些興趣，並不以為我們真正地幫助了他們的工作。這是為什麼？就是我們與農民之間的情感距離還沒有縮小，更談不到打成一片。有時我們與農民們談話，三言兩語就完了，相對癡呆，情況尷尬。為什麼？也是由於情感不投。語言是沒有階級性的，但語氣卻有階級性。因為語氣是由思想感情所決定的，不同階級的人就表現著不同的語氣。我們之不能好好接近農民，主要是語氣的不協調，也就是思想感情的不協調。我們中有一個同志曾經提出一個極簡單的問題，考驗自己能否接近群眾，只要看自己能否與農村中的老太婆一連談一下午的家常而娓娓不倦，或與一挑糞的老農立談一頓飯久的工夫而無所中斷，且無倦容。我們曾經做過類似的實驗，真是不大容易。現在因為經過了兩個月的鍛鍊，農民們已經願意與我們同凳而坐，同桌而食，減少了初來時的不自然之色。同時，他們也已願意與我們談家常。談他們的歷史，吐他們的苦水，反映惡霸地主的罪行，而無所顧慮。這是為什麼？一句話，我們的思想感情已逐步挨近了農民。夠不夠？不夠。因為還說不上打成一片。因此我體會到：如果不參加實踐，單純地憑著閱讀文件、學習理論，就說是能夠去除非無產階級的思想，建立全心全意為人民服務的人生觀，是一句謊話。同時我也體會到：僅憑一個短時期的下鄉、下廠、下連隊的工作或參觀，只不過是對思想改造下了初步的決心，思想改造確乎需要一段長時期的艱苦的過程，難就難在習慣的改造，感情的改造。我們的生活習慣、思想感情，要真能和工農兵的習慣與感情天衣無縫時，才能說獲得了思想改造的成績。例如：我們在農村搞了兩個月的工作，還存在著許多與

---

[19] 原文如此，似應為「存在」。

農民們不同的想法。有些同志當月明之夜，就不免慨歎一聲：「今晚月色真好……」。正要大聲發詩興時，而旁邊的農民就打斷了他的思路：「明天好曬穀子！」我們聽見幾聲鳥叫或看見一些山水時，不免就想起充滿了士大夫意識或隱士意識的「好鳥枝頭皆朋友，落花水面亦文章」或「採菊東籬下，悠然見南山」的句子，而農民見了鳥雀卻連忙把它趕跑，怕扎傷了園裏的菜葉子；見了綠水往往想到的車水潤田，見了青山則常常記起封山育林。前幾天下了一場大雪，我們在下雪之前，有的表現了「晚來天欲雪，能飲一杯無」的雅興，晚上開會回來，有些哼著「柴門聞犬吠，風雪夜歸人」的詩句；而農民們想的卻是下了雪，可以殺死害蟲，希望豐收，或者是想到自己和孩子們的棉衣還沒有做好，一則以喜，一則以憂。這些都說明了封建的士大夫意識、資產階級的享樂思想、小資產階級的個人情調，還在我們知識份子的思想領域內佔據了相當寬廣的面積。說明了我們知識份子對農民的喜、怒、哀、樂——即對他們的生活同他們的命運還沒有表現足夠的關心。為了徹底去除這些非無產階級的思想意識，必須通過理論的學習提高階級覺悟，再通過實踐證實學得的理論是真理，有力量地說服自己到火熱的鬥爭中去，跟工農民兵在一起，使自己的感情徹頭徹尾的變化一下。有些知識份子的思想改造走了彎路，老是停留在教條主義的階段，只是沒有找到這個關鍵。這個關鍵不可能在書房裏找到，必須深入到生活中去，深入到群眾中去，深入到火熱的鬥爭中去，才能找到。作到了這一點，才能談到思想改造。毛主席在延安文藝座談會上曾經現身說法地說出他的思想感情是怎麼轉變的，值得我們深思和學習。他說：

「我們曾經說過，許多同志愛說『大眾化』，但是什麼叫做大眾化呢？就是我們的文藝工作者自己的思想情緒應與工農兵大眾的思想情緒打成一片。……你要群眾瞭解你，你要與群眾打成一片，就得下決心。經過長期的甚至是痛苦的磨練。在這裏，我可以說一說我自己感情變化的經驗。我是個學校裏學生子出身的人，在學校裏養成了一種學生習慣，在一大群肩不能挑、手不能提的學生面前做一點勞動的事，比如自己挑行李吧，也覺得不像樣子。那時我覺得世界上乾淨的人只有知識份子，工農兵總是比較髒的。知識份子的衣服，別人的我可以穿，以為是乾淨的。革命了，同工農兵在一起了，我逐漸熟悉

他們，他們也逐漸熟悉了我，這時，只是在這時，我才根本地變化了資產階級學校所教給我的那種資產階級的與小資產階級感情。這時拿未曾改造的知識份子與工農兵比較，就覺得知識份子不但精神有很多不乾淨處，就是身體也不乾淨，最乾淨的還是工人農民，儘管他的手是黑的，腳上有牛屎，還是比大小資產階級都乾淨。這就叫做感情起了變化，由一個階級變到另一個階級。我們知識份子出身的文藝工作者，要使自己的作品為群眾所歡迎，就得把自己的思想感來一個變化，來一番改造。沒有這個變化，沒有這個改造，什麼事情都是做不好的，都是格格不入的。」

毛主席的經驗，雖是對文藝工作者說的，但值得一切願意為人民服務的知識份子深長一思！我們開口閉口說學習馬克思列寧主義及其在中國具體化了的毛澤東思想，如果不首先學習毛主席改造感情的經驗，那是收不到成績的。毛主席的感情是怎樣變化和改造的呢？關鍵就在「革命了，同工農兵在一起了，我逐漸熟悉他們，他們也逐漸熟悉了我」。「熟悉」一詞的意義，就是打成一片。好簡單的字眼兒，但必須通過艱苦的革命過程，長期地同工農兵生活在一起才能做到！這充分說明了思想改造不是投機取巧的事，不光是學習理論的事，必須把理論與實踐結合起來，投身到火熱的鬥爭中去——到抗美援朝、鎮壓反革命、土地改革、民主改革以及增產節約的愛國運動中去，以主人翁的姿態深入到工農兵群眾中去，跟他們同甘苦，共呼吸，關心他們的生活同命運，然後才能改造自己的思想感情。

總之，知識分思想改造的目的是要使自己的思想符合於客觀外界的規律性。我們的「客觀外界」是什麼？是以工人階級為領導、工農聯盟為基礎的人民民主專政的新國家。我們的思想必須適應新中國的客觀需要，要不然，就是不符合外界的規律性，必須加以改造。各種知識份子如果立志為人民服務，就必須立志將自己的思想改造成為工人階級的思想。這樣才能認識個人利益服從革命利益、個體利益服從整體利益的真理。

我是一個文教工作者，同時也是一個文藝工作者，兩個多月來與農民們「同住、同吃、同勞動」地生活在一起，只不過找到了思想改造的起點，還說不上獲得了什麼成績。必須繼續在工農群眾中生活下去，工作下去，使我自己能夠逐漸熟悉工農群眾，而工農群眾，也能

夠逐漸熟悉我自己，以期我的思想感情與工農群眾的思想感情打成一
片。當此知識份子思想改造的學習運動在全國範圍內開展的時候，特
將我的這一體會寫出來，願與有勇氣、有決心「跟工農兵在一起」的
各種知識份子互相策勉，為壯大可愛的祖國而奮鬥。

（載〈長江日報〉一九五二年一月二十五日）

## 2月3日　星期日

李白鳳介紹的李楫秋君於今晚赴滬，行前將其彈簧床、方桌、兩
把椅子，火爐等項賣與我，作價四十萬元人民幣。

中午與黃德崇、李楫秋、仲崇菊等在賀先生處晚餐，尚有仲鴻[20]
及高桁在座。

## 2月4日　星期一

上午與賀先生訪管中容，請她代找房子。她家住背陰胡同二十二
號，辦公則在同一胡同之十五號。

下午與興華到鄭道崇家去拜年。

晚訪黎先生，適其赴師大開會，未晤。

## 2月5日　星期二

上午得中山公園市立第二托兒所通知，現有缺額，盼攜小印去辦
手續。下午我帶小印去了，並與易光煥[21]同志談話。她寫了一個介紹
條致婦嬰保健院為小印檢查體格。

高惠君來訪，為我們介紹椿樹頭條十二號的房子。

## 2月6日　星期三

張拱貴來信，歡迎我到無錫去，並寄來幹部履歷表。

晚間到賀先生處，她說：鍾鴻來電話，說譚元堃說，我要離開工

---

[20] 應為鍾鴻（1931—），筆名江靜。賀澹江女。湖南岳陽人。1951年畢業於
北師大中文系。歷任中共北京市委文藝處幹部，北京京劇團、實驗京劇
團、北京京劇院編劇。二級編劇。中國電視戲曲雜誌社主編。

[21] 易光煥，教育心理學家。1950年代曾任北京市幼兒教研室主任。

農教育處,可以同意。

李白鳳來訪,約明午到他家吃餃子。

買麵粉一袋(八萬零五百元),油籼米卅斤(每斤一千六百元),江米二十斤(每斤一千七百元)。

## 2月7日　星期四

上午去榆錢胡同十五號李白鳳家吃餃子,在座者有陳邇冬[22]、朱英誕[23]。席間曾討論赴山西大學任教事。

復函張拱貴,表示決心去華東工作。

## 2月8日　星期五　正月十三

今日托仲崇菊同志在中國圖書發行公司西單門市部買了十一萬七千八百元的書刊,主要是關於蘇聯文學的。

今日來訪者,有興華昔日初中的同學尹福保女士、劉為之夫婦、李白鳳及朱英誕兩先生,朱永邦同鄉,王守純先生、仲崇菊女士、管中容女士。

下午打電話給譚元堃。據王海音說,他正在理髮,擬另行聯繫。又轉叫沈啟无[24],亦說不在。似有拒不通話之意。陰謀詭計,可謂叵測。

## 2月10日　星期日　正月十五

今天是農曆元宵節。

上午陪賀先生赴宣外小市買木器,下午幫她搬家到後牛肉灣一號。李楫秋的長條桌,以二十萬元賣與她。

---

[22]　陳邇冬(1913—1990),廣西人,詩人、古典文學研究專家。

[23]　朱英誕(1913—1983),生於天津,詩人,曾任貝滿女中教師。

[24]　沈啟无(1902—1969),江蘇淮陰人。1923年考入金陵大學預科,1925年轉學燕京大學。北平淪陷後,曾任北京女子師範學院中文系教授和北大中文系主任,兩次赴日參加第一、二屆大東亞文學者代表大會。1951年到北京市人民政府文教局工農教育處編職工語文課本和研究語文教學問題。1955年後到北京師範學院工作,任副教授。1957年被劃為「右派」分子。

晚間仲崇菊來家過節。飯後，偕全家赴西單看焰火，聽大炮。在此三反時期，已不若昔時之盛。

## 2月11日　星期一　正月十六

上午譚元堃同志派人送來一信，仍擬留我。擬明日再複一函。

仲同志明日去九中教俄文，今日在此午餐。

辛萬成[25]君來訪。

晚間張德培[26]同學來訪。他去曹鼇家晚飯，我於賀先生處吃了晚飯，又上曹宅訪曹鼇，並與他長談。

## 2月12日　星期二

復譚元堃同志信。

陪賀先生赴小市購傢俱，她買了三個檯燈，我拿了一盞笨重而欠美觀的。

張德培同學在此午飯。

興華領小印赴婦幼保健院（養蜂夾道[27]）種了卡介苗。

## 2月13日　星期三

得張拱貴兄函示無錫文教學院各方面的情況，希望我早一點去。

賀先生來借去火爐一個，煙筒五節，拐子三個，帽子一個。

## 2月14日　星期四

下午為賀先生辦理按爐子事。

晚間張德培來訪。他住在東單永興洋紙行許印生處，電話五一四五三、許先生轉。他是周小舟[28]同志介紹來參加學習的。

---

[25] 辛萬成，山西大學畢業，曾與人合譯《蘇聯經濟地理》（五十年代出版社，1953年）。

[26] 張德培（1910—？），湖南沅陵人，1934年畢業於北平師範大學教育系，曾任湖南省立第十二中學（現為湖南省衡東縣第一中學）校長（1942—1949）。

[27] 養蜂夾道，北京胡同名，在北京府右街北側。

[28] 周小舟（1912—1966），本名周懷求，湖南人，1935年畢業於北平師範大

## 2月15日　星期五

日前在白鳳處借《新詩》（戴望舒等編）第一卷合訂本一冊，其中載有我編的《小雅》詩刊廣告，始知《小雅》發刊於一九三六年六月一號。

買長沙機米五十斤，每斤一千四百五十元。

收武漢大學十二日函，說校委會批准了我的離職，希將所領證章寄回。

## 2月16日　星期六

白鳳於下午來訪，以貧窮，借去五萬元。

仲崇菊來訪，為小印購點心達萬元之巨。

傅家送來一條，索取自來水費三千八百五十元。

興華同學尹福保介紹一女傭，名叫蕭淑敏，京郊人，年廿三歲，頗能幹。但不知做得長否？

## 2月17日　星期日

正午仲崇菊來舍吃水餃，下午同去東城。因昨聞白鳳說：陳邇冬告訴他，見東安市場舊書攤有我的《小雅》詩刊合訂本。我歡喜若狂，極望購到，但今日走馬觀花地看一下，並未發現，頗感失望。

昨今兩日因化雪，奇寒徹骨。

## 2月18日　星期一

得張拱貴兄十六日發快信，催速赴無錫；真急人，文教局還未有肯定的答復。

正午赴交易所登記住房後，即赴李白鳳家。他說：陳邇冬已將《小雅》合訂本買到，並擬於看完後贈給我。這是令我興奮的喜訊。

## 2月19日　星期二

清理《光明日報》，將可用之資料剪存，其餘擬打鼓。

---

學國文系。後任中共湖南省委第一書記。

辛萬成君來訪，談租房事。

李白鳳夫婦來訪，將陳邇冬代購之《小雅》合訂本帶來了，一氣翻閱，頗能重溫舊夢。

晚謁黎師，談去就問題。

## 2月20日　星期三正月二十五

上午赴豐盛胡同房產交易所登記看房。有的太貴，有的太偏，都不易成交。

下午與譚元堃通話，約明日午後作最後商談。

晚間在賀先生處，就去留問題有所討論。

## 2月21日　星期四

得譚元堃同志函，約明日談話，因為今天下午他要開會。

晚間鄭道崇來舍，談她受了王淦的委屈的事。同進晚餐後送她回家，借了一個電話約譚元堃明天上午九時談話。

高惠君來訪，說辟才胡同有三間房子，過幾天聽消息。

## 2月22日　星期五

上午九時許赴工農教育處找譚元堃同志。經往返數次的解釋和請求，他還是不同意我離開。我怕堅持下去，雙方鬧得下不了臺，只有在解決實際困難一原則下，勉強同意待下去。哪知談話回家，無錫文教學院古楳[29]院長及紀庸[30]系主任來了快信，並附致文教局商請同意一函[31]，催我於廿五日前趕到。這樣一來，真有些對蘇南不起。興華

---

[29] 古楳（1899—1977），廣東梅縣人，教育家。後任江蘇省教育廳副廳長。

[30] 紀果庵（1909—1965），原名紀庸，字國宣，號果庵，曾用筆名紀果庵、紀果軒等，河北薊縣人。1928年畢業於河北通縣省立師範學校，隨後考入北京師範大學國文系，1933年畢業後，在察哈爾宣化師範學校任國文教師和教務主任，四十年代南下任職於南京中央大學，曾是汪偽時期的立法委員。1948年後，他任教於地址在蘇州拙政園的國立社會教育學院，1949年後任教於蘇南文教學院、江蘇師範學院。1965年1月8日，在蘇州上方山附近的石湖投河自盡。著有《雨都集》。

[31] 蘇南文教學院向北京市人民政府文教局發函，稱「原請吳先生擔任之課，無人可以兼任，學生盼望吳先生南下甚殷。……擬請　貴局准予借用4個

批評我意志不堅定，是相當正確的。我為了最後一次的爭取，將蘇南致文教局函，快信寄給譚元堃同志，並表明請假三個月停薪留職，六月底自動返京的意思。不知他們考不考慮。如果不能批准，也只好對蘇南表示歉意，照退路費了。

李白鳳來訪，他怕女附中整他，仍想離京，問蘇南可否去。我正為無人代替，馬上表示歡迎，並允願為函洽。

## 2月23日　星期六

上午去舊簾子胡同甲二十二號看房，房東太太上海人，年青、熱情，談話直率，看見我是他們二爺楊文秀介紹的，一談即妥，唯索價一百五十斤要零價計算，又要我們出水電費兩份，頗不合理。

小京周歲，興華和我帶她到真光攝影留念。

晚上吃面，有張德培、仲崇菊。飯後，白鳳夫婦來訪。

## 2月24日　星期日

上午偕興華赴舊簾子胡同二十二號看房子，興華頗不滿意，決另行物色。順便赴同一胡同之四十七號看看黃德崇夫婦。

下午去鄭道崇家探聽找房情形。

仲同志於六時許來玩，七時許辭去。她的愛人李楫秋有信來，但未提工作事。

張拱貴兄來函催我就道，其實我這兒已走不開，真是抱歉萬分。

## 2月25日　星期一

晨起大雪數寸。想仲同志又將有感於衷了。

辛萬成來電話，請電傳張德培談工作。晚間張來舍並即赴進步中學找辛。

## 2月26日　星期二

早赴豐盛胡同看房，又赴鄭道崇處。

---

月（自3月1日至6月30日），俾學生課業不致荒廢。借用期間，吳先生工資及來往旅費均由我院付給……。」

　　中午賀先生來，說李經理問黎先生要《鴨綠江歌》[32]印刷費餘款，黎囑賀請假半日同我往大眾交涉。

　　下午同賀先生赴大眾找萬經理，不在，與門市部那同志談情況，我表示下列意見：

　　第一步：請大眾將本店所經售者算清，已賣者交款，未賣者交書。

　　第二步：按合同與中圖、新華交涉，同時，要向賀先生表示：並非王學奇欠出版部的印刷費不給，而是出版部欠王學奇的書未交。書如交清，錢款隨即交還。其所以扣留該款者，目的在使出版部追大眾，對作者負責也。

　　從大眾出來後，複赴中山公園，為小印交涉托兒所事。該所易光煥同志表示：因前請求退所之兒童又不退所了，以致小印暫時不能進出。我只得將工農教育處寫的信交給他們，希望他們再予考慮。

## 2月27日　星期三

　　上午到第五交易所，得知未英胡同七號楊頡雲有三間西房出租。我馬上跑去一談，獲得房東同意，於下午訂立租約，每月一百六十五斤小米，按陳伏地小米批發價計算，每月十七萬八千二百元，另交押租一月。

## 2月28日　星期四

　　上午洽妥劉記裱糊匠裱糊房頂，計洋十四萬，先交五萬元。

　　下午在小市購水缸一個，價二萬元，臺燈一盞價二萬元。

　　古棋院長來函，說已逕函文教局商量，如不能同意，即借用四個月。但不知文教局允許否？

　　讀完郭爾巴托夫《寧死不屈》一書（陳昌浩譯）[33]。

## 2月29日　星期五

　　上午去看裱糊房子。

---

[32]　《鴨綠江歌》，王學奇著，詩集，大眾書店1951年7月出版，附吳奔星《打死美軍順手扔進太平洋》。

[33]　《寧死不屈》，莫斯科外國文書籍出版局出版，1951年。

下午赴文化俱樂部沐浴。等一個鐘頭，水猶不熱，洗了一個溫水澡，殊不痛快。隨即到南池子工農教育處找譚元堃談話，商討赴蘇南問題。他表示：決無轉圜之處。我仍請他就實際情況再予考慮。

## 3月1日　星期六

下午買拖把（墩布）一個，價一萬五千五百元。隨即赴新居洗刷地板。

晚飯後，宗兆書、鄭道崇、仲崇菊、張德培諸人來訪。

函復古楳院長，一二日內即可決定南下與否。

## 3月2日　星期日

下午，刮大風。仲崇菊來了。興華因例假不舒服，為了替新居買布幔及窗簾，我們一塊赴百貨公司去買了二丈四尺紫布及一丈八尺淺綠色布，都是標準布，三千二百元一尺。買了布後，同去未英胡同新居。興華怕風寒，為她叫一掛車回來。仲也就搭電車走了。

晚上，我往賀先生處吃飯回來，發現興華不高興，我知道她發了醋興，其實是不必要的，我已是四十歲的人了。而仲不過廿一歲，而且是有了愛人的少女呀！也奇怪，興華近來常愛發些莫須有的醋意，過去她是沒有的，怎麼越來越封建了？

在賀先生處借來《死魂靈》，及《唯物史觀文學論》[34]，都是江靜[35]的。

## 3月3日　星期一

上午，興華應土光（陳增輝）之約，去聽祁建華同志的速成識字法報告。

張德培來訪，說參加工作事。仲回學校去了，帶來十個大雞子兒，說是她的同學的母親為她買的，她怕打爛了，送給我們吃。怪不好意思接受！她說：李楫秋有信來，要她把三月份的薪水留給他做旅費。大概難於找到工作。

---

[34] 應為《唯物史觀的文學論》，作者為伊可維之，有戴望舒、樊仲雲、江思等幾個譯本。

[35] 賀澹江女，即鍾鴻。

三天過去了，譚元堃還未回信，是不是決定了，也不知道，真急人！

下午去新居掛上布幔和窗簾。

## 3月4日　星期二

今天是果戈里逝世一百周年紀念。《光明日報》轉載了茅盾的《果戈里在中國》（原載《文藝報》一九五二年第四號）一文。我也開始閱讀魯迅譯《死魂靈》。

開始搬了一部分東西。

興華仍赴輔大[36]聽祁建華[37]速成識字法，為期一周。頗影響遷居的日期。

晚在賀先生處晚餐。

## 3月5日　星期三

賀先生介紹一個排子車工人，幫我拉行李。下午一時許開始搬家。到了北京，這是第四次搬家了，沒有房子的人，本來就是不能安居的。

程千帆來信，說他們於二月廿九日返校。又投入三反高潮，比在鄉土改還忙些。他要我寄照片兩張，以便辦理遷移證。

## 3月6日　星期四

昨晚十時許，興華要淑敏把爐搬進房來，烘烘屋子。那知忘了搬出去。到下半夜二時，小京大哭，我們從夢中醒來，同時腦袋疼痛，才知中了煤氣。今天痛了一上午，到下午才好些。要不是發現得早，可能嗚呼了。

黎先生寫來一便條，要我結還師大出版社的印刷費。

---

[36] 輔仁大學。

[37] 祁建華，河南郟縣人。1948年參加中國人民解放軍。同年入中原軍政大學學習。1949年加入中國共產黨。曾任第五兵團軍後勤部文化教員。1949年後，歷任中央人民政府掃盲委員會副主任，西南軍區、成都軍區宣傳部助理員。1952年創造速成識字法，在全國推廣，立特等功一次。1952年被總政治部授予模範文化教員稱號。

## 3月7日　星期五

上午打掃院子。

下午赴武定門小市買書架一個,四萬元。又購《段氏說文法》及《四庫目略》,共九斤三兩,每斤三千六百元,共三萬三千元。我又賣出報紙十一斤六兩,每斤三千九百元,共得四萬四千五百元。

晚訪譚元堃同志於其私邸未英胡同二十五號,談去留問題,渠約明晚來舍答覆。

夜間清理書物,比以前較有條理,像個讀書人的樣子了。

## 3月8日　星期六

晚間譚元堃同志來舍,說局、處已允許我離開南下任教。唯暑假仍須返京工作。譚離後,隨即函告無錫方面,表示在三月十五日前准可到校。

## 3月9日　星期日

下午訪李白鳳,晚六時赴東城王府井為小京購買Pramidon[38]藥片,於國際書店邂逅王海音。

九年前廣西桂林師範(學院)學生唐帝忠自興業縣委會宣傳部來函,表仰慕之意。

## 3月10日　星期一

中午偕興華訪譚元堃同志,下午渠派其弟妹送來離職書一紙及介紹興華工作信一件。

赴中國旅行社及前門車站打聽購票事宜。

晚間古院長來電報問能否南下。前日已發一函,似無庸復電矣。但一想仍以複電較妥。故於十一時親赴西長安街電信局拍發一電,說十二日南來。

---

[38]　應為pyramidon,具有解熱、鎮痛、消炎效果。

## 3月11日　星期二

上午把書籍資料裝箱。

下午要興華偕姑媽、金築、小印、小京及女傭淑敏赴大光明看蘇聯電影《政府委員》。這是一部思想性與藝術都強而且相結合的好片子。男女都可從中獲得教育。

晚在賀先生處晚餐。

## 3月12日　星期三

晚九時離家，印、京均已熟睡。

今天與興華拌嘴數次，頗為遺憾。

我走後，印兒又要哭多少夜才習慣，可憐的孩子。

下午十時四十分離開北京，後天早六時四十五分到無錫。別了的人民首都，又要四月後才見面啦。

## 3月13日　星期四

上午九時過黃河鐵橋，到濟南。

## 3月14日　星期五

上午七時抵校，首先與系主任紀庸見面。由他引見正副院長古楳及童潤之[39]兩先生。中午見到張拱貴、廖序東[40]兩兄。下午與汝農[41]兄見面，並與紀庸同進晚餐。

---

[39]　童潤之（1899—1993），鄉村教育家。早年在南京金陵大學農科畢業。1926年夏赴美留學，在加州大學教育研究院攻讀中等教育，獲教育碩士學位。1943年去重慶，任國立社會教育學院社會教育系主任。1950年1月，原來設在蘇州的國立社會教育學院遷至無錫，與江蘇教育學院合併，改建為蘇南文化教育學院，任副院長。1956年，調南京教育行政幹校講授教育學，1963年調南京師範學院外語系。

[40]　廖序東（1915—2006），湖北漢口人。語言學家。1937年7月，考入北平師範大學國文系。因抗戰爆發，最終在西北聯合大學內完成學業。先後任教於蘇州國立社會教育學院、蘇南文化教育學院、江蘇師範學院、南京師範學院、江蘇師範專科學校、徐州師範學院。

[41]　應為汝龍（1916—1991），生於蘇州，文學翻譯家。

晚間有同學代表五人來室談天，希望明天與他們全體同學見見面。

寫家書。

## 3月15日　星期六

上午七時半與全班學生見面，就選材標準、教學內容、教學方式、教學態度等項作了一個報告，希望他們多提意見。他們選出課代表張德倫同學。

下午擬定三個單元——詩，散文，小說的編目交給課代表去討論。

將文教局所發離職證明書送給學校去呈報。

## 3月18日　星期二

借到一百萬元，匯京七十萬元，買臉盆一個，三萬六千元。

正式上課，開宗明義講了：

文學形式；

中國新詩的三種傳統：舊詩、民歌及西洋詩；

中國詩歌的史的考察；

新詩的方向：貫徹毛澤東文藝思想的工農兵方向。

學生反映，頗感滿意。

交伙食費六萬元。

首次參加小組會議。

## 3月19日　星期三

今天講蘇聯C·米哈爾科夫的詩：《向戰爭宣戰》。作者是蘇聯國歌的作者[42]。

得興華十七日所發信，家中情況尚好，小印也不念我。

送心村入吳橋中心小學讀書，學費書費共七萬七千元，還得買文具。

填工會申請書，由紀庸介紹。

---

[42] 蘇聯作曲家亞歷山德爾·瓦西列維奇·亞歷山德羅夫（1883—1946），1913年以C·米哈爾科夫和艾爾·列基斯坦的詞譜寫了《布爾什維克黨歌》，後來的蘇聯國歌（1944—1977）用了其旋律。

函譚元堃請填發證明書，說我二月份未在京領取工資。

給興華一信。

## 3月20日　星期四

上午得程千帆函，寄來戶口遷移證一紙。

下午古楳作檢討，之後，各小組開會向他提意見。

## 3月21日　星期五

下午一時童副院長作檢查報告，較昨日古楳院長的報告為深刻。

晚間課代表張德倫[43]來談寫作教法的問題。

給程千帆一函，對我之如何離開武大有所解釋。

## 3月22日　星期六

下午張煥庭[44]同志做檢查報告。

今天在習作時將文學語言的錘煉問題，並曾涉及主題的意義及其積極性、明確性、主動性問題。學生大致還表示滿意。

函王椿榮（仲文）、楊潛齋。

## 3月23日　星期日

上午與序東、拱貴參加九三學社召集的反對美帝細菌戰爭[45]的座談會。會後，在王興記[46]吃餛飩包子。序東會帳。聽說這是無錫第一

---

[43] 張德倫（1928—），安徽寧國人。1953年畢業於江蘇師範學院中文系。後任教於合肥教育學院中國語言文學系。

[44] 張煥庭（1910—？），山東新泰人。1935年畢業於北平師範大學教育系。曾任無錫教育學院教授。1950年加入中國共產黨。歷任江蘇師範學院教授、英語系主任，徐州師範學院籌建委員會主任，中國科學院江蘇分院教育科學研究所研究員、副所長，南京師範學院教授、副院長，南京師範大學教授。

[45] 1952年2月21日，中共中央向「各中央局、分局並轉各省市區黨委、各大軍區黨委」發出《關於反對美帝細菌戰的宣傳工作指示》，其中有「組織民主黨派、人民團體的地方組織、社會人士和科學家發表抗議美帝罪行，擁護中朝外長聲明，要求嚴懲美國細菌戰犯的言論」的要求。

[46] 成立於1913年的「中華老字型大小」無錫王興記以悉心經營錫幫傳統名點名菜見長，「中華名小吃」系列：無錫小籠、王興記餛飩、花式麵點、糕

家,味道確乎不凡。

## 3月25日　星期二

興華來信,說李楫秋到了北京。

對古院長提意見。

## 3月26日　星期三

興華來信,轉來心村遷移證,並附十多年前安源同事周有美一函。興華說,李楫秋找好了七間房子在白廟胡同十六號,希望我同意她搬家,我回信表示了同意。

交廚工五萬元。

本日對童副院長提意見,情緒熱烈,不亞昨天。

興華說,二十四號的《光明日報》對我的《語文教學新論》有批評。

## 3月27日　星期四

收到興華寄來的《光明日報》,在廿四號的報紙上《讀書與出版》(卅三期)有熊滌受平原師範學院劉正一委託寫的「評吳奔星著《語文教學新論》」,共三點:

對朱德《母親的回憶》全篇要旨所說是他站在一個佃農家庭的立場寫的,說得不對,顯示嚴重的政治上的無知。

對教育的知識方面,說不應迎合學生心理,降低程度去教。

對教學法方面,他反對所謂「神而明之,存乎其人」、「把戲人人會耍,各有巧妙不同」的說法。

總之,有的是對的,有的卻是錯的。錯在斷章取義,武斷漫罵,不是與人為善的態度。

收千帆寄來圖書。

---

團等傳統點心,工藝獨特、用料講究、久負盛名。

## 【附錄】評吳奔星著《語文教學新論》

熊滌

　　吳奔星著《語文教學新論》一書（察哈爾文教社印行）有很多的錯誤，現在我把一些重要的指出來。

　　作者在這本書顯示了嚴重的政治上的無知。例如，朱總司令寫的《母親的回憶》一文，本來是朱總司令回憶他如何在少年時期受到初步的階級教育，敘述他對於一個具有階級意識、樸素、勤勞的母親的敬愛感情，從而說明他對於勤勞正直的勞動人民的愛戴。但這位吳奔星先生卻說「這篇文章是站在一個佃農家庭的立場」上（四八頁）來寫的。作者把當代最偉大的無產階級的鬥士之一的朱總司令的立場說成什麼「佃農家庭的立場」，這實在是荒謬透頂了！由於作者曲解《母親的回憶》一文的基本精神，在實際上確實產生過惡劣的影響，下面一個具體的事實便可以說明。平原省某中學正在號召學生參加軍幹校的時候，為了鼓勵同學們學習朱總司令為革命而艱苦奮鬥的精神。及時講了《母親的回憶》一課。可是，有一個學生卻為了要紀念他勞動了一生的母親要求請假回家給他母親作逝世三周年紀念。當時講授這一課的語文教員居然還根據吳奔星的著作振振有辭地說：「《母親的回憶》一文是站在『佃農家庭的立場』用勞動觀點敘述母親的一生，我有什麼理由來拒絕這樣的學生給他的母親作逝世三周年呢？」吳奔星在同一文中又說，朱總司令的成功「是由於母教的啟迪」，因而作者要教師「鼓勵同學們向朱總司令學習，並像他一樣接受母教，熱愛母親」（四三頁）。把朱總司令在革命事業方面的成功單純地歸功於母教的啟迪，顯然這種看法是片面的。作者這樣抽象地提出「接受母教」，不但抹殺了青年應該接受馬克思列寧主義的教育，革命的階級教育的這一最基本的事實，而且也忽略了今天新民主主義社會青年的進步性和創造性。作者毫無階級觀點地提倡「熱愛母親」也不過是他的封建的倫理思想在作祟！

　　其次，我們來看看作者對於教育的認識是怎樣的。他在二九頁中說：「高中學生一方面是少不更事，一方面是好高騖遠，國文教師必須迎合他們的心理，表面上看重他們，實際上應降低程度去教。」

試問這是一種什麼教育方法？這簡直是一種欺騙的態度！我們知道一個人民教師的起碼條件是能誠懇地對待他的學生，沒有半點虛偽，只有熱情地用各種有效的方法來指導學生，幫助學生學習進步，也只有這樣「言行一致」、「表裏如一」的教師，才能使學生獲得真正的益處。作者不但不讓教師糾正學生的錯誤思想，並進一步教育學生成為一個謙虛的，誠懇的，有集體主義精神的青年；相反地，卻讓教師迎合學生不正確的自高自大的思想，並採取偽君子式的欺騙態度來對待學生，這種論調，是荒謬到了什麼程度！

對於語文教學的方法，作者談了一套「神而明之，存乎其人」，「把戲人人會耍，各有巧妙不同」（七八頁）的謬論。看到作者這樣教學的基本原則時，我十分誠懇地敬告作者：這種「巧妙」的「把戲」，在今天的新社會裏，請不要亂「耍」吧！

這本書的錯誤是很多的，除了上面一些顯著的錯誤之外，他的文字不通，邏輯混亂，也幾乎到處皆有。不僅如此，作者還大量販賣他的十足流氓腔，如「混蛋」「狗屁」「丟那媽」「靈魂的強姦者」等等，人們要問：作者是不是企圖把中學生的語文學習引導到他那種下流的虛偽的境地中去？

我們的確希望教育工作者能夠認真地總結他們的教學經驗，寫出謹嚴而樸素的研究文章，以便有利於新民主主義教育工作的提高。但對於這種以自我吹噓為目的，思想混亂，內容錯誤，態度輕浮的著作是不能不嚴厲反對的。

編者按：本文裏[47]我們根據平原師範學院劉正一同志的來信委託熊滌同志所寫，在此謹向劉同志表示謝意。

（載《光明日報》一九五二年三月二十四日《讀書與出版》卅三期）

## 3月28日　星期五

擬好選讀及習作的教學大綱。

以仲芳及王子正的筆名，投稿《人民日報》讀者來信欄，反對熊

---

[47]　「裏」疑為「是」誤植。

滌不正確的批評態度。通訊處由福澤[48]轉。

## 3月29日　星期六

下午欒處長作小結報告，接著開小組會議漫談。

給三哥一信，打聽王仲文住址。

千帆來信。

## 3月31日　星期一

興華來信，已遷白廟胡同十六號。

王仲文來信，向我借錢一百五十萬元，真是問道於盲，不瞭解情況。他住上海溧陽路一一一四弄十七號。

武大寄來證明書一紙，學校拒用，仍擬主動地函請北京市政府證明。

## 4月1日　星期二

今日院慶，下午七時開慶祝晚會。

系主任紀庸及系會主席謝約[49]同學於下午一時作檢查報告，對我有很多啟發。

## 4月2日　星期三

上午福澤來信，與前函意卻相反，證明她的心情的動搖與不穩定的狀態。

下午開坦白會，毫無所得。

## 4月3日　星期四

給黃德崇一函。

今日停課，上下午都是坦白貪污浪費的事實。我也於下午坦白了。

---

[48] 即張福澤，安徽壽縣人。1937年畢業於北京師範大學國文系，為吳奔星同班同學。

[49] 謝約（1929—），江蘇武進人。1953年畢業於江蘇師範學院中文系。後在上海從事教學工作。

## 4月4日　星期五

今日下午起放春假一天半。三時許與汝龍，廖序東兩兄進城，到新華書店買了《文藝報》及《人民文學》，又赴人民戲院看了《西藏大軍行》[50]電影。

## 4月5日　星期六

上午由陳福泉領到二、三月份工資二百三十八萬三千五百零九元，扣回三月份借支壹佰萬元，共得一百三十八萬三千五百零九元。

拿到錢後，於十一時五十六分赴滬訪王仲文，渠學習未返，其夫人在家，給其小兒六萬元，其女傭一萬元，另為其小兒買糖果八千八百元。

晚十時五十分返校，心村已入睡。總計今日花去二十一萬元弱。

興華有信來。

## 4月6日　星期日

復興華一函。我近來忽覺興華越來越可愛。我這個家如果沒有她，不知又成個什麼樣子。如果她性情溫和一點，不是更能安慰我嗎？無論如何，我會愛她到底的。

## 4月7日

匯還武大會計組四十八萬元[51]，寄京五十萬元。

興華來信。

下午開小組會，補充檢查。

自滬帶來的書，今天取回來了。

## 4月8日　星期二

詩歌單元講授完畢，明日開始講散文單元。

兩日來睡眠均欠佳。

---

[50] 應為北京電影製片廠拍攝的紀錄片《解放西藏大軍行》。
[51] 吳奔星離開武漢大學時超支的薪資。

給仲一信。

## 4月9日　星期三

上午老紀把聘書送來。

下午出席坦白大會，因須整理張煥庭的材料，未終場即出，與朱彤[52]、張拱貴、于滿川[53]把張的貪污事實作初步核查。

## 4月10日　星期四

金表的擺柱不知怎的忽然壞了，不走了。沒有表，好像失去了方向，迷迷糊糊的。因此，吃飯後送到亨得利去修理，言明四萬元。這筆錢算是意外的開支。

訪沈若蘭（黨支書），調查張煥庭的歷史。

## 4月11日　星期五

興華、鄭、白鳳，都有信來。白天改了文卷，晚上給興華一函。

## 4月13日　星期日

昨晚清理舊書。

今日收楊潛齋來函，約暑假去中南。

下午與拱貴兄赴人民看《山野的春天》[54]，並同進晚餐，共計七千元。（電影四千四百）

將灰色舊西服送洗並織補，共兩萬元。

日前送亨得利之表取回，四萬元。

---

[52] 朱彤（1915—1983），原名朱金聲，江蘇南京人。1938年畢業於金陵大學歷史系。1945年加入中國民主同盟。1948年獲美國威斯康星大學文學碩士學位。曾任蘇州社會教育學院教授。1949年後，歷任蘇南文教學院、江蘇師範學院、南京師範學院教授。

[53] 于滿川，1937年到1941年在西安臨時大學國文系學習。曾任江蘇師範學院、南京師範學院中文系講師、副教授。

[54] 蘇聯影片，1938年攝製。

## 4月14日　星期一

上午得三哥、千帆來函。千帆系主任已被反掉，去函慰勉。

帝忠提出一些具體問題，一時無法作答。

擬從今日起，每日自修俄文一小時，同時閱讀英文一小時。

## 4月15日　星期二

開始講魏巍的《我愛蘇聯人》[55]，準備明天講完。

下午我們小組找張煥庭同志談話。

晚上張拱貴召集九三同仁開會，商討對付朱彤的問題。

## 4月16日　星期三

四月份薪金117單位，折合人民幣一百廿萬零三千八百十三元，扣除二月份借支九十七萬三千元及失業工人救濟金一萬二千元，實發廿一萬八千八百十三元，注除上月飯費五萬元，預交本月飯費五萬元。

函興華。

近日失眠，午睡亦不安。

## 4月17日　星期四

上午補辦應聘來校旅費報銷手續，共計五十二萬五千一百元（車費四十五萬六千三百——車票三十萬六千五百，臥票每夜七萬四千九百，兩夜計）。

興華十四號來信，報告下列各事：

1. 《鴨綠江歌》賣去二千五百五十二本

   實得款二百八十萬七千二百元

   還款二十五萬六千元

   還師大一百二十六萬元

   實存一百二十九萬一千二百元

2. 李楫秋搞女人，胡來，騙錢。

3. 劉為之夫婦向我家要錢，劉太太已拿去廿萬元。

---

[55] 發表於1952年2月11日《人民日報》。

4.小印皮膚病還未好。

晚間分別寫信給劉蘊樸及賀澹江（她新調師大衛生科）。

## 4月19日　星期六

上午同老汝、老廖入城，到新華書店看書。結果買了蕭殷的《論生活、藝術和真實》、《寫作研究》，《文藝報》及《解放軍文藝》。

## 4月20日　星期日

上午得福澤函。

下午與老汝、老紀入城，將所洗衣服取回。

七時到吳橋中心參加小學教師語文研究班開學典禮，並旁聽張拱貴講標點符號。

## 4月21日　星期一

上午赴醫務室種牛痘。

## 4月22日　星期二

收到興華一函。

上午停課，赴文化館參觀五反[56]展覽會。

## 4月23日　星期三

下午開小組會，研究張煥庭歷史問題。

晚間整理書籍，達二三小時，頭腦感到極度的不舒適。

整天陰雨，忽然寒冷如初冬，不像春天。

## 4月24日　星期四

下午開小組會，討論張煥庭歷史問題。我對朱彤的分析和批判指出了幾點錯誤：

---

[56] 五反運動是指1952年在資本主義工商業者中開的反行賄、反偷稅漏稅、反盜騙國家財產、反偷工減料、反盜竊國家經濟情報的鬥爭。

1.他處理口頭材料的態度與觀點是欠公允的。對張有利的材料加以懷疑，對其不利的則加以肯定。頗難說服他人。

2.他把解放前的知識份子分為六種類型，有許多值得研究之處。如把聞一多劃為第三類型的中間分子，則犯了原則性的錯誤。

3.他把解放前列入黑名單的人看作是國特[57]，缺少政治上的原則性，有些列入黑名單的人未必進步，這是對進步人士的污蔑，不啻為反動派張目。

他雖然接受了我的意見，但並不心服，反而有些懷恨的。

## 4月25日　星期五

得九三信，劉為之開除社籍。

得劉為之夫人函，要借卅萬元，並在我家借住。借錢可考慮，借住決不可，已函告興華。

興華來信一件。

下午討論張煥庭問題，歷史部分已作出初步的結論。

## 4月26日　星期六

下午開小組會，將張煥庭問題作了一個結論。朱彤態度在表面上改了不少，已不如前此之囂張了。這可能還是表面現象，還得提高警惕，注意他的陰謀之向其他方向發展。

## 4月28日　星期一

下午討論古楳問題。

得興華一函，興華轉來察哈爾教育社一函，問我要不要答復《光明日報》的批評。

昨晚因天氣忽然轉熱，脫了衣服，又受了寒，下半夜後腦疼痛。

## 4月29日　星期二

發澤及興華各一函，並為興華準備了說理鬥爭的講授提綱。

晚上互助組找張煥庭談問題。

---

[57]　字跡不清。

## 4月30日　星期三

明天是五一節，我在選讀課中講了伏契克的「五月間奏曲」來迎接自己的日子，並紀念這一位永遠在我們心中的英勇不屈的戰士。

同學們要我寫一篇文章登在五一紀念的黑板報上，結果寫了一篇三百字的文章，題目是《以嶄新的思想迎接戰鬥的「五一」》。平常寫慣了長文章，忽然要寫短文章，真不是易事。

下午到體育館，磅了一下體重，五十七公斤，折合一百二十五磅，似乎比以前重了五磅，是值得欣慰的現象。老紀是九十五公斤，合二百一十磅，我與他真是小巫見大巫了。

## 5月1日　星期四

今日是「五一」勞動節，工會及學生會都派代表參加示威遊行。天氣很壞，大雨之後，接著下小雨，簡直沒有怎麼停過。

我原本報名參加各民主黨派的隊伍，後得通知，各黨派成員參加各個工作單位。因此，我就沒去。今天沒參加的人很多。

## 5月2日　星期五

下午七時半聚餐，經費是文教處發下來的，每人六千元。

八時，九三小組開會，幫助彭飭三同志檢查貪污事實。

批改了七、八篇作文。

互助組開會將張煥庭歷史問題的材料，分正反兩面，作了初步的整理。

## 5月3日　星期六

上午為學生講新詩與快板的區別問題。

下午開坦白檢舉大會，有六個貪污分子作了坦白，並交出一部分贓物及贓款，情形熱烈緊張。

得福澤函，她希望前去川沙教俄文，約六十單位一月。

## 5月4日　星期日

得興華函。

下午赴九三出席五四座談會，我曾就五四與新文學運動一課題發言。

晚間為語文教學研究班講課，教材為魏巍的《我愛蘇聯人》。聽講的男女教師約百余人。

## 5月5日　星期一

上午開始防疫常識學習，下午八時演《上饒集中營》[58]。

## 5月6日　星期二

白鳳來信，談到下年行止問題。已回信表示意見。

下午注射鼠疫預防針。

## 5月7日　星期三

上午開互助小組會，欒處長出席指導。小組成員對互助的意義及態度有進一步的認識，意見亦隨之而統一。

晚間開大組會，由繼任欒處長遺缺的許秘書長及秦科長[59]列席指導。

得三哥函。

## 5月8日　星期四

下午七時開大組會，吳白匋[60]報告童潤之歷史問題，許秘書長列席指導。

復三哥一函。

近一周來，眼皮跳動、發乾、腫脹，略感不適，不知將出什麼

---

[58]　《上饒集中營》，上海電影製片廠1950年拍攝的黑白電影，馮雪峰編劇，沙蒙、張客導演。

[59]　即秦和鳴（1924——　），江蘇省武進縣人。後任蘇州絲綢工學院黨委常委、副院長等職。

[60]　吳白匋（1906—1992），原名徵鑄，以字行，揚州市儀徵縣人。1931年春畢業於金陵大學歷史系，並留校任教。後歷任四川白沙國立女子師範學院、江蘇省立教育學院、無錫國學專修學校、東吳大學和江南大學教授。1952年調文化部門工作，1953年起任江蘇省文化局戲曲審定組組長，1954年起任江蘇省文化局戲曲編審室主任，1956年起任江蘇省文化局副局長。

毛病。

## 5月9日　星期五

上午八時開互助組會，古、童、張三個負責人及許秘書長都到了會。會上討論了被互助的首長的學習態度問題，也討論了互助組的態度。唇槍舌劍，頗為熱烈。

下午九三小組也開會，檢查上午會議的優缺點。

興華寄來教科書兩本，希望我為她提出些參考意見。

收到無錫市工會送來小學教師語文研究班講課費十萬元。

## 5月10日　星期六

學生會宣傳部壁報登出數理化專修課學生投寄之稿件，批評紀庸及另一不知名的老師在防疫學習時不記筆記，哈哈大笑，批評講員等等。老紀非常氣憤，大有「紀凱夫事件」之感。

貪污分子張劍於下午墜樓未死。

寄興華一函，收仲一函，談金築事。

明天為王學奇寄書款，茲將有關賬目抄錄如下：

一、北京師大出版部一九五一年八月八日第八十號發票一紙：

印刷品名鴨綠江歌印數三千

排印費一百三十四萬六千三百元

紙價一百九十二萬九千六百元

總計三百二十七萬五千九百元

二、北京稅務完稅證（五二、四、十四）

鴨綠江歌二千五百五十二本，總價二百八十萬七千二百

稅率百分之八點八稅款二十四萬七千

三、姚國堯給賀先生通知一紙：

收大眾書店二百三十萬七千二百

付大眾書店代貼印花八千五百

付師大排印費一百二十六萬九千九百

現款一百零二萬八千八百

星按：照賣出款二百八十萬七千二百，減去稅款二十四萬七千，應餘二百五六萬零二百；但大眾只付二百三十萬七千二百，少付

二十五萬三千，說是有人退書，總數是二十五萬三千元。

實際保存二百二十九萬八千七百。

付稅款二十四萬七千。

## 5月11日　星期日

上午起床感到不甚舒適，有些發寒。下午赴新華買了雪葦著《魯迅散論》，到王興記吃餛飩，感覺毫無味道。

晚七時為小學語文研究班講《我愛蘇聯人》。回校時，遇陳志安[61]、吳白匋，為了互助組的擴大問題，到我住房商談。陳吳贊成朱彤意見擴大，我同張拱貴堅決反對。結果我們向領導上提書面意見。

睡眠時已近子夜。

## 5月12日　星期一

今日仍感不適，怕是瘧疾。赴校醫室取了幾片奎寧[62]。

下午過磅，只一百二十二磅，比半月前輕了三磅，原因是這幾天睡眠不好，加以生病。

## 5月13日　星期二

今日仍感不適，心中有些發愁。幸虧在晚飯後覺得有好轉趨勢。

下午聽欒處長作貪污小節報告，四點半鐘結束。古院長接著說，明日起開始進入思想批判階段。會後，許副秘書長佛俟[63]找我談話，徵求我對思想改造的意見，並暗示對吳白匋及陳志安等人要求不必過高，應慢慢地來。

---

[61]　陳志安（1909—1994），江蘇省武進縣人。九三成員。生前為江蘇師範學院政教系教授。

[62]　奎寧（Quinine），俗稱金雞納霜，茜草科植物金雞納樹及其同屬植物的樹皮中的主要生物鹼。用於治療耐氯喹蟲株所致的惡性瘧。也可用於治療間日瘧。

[63]　應為許符實（1915—1988），江蘇金壇人。1957年被錯劃為右派，後任江蘇省社會科學院黨組書記兼副院長。

## 5月14日　星期三

上午八時中共蘇南區黨委宣傳部部長汪海粟[64]同志，傳達饒漱石主席本年一月在上海為知識份子的思想改造所作的報告，一共花了四小時。

下午二時起討論報告的精神。

病基本上好了，但似不鞏固，還有「時發」的可能性。

寄興華一函，並附參考兩篇。

## 5月15日　星期四

寄興華一函。

下午開小組會，漫談汪部長傳達報告。

晚間九三小組開會，討論朱彤所提對領導逢迎的問題。

小組漫談

朱：

1.檢查的專案如何？

2.課堂教學內容應否檢查？

3.批評的尺度—工人階級思想過大與不夠都可能存在。

廖：工人階級思想—大公無私。

　　非工人階級思想—個人主義。

匋：檢查政治思想課堂教學正是政治思想的具體表現，但教學方式方法可在第三個階段再談。

　　尺度應在批評與自我批評的過程中明確起來，但說話別動火氣。

紀：

顧慮：1.自卑感，喪失信心。

　　　2.在有宗派的情況中進行批評就很有不方便。

彤：怕暴露自己。

---

[64] 汪海粟（1912—1993），江蘇靖江人。曾擔任中共蘇南區黨委宣傳部長兼秘書長、南京工學院黨委書記兼院長、江蘇省計委主任、中共江蘇省委宣傳部長、江蘇省委常委、江蘇省副省長等職。

甸：

1.面子。

2.批評時不能掌握團結與鬥爭的辯證的關係。

古之君子，其責己也重以周，其待人也輕以約。（韓愈：《原毀》）

桂：

1.原諒自己。

2.思想上的懶漢。

3.分析與批判自己的能力不夠，以致有時或輕或重，對別人提意見不夠。覺得一提意見便有傷和氣。

拱：別從感情上看問題。

陳：

1.存在面子架子問題，不過不大冒出來，因此影響接受批評。

2.對人不提意見，一團和氣，這是主要缺點。

彤：應暴露：1.變天思想；2.篡奪領導權。

九三小組漫談

1.樹立主人翁思想。

2.確立九三在文教學院的聯絡員。

3.學委會老陳未發言。

# 5月16日　星期五

今日發薪，已改工資分，一百一十七單位，折合四百八十一分，每分二千三百九十三元，計一百一十五萬一千零三十三元。寄興華五十萬元，借廖序東卅萬元，交伙食費九萬元。

下午許符實副秘書長作思想改造的要求問題的報告，從二時起到七時半止，頗感疲勞。

瘧疾猶有殘餘。

# 5月17日　星期六

下午小組討論，每個人談談立場與態度問題；同時，請求別人提意見。

身體仍不見完全好。天氣太熱，教課、吃飯都得出一身大汗，換

衣太麻煩。同時，汗衫也周轉不靈；不換又容易著涼。

下午小組漫談[65]：

1.對人瞭解不夠，不敢提意見，恐怕一無是處，像讀一本艱深的書，有許多典故與新名詞不瞭解，不感興趣。

2.暴露自己，也怕別人不瞭解。

3.以往覺得在舊社會沒有什麼大的包袱，但聽了許副秘書長談到立場問題，覺得有了暴露的材料——基本上是個人主義，但具體的表現當然與人不同。

4.個人主義——自私自利與自高自大（自暴自棄）合流的思想情況：

A.由編刊物（解放前）—編課本（解放後）；

B.由投稿——被投稿。

C.代人辦事：甲，《鴨綠江歌》；乙，保管款項。

5.立場問題

A.由幹部到教授。

B.雇傭觀點。

參加土改對立場的鍛煉：初步站穩人民立場，但到工人階級立場還有距離，希望通過思想改造轉變到工人階級立場。

## 5月18日　星期日

上午朱為中同志來室談他的鬥爭史，張拱貴送雞蛋及花生米來。

白鳳來函。

下午與汝龍兄進城買書並小吃。回校時大雨，如非坐車，必成落湯之雞。

## 5月19日　星期一

朱為中同志忽然告訴我，領導上要我擔任教師學習小組第六組副組長。事先未徵得我的同意，也只得硬著頭皮幹。

小組討論——

---

[65] 應為吳奔星漫談內容。

劉桂東[66]：端正學習態度。

1.個人自私自利——雇傭觀點。

2.對思想改造的要求是經個人業務出發，不是從人民立場要求改造，同時，也有不改造也好的看法。

3.對暴露還不能毫無顧慮的進行，總有些面子問題存在，又恐怕使問題更複雜化。

4.向別人提意見困難更多，以往對人謙謙君子，不大提意見，覺得有傷和氣，比暴露自己的缺點還困難。

5.研究學問倒努力，對思想改造是思想上的懶漢，不大注重別人的談話。

朱形對桂老[67]意見：

1.最主要的是舊的政治思想，應該割斷。

2.當面不說，背後對人的意見很多，同時有牢騷，嫌薪水少（解放前情況）。

王盈朝：

我也感到劉桂東同志對人有意見，但當面不說。

是否怕人家回擊？我有些懷疑。

張拱貴同意王盈朝的看法。

解放初期很好發言，為什麼現在不大說話了？究竟有什麼顧慮？

劉答：

1.以前想講話，是有人供給材料。

2.因為有病，怕發言。

3.在我院沒有地位，無講話之必要。

王[68]質詢：今天就沒有人支持你嗎？恐怕你對新中國還沒有強烈的愛？

劉答：解放初我不知道還要跟自己做鬥爭，與己為敵，就不習慣了。

---

[66] 劉桂東（1902—1968），別名劉榮祖。安徽蕭縣人。1927年畢業於南京大學歷史系。1952年至1968任江蘇師範學院歷史系教授。

[67] 劉桂東。

[68] 王盈朝。

紀[69]：劉的話有一部分真實，並院後，有寂寞之感，難免自卑。

朱：從前人家支持你，恐怕宗派情緒。

劉答：是。

△朱為中：

1.個人主義在解放後得到了發展，不安心在此地工作。

2.希望對思想意識來一次大掃除，距黨員標準還太遠，請大家批判。

3.暴露困難不大。

4.對老師幫助不大，很抱歉。

紀：朱為中同志有時謙虛過火，使人感到不是真的。

汝：老朱大概有自卑感。（彤同意）。其實，他的水平並不低，

徐：共產黨員，如謙虛過分，對群眾的幫助就不大。有些同學對你有老好人之感。

紀：你對專修科學生肯提意見，而對我卻無什麼意見，其實我很希望你能幫助。

拱：我也有同感：「謙虛過火」。

王：朱為中同志的謙虛可能還存在著封建意識，以為自己是助教，人家是教授，；同時，以為黨員，必須講話正確，因此，不敢說。對人提意見，恐有等級觀念。

朱為中：我並非不對紀提意見，而是覺得他自我批評精神不錯。

徐：思想中有無大知識份子之感？到農村去的意圖是個人主義。

紀：工友也能對大知識份子有所啟發。

△徐森祿：

1.主要表現自私自利，自高自大的個人主義思想。

2.有過關思想─把自己暴露，並批判自己既有缺點同錯誤，以免別人提意見。

王：暴露倒可盡可能做到，但盡可能批判，是隨著政治水平的提高而提高的。

彤：爭取主動，想人家不提意見，是不正確的。

你所談的只著重一九五一年來語文系，解放前未必不嚴重。

---

69　紀庸。

三反檢查態度不好。

對同學提意見，談同學有成見。

拱：徐先生談話不深刻。

紀：我對徐抱自由主義，當面不提，背後才提。

他的進步包袱很重，對人意見有抗拒性，總認為別人提意見有成見。我與王盈朝的意見不同，自己的缺點，不經過群眾提意見，也不可能完全暴露出來。

群眾提意見，並不在乎是否教授。

于：交代問題，主要看思想鬥爭的程度如何。

彤：先來一手，群眾是會看出來的。

劉：徐有自高自大的態度，特別看不起胡山源[70]。但這一學期後，不自高自大，反而有消沉的傾向，是否因同學提意見受了打擊而消沉？希望以積極的情緒接受同學的批評。

汝：

1. 對黨的態度爭取入黨是好的，但動機令人懷疑，一方面要入黨，一方面對其他民主黨派很鄙視。

2. 與同事同學相處的態度居高臨下。並非關心別人，而是打擊多於幫助，是否有打擊別人提高自己的想法？

3. 與別人相處的態度不老實，反映同學意見於領導不夠正確，對先生提意見，也難保不加油添醋。與人相處似乎在收集情報。

紀：對你有所恐懼。

汝：他對我倒沒有居高臨下，但頗有幸災樂禍之感。

拱：表面上與先生無距離，實際卻有距離。不但沒有在師生之間起團結作用，反而起相反的作用。

彤：重點在學習態度。

紀：人家提意見，別追問動機。

△張拱貴：

1. 先沒有這種要求，既來了，也就想趕上。

---

[70] 胡山源（1897—1988），原名胡三元，江蘇江陰人。曾編輯《申報》和《中央日報》副刊。1951年後歷任蘇南文教學院、福州福建師範學院、揚州蘇北師範專科學校、上海師範專科學校中文系教授。

2.對古、朱、吳（白匋）三位先生有意見。調整薪水事是對三先生有意見的根源。

3.作客思想。

4.思想顧慮——怕吳白匋整存零付，報復。

5.自私自利嚴重，但不易改掉。

王：如果現在還有作客思想，那是不對的。

朱為中：有什麼講什麼，對大家有幫助。但出發點是從個人出發的，應幫助他改造。

紀：我也有同感。他有翻身的感覺，但還得進一步，遇到問題不僅僅考慮自己，應注重整體的利益。

彤：

1.個人意氣太重。

2.把許多毛病，推到客觀的原因。

3.爭薪水，是精神上的不平則鳴，但不是大公無私的，而只是結合到自己的利益。

4.政治思想是否與父母問題有關？

5.暴露可能無顧慮，但因責備自己不深刻，可能影響暴露。

劉：由不問政治到問政治。敢大膽暴露，但尚未爐火純青。多少帶有意氣。

汝：從他的覺悟已經提高看來，他的暴露並無困難，但不能麻痺自滿。

彤：心胸比較偏狹，容易衝動，對自己的朋友的缺點，不易發現。

徐：起初你的課不被同學重視，自《人民日報》發表社論[71]後，同學重視起來，因此感到愉快。

王：對葛毅卿、彭飭三兩人的意見，從個人出發，缺乏原則性，不是從人民立場出發。

張：此次三反中，我對人提意見，並不純粹從個人出發。

△朱彤：

---

[71] 應為《人民日報》1951年6月6日所發表的社論《正確地使用祖國的語言，為語言的純潔和健康而鬥爭！》。

吳：

1.政治立場問題。

2.轉變為集體英雄主義。

汝：尚能暴露，能否徹底，在於對自己的歷史的否定。

　　如何能痛下決心，否定自己？你的鬥爭性發自個人主義，並

　　非□在工人階級立場。

徐：對於朱彤忽然轉變態度，表示懷疑。

拱：態度的轉變，如果是最近，恐怕基礎不穩固。

△吳奔星：

1.行動上表現了自高自大，主觀程度很強，自信很強。

2.對於醜惡的一面沒有沉痛的感覺。

3.誇大了我的個人意氣。

4.有時看法非常膚淺。

汝龍：自由主義很濃厚（朱彤說）。

# 5月20日　星期二

　　收到《光明日報》轉來熊滌答復，熊滌個性頑強，堅持他的意見。

　　下午許副秘書長符實來談話，我將著作一部分給他看了一遍，請他幫助我檢查思想、認識錯誤。他提出了很具體的意見，使我認識提高一步。

　　下午二時小組討論。

　　彤：

1.希望星期五、六聽或討論典型報告，然後小結。小結後，進入普遍檢查。

　2.目前小組自行檢查，或閱讀文件，或開互助組會議，明瞭個人檢查重點或大綱。

　　王：將本組分成三至四個互助組看文件，或互相討論。

　　彤：不一定注重形式，在閒談中解決問題。

　　匋：同意朱彤意見，自行找人談問題。

　　陳陵[72]：到我院來，已調了三組。到這組來，心情有所波動。

---

[72]　陳陵（1908—1998），湖南省湘陰人。1931年畢業於國立南京中央大學體育

結論：散會後個人準備提綱，明日找人談問題。

## 5月21日　星期三

講完魯迅的《寫於深夜裏》[73]。

下午小組成員展開互助，並開始寫思想檢查的提綱。

## 5月22日　星期四

上午章品鎮[74]同志來室談話，說《學習報》要出版了，希望我寫一篇文章，主題是關於掃除思想障礙的。

寄興華一函。

下午開小組會。

晚間試寫特約的文章。

小組討論

首先是老紀報告檢查提綱，以小地主階級思想為主導思想。

其次是吳白匋報告檢查提綱，有地主思想殘餘，放長線，釣大魚，不願逐步上升，希望一朝顯貴。做夢追求幻想。貴族地主階級的不勞而獲的寄生思想。利己主義，求名重於求利。

## 5月23日　星期五

今天是毛主席在延安文藝座談會發表講話十周年紀念日，語文系師生於上午八時到大上海影院聽了中共蘇南黨委宣傳部部長汪海粟部長的報告。

興華來信，並寄來語文教學一冊。

---

系。體育教育家。1949後曾任無錫文教學院教授、江蘇師範學院體育系科主任、教授，從1956年起任江蘇省體委副主任、省體育總會副主席、南京體育學校校長。1979年以71歲高齡出任南京體育學院教務處處長和體育系主任。

[73] 魯迅雜文，初刊於1936年5月《夜鶯》1卷3期。

[74] 章品鎮（1921—2013），原名張懷智，江蘇南通人。作家。曾任《雨花》主編。

# 5月24日　星期六

下午小組會議，全校師生工友舉行除草運動。

寄興華一函。

為學習報寫文一篇，章品鎮同志說目的性不明確，我看是他沒有看懂，我不準備寫了，而他卻硬要我再寫。

劉桂東檢查

1. 出身地主，大革命時被打倒。
2. 叔父劉雲昭[75]與李宗仁有關係，現因起義為蘇北行署委員，此為社會關係根源。
3. 大革命後入反動的國民黨（不應說偽國民黨）。
4. 一九三三年投票選舉駱美奐[76]。
5. 一九三七年廬山受訓。
6. 希望蔣介石倒臺，李宗仁上臺。
7. 與邵華第八中學同事，後決裂而走。
8. 一九三九年第八中學高中部副主任，參加區分部會議，並被選為區分部負責人，當這次的主席。
9. 普通的偽國民黨黨員。
10. 一九四二年秋到社院任講師，四四年秋升副教授，接偽三青團聘為訓委會委員，石聯星為訓導主任。當時自感歡喜，以為地位比過去高了，不久，又接開會通知書。
11. 偽江蘇民廳長王功如，大革命時曾任縣長，是cc分子，介紹我加入江蘇青年學社，後對接到刊物《江蘇青年》[77]。後又接到通知到重慶江蘇同鄉會開會，但因在璧山，未去。

---

[75] 劉雲昭（1885—1962），江蘇蕭縣（今屬安徽）人，國民黨元老。1949年前曾任蕭縣縣長、延津縣縣長、國會議員等職，參加過國民革命軍北伐戰爭。1949年後曾任揚州市政協副主席等職，1962年病逝。

[76] 駱美奐（1904—1989），浙江人。大夏大學畢業，後赴美留學。1939年曾任寧夏教育廳長，抗戰勝利後擔任過國民黨中委、國民政府農工部副部長。

[77] 疑為《青年江蘇》雜誌。

12.青年軍二零一師[78]駐壁山，被聘為西洋史教官，從古代講到文藝
　　復興，未領薪，曾被請吃飯。吃，當時錯認青年軍是革命。

13.曾到重慶會過發動頭子李宗仁（勝利後），又由駱美奐介紹會
　　過陳立夫。此外曾會見顧頡剛，巧遇倪文亞[79]。但未與李宗仁
　　發生政治關係，但對他當選副總統、代理大總統，卻很高興。

14.一九四七年春天在棲霞山[80]，有范某教偽黨義，又登記偽國民
　　黨黨籍。

## 5月25日　星期日

　　上午八時與吳白匋、紀庸等赴中央大戲院看錫劇《梁山伯與祝英
台》，表演得相當精彩。

　　下午章品鎮同志來室談話，並談及寫文章的事。

　　晚間學校放映電影《宣誓》，我因為語文研究班上課，不能看。
今天講的巴金的《我們會見了彭德懷司令員》。

## 5月26日　星期一

　　照陰曆說，今天是我整整四十歲的一天。

　　今天開始停課，上午是張煥庭作檢查報告，下午討論他的報告，
晚間九三小組開會，與許秘書長交換意見。

　　張煥庭典型檢查

　　首先由學生會代表宣讀給老師們的一封信

---

[78] 青年軍是國民政府在抗戰末期所建立的一支政治性很強的軍隊。1944年日
寇由湖南長驅直入，經廣西到達貴州邊境，重慶震動。為應付當時的局
勢，蔣介石提出「一寸河山一寸血，十萬青年十萬軍」的口號，號召知識
青年從軍，並成立「知識青年從軍徵集委員會」。為了鼓勵知識青年從
軍，還提出各種優待條件。在很短時間內，先後成立了青年軍九個師。青
年軍成立初期的201師師長為戴之奇。

[79] 倪文亞（1906—2006），浙江樂清人。大夏大學教育科畢業。1928年獲美國
哥倫比亞大學師範學院碩士學位。曾任大夏大學、暨南大學教授兼系主任，
三青團中央團部訓練處處長、組織處處長、常務幹事，國民黨中央青年部部
長。到臺灣後，歷任國民黨臺灣省黨部主任委員，革命實踐研究院副主任，
國民黨中央委員會第一組主任，臺灣立法院副院長、院長。

[80] 抗戰勝利後，國立社會教育學院曾短暫遷到南京棲霞山。

## 一、解放前

### 1.階級出身和受教育

由於名利觀念，使我的歷史非常曲折。

四四年參加國民黨反動派，春天後返渝女師教書，任教導主任。看過毛主席的《論聯合政府》和《新民主主義論》。並曾至十八集團軍[81]駐渝辦事處談話。

四六年，董渭川[82]介紹至社教學院，與進步學生一起，並與學校行政維持一定的關係。

### 2.隱瞞歷史

語文系[83]錢仁康[84]說：別人說你參加過國民黨。

## 二、解放後

有翻身之感，非常愉快。

一九五〇年一月十二日，批准加入組織。

團結：應該思想上團結，不應該感情上拉攏。

工作態度

1.把教導部看成衙門，教導主任為官職，每天到辦公室批閱檔，簽名蓋章，至於教導部的方針任務，就沒有掌握原則、仔細

---

[81] 即八路軍。1937年8月22日，國民政府軍事委員會正式宣佈紅軍主力改編為國民革命軍第八軍（簡稱八路軍），委任了正副總指揮，下轄三個師，每師轄兩個旅，每旅轄兩個團，每師定員為15000人。1937年9月11日，國民政府軍事委員會按全國陸海空軍戰鬥序列（把各「路軍」改編為「集團軍」），並下達命令：將八路軍改稱第十八集團軍，八路軍總部改稱第十八集團軍總司令部。朱德改任總司令，彭德懷改任副總司令。9月14日，朱德、彭德懷發佈八路軍改為第十八集團軍的通令。但此後仍習慣地稱這支部隊為「八路軍」。

[82] 董渭川（1901—1968）。原名董淮，字渭川，以字行。山東鄒城市城南關人。生前為北京師範大學教育系教授。

[83] 應為藝術教育系。

[84] 錢仁康（1914—2013），生於江蘇無錫。音樂學家，音樂理論家。1941年畢業於國立音樂專科學校理論作曲組。歷任中央大學、北平師範學院、蘇州國立社教學院、蘇南文教學院、江蘇師範學院、華東師範大學音樂系教授、上海音樂學院音樂學系系主任。

　　研究。

2.任務觀點。

3.一致領導，掌握原則，靈活運用。

　　讓各系科各自為政。

4.強調客觀

5.推與拖

　　有困難的工作，便推給院長。

6.計劃性不夠。

對黨的態度

害怕批評，過不慣組織生活，有退黨思想，羨慕無黨無派的生活。

下午小組討論：

一、團結問題：

　　1.沒有談到如何對待兩個院長的態度；

　　2.對同事之談到朱彤一人，都不夠。

二、有被動情緒。

　　（甸）

　　1.暴露與事實有出入；

　　2.只敷衍朱彤一個人，仍有企圖蒙混過關的意圖

　　（星）

晚七時半九三小組座談會許秘書長列席指導要點：

1.黨對民主黨派的領導和教育問題。

2.思想改造如何開展問題（典型）。

3.民主黨派間的關係與統戰問題及民主黨派應起什麼作用問題。

4.學校的改革和發展問題。

5.開展批評與發揚民主。

6.黨群關係。

7.動員階段未做小結，群眾考慮未周，即舉行典型檢查，似犯急性病，步調似有混亂。儘管有一定的啟發作用，卻不一定是全面的。

王盈朝：本院有工作委員會組織，每次學委會開會前，都舉行這個會，我參加過三四次。

吳白匋：有人懷疑我和陳有借社活動之意。

孫純一：我們是學術性社團，我個人有嚴重技術觀點，組織性不
　　　　強，希望領導上加強領導與教育。
　　　　九三與民盟的隔閡問題，必須通過這次思想改造運動，
　　　　予以解決。
陳志安：盟社彼此列席會議，可能消除成見。
　　　　民主黨派只能在消除或消滅內外反動派及從事祖國建設
　　　　時，在黨的領導下，才是一種力量，平時只能看成一種
　　　　推動崗位工作的力量，同時改造自己的思想。
　　　　黨支部是否聯合九三打擊民盟？朱彤與九三社員的疏遠
　　　　說明這個問題是否定的。
許副秘書長談話要點：
1.黨對九三的領導與教育問題
　不但對友黨的幫助不夠，即對本黨也幫助不夠。
　至於與友黨的關係問題，領導不夠以及任務的限制，使黨支部
　能多與友黨聯繫，達到同志的希望。
2.民主黨派之間的關係
　從政治上看，並無不同的意見，黨派之間的關係是沒有問題
　的。但在人事上有了分歧的意見，尤其是對張煥庭的能力發生
　了懷疑。
　個別同志間的意見是屬於個別人的工作作風方面的，應同黨派
　的意見有所區別。
3.發揚民主夠不夠？
4.先帶頭檢查，後小結，使內容豐富。

# 5月27日　星期二

上午朱彤作檢查，下午提意見，晚上整理明日發言提綱。
得鄭道崇函。
朱彤檢查

## 一、歷史

十二歲時父母離婚，變成孤兒寡母。讀金陵中學，喊出無產階級
革命的口號。有出風頭之意。

誰使得我不滿意，我就反抗誰。

打黃包車夫。

搞學生會，辦過兩三個文藝雜誌。

大學：讀歷史系，懂得不能背離時代。違反時代就會垮。已經看見了社會主義，但又怕革命和流血，當時受費邊主義的影響，否定了工人階級的領導權。

搞學生會和救亡會，創造將來的地位，準備畢業後的資本。

建築在自私自利的基礎上的個人英雄主義，及輕視勞動人民，對抗工人階級。

大學四年級抗戰發生了，流亡到漢口，欠幾個學分，不能畢業，想找一個職業吃飯。由父親介紹陳匪[85]隨從秘書陳震到偽軍官訓練團作記錄，上尉地位，不滿意反動頭子把自己當成奴才，曾因風紀扣，受陳匪的痛罵。周總理講游擊戰術，跟我握手。到四川以後，不服氣長官而撤職，失業兩個多月。同學介紹到偽財政部問事處，做委任科員，編稿件。因位低俸微，就找到偽中央社搞翻譯，蕭同滋[86]暗示辭職，然後又到貿易委員會。

一九三八──一九四〇作了反動派的工具兩年。

一九四零年底叔父約到重大助教，於是辭科員，後又到南開高中教英文，因不會改作文而解聘。後又到江津九中教書，政治上沒出路，經濟上又苦悶，當時特務迫害校長繼宣[87]，我申援後，邵華[88]繼任校長，解聘又到女師院附中教書。為了滿足往上爬的意念，寫了《鬱雷》交「生活」出版，演戲時整貴陽震動。

從一九四四年起到社教院任講師，參加民主運動，寫了一個戲「風雲」，用資產階級恩賜觀點寫的，大罵特務（因淹死學生）。

一九四五年勝利，以為跟蔣介石異幟的時期到了，加入了民主同盟，看見人民力量壯大。李、聞慘案發生，張奚若[89]也反蔣了，為了

---

[85] 指陳誠。

[86] 蕭同滋（1893—1973），時任中央通訊社社長。

[87] 應為鄧季宣（1893—1972），安徽懷寧人。江津國立九中創辦人之一。

[88] 邵華（1901—1973），安徽穎上人，曾任國民黨中央監察委員，抗戰期間出任國立八中校長。

[89] 張奚若（1889—1973），字熙若，自號耘，陝西大荔縣朝邑鎮人，愛國民

個人長遠利益，於是入盟。

陳女生，一次，還有一次，都是玩弄了她。

一九四七年偽救署，有貪污行為，收了一支派克筆。

一九四七年五月二十日用派克寫文章。

一九四七年七月逃到美國，搜集資料，華爾街的統治，想做費孝通之類。

從動機看：有自私，玩女人。

從政治思想看：參加民主運動走中間路線，一貫表現對抗工人階級的領導，表現在文藝作品當中。

從美國回來，快解放，辦《平民世紀》。

解放後，希望工人階級與小資產階級共同來領導，為的是抬高自己，獲得優越的地位，騎在人民的頭上。

辦《平民世紀》的動機很惡劣——為了將來的地位，好像胡適的《獨立評論》。

## 二、解放後思想變遷

對舊社會有一定的反抗性，但是從個人出發。個人品質惡劣。剛解放對自己沒有認識，把自己看成革命的功臣，但由於幾個月沒有工作，怨恨黨利用了民盟。在上海生病，接到社院聘書，表示歡迎被迫害的教授返校。

四九.五——四九.九，第一階段，怨恨。

四九.九——五零.八，從消極應付工作到公開對抗黨的領導階段。

自命清高，功成身退。學習不用心，不記筆記。到文教學院，感到宋雲頫[90]同志不重視我，寫了一個劇本《書香人家》，歪曲了勞動

---

主人士、社會活動家、政治學家。早年參加同盟會。辛亥革命後，赴美國哥倫比亞大學學習，獲政治學碩士學位。回國後，歷任國民政府教育部國際出版物交換局局長、高等教育處處長，中央大學（1949年更名為南京大學）政治學系、清華大學和西南聯大教授等。在清華，張奚若主講西洋政治思想史等課程，頗受學生歡迎。1949年後任政務院政法委員會副主任、教育部部長、對外文化聯絡委員會主任、中國人民外交學會會長等職。

[90] 宋雲頫（1915—1980），江蘇啟東人，曾在蘇南文教處工作，1959年後任江蘇省教育廳副廳長。

人民，宋雲彬同志說不能上演。以為政治上沒有自由，願做同路人，有對抗黨的情緒。

抗拒學習。

五零.八——五一.十覺得調走了老宋[91]，非常快樂，加以三大運動發生，我應該好好往上爬，不去土改，閉門寫劇本。抗美援朝時，到處做報告，同學們支持，自感驕傲。

向上爬有兩種方式：一是民盟，一是創作。一年當中寫了二十多萬字，稿費約一千二百萬元，另與劉、錢合作接受聯合國文教處特約搞古典音樂，得美金一百元。解放初期，解放區的「古典音樂」。

北京開會時南大約聘

比解放初期舒服，但仍有對抗工人階級的情緒，表現在四方面：

1.□□人家犯原則性的錯誤。

2.「一條戰線，幾個據點」。民盟領導同志說的，跟我的觀點合拍。

　沒有爭取行政地位的意圖，但是曾閒談我適合於教導部主任。

3.對文教處以為系科目的性不明不清，文教學院如名譽，不是培養高級學術人才，並帶資產階級觀點。以為文教處不夠領導大學，因地方幹部不如華東幹部，不足領導高級知識份子，包含了對抗的情緒。

4.表現在對沈若蘭同志上保持一定距離，不太去接近她，把爭取黨的領導，誤解為逢迎權貴。

個人英雄主義表現在日常生活：

1.誇大自己，輕視別人。

　劉雪庵、陳志安。由輕視變成打擊別人。

2.恨人家提我的缺點。

3.對抗領導。

4.報復。

5.宗派情緒。

6.脫離實際。

一九五一.十一————一九五二.二反省階段

---

[91] 指宋雲彬。

因暴露不夠，批判也不夠，使思想根源不能完全暴露，還藏了一節。

坦白經過，有戲劇性，缺少真實性，主要是思想根源還未交代清楚。

不誇大，不縮小。

暴露作風：

1.璧山要一年薪水。

2.擴大事態，嚇唬別人，對抗工人階級思想。

對朱彤報告的意見

1.態度很不忠誠老實，最後解釋是否國民黨員一節，尤其顯得狡猾。

2.交代歷史不排列年月日，看不出他歷史的真面目，使群眾對他所暴露的思想情況與當時的客觀情況相對照。同時，交代歷史時空話多，事實少，而且對每一件事實的原委往往缺少分析與批判，充分暴露護痛的痕跡。

3.他一再強調在軍官團、中央社，都是被人懷疑有問題而離開的，表示思想進步，作為參加民主運動的根源；但這些所謂進步與後來依附國民黨反動派到美國去如何聯繫起來以自圓其說？

4.解放後有以功臣自居之意，但在他歷史上看不出對革命、對人民有何具體貢獻或具體工作表現；反而是有許多醜惡事實被隱瞞了，應再作深刻檢查。

5.解放後，如何與美帝取得聯繫，應交代清楚。

6.解放前《平民世紀》與《獨立評論》作比？他對胡適其人怎麼看法的？

7.中間路線。

8.第一部分對思想實際交代得少，第二部分對工作作風、生活態度交代得多，這是避重就輕，忽視根本性、關鍵性的問題。

9.缺少調查研究，實事求是的精神。

小組討論朱彤檢查報告

白匋：

1.以其平日之為人，今天能如此談，已算有了進步。

2.暴露批判表現怕痛，交代歷史不夠，談國民黨一節是運用技巧

向群眾關門，他同國民黨的關係，不如其所談之簡單。

3.金大學生會，一向是國民黨分子把持，我也曾因國民黨而於一九二六年當學生會執行委員，尤其是一九三六年以後金大學生會被C.C分子恕書誠把持。三八年藍衣社分子爭取領導權，學校無法解決。朱在金大學生會是否與國民黨有聯繫？在學生會來往同學反動學生多，我很懷疑朱與國民黨有關。

4.陳裕光[92]親戚朱庸章[93]很與朱彤有關，而朱係特務分子，被金大學生檢舉送公安局。

5.赴美時通過陳裕光向偽寧市府拿三百美元，這事頗不簡單，望深入檢查。

紀庸：到美國的思想情況，是否真正搜集材料暴露美帝的暴行；有無因國內戰爭而逃避之意，然後回國往上爬？以革命的動機到美國去，與情理不合。

王[94]：曾於壁山與一女生開旅館被公安局逮捕，引起群眾大嘩。然後被解聘，與民主運動無關。希望檢查。當時朱與蕭子風向陳禮江[95]索取半年或一年薪金，此與民主人士的品質是否相稱？一對野鴛鴦，轟動壁山。

桂[96]：我也懷疑朱與反動派有關。進陳誠軍官團及中央社，都不是簡單的事，都不會在事後問是否國民黨黨員。在這一點，我很懷疑。

---

[92] 陳裕光（1893—1989），化學家，教授。字景唐，生於南京。1915年畢業於南京金陵大學化學系。1916年入美國哥倫比亞大學讀研究生，專攻有機化學。1922年獲博士學位。回國後，曾任北京師範大學理化系系主任、代理校長，1927年到1951年任金陵大學校長。他發起籌建中國化學會被選為第一任會長。1929年哥倫比亞大學曾授予他名譽教育獎章。1945年美國南加州大學授予他名譽教育博士學位。
[93] 朱庸章，1949年前曾任金陵大學總務長。
[94] 王盈朝。
[95] 陳禮江（（1896—1984），字逸民，江西九江人。1922年留學美國帝堡大學、芝加哥大學，攻讀教育學、心理學，獲碩士學位。1925年回國，任武昌師大任教務長、教授。1941年創辦國立社會教育學院，並兼首任院長。1981年被選為九江市政協委員。
[96] 劉桂東。

其次紀庸提留美動機，是值得懷疑的。

其次朱先生檢查有嘩眾取寵的姿態。

再次解放後並無群眾歡迎所謂被迫害教授如朱彤其人者返校。朱彤說院委會議決，是否真實？

另外，朱彤在救濟總署，是否只貪污了一枝派克筆？七個月中有無其他貪污事實？還沒有提高到政治上來認識。

朱先生加入民盟是看到人民力量壯大，觀點上有無重新考慮的必要？

王：馬敘倫等在南京下關被難民毆打，是否在下關？難民救委會系偽社會部領導的反共反人民的。不知道朱先生是否知道？

于[97]：希望朱先生對創作應該作重點的檢查。《鬱雷》我看過第一幕，《書香人家》的錯誤比蕭也牧[98]、路翎[99]的錯誤更嚴重，與《武訓傳》差不多的。

汝[100]：

1. 暴露事實比張煥庭多，比較充分，在認識上趕不上暴露事實充分。

2. 解放前在偽政府機關工作那一段，遠不如後一段深刻。

3. 人家懷疑你在重慶上演《鬱雷》時與國民黨有某些關係。

陳陵：幾點疑問：

1. 解放後在上海失業生病，接某校聘書而不開心，是什麼原因？

2. 某女生被開除，朱先生如何認識。

3. 朱先生說在學生時代就對革命有認識，我覺得是誇大。

朱[101]：歷史部分交代得不夠清楚，分析批判很不夠，特別是「一條陣線幾個據點」，沒有講清楚，對群眾失去教育意義，舉糾正宋雲旂的錯誤觀點作為對抗工人階級的例子，很不恰當。

---

[97] 于滿川。

[98] 蕭也牧（1918—1970），浙江吳興（今湖州）人。原名吳承淦，又名吳小武。上個世紀50年代初曾因小說《我們夫婦之間》遭受批判。

[99] 路翎（1923—1994），男，原籍安徽省無為縣，生於江蘇南京。原名徐嗣興。

[100] 汝龍。

[101] 朱為中。

拱[102]：

1. 朱先生在統戰部說：在中訓團記過蔣匪三四篇稿子，也記過周恩來一次，而今天卻說只記除蔣匪之外的講演。

2. 以前說離開社院是因搞民主運動而被解聘，而今天未交代，只在另一處帶一下。以你當時的地位對陳匪[103]是並無危害性的。當時社院劉偉是地下黨員尚且未被解聘，朱先生竟被解聘，很值得懷疑。再如劉雪庵當時與你鬥爭更厲害，而他尚且未解聘，把你解聘了，也令人懷疑。我疑心朱先生被解聘，單純是搞男女不正當的關係而來的。

爭薪水與民主運動是否相關、相稱？

桂：一九四六年朱未續聘，我因回徐州，不清楚；至解放後回院，是劉雪庵提出，因他大權在握，同事並不十分滿意，朱返校同事並無歡迎的表示。

解放後社院生氣勃勃，而被迫解聘的朱先生返院後反把生氣勃勃看成亂糟糟的，這是什麼思想。

于：朱先生對聯合國一百美金應有所交代。對事的看法，對錢的處理，應作如何表示？

朱先生對抗美援朝的捐款沒捐夠，而對聯合國的錢又如此重視，如何自圓其說呢？

拱：朱在璧山社院專講賈寶玉林黛玉等小資產階級的低級趣味，談不到進步。解聘後索取薪水，近乎敲詐。據全韜海說：至少給了半年。去年控訴陳禮江時，朱把自己描寫成一個民主戰士，並不談到自己的敲詐作風。朱離開社院後，通過C.C大將鄭通和[104]介紹到下關難民輸送站，初當組長，後升主任。此係蘇北逃亡地主的收容所，還鄉團的出發地，也就是反共反人民的基地。

今天報告歷史就不敢把史實按年月排列，掩飾了許多醜惡。

---

[102] 張拱貴。

[103] 指陳禮江。

[104] 鄭通和（1899—1985），字西穀，安徽盧江人。抗日戰爭期間及抗戰勝利後，曾任國民政府甘肅省教育廳廳長、國民黨第六屆中央執行委員等職。1949年2月去臺灣，任臺灣大學教授、教育部政務次長等職。

匋：在下關難民收容站，決不止四十美金。他通過他姐夫鄭通和
的關係——裙帶關係就沒有談。

在救總他獨當一面，而說只貪污一枝派克筆，難於相信。他
赴美留學，不但有留學費用，恐當有安家費用。

暴露解放後的思想情況，恐還有保留。

是否因創作之路走不通，而以民盟為政治活動的資本？

是否把領導黨也看成宗派？他沒有暴露，我認為是一個保留。

三反期中是否想打擊張煥庭而如某些工廠提升幹部一樣而取
得某——一部門的領導權。

否認黑名單，說特務不一定無政治原則，簡直是替特務說話。

希望在今天的基礎，更進一步地將保留不談的檢查一下。

桂：我不同意吳白匋說的他沒有嘩眾取寵之說。

1.周總理跟他握手，毫無必要交代。

2.到美國去搜集資料。

3.回社院，加歡迎被迫害教師。

4.講到聯合國扯到馬立克也在聯合國。

都是嘩眾取寵。

拱：我還有補充：

1.寫了三本書，拿了一千二百萬稿費。

2.拿了一百美金，說還有一百美金？

3.不提語文系同學對他教課不敬之事。

4.他在抗美援朝時，怕第三次大戰打起來。我是真金不怕
火，而其他知識份子都要動搖，一方面怕，一方面希望美
帝來。

5.因學歷史，故觀察力敏銳。

張士錚：

1.他的報告不樸實，好像寫劇本，寫文章玩花槍，這是整個的
印象。

2.我也在善總做事的，第三次被精簡的。那時，如與反動黨團無
關，做一個小單位主管是不可能的。那時貪污成風，他說只貪
污一點，是難於相信的。

那時，被精簡，至少有三個月安家費，如有關係，還可拿六

個月。

拱：

1. 沒有檢查《平民世紀》。

2. 他說他愛不愛錢是靠不住的。如他收稿費一千二百萬元，而對抗美援朝捐款不交足。其次在社院借錢是很多的。又如在社院被解聘，強索一年薪水；到社院先問薪水多少。由此種種，證明他是要錢的。

復員時，找反動頭子，暫不說，讓他自己檢查。

徐：我對他的主導思想是資產階級思想。

匋：他家是有名的舊家，曾祖、祖父做官，朱亦松[105]曾吹他的家世，也許沒田地是事實，房產是有的，他不能說他父親作教授，不能說是小資產階級出身。以他父子的惡霸作風看來，是有封建殘餘思想的。

徐：中、大學受左聯的影響，而圖書館有幾本黃色的書，朱先生竟借了看過。還有反動記者的《延安歸來》[106]，非常反動的，今年三月朱先生還借閱過。

王：

1. 他爭取文教院同志入盟，說將來黨團會退出學校（是當蕭紀正、黃文浩面前講的）。

2. 解放前出版的平民世紀，有反動觀點。

匋：金中及金大所受奴隸教育，對他也有影響，金中向有湖匪之稱，專在玄武湖搞女人。

---

[105] 朱亦松（1894—1974），江蘇南京人。1918年畢業於南京金陵大學，獲文學士學位。1919年留學美國，入西北大學研究院社會學系，1921年獲碩士學位。回國後先後在暨南學校、河海工程學校、江蘇政法學校、大同大學、東南大學、中央大學、北京師範大學、北京大學、東北大學、河南大學、中山大學、女子師範學院、社會教育學院任教。

[106] 《延安歸來》（重慶國訊書店，1945年10月），為黃炎培著，此處似不確。應指金東平（商務日報總編）著《延安見聞錄》（民族書店，1945年12月）。

發言提綱：

1.總的印象：

  A.好的方面。

  B.不足的方面。

2.歷史部分應重新交代。

3.懷疑他是國民黨員的根據。

4.說他有惡霸作風的根據。

5.說他是嘩眾取寵的根據。

6.應該檢查的思想問題：

  A.把自辦的《平民世紀》比做胡適的《獨立評論》，思想上對
    胡適的《獨立評論》是如何認識的？

  B.把羅隆基及聞一多列為中間路線，是如何認識的。

  C.黑名單的看法問題。

  D.解放後與美帝取得聯繫的經過——來龍去脈，對獲得美金的思
    想認識，不勞而獲美帝的臭錢和不交足抗美援朝捐如何看法。

  E.他說他糾正宋雲彬的錯誤觀點，作為對抗黨例證，以個別黨
    員代表整個的黨是錯誤的，應端正自己的認識。

7.好名不好利，名利都收的根據。

8.應交代與反動派，特別是C.C分子的關係問題。

9.朱先生解放前是否對革命對人民「有功」？

## 5月28日　星期三

  上午開代表會，向張煥庭提意見。下午繼續開會向朱彤提意見。第六組由我發言，一般反映頗佳。晚間學委會，決定下一階段在十天內結束。

## 5月29日　星期四

  上午開小組會，排定思想檢查名次。

  得興華函，說小印已送托兒所。興華囑我為她做教學計畫，我花了一點半鐘為她寫好，不免粗製濫造，聊以供她參考，以免摸不著頭緒。

  回賀澹江一函。

# 5月30日　星期五

　　學生向教師提意見，已在今日收到。對我提有十二條，多偏於工作作風及生活態度，很少教學方面的意見。

　　吳奔星先生[107]

1.自由主義組織上不允許他走而要走，無組織無紀律。

2.個人主義計較待遇，要求為他太太找事，雇傭觀點。

3.他寫信給張拱貴說：我對坐辦公室深惡痛疾，不願幹機關工作。這是什麼意思？

4.自高自大上第一堂課說：「在這裏講課能勝利就勝利，不能勝利就知難而退」，並自稱為呱呱叫的傑出的中學教師。聽張拱貴說來前有學校聘他做系主任，要南方來，是否真實。《光明日報》有人批評他的《語文教學新論》，他不虛心接受，說因個人意見關係，斷章取義。

5.愛虛榮，把著作顯出來，有抬高身價之動機。

　　如《小雅》，內容都是虛無縹緲的東西，對同學是否起壞影響。

　　他說：「當時主辦《小雅》，為了出風頭而已。」

　　在《小雅》，內容要好好批判。說編語文課本，得到人家的好評。是否誇大自己。

6.他說教授出名是捧出來的。是什麼意思？

7.他曾對學生說：「語文教師是吃力不討好。」

8.教學負責態度越來越差，以前教詩歌單元比較詳細，而現在重量不重質，對改錯字特別重視，提一些大綱而已。

9.在教學態度上多少有些賣弄「噱頭」。

10.教育計劃性不夠，不能按期完成教學計畫。

11.為什麼不上早操？

12.迎合同學心理，如批改習作對熟悉的同學嚴格一點，不熟悉的就鬆一點。

　　許副秘書長報告

　　一、思想改造是一場新和舊的鬥爭

---

[107] 學生所提意見。

張[108]、朱[109]的檢查是經過一番思想鬥爭的，這是思想上新的和舊的鬥爭，是兩種階級意識在思想上的鬥爭。要進步必須克服許多障礙著新的成長的東西。新舊鬥爭是發展的基礎。

思想鬥爭的前途

必須取得勝利。在每一個具體的人來說，都存在兩種可能的前途：一是舊思想作風繼續戰勝新思想新作風，而沒有得到改造。為了自己個人的一切，為了要保持個人的面子，捨不得自己的醜惡的東西，把應該暴露的隱藏起來。即使隱瞞成功，其結果：

①不敢正視真理，感到良心上的慚愧，阻礙自己的進步。

②對革命、對人民的事業就會發生隔膜和裂痕，失去了他自己的真誠和熱情。

③多疑，覺得任何人在搞他的鬼，形成自己的苦惱。

④以上是最輕微的在人民內部產生的結果，問題不僅僅如此，更嚴重的是感到這個地方是沒有光明的，黑暗的。紀德[110]參觀蘇聯覺得蘇聯是黑暗的，沒有自由的，結果離開人民，走上背叛人民的道路。

相反的，如果是新思想新作風戰勝了舊思想舊作風，便會服從真理，勇敢的揭發自己，像丟掉包袱般的愉快，感覺到光明。因為思想改造是治病救人，人民內部歡迎自我改造的人，然後才能坦白相處，真誠合作。每一個的思想都有不正確的地方，都有與客觀情況不一致的地方，因此彼此之間就容易有成見。如果新的戰勝舊的，就會在工作上發揮積極性、創造性。

今天還有些同志對新的與舊的採取某些妥協的態度：

①我改好了，何必公開說？

---

[108] 張煥庭。

[109] 朱彤。

[110] 安德列・紀德（1869—1951），法國作家。保護同性戀權益代表。主要作品有小說《田園交響曲》、《偽幣製造者》等，散文詩集《人間食糧》等。1947年獲諾貝爾文學獎。在1930年，他迅速成為了共產主義者，但在1935年訪問了蘇聯後對共產主義的幻想破滅。回國後先後發表了《訪蘇歸來》和《再談訪蘇歸來》，表達了對共產主義的失望。他對於共產主義的批評使他失去了許多社會主義者朋友。

②思想改不改，不照樣為人民服務嘛？其實不然。

③既不能全部改，又何必全部說出來呢？

　不要滿足舊的一套，必須適應新的發展。

新與舊如何劃分：

①工人階級思想代替非工人階級思想。

②人民大眾思想代替非人民大眾思想。

　總之，虛偽與真實是新與舊的界限。虛偽是舊社會的產物，誠實是新社會的產物和道德。忠誠老實是新社會崇高的道德標準。無保留的暴露和克服舊的東西，才是新的道德標準──忠誠老實。思想鬥爭是痛苦，要獲得無產階級思想不是容易的。要革除原來階級的立場意識是不容易的。資產階級及小資產階級的基本東西是自私自利。丟掉非工人階級思想意識是很痛苦的，有時會產生一些病態的東西。我這樣黑暗嗎？我這樣的人還有前途嗎？這樣就會陷入彷徨與苦悶。這是不足為奇的，是黎明前的黑暗。能度過這個時期，便會進入光明的坦途。思想鬥爭的複雜性在此。馬列主義者必須由認識世界到改造世界，人民教師必須由認識自己到改造自己。

　二、思想改造究竟達到什麼標準

　應該依據每一個人自覺地態度，由他自己決定自己標準，不能強迫的。但在學校中的思想改造有一般的標準：劃清敵我，劃清是非界限，樹立工人階級的細想領導。毛主席在論人民民主專政時說：有了人民的國家，人民才有可能在全國範圍內全體規模上教育自己和改造自己，使之脫離內外反動派的影響。改造自己從舊社會帶來的壞思想，不使自己走向反動派所指引的路上去，並繼續前進，向著社會主義和共產主義社會發展。

①脫離內外反動派的影響，要求肅清封建買辦法西斯思想，批判資產階級腐朽思想。美帝是腐朽的帝國主義，是全世界反動腐落的大本營，而蘇聯卻是社會主義國家和平的壁壘。

　脫離反動派的影響，是脫離當年反動派所宣傳的影響。

②其次是批判資產階級思想。

　新中國的專家都是從點點滴滴的實際工作中產生出來的。專家思想是資產階級投機取巧、不勞而獲的思想。

　費邊思想，用列寧的話來說，是和強盜合夥，來反對本國勞

動人員的革命。

我們的思想的發展，必須跟隨國家的經濟的政治的發展而發展。

防止兩種偏向：

①以為自己進步了。進步不能自封，自封進步的人，怕不是
經常進步的人，不應自封進步，應警惕自己是否落後了。

②與前一種完全相反，或不相同的中庸的人，自認是穩步前
進的人，實際是落後的遮羞布。

三、怎樣進行思想批判

1.劃清思想界限不僅認清不對的，而重要的是認清對的。

無產階級的特點：團結性、紀律性、互動性、組織性、進步
性，對剝削階級的反抗性、鬥爭性。

2.目前思想批判展開不夠

①首先背歷史。

②其次是工作態度。

③最後戴大帽子。

不能停止在現象與詞句上。

對共產黨的問題的看法有沒有經過懷疑的階段。

大的政治問題的看法。

對經濟生活與政治生活的反映如何。

3.怎樣展開批判

暴露多方面的，必須找到自己思想的重點，選重要的來批判。

①問題的性質、輕重如何

剝削階級的特點：把自己的幸福建築在別人的痛苦上。

曹操：寧願我負天下人，不願天下人負我。

②問題雖不嚴重，卻是一再犯而且是一貫性的。不要把偶然
的錯誤來擴大。但偶然的問題如帶有必然性，就不可原諒
自己。

③一般生活問題不必談。如談戀愛；但如影響工作和團結，也
應該批判。

④歷史發展一般的不必追究歷史舞臺，應該重點地研究當前的
思想問題，但以往是否參加其他黨派，社會地位、經濟地位
應該談。談歷史要防止避重就輕。

4.怎麼進行思想批判

①不僅指出錯誤的發生和發展，而且要說明如何樹立好的，把對與不對劃分清楚。目前的偏向是罵倒一切。

②批判時要表明問題的程度嚴重不嚴重，盡可能地把舞臺表現得恰當，必須指出發展的前途及必然的結果。把問題搞清楚後，再找一個適當的名詞說出來，不要亂戴帽子，不要把嚴重的問題輕描淡寫，也不要把輕微的問題誇大，亂扣帽子。

③要從問題的現象上揭發出本質，不是羅列現象，應該從聯繫的發展上來看問題。

④要不要談優點所謂優點是他的階級本質轉變後所產生的，因此，優點不能從現象看，必須從立場觀點上來看。

5.步驟問題

①下星期一師生思想批判以十天結束。

②師生配合，情況交流問題。

重點在教員，教員比同學重要。畢業的同學比在校的同學重要。

## 5月31日　星期六

雨。陣陣東風。毛毛細雨下了一天。

前幾天寫的文章，《學習報》以為牽涉面太廣，目的性不明確，我又抄寄《解放日報》去了。

道崇來函，三言兩語。

今日看了丁玲、茅盾等關於紀念延安文藝座談會講話的文章，又看了陳伯達論革命的辯證法一文[111]。對檢查自己的思想得一些啟發。

## 6月1日　星期日

今天是兒童節，很想把點錢給心村，但又怕他不會使用，吃壞肚子。還是不表示。心村這孩子，越長越糊塗，晚上不知睡覺，頭腦昏庸，完全不能照顧自己，好比白癡一般。

---

[111] 題目為《毛澤東同志論革命的辯證法》，載《新華月報》1952年第5期。

下午與汝、紀、廖進城，買了《解放軍文藝》及《文藝報》各一本。

晚上做思想檢查，曾請老汝互助一番。

# 6月2日　星期一

從今天起正式開展批判資產階級的腐朽思想。頭一個是紀庸先生。明天本來是我，恐怕準備來不及，已與王盈朝同志調換，若王盈朝上午檢查完畢，我即繼其在下午檢查。

紀庸檢查：

1. 見羅君強[112]。羅說：請你做政訓處長，給在這兒學習的人，進行一點思想教育。
2. 鼓樓二中進行家長式的統治，類似法西斯的教育，本身就是奴化教育。
3. 補充一個周化人要他當縣長的故「事」，他拒絕了，說明他有封建的保守性，還有一點民族意識，是不妥的。
4. 勝利後痛共產黨搗亂。
5. 被捕監禁於南京寧海路二十五號，後解蘇州，獄中看徐鑄成編《大公報》，□罵國民黨，但還對國民黨沒有認識，對蘇聯的認識也很未明確。
6. 解放前沒有立場。
7. 學習過了，鍍過金了，來勁兒了。
8. 挑戰是提高集體的政治覺悟的一種有效方式

# 6月3日　星期二

今日下午七時半我作思想檢查，談到雇傭觀點時，深深地感到對不住北京市人民政府文教局；負疚於心，不禁淚下。

---

[112] 羅君強（1902—1970），名光治，別號庸生，湖南婁底西陽鄉白鷺灣人。1939年3月，追隨汪精衛投敵，先後任偽邊疆委員會委員長、偽司法行政部部長、偽中央稅警總團中將總團長、偽安徽省省長兼偽蚌埠綏靖公署主任、偽上海市政府秘書長等職。1947年3月被捕入獄，判無期徒刑。1949年1月，由南京解禁上海提籃橋監獄。1964年保外就醫。1970年2月去世。

晚上回來，心村不見；同學告我他睡在走廊上。這孩子自己睡的問題都不能解決，焦心得很。

思想檢查[113]

一、主導思想

自私自利與自高自大合流的思想實際。

甲、自私自利的具體表現：雇傭觀點，做客思想。組織性紀律性不強。

乙、自高自大的具體表現：

1.從個人出發，表現自己的惡劣態度。

2.對工作不負責任，粗枝大葉的工作作風。

3.不善於聯繫群眾，有時還有看不起群眾的情緒。

4.主觀主義，不夠虛心。背進步包袱，覺得自己是老作家，而且一向參加民主運動，寫過不少反對或不利於國民黨反動的文章。

二、具體事實

甲、一九一三——一九二七

1.家庭成分及家庭狀況

祖父貧農，並經營小本生意。

父母是鄉鎮信義小學教師，而且是基督教徒。我出生於福音堂，那是本地唯一的高樓大廈，令人羨慕，但是誰也不知道那是勞動人民血汗的結晶。家中缺少勞動力，有三五畝水田出租，由貧農轉變為小土地出租者，一直到我小學畢業。

①父母都是鄉鎮信義小學[114]教師，母親當我三歲多一點就死去，七歲上繼母來了。

②兄弟四人，大哥[115]於大革命前加入共產黨。一九二七年北京三一八慘案[116]，曾被捕坐監半年多。一九三四年春

---

[113] 思想檢查稿連續記錄在日記本上，因當日檢查，故錄於此日。

[114] 信義小學，挪威基督都信義會創辦。

[115] 吳蘭階（1899—1934），字立峰。1931年畢業於北平師範大學英文系。

[116] 時間記憶有誤。1926年3月12日，馮玉祥的國民軍與奉系軍閥作戰期間，日本軍艦掩護奉軍軍艦駛進天津大沽口，炮擊國民軍，守軍死傷十餘名。

天逝世。

二哥是不管閒事而又不遊手好閒的好人。人在農村搞些附帶勞動，於一九四八年下期死去。

三哥[117]於大革命前在湖南搞工作，共產黨員，後來脫黨，現在張家口軍委工程學校工作。

③我們安化東坪山多田少，雪峰山的支脈梅嶺橫亙，兩岸高山，中流湍急，交通閉塞，讀書人少，讀書人也就可貴。我們雖窮，在地方上倒還有些士大夫聲譽。

2.環境影響：

a.由被地主及商人奚落轉變到羨慕他們

b.羨慕教會舒適的生活

c.母親的一位本家去美國留學歸來，在地方名譽很高，紛紛傳說，羨慕「出洋」的人。

d.生母早死，繼母暴虐，依靠祖母在家庭中的威望，同她作對，並有報復思想。

1.祖母是一個慈祥的人，群眾關係好，不與人爭。同時眼光短淺，希望我做一個小學教師在地方教書就不錯，養成我後來不與人爭的個性，不負責任的根源。

2.庇護我，人家對她敬重，我誤解了，以為使我仗勢欺人；但沒有她在面前，我又畏懼人。養成我依賴別人才能鬥爭，也就是不能單獨作戰，不能堅持鬥爭的性格。

e.一九二〇年後，鄉村有新學制的小學，還辦了補習班，收容年長失學的人。我進了黃江學校[118]，羨慕當時做教

國民軍還擊，將日艦驅逐出大沽口。日本聯合英美等八國於16日向段祺瑞政府發出最後通牒，要求撤除大沽口國防設施的無理要求。3月18日，北京群眾五千餘人，由李大釗主持，在天安門集會抗議，要求拒絕八國通牒。段祺瑞下令開槍，當場打死四十七人，傷二百餘人，李大釗、陳喬年均在鬥爭中負傷。

[117] 即吳士醒。

[118] 即安化二中。始創於1923年春季，原名聯立黃江學校，幾易更名，先後辦過高小、師範、職業中學、初中、高中，1953年10月改為公辦，定名為「安化縣第二初級中學。」1958年下期開辦高中班，更名為「湖南省安化縣第二高級中學」。

員的人次為自己如能在那種學校教書，也就能被別人看得起了。

f.幼年生活：挑水、洗衣、打架，而且在小學畢業後還賣過三個月的糖果。雖沒有看不起勞動人民的想法，但總覺得勞動是苦事，想當不勞動的「先生」。

g.在小學喜歡英語，可能是想上爬思想的萌芽。

3.大革命時代

a.十五歲已是小學畢業後第二年，開始與社會、勞動人民接觸，應該上中學，但由於貧寒，去長沙太遠，到縣城太偏僻又繼續在茜江學校炒冷飯一年。學校往長沙借了好幾位思想前進的學生，拼命學英文。

b.一九二七年二月到五月，跟著先生同學下鄉宣傳，組織農民協會，打倒土豪劣紳，剪婦女的辮子，勸放大足。

c.這時發給我們每人一本共產主義ABC.馬克思主義解說，還有一張中山先生遺像。又聽先生談CY，CP，但是我們不懂。又聽說參加集體宣傳工作的，都並加入了CY，拿了孫中山遺像也並加入了國民黨。但這時渾渾噩噩，只有一些對土豪劣紳不滿的情緒，根本談不到什麼叫階級仇恨，也談不到政治認識。究竟是否加入CY及當時的國民黨，都是莫名其妙。只能說是革命革到自己家門口參加了一下。

d.一九二七年五月廿一日，湖南軍閥何健在長沙大殺CY、CP、共產黨分子，我們到六月才曉得，後來聽說，有幾個教員被捉到長沙槍斃了。

乙、一九二八——一九三七

1.長沙修業農校（一九二八——一九三一）

a.窮學生入窮學校，並發現毛主席於前幾年在此教書[119]，並有他們辦的《火山週刊》[120]在儲藏室發現。毛主席等編《湘江評論》、《火山週刊》在書庫中發現，不完全

---

[119] 毛澤東1919年曾在長沙修業學校任歷史教員，並編輯《湘江評論》。
[120] 迄未查實。

懂得，但為他們的熱情所感染，特別是蕭三的詩（那時不叫蕭三）。經打聽才知道毛主席在附小教過國文，在中學部教過歷史同國文。前湖南省政府主席王首道[121]就是毛主席教書時的學生。

b. 對商人不滿情緒繼續發展，在長沙《大公報》、《國民日報》、《中山日報》、《通俗日報》發表詩、小說、散文；有的內容就是痛恨商人看不起沒錢的人。但同時，又迫切希望自己有錢。五毛錢一千字的文章也非常心滿意足。

寫的小說受郁達夫的影響，多半很感傷；新詩受郭沫若影響；舊詩受子夜歌的影響，至於魯迅東西，那個時候還不能完全體會，只感覺到片言隻語的俏皮而已。

c. 這時自私自利的企圖與自高自大的作風已經結合起來了。名義是學農，但特別感到興趣的是國文、英文、日文，而日文的地位較英文高，因為有許多農業書是日文的，但因志不在此，也就不大注重。

d. 看「北新」出版的不切邊的小說，如《吶喊》、《彷徨》、《創造日刊》。郭沫若、郁達夫等的小說詩歌都是這個時候看的。雖不見得全懂，卻受了不少影響，想當文學家。

2. 北京（一九三二——一九三七）

a. 入華北中學補習英文半年，混了一張普通高中的文憑，開始把名字由吳立華改為吳奔星。

b. 一九三三年暑假，塘沽協定訂立前，日本飛機在北京上空示威，我有些害怕，到山西太原。那時我的大哥在山西大學及中學教書。

c. 塘沽協定後（五月卅日）回到北京考學校，進了北京師大國文系。

---

[121] 王首道（1906—1996），湖南瀏陽人。1922年入長沙修業中學讀書。1950年4月至1952年3月任湖南省人民政府主席。

d.一九三三──三四年對民間文藝很感興趣，特別是對諺語與民間歌謠。在二年級時曾學過一篇論農村民校可採民間謠諺作為教材的商榷一文，發表在師大月刊卅二周年紀念特大號上面[122]。

e.一九三四年曾參加大眾語論戰，寫過一些文章發表在北京、天津、上海的報紙副刊上[123]，但只是倒無形式的討論，還沒有認識到思想內容不改變，光改形式是不能大眾化的。

曾以東方亮筆名寫一首詩。中有這樣的句子：我的路是玻璃質的，無慮於人世之所險惡，我嚮往著新鮮的未來⋯⋯[124]，等。

f.一九三五年十二月初北京大中學生聞冀察政務委員會在九號成立，那天早上組織了全面性的示威遊行隊伍，被員警沖散：我是師大領隊之一，實則只是單純的愛國熱情，無政治覺悟。當天沒有成立，聽說要到十六號，於是又計畫了一二一六的遊行。

這個寒假北京大中學生中民族解放先鋒隊有南下宣傳隊的組織。到冀中一帶作工作，我參加了，因病由保定中途回校。

一九三四─三五年大量向全國報刊如《華北日報》、《北平晨報》、上海《申報·自由談》、《現代》月刊、《世界文學》月刊投稿。同時，自己又在《北平新報》上編一大型的《半月文藝》，儼然以作家自居，人家也就喊我為詩人，其實多少帶有些諷刺成分。

g.一九三六年六月，我獨力搞北京小雅詩刊社[125]，出版《小雅》詩刊。有當時全國比較著名的詩人寫稿，如李

---

[122] 題目為《中國農村民教教材採用謠諺之商榷》。

[123] 如發表在北平《文化與教育》旬刊1934年第29期之《由「拿貨色來看」談到民間歌謠及方言問題》，其他篇目尚待查實。

[124] 題目為《超人之歌》，載1937年3月北平《小雅》詩刊第5.6合刊。文字和日記引述略有不同。

[125] 實為與詩人李章伯合作。李章伯當時在臺灣，不便提及。

金髮、戴望舒等，發展了我的自滿自大的性格。同時自己又在當時的詩刊：《新詩》、《詩誌》、《紅豆》、《詩座》等刊物寫詩。其實是小資產階級的感傷情調居多，進步意義只是不滿現狀，偏於消極的一面。

同年十二月十二日發生了雙十二事件，北京學生在這以前已開始分裂，這一事件後，更加界限鮮明，以前搞學生運動的，都被反動派看成「共匪」，另組織了所謂「新學聯」，其實是反動派所組織的打手，集奴才之大成。

十二月廿六日張學良護送蔣匪去南京，新學聯大放鞭炮慶賀，我們都感到內心空虛。

這個時候表現出兩面性：一方面在文字上表現小資產階級情調，一方面在行動上表現愛國熱情，但往階級觀點分析，今天認識到當時還是統一的。

h. 一九三七年北京所謂新學聯在師大操場舉行會議，從上午十時到下午五時，因學生被舊學聯控制，人數到得不太多，使他們失望，不能進行反動宣傳，於是反動派就命令志成中學的校長吳寶珊[126]領導童子軍毆打舊學聯的學生，我們在場的人都挨了打，有兩位曾因受傷過量而死亡，我的腳跟也曾被打。

i. 分析與批判

參加學生運動，只是單純的愛國熱情的流露，談不到政治覺悟，尤其談不到階級覺悟，但那時實際上是一場階級鬥爭。寫作思想非常混亂，找不到出路。一方面翻譯蘇聯的詩歌小說，敢寫自己的進步，引起別人注意；一方面為了稿費，亂投稿，連第三種人辦的《現代》也加以支持。雖然在那個刊物在第一二卷時，魯迅、茅盾等也曾寫過文章，但到第三卷以後顯得毫無立場，當時認識不足，也就於他們發生了一些關係。

畢業時的動搖：畢業時正盧溝橋事變發生，面前擺著兩條路：一條是陝北，一條是教書。限於當時的認識水

---

[126] 應為吳葆三。

平，選擇了到南方教書的一條路，拋棄了到陝北打遊擊
革命的一條路。現在想起來，非常悔恨。不過，這種情
緒還是從個人出發的。

3.東南及西南流亡時期（一九三七——一九四四）

a.一九三七.八——一九三八.一　長沙修業農校

薪水由七折八扣，到對折，每月收入僅四五十元，與畢
業時的想法可以享受一下了，完全相反。因此，不安於
位，時發牢騷，到寒假不告而別，二月到了廣西。

b.一九三八.二——一九三八.六　南寧中學

這時對教中學已不感滿足，覺得做公務員名利都要好些。
南寧中學學生思想頗進步，主要原因是李、白、黃[127]此
時還是與蔣介石匪首有某種程度上的距離，對外來知識
份子特別禮遇。當時的廣西形成人文薈萃，特別繁榮，
桂林還有戰時文化首都之譽。

C.一九三八.七——一九三九.七　醴陵到玉山

擔任浙贛鐵路教育委員會職工巡迴教育隊隊長，後兼安源
員工子弟學校校長。關係：同鄉張自立擔任主任委員。

1.曾往長沙招聘教員，聽鄒韜奮、沈鈞儒等講抗日戰爭
與民族統一戰線問題，受了些影響，回到學校也就講
這些東西做宣教資源，遭反動派特務之忌。

2.與安源煤礦工人接近，其實到處都是工人，也不能不
與他們接近。同時，我的工作本是職工巡迴教育，對
象即鐵路工人。

工作過程中，只是單純的進行文化教育及抗日宣傳，
不符合當時浙贛鐵路特別黨部倪國經、甘青山等特務
的意旨，在一九三九年三月十一日深夜被他們所指使
的流氓黨棍所襲擊，第二天紀念孫中山和打倒我的標
語貼滿了安源的大街小巷。我於是於十二日上午脫離
萍鄉到玉山浙贛鐵路總局去。留在教委會工作到暑假
回湖南教書。

---

[127] 李宗仁、白崇禧、黃紹竑。

我之不接受浙贛黨部的領導，完全是看不慣他們，並非由於政治意識提高了。

D.一九三八.八——一九四〇.二　新寧湖南省立衡山鄉村師範當時校長為彭一湖[128]，現中南軍政會委員，偽裝進步，允許教魯迅及高爾基的作品。當時艾青也在教國文，比我早去了幾個月。與彭一湖關係處得不好，早就離去了，我陷於孤立。到快放寒假時，訓育主任易禮容到職，當時非常反動，竟報告公安局說我及其他幾個教員是共產黨，鼓動風潮，企圖不軌。我們得到學生的掩護，乘小船離開新甯到寶慶轉衡陽，重去廣西教書。

易禮容現在是總工會勞保部部長，當時被趕走的有蔣名川[129]、錢維楨都在北京，還有陳斌，聽說在南京教書。

e.一九四〇.三——一九四三年在廣西

先後在桂林師範、桂林高中、桂林師範學院教書，並在廣西大學、桂林醫學院兼課。

此時寫了些抗戰詩歌、論文，發表在《詩》、《詩創作》、《廣西日報·漓水》（艾青編）等刊物上。詩刊是我同韓北屏、艾青、陳蘆荻等人編的[130]。

這時民族仇恨很強，很少關心共產黨在北方遊擊區堅持抗戰的消息，原因也是國民黨隔絕了，封鎖了消息。不過，在一九四一年曾聽過梁漱溟作中國現狀的講演，他

---

[128] 彭一湖（1887—1958），名蠡，字忠恕，筆名伊甫，湖南岳陽公田鎮人。1909年考入湖南公費去日本早稻田大學攻讀經濟學，在校加入同盟會。1938年後任武岡師範學校校長、國立第十一中學教員、辰溪第十一兵工廠子弟小學校長。重慶談判前夕赴重慶，1946年1月在重慶任《平民》週刊編輯委員。受黃炎培相邀加入中國民主建國會，並被選為民建中央委員、民主建國會常務監事。1949年9月任湖南省中山圖書館館長，全國政協第一、二屆委員會委員，中南軍政委員會參事，1950年任武漢市政府參事室副主任。1957年被錯劃為右派。1980年恢復政治名譽。

[129] 蔣名川（1903—1996），出生於河北省懷來縣。金陵大學農業專修科畢業。蔬菜學家，中國農業科學院蔬菜研究所研究員。畢生致力於蔬菜栽培技術研究。

[130] 具體什麼詩刊，需要查證。

那時剛從延安返桂，說他曾與毛主席長談三天三夜，交換對於國是的意見。他那時是主張兩黨合作，而且是主張共產黨稍微讓步的。那時，對他的話缺少批判能力，只是認為有共產黨鞭策國民黨，國民黨可能要堅持抗日，總是好的。屁股一直是坐在國民黨方面，這個看法，一直到舊政協時代。

在桂林時，曾向桂林圖書館一位姓劉的朋友（名字忘了）借了一套楊家駱[131]編的《中國文學百科全書》。離桂林到貴陽時，非常匆忙，託朋友送還，後來這位朋友也因為忘了，帶到了重慶。勝利後，也沒有寄還。一直到上月，才從上海取回。這是由借書而復為竊書的卑鄙行為，曾在三星期前寫信給廣西的朋友（唐現之）、學生，先打聽那位姓劉的朋友，再行寄還，以便說明原委。

F. 一九四三.八──一九四四.八

謝六逸[132]主持貴陽師範學院國文系，曾因在上海報刊發表文章為他所注意。他經過桂林時才彼此認識。這時，他在貴陽做文通書店編輯所長，我們一位同學曹未風（現在高教處副處長[133]），也在那裏作外文部主任。

我在這時開的課是歷代詩選，主要講杜詩，對國民黨抽壯丁、買賣壯丁，常常聯繫《三吏》、《三別》，表示不滿。

G. 一九四四.八──一九四八

由重慶到南京，在偽交通部做編審及社教學院兼任教授

1. 編審工作主要為整理各鐵路中小學成績報告表，教員

---

[131] 楊家駱（1912—1991），南京人。16歲畢業於東南大學附中高中部，後入國學專修館肄業。1928年進教育部圖書館工作，開始系統地研究目錄學，頗有造詣。1930年春，正式從事出版工作，並創辦中國辭典館和中國學術百科全書編輯館任館長。1948年去臺灣，先後在世界書局和鼎文書局任職。

[132] 謝六逸（1898—1945），貴陽人。現代新聞教育事業的奠基者之一。作家、翻譯家、教授。號光燊，字六逸，筆名宏徒、魯愚。

[133] 華東軍政委員會教育部高教處副處長。

薪給聘任等事宜。

2. 一九四四年秋到一九四五年春，交通部派遣大批員司
赴美國考察、實習，選拔方式有一項是通過考試。我
當時很想考，但是因為剛到交通部，人事關係只有一
個秘書長張自立，而張又是一個安分守己、老實巴交
的人，不能為我說話。後來我雖把過去在浙贛鐵路教
委會一年的資格拿出來，勉強報了名，通過了考試，
英文還考了八十六分。但是交通部人事法規的試卷沒
及格，年資又不如人，加以沒有國民黨黨籍。當時，
我也談到一九二七年我曾加入過。其實不談還好，一
談反而引起人懷疑，說一九二七年前加入的，那時正
是國共合作時期，國民黨有許多共產黨，須在清黨以
後重新登記，領有黨證的才算。自此次因沒有黨籍及
資歷不夠，沒有去成美國，曾大受刺激，不到一年勝
利了，我就有到臺灣大學去教書的意圖。

3. 一九四五年十二月曾寫了一篇《實現民主與剷除「三
才」》[134]的文章登在陶行知、鄧初民等編輯的民主星
期刊上，對國民黨執政的人作尖銳的抨擊。那個刊物
不久就停刊了。我也受到人事處的警告，並揚言要我
把所謂「三才」的姓名指出來。從此他們懷疑我的思
想不純正，同時，說我是因為留美不成所起的反感。

4. 一九四六年春天我翻了蘇聯青年作家沃爾加·賀爾滋
的《列寧格勒之春》，發表在《柳州日報》，後又為
《新華日報》所轉載，更引起人懷疑。

5. 一九四六年四月十六日到南京後，東方雜誌又登出我
寫的《民主詩人白居易》一文，那裏頭也影射了國民
黨的黑暗統治。

我一方面對現狀不滿，一方面還是想依附它，只是想
脫離南京到臺灣去。

6. 一九四六年寒假到社教學院前，偽考試院銓敘部調我到

---

[134] 發表時間應為1946年1月16日。

反動的人事管理人員受訓，地點在中山門外孝陵衛。這
個訓練班是反動的中央訓練團的一個旁支，它的嫡系是
所謂黨政訓練班。

調訓的意圖說馬上實行憲政，要大批辦理人事管理的
人。如登記、敘薪、任免、遷調等事。當時，思想上
非常抗拒，加以又有社教學院聘我，本想攢紗帽，但一
想：怕引起他們懷疑，弄到生命危險，其次也怕社教學
院待遇不夠花，不如兩邊兼差。

7. 黎錦熙先生聽說我有教書的意圖，要我不要捨近求遠，
介紹我去蘇州社院教書，那時是蕭家霖[135]負責，張、廖
均於此時認識。

社院教書因講授文學史，曾扯到毛主席的詩詞，為特務
學生不滿。陳禮江對我也表示懷疑，要我不要兩邊跑，
否則，就不聘我了。同時，當時陳又公開寫信誣衊我，
說我半學期只上了一兩次課，於是回信痛罵了他一番，
這樣就在1948年下期脫離了社教學院。

在社院教書曾參加反饑餓、反迫害的反蔣運動。

8. 一九四八年金圓券發行後，物價飛漲，生活困苦，我又
脫離了社教學院，交加艱窘，於是發表了一篇《對立監
委待遇特殊化的控訴》，登在《大剛報》上，頗引起交
通部部長俞大維及其他所謂達官要人不滿，曾有人提議
注意我的行動。

9. 脫離社教學院後，與社院畢業女生[136]結婚。在學校時毫
無關係，她出了學校後，瞭解我的前妻病故，願意幫我
教管兩個孩子。我當時思想頗為激動，有過思想鬥爭，後
瞭解她誠懇得很，才成為事實。

10. 一九四九年一月十七日曾參加南京公務員請願行動，
向當時孫科、端木愷[137]提出發安家費的要求。當年曾有

---

[135] 時任國立社會教育學院國語專修科主任。

[136] 李興華。

[137] 端木愷（1903—1987），亦名端木鐵愷，字鑄秋。安徽當塗人。畢業於上
海復旦大學政治系、東吳大學法科，留學美國密西根大學，授法學博士。

軍統、中統特務到場鎮壓，結果答應每人發金圓券一萬元。

11.由調三州而躲避上海等待解放，由於在舊社會過了苦日子，對新社會特別愛好，立場是極不穩定的。

一九四九.九——一九五二.五

1.一九四九.十——五〇.六，重工業部國立高工教授並在師大附中兼課。

2.一九五〇.七——一九五一.七，北京市文教局編輯課本[138]。

3.一九五一.八——一九五二.二、武漢大學。

4.一九五二.三——現在，文教學院。

批判：

1.三大運動反映在思想意識上的情況。

2.自私自利的雇傭觀點、做客思想。自由主義——無組織無紀律，怕負責任。

3.自高自大的編著作風（理論與實際脫節）。

4.檢討教學內容與教學態度。

5.對黨的看法。

6.對思想改造的看法。

7.對三反五反的看法。

8.崇美思想。

9.民主運動與文藝思想。

三、對幾個具體問題的看法

1.對共產黨及共產黨人的看法

A.求學時期受反對派宣傳的影響，曾有一個時期相信共產黨真的殺人防火。聯想到順天者存，逆天者亡，這樣不得人心，能否打倒蔣介石？這種懷疑的態度到一二九學生運動時間開始轉變。特別是西安事變之後，產生了連蔣介石都不

---

曾任南京中央軍校軍官教育團政治教官、安徽教育廳秘書、科長、省立安徽大學法學院院長、農礦部秘書、專門委員、復旦大學法學院院長，國立中央大學、東吳大學行政法教授。1949年任孫科內閣秘書長。

[138] 指1951年3月北京市人民政府文教局工農教育處編印、吳奔星編「職工業餘學校中級適用」語文課本1到6冊。後為河北人民出版社翻印。

殺，可見共產黨是真正為了推動抗日，不惜委曲求全的。

B.抗戰時期看了國民黨人的腐敗，日寇之節節深入，有些悲觀失望；而聽到華北游擊區，儘管很小的一塊土地，也能一反一覆地與敵人爭奪相當時期，覺得共產黨有辦法，但又懷疑：八路軍如果到黔桂高原來打陣地戰，恐怕也不見得不失敗了。

C.舊政協時代看見在毛主席來到前，重慶街頭打掃得乾乾淨淨，各機關的反動首長也勸職員打起精神工作，做給共產黨的領袖看看。我開始覺得有共產黨存在，國民黨腐化可能要好一些。只知道往現象看問題，沒有認識到國共兩黨的矛盾，是一個階級矛盾，是不能協調的，必須用鬥爭才能解決的。因此，我在當時寫的文章，立場還是站在國民黨方面，只希望共產黨以在野黨的地位，時時鞭策國民黨前進。

國共談判在南京破裂，周總理等飛返延安後，我很惋惜共產黨太固執於偽國大的名額之爭，心裏想為什麼不先參加政協，再慢慢爭取人心。根本沒有認識到當時共產黨所爭的是一個帶原則性的根本性質的問題。

D.徐州解放後，解放大軍迫近江北，我一方面高興國民黨的黨棍子混不下去了，一方面又恐懼，如果在長江兩岸相持一年半載，吃飯都成問題，一家人怎麼活下去。心情非常沉重。為了個人的苟安，曾經盲從過長江為界，兩黨分治，各顯神通的南北朝式的統治。但並沒有說出來，因為當時（一九四八）說這種話，國民黨反動派也是嫉恨的。

E.解放後，發現過去在大學時的同學做了大官，一方面羨慕，一方面很幼稚的想：他們在鄉下搞慣了，對於廣大的高級知識份子如何統治得了？到了北京後，發現共產黨人從上到下，不但能說而且能寫。看了毛主席等人的著作，都是些如何解決實際問題的道理，與反動派要人的言論空洞無物、由秘書代寫的文章相比，完全是南北極。我開始由驚歎而佩服，並曾在北京一個學校說：不但世風改變，文風也改變。我把解放後的政論文章的文體，叫做毛澤東

體的文章，這可能是不足取的，不過，也可表現我當時的一些看法。

F.我覺得共產黨員對群眾雖然謙虛，但似乎對群眾有所顧忌、有距離。群眾談話，除了專談一個問題外，就顯得話中缺少血肉，乾癟而不生動。這可能正是共產黨員與小資產階級的分歧點：一則小心翼翼，一則誇誇其談吧。

G.對共產黨及工人階級的領導，我是服從的。但如果發現個別黨員犯了錯誤，卻喜歡明確指出。如果意見不被採納，就懷疑那個黨員是不是混進去的，並沒有具備真正黨員的品質。

2.對思想改造的看法

的確，如一般知識份子所犯的毛病一樣，我覺得我的思想雖不太進步，總不反動，用不著改造。我覺得思想有問題的人才進革命大學，如果沒有的人就進人大。革大是改造，人大是提高。像我這種人是應該進人大，而不宜於進革大。因此，我解放後雖因一度失業爭取去革大學習，但一到找到工作，就強調在實際工作中改造自己。其實，這是一種抗拒學習的表示。通過土地改革工作三個月，我覺悟到列寧所說的「知識份子與無產階級在經濟上是沒有什麼對抗的，但它的生活狀況和勞動條件都是非無產階級的，因此在心理方面和思想方面也就有相當的對抗」是一個真理。同時，體會毛主席在講話中自述他的思想感情的轉變那一段文章更加深刻。曾經寫成一文發表於《長江日報》。這時，才認識到知識份子的思想改造，是使非無產階級的思想感情轉變為無產階級的思想感情，因為思想感情的轉變，就是立場的轉變。立場的具體內容，是工人階級的思想感情。不過，毛主席說，必須長期地、全身心地無條件地投入到工農群眾中，投入火熱的鬥爭中去，才能轉變得好。因此，我有決心改造思想，卻無信心改得很好。

3.恐美思想

一九五〇年六月二十五日美帝侵朝後，正當暑假，西北師範學院到北京物色中文系主任，黎錦熙先生介紹我去；最初答

應了，但當領取旅費時，我忽然改變了：一因西北太遠，拖家帶眷困難多，而因待遇比北京少，無利可圖，同時名也不大，不合我的自私自利的思想意識，臨時拒絕了，引起當時西北師院主任秘書張師亮[139]大不高興。但到十月五日報紙上發表了各民主黨派聯合宣言，鼓勵志願參軍，抗美援朝，當時有的朋友就說：你將來會懊悔的，西北多麼安全！如果沒有聘定，不還可以去嗎？我說好馬不吃回頭草，既已拒絕在先，又自動爭取於後，面子難看，算了。其實，心理上確乎有些波動，倒不是怎麼怕美帝的問題，而是為了一家八口的安置問題。因為當時我曾響應組織上的號召，簽名到東北搞宣傳組織工作，只因包袱□重，沒成功。其實，我並不真心去，只是怕與其將來被逼參軍，不如主動爭取去搞宣教工作，可能危險性少一些。這完全是從個人出發的自私自利的可恥的想法，根本沒有看見人民的力量，和平的力量。因此，在和平呼籲上簽名時，內心並不以為這是和平力量的示威，有時還懷疑這是不是紙上談兵？這種懷疑的心理直到美帝接二連三的遭受挫折，各方面發出仇視、鄙視、蔑視的呼聲才算清除，才進一步地寫了一首長詩《打死美帝順手扔進太平洋》[140]，附載在大眾書店出版的《鴨綠江歌》上。今天覺得我的長詩才是紙上談兵，只鼓勵別人去拼命，自己卻自私的要人家保障自己的和平生活。由此，可知我雖然寫了抗美援朝的詩歌，立場卻是不正確的，只不過是偽造感情，表現自己贊成這一運動。

4.對土改的看法

狀元三年一考，土改千載難逢（毛主席）打動了我的心，加以大部分地區的土改是在鎮反的基礎上進行的，鎮反對廣大的農民說來，是為土改創造條件，掃除障礙，解除農民的變天思想。我們去農村工作也就減少困難。

---

[139] 張師亮（？—1970），河北省淶水縣人。曾留學日本東京文理科大學。後在西北師範學院、甘肅師範大學任教。「文革」期間冤死。

[140] 標注為「對口相聲」體朗誦詩。

①作客思想旁觀主義

如，「我們是幫助你們翻身的」一句話，含有恩賜的觀點，犯了兩個錯誤。

(1)把幹部與農民對立，造成作客地位；以為封建地主僅僅是農民的敵人，而不是其他被壓迫階級的共同敵人。

(2)不從歷史的發展及相互關係上去看革命及工農的關係，把工農並立起來，而把共產黨的領導看成為對於農民的外在力量，把農民看成為純粹的被解放者。但實際上是：工人階級是把農民的革命力量算在自己的革命力量之內的，農民也把共產黨的領導當作自己的力量；共產黨解放了農民，同時又是農民解放了自己（《文藝報》六十三期馮雪峰評《太陽照在桑乾河上》）。

②單純地將土改看成只不過是解放農村生產力的經濟任務，沒有認識到土地改革不但是給予農民以土地，更重要的是將國家從封建主義的壓榨下爭取廣大的農民從個體經濟變為集體經濟，迎接社會主義的到來。

③生活習慣思想感情上的距離。

④鬥爭會時，骨子裏對地主存有溫情主義，如果表現出來了，偽裝是懂得政策，禁止進行吊打。

⑤農民的真誠感動了我

(1)為幹部招魂。

(2)夢中為幹部洗衣。

⑥剝削思想時時萌芽

農民常常深夜請吃點心，口頭說不吃，骨子裏卻表示歡迎。

## 所謂進步「包袱」不過是自我陶醉，迫切需要徹底改造

### 一、沉重的「進步」包袱阻礙我的進步

去年夏天我在北京參加了在人民政協領導下的各民主黨派忠誠老實學習運動，自動交代了歷史，但我對參加反動的人事管理人員訓練班受訓（反動的中央訓練團的旁支）輕描淡寫地帶過去，卻強調了自以為是的所謂進步面，以為自己曾經參加過一九二六——一九二七年由毛主席親自領導的湖南農民運動，一九三五——一九三六之間由共

產黨領導的一二‧九、一二‧一六的學生運動以及以民族解放先鋒隊
為前導的北京大中學生寒假南下宣傳隊，一九四五──一九四八年間
的民主運動，還寫了不少反蔣的文字，誇誇其談的自我陶醉到了得意
忘形的程度，使得同志們無法幫助我，也不敢幫助我。過去有些污點
的朋友們，因為交代得徹底，獲得了同志們的幫助，進步非常之快，
有些還爭取加入了組織。我當時想不通，憤憤不平，非常苦痛。一直
到去年我參加了中南區的土地改革，和農民同志們相處三個多月，初
步明確了什麼叫階級立場，才體會到我所強調的進步面，有些必須大
打折扣，有些還得加以否定。

### 二、明確立場，原形畢露

　　五月十四日我聽了汪海粟部長傳達了饒漱石主席關於知識份子
改造的報告，才恍然大悟，自己只不過是一個中間類型的動搖的知識
份子；五月十六日又聽了許符實付秘書長的補充動員報告，分析了立
場問題，我這才從自我陶醉中清醒過來。過去的所謂進步面、光明
面，並非站在人民立場，尤其不是工人階級的立場；只不過是從個人
出發，充其量有一點點小資產階級型的民族意識或愛國熱情而已。哪
里有多少進步性值得強調呢？至於寫的所謂反蔣的文章，立場更有問
題。比如我最喜歡引證的一篇文章，是一九四五年十二月發表在重慶
由陶行知和鄧初民兩位先生主編的《民主星期刊》上的《實現民主與
剷除「三才」》[141]，大意是說國民黨反動派要想實現民主，必須剷除
內部的奸才、奴才和庸才，否則就沒有實現民主的希望。這篇文章發
表不久，《民主星期刊》被查封了，我也受了警告：要我指出「三
才」的姓名。當時感到非常之窘。但思想上倒自認相當進步，加以此
後又接二連三譯著一些不利於蔣政權的文字，更覺得自己一貫反蔣，
進步性事肯定的。解放後跟許多朋友提起這篇文章，人家不細看，也
一味地點頭稱是，更發展了我麻痺自滿的情緒。但是目前請教許副秘
書長，毛病立即給指出來了。那篇文章雖是痛罵國民黨的用人行政，
但是有這麼幾句：

---

[141] 應為1946年1月16日發表於《民主星期刊》第15期。

國民黨的主義、政綱是好，但其分子則不是完全賢能的。……貪官一除，賢路自多。政府必須放手用新人。……

試問這是什麼立場？還不是為了鞏固反動政權嗎？有什麼進步性？！因此，我覺悟到我所豔稱的許多進步面，衡以人民立場或工人階級立場，都是要打折扣甚至要予以否定的。這樣的進步包袱如果不甩掉，哪里能認識到自己的錯誤思想，進而加以改造呢？

不僅僅這樣，進步包袱之外，我還背了一個作家包袱，以為自己自1928年以後就寫文章，與魯迅先生同在黎烈文所主編的《申報‧自由談》寫過稿子，又曾經出過詩集，編輯過《小雅》詩刊及《半月文藝》，與許多名作家、名詩人相過從，今天的好些作家還是後輩。其實衡以新的立場觀點，這也是一個非常腐臭的包袱。比如《小雅》詩刊吧，它出現在轟轟烈烈的偉大的「一二‧九」、「一二‧一六」學生愛國運動之後，我一方面積極參加學生運動，一方面又把思想局限於小資產階級的王國，逃避醜惡的現實，不敢與之作正面鬥爭。言與行是多麼的不符合！雖然《小雅》詩刊到後期有反對現狀、希望新的政權出現的作品發表，但其比重是太輕微了。不但與當時的學生運動太不相稱，而且濃厚的小資產階級的感傷情調還麻痺了青年們的政治嗅覺，軟化了許多青年的鬥志，簡直是有罪過。我不但不知痛恨，反而當作「老作家」的包袱背著，真不知人間有羞恥事了！

### 三、認識錯誤，才能改造

由於過去不知道用新的立場觀點來衡量自己，錯把反動面當進步面，陰暗面當光明面，馱著進步包袱、作家包袱出現在人民的行列裏。現在為汪部長和許秘書長的報告覺醒後，感到萬分慚愧。經過多少天來的自我檢查，聯繫階級出身及每個歷史階段的發展情況，發現自己的主導思想是資產階級腐朽思想中最醜惡的一面──自私自利和自高自大相結合的一種思想實際，這樣的思想，解放後還在發展，自私自利的具體表現在雇傭觀點，不安於位，自高自大的具體表現在滿不在乎、粗枝大葉的工作作風，不知組織性紀律性為何物。

舉例說吧，我在一九五〇年下半年起在北京市文教局編輯語文課本，到一九五一年春季告一段落。我就計畫另謀工作，以為編輯課本，既無名，又無利，不如到大學去教書，憑我過去的一點「文

名」，還可以賣得出去。於是去年暑假便私自應武漢大學之聘，北京市文教局的領導同志雖然誠懇慰留，仍然一意孤行，不加考慮。今年一月，北京市文教局通過中央教育部把我調返北京，爭取我仍然返局工作，我不但不為他們的誠意所感動，而且非常氣憤，一再請求領導同意我到本院來教書。直到三月初旬，領導上見我辭意堅決，才勉強同意了。又如我寫的《語文教學新論》一書（新華書店發行，察哈爾文教社編輯），被一位熊滌同志指出其中有一篇文章觀點上有錯誤，而我卻認為是斷章取義，吹毛求疵，遲遲沒有考慮檢查自己的錯誤。現在面臨思想改造，才覺悟到這兩件事是一個思想問題——是自私自利和自高自大相結合的醜惡的個人主義的具體表現。如果不徹底加以改造，必將被人民所唾棄，因此，我願在黨的教導下，同志們特別是同學們的鞭策下，毫無保留地暴露自己。通過嚴密的分析和嚴格的批判，認識自己的錯誤思想，以最大的決心加以改造，從頭學起，重做新人。

# 6月4日　星期三

　　上午七時半，小組同志對我昨天所作的思想檢查提意見，說我是個人英雄主義。

　　下午劉桂東作檢查，小組接著向他提意見，主要的問題是如何劃分敵我界限。

　　小組提意見[142]：

　　紀：生活較佳，鬥爭的情緒即淡。有時依附國民黨，發牢騷，是否因不得意而為之？要求到美國去，不但是崇美思想，而是認為國民黨政權可以鞏固，寄以希望。要安家費，並非革命的行動。

　　　　對政府不滿，並不等於革命，否定歷史，應聯繫當時形勢加以較深的批判。

　　王：

　　1.他一生中進步的表現，從今天看來應加以否定。

　　2.他平時的缺點個人英雄主義並不下於朱彤，希望他進一步檢查。

---

[142] 對吳奔星的意見。

3.農民沒有變天思想，說農民變天思想也少了，是該糾正的。

4.有幾點懷疑：

A.不認識大革命前與後的國民黨有本質上的差異可能是不對的。

B.在人事訓練班跑兩小時是誇大的。

C.「鳥獸散」不暸解。

D.餓死在上海有些誇大。

E.不願到市府寧願作小學教員，不合乎當時思想情況。

F.是否真心真意在南方工作，應以行動來表示。

志：

1.個人英雄主義也有同感。舉九三宣傳委員事為例。

2.說防疫問題沒有什麼聽頭，持個人欣賞態度，而不將政治任務來看。

于：雇傭觀點的事例，有的超過了雇傭觀點，應該更深刻的挖掘，如願到小學去不願到市府去。

梅：

1.我也同意，如說對市府頑抗到底，是否對黨的……

2.小雅詩刊既已否定，又借予同學看。

聯絡組：

1.不願在市政府工作，不單是雇傭觀點，應深刻檢查。

2.文教局為什麼這麼看重你，並非當專家，當寶貝，應該說是人民政府對知識份子的尊重。

劉：無組織無紀律，主要是對黨的認識問題。

廖：

1.解放前的進步表示，都是零碎的，並非有組織的，即興的，高興時來一篇文章，力量是薄弱的。

2.對無組織無記錄的行為更深切的痛恨。

朱：

1.政治思想是否基本上肯定國民黨，還只是個別的問題對國民黨有某種程度的不滿。明知國民黨腐敗，而在一九四七年進一步依附，與不知道或知道不深是有區別的。

從階級立場上是否背叛自己的階級？

2.搞民權運動應有一個界限，是否要根本推翻蔣政權，而不是個

別問題提出不滿。

3.一九四六年參加民主與科學社[143]，一九四九年到上海痛恨國民黨，其時是否與地下活動取得聯繫，有無表現？

4.以舊社會的政治認識到新社會來，怎麼一步一步認識新政治，脈絡看不清楚。

其次我也覺得吳先生的個人英雄主義很嚴重：

①表現在平常喜歡表揚自己，昨天檢查中還帶有這種味道。

②第二方面我感覺到吳先生對別人有打擊的意圖。比如對我提意見，有許多小組的意見，沒有傳達出來，而且有打擊人家的企圖。

③表現在對抗組織，並非雇傭觀點。

④喜歡出風頭，比方寫的那篇檢查，先申明登《光明日報》，並說是中央委員，又是武大調來，各方面使自己突出。

⑤腳踏實際的工作不夠，遇到腳踏實際的工過表現不夠。對不能出風頭的工作，表示消極。

劉：

1.不服從組織的思想根源應好好檢查。

2.對人民服務的看法。

聯絡組：應更全面的認識《語文教學新論》的錯誤同影響，不僅是一個立場問題。

張士錚：

1.對解放後共產黨的認識不合思想發展的規律，應該說看到了共產黨的成就。

2.在長沙聽了邵、沈的談話，就搬到浙贛去，這是大眾的民族意識。

3.對抗組織，北京市政府把你當專家看，是無產階級的感情。

4.對自己的著作還以為有進步性，並沒有完全否定。

志：九三宣傳委員的決定，也與對抗組織相符。

徐：解放後還有向上爬的思想。對文教學院的看法如何？曾聽說吳先生表示決不參加學習，也看出吳先生紀律性組織性很差。

---

[143] 「九三學社」的前身。

徐守成：介紹作品給同學看，又給許秘書長看，希望從政治水平
　　　　上檢查一番。

朱為中：

1.個人英雄主義確乎嚴重，應聯繫人民政府對待知識份子的政策
　檢查。

2.對作品應更進一步的檢查與批判。

徐：

1.以廣柑作比，是否以為離了北京就身價高了？

2.到文教學院的動機及看法請檢查。

王：關於離開（北京）市政府應提高到原則上深刻檢查。

小結：（陳志安）[144]

一、政治思想上

　1.依附國民黨統治者未充分暴露。

　2.民主運動的界限，沒有很好弄清楚。

　3.思想的演變，如何從依附國民黨到對共產黨的認識，應聯繫
　　到新中國的成就來看。

二、個人英雄主義

　1.表揚自己，打擊別人。

　2.對抗組織。

　3.對文教學院的看法。

　4.不願參加學習。

　5.專家思想。

　　應追查思想根源加以認識。

# 6月5日　星期四

　　上午七時半聽黨支書沈若蘭同志的檢查報告，接著各小組舉行
會，討論她的報告，組織意見，於下午三時仍在小禮堂彙報。

　　晚間師生前往陸軍醫院看《內蒙人民的勝利》[145]。

**沈若蘭檢查**

---

[144] 應為陳志安為吳奔星所做小結。

[145] 東北電影製片廠1950年攝製的黑白影片。

一、跟各方面的關係

　1.跟老師們的關係

　　①對教師們重視不夠。

　　②對教師們估價過高，以為自己管不了。

　　③認為學校的動力是學生，對教師的進步採取自由主義。

　2.對參加民主黨派的教師們的關係

　3.跟古院長的關係

　4.跟童院長的關係

　5.黨群全系

　6.跟同學們的關係

二、生活作風和思想意識

三、工作作風

　　不把那些工友當主人看，只強調「我」一個人起作用，而不發揮別人的積極性。

四、錯誤根源

　　功勞自居，驕傲自滿，政治上的自高自大，目空一切，看不起群眾，另一方面看到大知識份子文化高，覺得工作上吃不開，向困難低頭。

　　家庭地主，從小受了十一年的資產階級的教育，又在長期的地下工作，黨性的確很差。

　　共產黨是英明的嚮導者，而不是恩賜者與包辦代替者。

　　總的印象[146]：

　　紀：

　1.攤開問題使群眾明瞭黨支書與古、童、張等關係究竟如何。要團結必須從攤開問題，消除群疑做起。

　2.做一個領導人受到很多啟發，特別是群眾路線。

　3.除積極承認錯誤外，還積極提出如何克服錯誤，提出具體的辦法。

　　桂：從原則上看現象，又從現象回到原則，對我很有啟發。

　　王：聯繫九三小組長發表意見。

---

[146] 應為對沈若蘭的意見。

星：對大知識份子的幫助，只從文化水平去看，而沒有想到文化水平高並不等於理論水平高，更沒有看到文化高的知識份子，思想上的問題可能更大，更需要黨的幫助。

廖：要之不□，很夠勁。

# 6月6日　星期五

興華來信並寄來《光明日報》一束，她說：學生對她的教學頗感滿意。很好，希望她獲得更大的成功。

吳白匋檢查報告

自私自利：寄生思想——安閒、敷衍

1.偷懶、最怕負責任（卻又喜歡負責任）。追逐金錢、地位美人，遇危險而退縮。

2.強調個人自由和個人興趣，做工作從個人興趣出發。

3.自高自大，因系大少爺，有人戴高帽子，造成「個人英雄主義」。

受師說及家庭影響

1.舊愛國主義思想。

2.老莊思想。

　學校教育影響

愛好新文學的原因：

1.想爭取全班第一；

2.有戀愛的故事。

一九二五年秋進金陵大學。

參加革命——乘風破浪，白手起家。

一九二六年參加金大國民黨（說「金大黨支部」當時「工人階級領導」，有這一名詞嗎？[147]）

一九二七-三一思想轉變到反動統治。

受胡小石[148]影響，留長髮，即學習他的一行一動，他的文學思想

---

[147] 此括弧內應為他人提問。

[148] 胡小石（1888—1962），名光煒，字小石，號倩尹，又號夏廬，齋名願夏

應加以批判。

一九三九年黃季剛反胡。（黃其時不是死了嗎？[149]）

談到師說時，並未聯繫自己的思想意識加以分析批判。

反蔣匪但又不希望政府變革。

貝德士[150]反蘇宣傳，認為共產主義不適合於中國。

易卜生《國民公敵》

1.多數人的意見是錯的。

2.最孤立的人是最有力量的人。

3.全無或全有。

士大夫思想為主——安身立命，頹廢，落後，不問政治，不看報。

陳誠任鄂主席時，曾有意去做民政廳主秘。

放長線釣大魚，看某人將來有辦法，就與之交往，他如得意，自己便也可得意。

陳誠暑期講習班講詞選及文學史不真實，

1947□曹鵠[151]競選偽主委。

寄託希望於國民黨，反蘇反共，西安事變後稍有改變，開始覺得共產黨團結抗日不是偶然的。

到成都後自命亡國詩人。

反饑餓題詞：當前形勢，唯有痛哭。

---

盧，晚年別號子夏、沙公。江蘇南京人，原籍浙江嘉興。 國學大師。兼為文字學家、文學家、史學家、書法家、藝術家

[149] 此括弧內應為他人提問。黃季剛即黃侃，語言文字學家。初名喬鼐，後更名喬馨，最後改為侃，字季剛，又字季子，晚年自號量守居士，湖北省蘄春縣人。1886年4月3日生於成都。1905年留學日本，在東京師事章太炎，受小學、經學，為章氏門下大弟子。曾在北京大學、中央大學、金陵大學等任教授。1935年10月8日去世。

[150] 貝德士（Miner Searle Bates，1897—1978），基督徒。在華美國傳教士和宣教學學者。曾在遠東國際軍事法庭上作證指出日軍在南京城犯下的罪行。

[151] 曹鵠（1895—1984），別名守一、漱逸，江蘇鎮江人。畢業於南京高等師範教育科。曾任江蘇省立鎮江師範學校校長。抗戰期間，在 四川南充師範學校、白沙大學、國立女子師範學院任教。1944年任國民政府教育部中等教育司司長，後兼任中央大學教授。1952年起，任南京師範學院教育系教授。

總的印象[152]：

歷史簡單，思想混亂，材料的廣度有餘，批判的深度不夠。

看不出重點及關鍵性問題。

把教書不好，歸咎於沒有讀教育學及教育心理學是不對的；應該歸咎於觀點立場等問題。

個人英雄主義，受藝人捧，比在學校被看成舊知識份子好。

1.喜歡搞政治，而又脫離政治。

2.怕負責任，而又喜歡負責任，但卻缺少責任感。不腳踏實地去工作，只是為了表現自己，出出風頭。

3.喜歡人家戴大帽子，有的時候帽簷遮住了眼睛，變成盲目的自高自大，只看見自己的優點，看不見群眾的長處。

4.接受老師的影響，只從現象出發，而未批判其本質。

5.靠攏組織似乎用舊社會迎奉長官的態度。

6.看不出對新社會的愛來。

7.觀點不正確，如①黨支；②美帝侵華；③工人階級領導。

8.如何用毛主席的文藝思想去批判接受詞壇的遺產。

9.為陳誠講學。

10.作民廳主任秘書。

# 6月7日　星期六

上午十一時半注射傷寒霍亂混合疫苗。

得福澤函，詢問怎麼進修新文學事。

# 6月8日　星期日

昨日上午注射傷寒針，晚上有些反應。今早頭腦昏暈，步履維艱。

晚上赴吳橋語文學習班上課，講《莫德雷山》[153]，大雨傾盆，衣履盡濕，有三分之一的學員也未到校。

回來，發現枕頭及被子均被雨沖濕。

---

[152] 應為學習小組成員對吳白匋檢查所提意見。

[153] 見《冀查爾短篇小說集》（蘇聯冀查爾著，烏蘭漢譯，火星社出版，1951年8月）。

# 6月9日　星期一

上午七時半至晚九時四十分，為語文系三年級學生蔣醒吾思想檢查，我與紀庸被邀參加分析批判。

晚飯後，與許符實秘書長散步，曾談及王盈朝脫黨事。

**蔣醒吾同學檢查報告**

祖父道士，父親店員。

銀行工友。

敵偽時期工作：保祿藥房，造假藥，學徒。

解放後：

軍大糧行工作，沒出路，故進軍大。想做官，名利雙收，另外為了婚姻問題。

軍大上前線，逃回無錫（與國民黨開小差做比較），相信謠言，不實事求是。

文教學院：

①政治　抗美援朝A.捐獻；b參幹。

　　理論上認識，但感情上抗拒。

　　站在美帝立場，沒有劃清敵我界限。

②土改

　　動機為了創作，找不到材料。熱情消失，不如在學校多看點書，結束前請假結婚。

③感情改造。

④鎮反思想上的反革命因素

　　脫離政治，為藝術而藝術。

⑤三反三反是機關事，可以不管。

⑥學習態度（創造性、主動性）

　　業務學習，對系科目的性的無認識。

　　不用心聽，上課講笑話。

　　把詩歌作為向上爬的本錢。

主導思想：從個人出發的自私自利的腐朽思想[154]

---

[154] 應為吳奔星和汝龍所做的分析。

1.政治思想對黨團沒有認識，一貫反抗。

說解放前受壓迫，而解放後又對黨團對抗。舊社會對你的迫害不深，適合你自由散漫的性格，因此，對新社會的組織與紀律對抗性強。

2.文藝創作沒有認識到人民大眾的生活是創作的泉源。

　　a.站穩立場。

　　b.創作方法上的兩條戰線的鬥爭。

　　c.題材的源泉

　　d.表現方法思想性不易表現。

　　為誰寫詩？寫了以後怎麼樣？起什麼影響？如果情緒上對抗黨團，作品中就難於□□。

　　詩的缺點：感性的認識不足，感情的改造，言行一致，葉公好龍。

　　詩為什麼不動人？

　　①首先沒被新事物所感動。

　　②看不見群眾的感情。

# 6月10日　星期二

上午七時半到夜九時四十分，都被邀參加李天賜同學思想檢查。賀先生來信，說黎師有退休之意。

# 6月11日　星期三

今天于滿川及陳志安作檢查報告，晚上開學委會，決定下星期四復課，七月二十日結束。

于滿川檢查

1.小時對日本人恨。

2.一九三四年到北京讀書，東北中山中學，受嚴格軍事管理。

3.東北青年學社剛到北京還不知道共、國，對政治完全無知，對政治無興趣，故未參加。

4.一二·九學運時對政治有些認識，公民教員鼓勵參加。一二·一六參加。

5.一九三六年遷南京板橋鎮，「雙十二」事件對張學良同情。對

傅斯年的文章不滿，填「暫緩」加入國民黨。

6.一九三七年返北京考大學，看紅旗下的西北角。

7.一九三七年八月十四離北京，到天津，被帶到憲兵隊。

8.九・一八以後，到濟南，轉西南，考西北聯大[155]。

9.一九三九在城固[156]會見蔣牧良[157]。

10.一九四〇年編剪編。

11.畢業時別人報告思想有問題。

12.十二中。一九四九年下期重慶試驗中學國文科首席教師。

意見：

1.憲兵隊睡覺，應聯繫家庭的情況檢查。（吳）

2.去延安未成，應聯繫學校兼課、出身合併檢查。

3.解放初期有無清高思想，外表無為，是否心中有為？（吳、汝）

4.不能堅持原則性的鬥爭。（王）

　被動性、等待性，缺少積極性、創造性。（王）

　對缺點的改造存在慢慢的想法，是不妥的，更深刻地批判「好吧」主義。

5.檢查做國文教員時是否毒害了青年。（劉）

6.學生時代的戰鬥意志不能堅持，恐與階級立場有關。（紀）

7.自由主義是由於生活的安定，忽視了戰鬥的歷史。（王）

8.學生時代的進步性是否帶些文學上的浪漫主義的色彩？對革命工作的性質似乎有些模糊。與工農兵結合目前還不高，現在應該多與同學接近。現在的任務比過去還要重要。

9.對人很冷，不親切，無熱情，有孤僻。

---

[155] 國立西北聯合大學，簡稱「西北聯大」或「聯大」，為中國抗日戰爭時期創立的一所綜合性大學。1937年抗日戰爭爆發後，平津被日本侵略軍佔領，北平大學、國立北平師範大學、國立北洋工學院三所院校於9月10日遷至西安，組成西安臨時大學。太原失陷以後，西安臨時大學又遷往陝南，不久改名為國立西北聯合大學。1939年7月，西北聯合大學改稱為國立西北大學。

[156] 陝西省漢中市城固縣位於陝西省南部漢中盆地的中部，毗鄰漢中市，古稱「樂城」。

[157] 蔣牧良（1901—1973），作家。原名希仲，後名再影、牧良，筆名漣沛、敬士等。湖南湘鄉（今漣源）人。

10.他說他不發言是自卑，由他現在發言看來，並無根據，希望
消除自卑感。

11.參加九三動機沒交代。

總結：老實、誠懇、細膩，較上次深刻。

多聯繫群眾，投入群眾生活中去，特別是同學中去，恢復戰鬥
的意志。

陳志安檢查

純業務觀點，自由主義

一、歷史情況

1.地主

2.江蘇省立六中，受惲代英影響。

3.一九二六上海自治學院[158]，參加國民黨。

4.一九二七年張君勱[159]之自治學院停辦，暑假入清華，與國民黨
斷絕關係。

5.一九二九年由張家固介紹入共產黨，三〇年四月二十日籌備五一
大示威，被捕，不久釋放，同時有馮仲雲，兩周恢復關係。

6.一九三二年，大學畢業。秋，父病，返家，脫離組織關係。主要
是怕死，並非母命難違，但與學友張君取得聯繫，南京陳立平。

7.一九三三年到山東惠明中學。

二、長期沉淪

抗戰後逃泰州，三八年春到上海，滬清中學任教，□□代校長半
年，到四一年回常州，四一年八月中辦初中當校長，先後一個多月。

四二年春□□□在西門辦一中學，秋，前往教書，一直到四九
年，共八年。不問政治，但也在講課時談反蔣擁共。

---

[158] 張君勱1923年在上海吳淞創辦國立自治學院，並兼職執教於中國公學。
1925年國立自治學院改為「國立政治大學」。1926年與李璜合辦《新路》
雜誌。1927年被國立政治大學中國國民黨勒令停辦。

[159] 張君勱（1887—1969），生於江蘇嘉定。政治家、哲學家，中國民主社會
黨領袖。曾留學日本、德國，學習政治經濟與哲學。回國後，推崇唯心主
義哲學，被稱為「玄學鬼」。曾參與組織中國民主同盟，在蔣介石拉攏
下，參加偽國大。國民黨逃台後，張君勱在海外組織「中國自由民主戰鬥
同盟」，以「第三勢力」自居。張君勱一生未置產業，僅靠稿費與少量養
老金維持，生活清苦。

總結：

歷史部分沉痛，比較深刻。經過思想鬥爭。努力方向依靠理論，比較空洞，傾向於消極的奇情緒。啟發人知道知識份子不能領導革命，而相信必須由工人階級領導。（紀、汝）

大革命以後入黨，可說膽大；而脫黨時並非有不得已的苦衷，令人不解。

既參加革命，也不反革命，是否中間路線？

貪生怕死，認識膽量小，對於革命事實的危害性。

解放後教政治而不關心政治，脫離政治的業務將不堪設想。首先就會因為感性的知識不足而陷於教條主義的泥淖，脫離實踐業務，沒有靈魂的軀殼。

教學上的教條主義與官僚主義相結合，脫離群眾，連幹部的名字都叫錯。

表面客氣，使人覺得虛偽，兩面性。

學習上的自由主義，與人無爭，不大發言，互不侵犯，有安身立命思想，混世主義。

虛構資歷。

你不與人鬥，人家跟你鬥。

拒絕轉意見，破壞組織性紀律性。

1.地主階級的家庭使你既不革命也不反革命，實際上是依附反動統治階級，繳了械，發展為自由主義，愛面子，不願得罪人，也不願別人侵犯自己，必須恢復革命的熱情，來克服自由主義。（紀）

2.陳說是行會的小生產者的思想意識，我的看法不然。退出革命，地主階級出身也是原因之一。至於鑽研理論，都是小市民的思想意識所支配，但他的封建保守思想卻又並不厭倦新社會。（汝、匋）

3.不出什麼名堂，要等待一個變化，才表現對黨的忠誠以贖罪的想法，是否在今天的具體環境和具體事上可以表現忠誠？

4.好好先生。群眾覺悟提高後，是不滿意的。沒原則性，政治性不高，鬥爭性不強，對事有意見，當面不說，背後還是要說。（張）表現了兩面性，表面對人客氣，背後又加批評。與人無

爭，應提高到立場檢查。

5.教政治而不積極參加政治活動，理論脫離實際，變成空洞，早期有脫離九三學社想法。

6.土改時曾因恐怕母親思想不通而找死，引起情緒波動，立場似乎不穩，應檢查。土改後清算，是政府的政策區別對待，而非是原則的寬大。

7.對歷史不甚痛恨，由工作不積極可以證明。

8.解放後如真有投機思想應該批判，怕別人批評假積極而不積極，這是從個人出發，應好好分析批判。（朱）是不是因為一方面有自卑感，一方面又有自尊感，從前參加革命，又脫離，造成包袱，希望積極起來，建立革命的英雄主義（劉、劉□□）。

9.實際的經驗不夠，都是書本知識，教條主義。

對學習不檢查，不能掌握同學水平，當堂提一份偶然性的問題，未必有代表性。同時對同學的鼓勵性不夠，反而引起同學發難的心理，希望多聯繫同學，關心同學。

脫離群眾，教課不能很好的結合同學的思想情況，教學而脫離實際是嚴重缺點，希望投身到實際鬥爭中去。

凡事看得很難（如轉意見），只從理論上□，而不去實踐，畏難不是工人階級的思想。

10.專家思想是從個人出發的，只搞業務，不注重行政，怕負責，為人民服務的觀點是不正確的。

做小組長，在互助組時，因好好先生而拖延了時間。

## 6月12日　星期四

興華來信，說很久沒收到我的信。

今天陳陵檢查，與美術組合開，共四十餘人。

晚間與拱貴、吳白匋、陳志安訪王盈朝，談他的思想界限問題。

拱貴於舊書攤購得《嘗試集》[160]一冊，贈我作新文學史參考資料。

---

[160] 《嘗試集》，胡適作。1920年出版。共三編。是現代文學史上的第一部白話詩集。

　　陳陵檢查：

　　一九〇九年八月生[161]。

　　兄陳春道[162]服務反動派，與陳明仁將軍起義。

　　一九一九年修小[163]，毛主席在教書。

　　一九二七年馬日政變[164]被許克強逮捕，自首。

　　一九二八年秋偽造文憑，考偽中大，先學農，後學體育。

　　一九四二年一月羅廷光[165]介紹由浙大龍泉分校區江西中正大學，校長胡先驌[166]。

　　一九四三年日寇陷吉安，中正在泰和，組織同學，到湖南茶陵。日兵退出吉安，又率領同學回泰和。

　　一九四四年三月一日調生活指導組主任兼代訓導長，與周葆儒同事。

　　一九四四年暑假被解聘，因揭發報館事。

　　在訓導長任內：1.曾開除十四個學生；2.傷寒病死了十三個學生。

　　一九四七年十月十六日到江南大學，與榮德生[167]三個小孩打網球。

　　一九四八年一月——一九四九年一月，因主持人榮一新[168]飛港失事

---

[161] 出生年月不一、應和偽造文憑報考中央大學有關。

[162] 應為陳純道（1904—1966），號高美，湖南湘陰人。黃埔軍校第1期、陸軍大學特別班第4期畢業。抗戰勝利後任第27軍官總隊大隊長，1946年任國防部少將部員，1948年任長沙綏靖公署中將高參，1949年8月在長沙參加起義。後任解放軍第21兵團高參、湖南省人民政府參事。

[163] 長沙修業小學。

[164] 即馬日事變。1927年5月21日晚，國民黨軍官許克祥率部襲擊省總工會等機關、團體，解除工人糾察隊和農民自衛軍武裝，釋放所有在押的地主鄉紳。共產黨員、國民黨左派及工農群眾百餘人被殺害。事變後，許克祥與國民黨右派組了「中國國民黨湖南省救黨委員會」，因21日的電報代日韻目是「馬」字，故稱這次事變為「馬日事變」。

[165] 羅廷光（1896—1993），江西吉安人。教育家、教育史學家。生前任南京師範大學教授。

[166] 胡先驌（1894—1968），江西新建人，植物學家，字步曾，號懺盒。

[167] 榮德生（1875—1952），名宗銓，字德生，號樂農氏居士，江蘇無錫人，著名慈善家、民族實業家，著《樂農氏紀事》。從事於紡織、麵粉、機器等工業垂60年，享有「麵粉大王」、「棉紗大王」的美譽。

[168] 榮一心（1912—1948），榮德生的三兒子，曾任江南大學籌備委員會主任、校政委員會主任，江南大學創辦人之一。

身死，造成無政府狀態，推榮毅仁[169]為主委。

一九四九年四月二十八日，無錫解放[170]。

一九四九年七月十一日，來文教學院報到。

# 6月13日　星期五

還有五天便是我的四十生日，陰曆是五月廿六日，陽曆是六月十八日。下月是閏五月，看能否回家度壽。

# 6月14日　星期六

下午二時朱彤檢查，晚映蘇聯電影《丹娘》。三月前在北京看過，這算是第二次，又重溫了英雄的定義：永遠勇敢的人，為了別人的幸福，他可以犧牲自己的生命。

朱彤檢查

一九三六年九月毆打特務，被衛戍司司令部逮捕。

寫畢業論文時，喜歡康、梁的文章。

一九三八年六月——四〇年二月，反動派統治工具。

一九三七年十二月，南京淪陷，到武漢；三八年二月，到四川，無法隨行，赴廣州找父，又返到桂林，化妝小販，通過徐州到蘇北興化，接母、妹到武昌。

父親學生陳震，係陳誠親戚，曾做陳誠隨從秘書，偽中大學生，陳匪下並不得意。通過他，於三八年六月到偽軍官訓練團，同上尉，記錄反動頭子演講。三八年十月，遷移；三九年四月帶眷到川。在綦江被撤職（三九年六月）。記錄及團史工作。

三九年十月，同班張富英的姐夫童濟民介紹到偽財政部物資處第一科任科員。四〇年二月，兼偽中央社英文翻譯，晚上工作。四〇年五月離開。四〇年七月，物資處合併貿委會編輯處，處長楊開道[171]，

---

[169] 榮毅仁（1916—2005），榮德生的四兒子，曾任江南大學校務委員會主任。

[170] 有史料記載，人民解放軍三野10兵團第29軍先頭部隊87師第260團1949月4月23日晚23時許，由光復門進入無錫城。

[171] 楊開道（1899—1981），號導之，湖南新化人，南京高等師範農科學院畢業，中國社會學家，歷任大夏大學、復旦大學、中央大學農學院社會學教授，長期致力於農村社會學的教學和研究。

編《貿易月刊》，四○年十二月。

　　四一年一月，重大助教。同時，借讀偽中大，半年，到南開中學，介紹人朱海觀。僅半年，解聘。廣益中學、國立九中，之後又到女師範附中。

　　四五年八月，反蔣，作「廿世紀人類的收穫日喜劇」的講演。

　　一九四五年秋，加入民盟。

　　四六年二月，演劇本《黃魚》。

　　四六年六月解聘。

　　失業後，考慮去解放區。

　　四六年十二月——四七年六月，難委會遣送站。

　　留美問題。

　　回國到解放。辦《平民世紀》，寫三篇文章。

# 6月15日　星期日

　　下午與汝龍上街，逛書店之後，口渴頭暈，吃了一杯冰淇淋一千三百元，又喝了一碗豆腐老。實在支持不住，坐人力車回來，剛到校門口，哇而吐之。吃了兩片APC.躺在床上，頭疼得很，出了一身大汗才好些。兩個女同學送通知來，遞了一杯開水給我，喝後很感舒服。到晚九時，可以說完全好了。


　　對朱彤意見

　　總：沉痛、誠懇。

　　努力方向雖然空洞，但針對了自己的缺點。（王、劉）

　　但有些地方還是帶著寫文章說漂亮話的色彩。

1.解放前政治上的主導思想不夠清楚。解放前沒有接觸毛澤東思想，解放後沒有接受毛澤東思想。對馬列主義、毛澤東思想的理論體系，也有抗拒的情緒。對抗黨的領導，只限於原則性的，希望結合具體例子加以分析批判，對新民主主義的政治理論學是否有些輕視。

2.在國內中小學教師都不願意幹，在美國做工都願意，應再檢查（于，朱）。是否有買辦思想的殘餘？如果在解放前在國內擦地板，也許就不談了。

3. 名位觀念很強，常支配著自己的行動。有了地位，才有政治主張，失去地位，也沒有主張（于，朱）。
4. 聯合國美金問題，美金懸案，已經是一個立場問題，建議退還美金，使美帝知道美鈔買不到新中國人民的心。
5. 對難民性質的認識。
6. 解聘後向陳匪索薪應好好檢查，顯得與民主運動的立場矛盾。
7. 對自己的著作沒有好好批判，有時還用以炫耀，究竟起了些不好的影響。朱先生以功利思想批判功利思想。
8. 教學的情形檢查不夠，脫離群眾，對同學水平瞭解很不夠。上課講一套，考試時只考一套名詞，教學不夠負責。強調業務，忽略思想改造，因此與同學有距離，引起同學不滿。
9. 對看《新華日報》應好好檢查，看《新華日報》不等於接受了馬列主義與毛澤東思想。有的人是以中間路線的立場去看，在思想上並無認識的。
10. 朱先生每每發言，總覺得別人講的不夠，自己要另來一套，似乎要以自己的理論來改造世界。這是分庭抗禮的思想來源，使許多老師害怕而不向你學習，大家怕的是明槍暗箭，而不是怕他提得太高。
11. 到美國去是否對革命沒有信心，逃避革命鬥爭？對美帝的沒落的必然性還是認識不夠。

    朱先生根本在個人名利的基礎上進行一些活動，無名利時，就不惜低聲下氣，叩謁權門。

    對革命動搖，似乎要進一步認識你當時的所謂民主活動，是否合乎今天所謂「革命」的含義？換一句話，是不是站在人民大眾的立場，只是站在個人名利的基礎上，本質上不能認為為革命。

    過去所謂費邊主義、民主運動，只是為達成個人名利的幌子。
12. 朱先生向張士錚調查時的態度，是有打擊張煥庭的意圖。影響了童先生的進步，朱、童關係建築在什麼基礎上？
13. 消極情緒可能變成右傾（吳），朱先生不會失去信心（張），努力方向已經表明了。
14. 朱先生在民主黨派是否支車馬費？

15.把賈寶玉看成中國民族固有的性格。

16.抗美援朝捐款短少廿萬元，是某種思想意識的反映，應再檢查，不是可恥的名詞可以解釋的。

17.「土改」不去，也不是「可恥」所能解釋的。是否與對抗某些個別黨員或組織有關。

18.思想感情還沒有與今天的國家合拍，取得步調一致，顯得對工農兵的感情還有蠻長的距離。教政治、社會發展及新文學都是會出問題的。

## 6月16日　星期一

上午蔣醒吾同學持所作聯歡曲朗誦詩前來，望提意見並修正。

午睡醒來，仍略感不適，又服APC一片。

發薪金一百一十九萬多元，繳心村伙食費廿五萬多元，到六月底止。寄家八十萬元。

收到教學費四萬元。

## 6月17日—6月21日

十七日晚，忽然大發瘧疾，燒至四十度以上；當時服了APC出汗，不知出了多少汗，身體虧耗甚大。第二天才打針。

這天正是我四十歲的生日，以為過不去了，心頭頗感黯然。十九日溫度降至三十八度四、昨日降至三十六度四、恢復常態；唯元氣大喪。前日起僅略進稀粥，昨日開始加量，今日正式吃飯，並喝少量豬肝湯。估計體重減輕當在十磅以上。

## 6月22日

下午四時，薛□、丁易[172]自上海來錫，以風大未去迎候。

病漸愈，飲食逐趨正常。

---

[172] 丁易（1913—1954），原名葉鼎彝、葉丁易，筆名有孫怡、訪竹、童宜堂等。安徽桐城人。作家、學者、九三學社成員。畢業於北平師範大學國文系。

## 6月23日　星期一

上午八時赴九三開會，與薛、丁二同志晤面。開會後，並與其他六位社員陪同他們赴西佛來錫菜館午餐。

晚間找張德倫談話。

## 6月24日　星期二

今日開始上了兩小時課，相當累。

昨晚遺精一次。上次因為接連遺精兩次，抵抗力衰退，接著病了一星期之久。真是屋漏又遭連夜雨。

六時半過磅只一百二十二磅，五十二公斤半[173]。

## 6月25日　星期三

老廖燉老母雞內加豬肉紅棗，吃了兩頓。

下午頭有些發暈，如非瘧疾未愈，即係流行性感冒，反正身體還有病，沒好。

朝鮮解放戰爭兩周年，學校有會紀念。

## 6月26日　星期四

興華來信，對我的病表示十分關切。

## 6月27日　星期五

下午參加劉雪厂[174]思想檢查會。晚七時前社教學院教師向他提意見。

---

[173] 應約合55.3公斤。

[174] 即劉雪庵（1905—1985），四川銅梁人。早年在成都美術專科學校學過鋼琴，小提琴，並學唱昆曲和作曲。1930年在上海國立音專跟蕭友梅、黃自等學作曲。1936年畢業於該校。抗戰開始，他立即參加抗日救亡運動，先後曾在蘇州社教學院、蘇南文教學院、江蘇師範學院，華東師範大學、北京藝術師範學院、中國音樂學院任作曲系教授。學生時期寫有歌曲《飄零的雪花》、《採蓮謠》等。30年代寫了鋼琴曲《中國組曲》。主要作品有《何日君再來》，《流亡三部曲》等。

## 6月28日　星期六

晚七時與許符實、陶次如[175]、張煥庭、紀庸、汝龍、徐嗣山[176]、陳志安[177]等看徐琴芳[178]演《失空斬》及新豔秋演《青霜劍》，十二時許才完。

## 6月29日　星期日

興華來函，報告家庭情況，希望我快點回去避暑。

## 6月30日　星期一

明天是中國共產黨誕生的三十一周年。黨支於上午八時半召集各民主黨派及無黨派人士舉行座談會。

晚間有晚會演出。

熱不可當，昨天才開始去浴室洗一個澡，擠死人。學生混在一起，有許多不方便。

## 7月1日　星期二

上午七時開會慶祝中國共產黨建黨卅一周年。由許符實作報告。會後並演出《秘密時節》。

---

[175] 陶次如（1902—1982），河南南陽人。1931年畢業於北京師範大學生物學系。1933年北京師範大學研究院肄業。曾任蘇州社會教育學院副教授，無錫蘇南文教學院農教系教授兼系主任，江蘇師範學院生物系教授、系主任，南京師範學院生物系教授、系副主任等職。畢業從事生物學的教學和研究工作。

[176] 徐嗣山，曾任江蘇師範學院歷史系副主任。

[177] 陳志安（1909—1994），江蘇武進人。1932年清華大學畢業。20世紀50年代以來先後在蘇南文化教育學院、江南大學、江蘇師範學院等高校從事哲學與政治經濟學的教學科研工作。曾任蘇州市政協副主席。

[178] 徐琴芳（1918—1985）彈詞女演員。江蘇蘇州人。16歲時隨父徐玉泉學藝，當年即與父拼檔演出。曾得舅父楊蓮青指點。29歲時轉為上手，初與劉小琴拼檔，後與侯莉君長期合作，彈唱《落金扇》、《梁祝》、《江姐》等長篇書目，在聽眾中享有聲譽。1954年參加上海評彈第五組，1956年加入常熟評彈團，1960年加入江蘇省曲藝團。說表頗有激情，刻畫人物生動逼真。早年擅唱「俞調」，後以唱「陳調」為特色。

## 7月2日　星期三

興華來函，盼我早歸。

心村被賣油條者打一頓，已囑總務部副主任李德培調查真相。

## 7月3日　星期四

心村自今日起在沈老頭處吃飯。

晚間小組會對何鳳仁[179]提意見。

何鳳仁檢查

一九一七年生於宜興惡霸地主家庭。祖父貢生，父親軍官，母親也出生地主家庭。

九歲至十二歲念私塾，十四歲小學畢業。

九一八一一二八，宜興中學二年級，被開除，到無錫。

一九三五年被宜興農校開除，轉學蘇州農校。

一九三七年十二月到漢口，又到湖南四七後方醫院上士文書。

一九三八年二月到重慶，讀農業學校。

一九四○年一月，□□入三青團。

一九四一年一月，入金大。

四四年，成都反蘇遊行，我參加所謂護國大遊行[180]。

四四年二月，高中訓導員。

一九四六年五月，隨金大返蘇。

一九四七年七月，到安慶農校，教務主任。

一九四八年一月，到臺灣農校技士。八月回家接眷，改任樟樹中學[181]校長，一直到解放。一九四九年暑假辭職，考取我院研究班。

兩個顧慮：

1.怕領導懷疑他一貫反動。

2.怕調動工作。

討論重點：

---

[179] 何鳳仁，銀杏研究專家。曾任江蘇農學院教授。
[180] 應發生在1946年。
[181] 位於江西省。

1.哪些不夠和矛盾？
2.對於他一貫的反動思想、言論的危害性。
3.幫助挖掘反動思想的根源。

# 7月4日　星期五

下午陳陵補交檢查。

朱彤說聞一多搞民主運動，並非為共產主義奮鬥，因此是中間路線。

晚間全體師生對何鳳仁提意見。

# 7月5日　星期六

晚七時半，許符實同志報告院系調整問題。文教學院、東吳大學。江南大學一部分合併為蘇南師範學院，校址在東吳大學。

# 7月6日　星期日

二時半上街。

下午為心村買了八尺五寸灰布，夠做香港衫一件、短褲兩條。

晚七時半到軍醫院看《黨證》[182]。回來在門口買了一個十二斤的西瓜。酸而無味，白花七千元。

# 7月7日　星期一

賣油條商人打了心村，李德培不但不承認錯誤，而且通過小組，向行政反映，說我到事務處吵鬧，古楳不加調查，變本加厲，竟提出學委會，憤慨之餘，我也向小組作了一個報告，並將意見交由陳志安轉古楳參考並答復。

小組自九日起逐一通過總結，我排在十號。

# 7月8日　星期二

開始寫思想總結。

---

[182] 黨證，蘇聯電影，蘇聯莫斯科電影製片廠1936年攝製，上海電影製片廠1951年引進翻譯。

## 7月10日　星期四

下午小組通過我的總結，向我提出優缺點。

晚七時碰到許秘書長，說我向李德培提出四點意見，人家對我也有意見，約明晚評談。他說：我投寄《解放日報》的一篇稿，報社問是否經過審查的？

## 7月11日　星期五

晚與許符實同志談話，曾就心村被毆、小裏小氣、系主任及拙稿等，雙方發表意見。

## 7月12日　星期六

興華來函。

下午小組會，因與陳志安、朱彤、王盈朝[183]發生衝突，不歡而散。晚七時，九三小組開會，想把問題攤開，並不徹底。

## 7月13日　星期日

復興華、辛萬成等函，並改抄總結。

晚與汝龍、吳增芥[184]看新豔秋[185]演《玉堂春》。

## 7月14日　星期一

白鳳來信，寄來邇冬兄履歷一紙。

聞思想總結要到二十五日才能做好。影響返京日期。

---

[183] 王盈朝（1904—1976），江蘇如皋馬塘鎮人。1921年考入南通師範學校。1926年曾加入中國共產黨，後脫黨。1950年重新參加工作。

[184] 吳增芥（1906—2005），江蘇省江陰人，教育心理學家、蘇州大學教授。1925年考進中央大學教育系，1929年1月大學畢業，獲教育學士。他曾在中央大學實驗學校、蘇州女子師範、浙江大學師範學院、蘇州社會教育學院等單位任職。1949年後，曾在無錫蘇南文化教育學院工作，1952年以後在江蘇師範學院和蘇州大學工作，曾任江蘇師範學院心理學教研組長、江蘇省心理學會副理事長。

[185] 新豔秋（1910—2008），原名王玉華，京劇旦角，著名程派傳人，祖籍北京，1949年後先後在江蘇省京劇團、江蘇省戲曲學校從事演出和教學工作。

## 7月15日　星期二

三哥來函，說由賀先生介紹到外交部教中文。

## 7月16日　星期三　農曆閏五月二十五日

今日發薪水。

明日，開始在小食堂吃飯，與沈老頭脫離關係。

總結修改完成。

## 7月17日　星期四　夏曆五月二十六日

通過總結中的優缺點。

專修科要我講新詩，時間抽出頗不容易。

復白鳳及興華函。

## 7月18日　星期五　夏曆五月二十七日

給廣西唐帝忠（雲波）及黎先生各一函。

顧學頡來信，囑近引華東各院校教師事。

梳脫五寸長的白髮一根，老了，真老了。

## 7月19日　星期六

歡送□□卅七位畢業同學，晚間聚餐，並舉行晚會，節目中有《新事新辦》一地方戲，飾風蘭父親的，演得最成功。

## 7月20日　星期日

總結抄好了。

晚上舉行晚會，音樂在先，以卜喻華[186]的女高音獨唱最吸引人心靈，接著是電影《幸福的生活》，蘇聯老作家鮑哥廷作，五彩片，充滿青春的氣息，表現了幸福的意義。

---

[186] 卜喻華，中央音樂學院教授、歌唱家、五十年代蜚聲中國的專唱西洋樂的四大名旦之一。

## 7月21日　星期一

晚間與秦和鳴同志玩圍棋。

聽說思想改造總結報告日期要延期，返京日期也得順延了，真急人。

## 7月22日　星期二

下午開小組會，談論總結。

晚上又與老許、老秦下棋，到十時後才回來，真耽誤時間。明天起得抓緊時間了。

## 7月23日　星期三

下午秦和鳴召集八人談話。

心村到十一時許才回，害得老紀及同學們如謝約、梅希泉[187]等去找。

## 7月24日　星期四

上午向專修科畢業同學講新詩，花了四小時，還未講完。

清理書物，準備回家。

## 7月25日　星期五

下午總結蓋了章。

晚間訪秦和鳴，同意我先返北京，不必聽總結。又訪張煥庭，交代試卷問題。

## 7月26日　星期六

為心村購毛巾一條，三千三百元。

清理什物，決定明日動身返京。

晚間陶次如請看黃桂秋[188]演出《秦香蓮》一劇。

---

[187] 梅希泉（1929—），江蘇武進人。後任教於上海師範大學。

[188] 黃桂秋（1906—1978），名德銓，字蔭清，自號桂蔭軒主，安徽安慶人，

# 7月27日　星期日六　月初六日

上午請拱貴兄順便到中旅買票，今日走定了，歸心似箭，於無錫無多大留戀，只是將心村留在這兒，怕形成別人的累贅[189]。

夜深二時上車。上車後，與小學老師丁哲華同志（無錫合興鎮中興街北新小學）聊天。

# 7月28日

天氣熱極了，每過橋樑，都須關閉窗子，特別難受。過泰安後，下雨，轉涼。

# 7月29日

上午九時抵車站，回到家裏，疲倦至極。

# 7月30日

賀先生來訪。

# 7月31日

晚在賀先生處聊天。

# 8月1日

同賀、高、小西[190]、蜀平[191]等逛北海公園及人民游泳池。上午上

---

出生於北京。京劇表演藝術家，旦角黃派的創始人。1963年起，在上海京劇院教戲。1978年病逝於上海。黃桂秋弟子很多，有言慧珠、李玉茹、童芷苓、王熙春、曹慧麟、金素雯等。

[189] 吳心村留無錫期間，由紀庸先生照管。

[190] 黎錦熙與賀澹江女。

[191] 即姚蜀平，中國科大第一屆現代物理系畢業，後在中國科學院致力於科學史、現代化研究，並參與電影《李四光》及電視連續劇《共和國之戀》創作。上個世紀80、90年代曾在哈佛大學任訪問學者，在美國數所大學任教，晚年從事文學創作；作品有長篇小說《似水流年》（繁體版《悲情大地》）、中篇小說《魂歸故里》、短篇小說《天才之死》等。2011年講述一戰華工的長篇小說《他從東方來》獲第一屆全球華文文學星雲獎歷史小

車站取行李。

## 8月2日
辛萬成早九時許到此送參觀票。

## 8月10日
今天是農曆六月十日[192]，是興華生日，買了一隻老母雞、一條魚、兩斤肉，為她祝壽。

## 8月12日　星期二
晚七十半與賀先生等赴青年宮看果戈里的《欽差大臣》。

## 8月21日　星期四
得蘇南人民行政公署兩次通知，委我為蘇南師範學院籌建委員之一並定今日開會。我因不能出席，已函秦和鳴同志請假。

得張拱貴寄來八月份薪一百萬元。

## 10月9日　星期四
早五時許抵蘇州，到校時別人都一時找不到，獨朱彤住在門房附近，就首先找他。他表示客氣，請吃了早點。

晚飯後去看紀庸，他因失勢，頗為沮喪，且多牢騷。

開了語文系科課程會議，初步決定了各人所任課程。

發薪一百一十四萬多元。

## 10月10日
寄興華六十萬元。

赴小學為金築辦妥入學手續。

與朱彤談房屋問題。

找二年級同學聊天。

---

說佳作獎（尚未出版）。現定居美國。

[192] 應為六月二十日。

## 10月11日

早上赴站取行李。

下午訪吳天石[193]，幾次都遇著他開會，最後才握了一次手，相約會後再談。

與朱彤聊天至晚九時，內容主要為誰作系科主任。

## 10月12日

上午吳主任宣佈徐明義[194]為中文系主任，朱彤為國文專修科主任。

下午與拱貴兄赴玄妙觀買了一些舊書。

## 10月15日　星期三

昨晚決定朱彤開三年級名著選讀，今晨朱忽翻案，原因是三年級學生派代表要我擔任。在協商中，朱大冒火氣，徐主任只得約我再談。下午六時又復與秦和鳴等談課程問題。秦勸我勉為其難，只有接受意見，擔任名著選讀。另開系二新文學史，共六小時。

## 10月16日　星期四

上午八時半開第七次籌委會，決定十一月一日開課。同時宣佈了學委會名單，我也被指定為學委兼常委。

心村病了三天，還沒有退熱。明天不好，必須送醫院去了。

## 10月19日　星期日

晚間中文系開紀念魯迅先生逝世十六周年晚會，我作了《從魯迅

---

[193] 吳天石（1910—1966），原名毓麟，筆名史堅。江蘇通州（今南通）人。時任江蘇師範學院（初名蘇南師範學院）籌建委員會主任。1932年畢業於無錫國學專修館。1943年加入中國共產黨。曾任江海公學校長、華中公學副校長、華中大學第二教務長。1949年後，歷任江蘇師範學院院長、江蘇省教育廳廳長、中共江蘇省委宣傳部副部長。「文革」伊始，和夫人李敬儀被批鬥致死。

[194] 應為徐銘延（1917—1964），江蘇南通人。後調南京師範學院、南京大學任教。後因被誣為右傾機會主義分子而持菜刀自殺。

的青年讀到他怎樣愛青年》的發言。

## 10月20日　星期一

興華來信，發了牢騷，揚言與我離婚。我已回信，要她南來。

昨天搬到新分配的房子，地點臨操場，窗臺太低，又無紗窗，在室內洗身、脫衣，外面都看得清清楚楚。

## 10月21日　星期二

今日補行開學典禮。上午有陶白[195]等報告，下午汪海粟作報告。

昨天函興華南來蘇州，不知她究竟怎麼決定。今日給C一函。

## 10月23日

交膳費四萬元（二十一日——三十一日）。

上午開小組會討論昨天陶白和汪海粟的報告。下午徐銘延並提出警告，希望未成熟的決定如增聘教師、課程編排等項，不要預先透露給學生聽，以免引起思想混亂，其意若指我同張拱貴。張赴滬未出席，我忍不住將真實性加以揭露。

## 10月25日　星期六

下午吳主任作報告，晚間討論課程，朱彤強迫我同他合開中國新文學史下部，我不答應，並向吳天石、徐銘延、秦和鳴聲明理由。後經秦、徐協商，我勉強答應教詩歌部分。

## 10月27日　星期一

得興華廿四日函，要和我離婚，說她聽見別人說：有一位廿多歲的女人寄信給我，她只有回老家去，讓我完成美滿姻緣。我非常著急，我不能插翅飛回去與她說個清楚。說良心話，我是愛她的。為了對得住孩子，我必須愛她到底。我已把這意思告訴她，希望她回心轉意。

---

[195] 陶白（1909—1993），原名謝祖安，出生於江蘇江陰。上海法政學院畢業。雜文家、文物收藏家。曾任蘇南行政公署文教處副處長、中共江蘇省委宣傳部副部長。

## 11月9日　星期日

上午六時，興華攜帶孩子們由京抵蘇。

## 11月16日　星期日

上午去報了戶口。

早一向受了涼，右胸背神經疼痛，醫生說是濾過性毒，引起脊椎神經發炎。夜不安眠，將近兩周。最近一周來，右上身前後皮膚如柑子皮，且破了幾塊，內外夾攻，頗感痛苦。

## 11月30日

籌委會即學委會聯席會

重點討論事項

1.學習傳達報告及教學改革。

2.辦《教學生活》校刊。

3.行政制度。

報告事項：

1.復文名稱，改為江蘇師範學院。

2.成立了：

　①經濟委員會：吳、財務科長、學生代表三人、工會代表三人。

　②建築委員會：童潤之、李校長、蔣仁、王、殷、范，同學代表。

　③清寒補助費評議工作。

　④一九五三年教學需要

基本建設方面：

建築七十四億（圖書、學生宿、大禮堂、膳食、浴室）

各系科設備：四億八千萬。

本年度需要（一九五二、十二）：

各系科儀器購置：八億五千八百萬。

購置圖書：六千七百萬元。

一般設備：二億一千萬。

修繕：跑道及印刷廠，十二億多。

李科長報告校刊事宜

名稱：教學生活。

形式：四開或八開。

內容：

1.領導對工作和學習的知識。

2.學校計畫和決定。

3.師生學習和生活情況的報告。

4.教學改革情況的反映和經驗的交流。

5.蘇聯經驗的介紹。

6.[196]

7.學校消息。

8.表揚批評。

組織領導：

政治輔導處直接領導下，成立編輯委員會。

秦、張偉正副主任。

陳志安、李、楊白樺[197]、紀庸、裘維瑛、李敬儀。

學生會宣教部門。

時間：十天一期（旬刊）。

發行：同學每小組一份，系科工作是一份。

稿費：義務寫稿。

通訊組作為校刊的行政基礎。

審查：宣教科初步審查，最後，由秦主任審查，最高審查者為吳主任。

童：決定成立印刷科。

# 12月11日

下午一時半同學提意見

一年級

---

[196] 此專案為空白，未記錄。

[197] 楊白樺（1920—1968），小名阿柱，胡小石次子，因過繼給外家而隨舅舅姓楊。南京人。1942年畢業於國立中央大學中文系。生前為南京師範大學教授。

于滿川：

利用習作第二節時間指導，對成績差的，加強個別的指導。

內容豐富，動聽。

葛毅卿

從語言看兩大力量的對比，是欠妥的。

不能掌握國際音標。

發音學不能掌握重點。

陳、葛聯繫不密切。

態度誠懇，啟發學生提意見。

陳挺生

盲目性。

計劃性不夠。

立場觀點有錯誤、有問題。

不負責任，遲到。

兩位教師缺少聯繫。

主動性不夠。

希望：加強計劃性，多找參考書。

許德庚發言（二年級）

吳奔星：

對二年級關心不夠，課外指導不夠。

講解很清楚，備課充分。

于滿川：

對於批改作業思想性重視不夠。

個別指導不夠。

第一點鐘教作文，第二點鐘可講寫作方法。

態度誠懇。

吳調公[198]：

課外沒有指導，聯繫少。

時間掌握得不牢。

---

[198] 吳調公（1914—2000），文藝理論批評家。原名吳鼎第，筆名丁諦，江蘇
鎮江人。曾任鎮江師範學校教師，時任蘇南文教學院講師。

分析作品詳細清楚，講解中聯繫同學感情。

**楊白樺：**

很快，很緊張，趕進度，同學是否懂得，他不管。

課外沒有指導。

時間抓得很緊。

**張拱貴：**

指定參考書沒有具體。

講解時某些地方亂。

教學大綱至今未發。

對二年級同學不關心，是共同現象。

三年級：許鶴奔發言

**吳奔星：**

與同學缺少廣泛聯繫，課外作業佈置多。

要求高，沒有考慮學習時間，超過規定時間好幾倍。

每個單元選一篇來分析。

鼓勵同學，造成自高自大的情緒，很少指出學習上的缺點。

新文學史合開，與其他先生聯繫少，希望互相聽聽課。

沒有與新文學史結合。

優點：備課認真負責，材料多，教學熱心。

**徐銘延：**

沒有與沈先生取得密切聯繫，態度很不嚴肅，將腳翹到桌上。

講文學史導言脫離文學史。

習作備課不充分，講作文體裁，只要到圖書館去一次，便可談三個鐘頭。

不講習作理論，對於將來指導學生很困難。他到現在還沒採納。

聯繫群眾不夠，甚至連同學的名字都叫不出來。希望檢查思想情況。

只同幹部商量。

習作課提前下課。

希望：聯繫批改錯誤的文章，指導如何批改。

芮漢庭[199]發言

吳調公：

備課不充分，內容不豐富。

教學生專案多，內容膚淺。

沒有系統，內容不連貫。

想到一點講一點，沒有從整個文學史的發展來講。

關鍵問題，沒有講清楚。

很重複。

講報告文學不講意義及時代背景。

不會邏輯，句子不通，如「掌握光明」、「暴露」社會主義的新生力量、報告文學為廣大工人所「掌握」。

不掌握重點。

自高自大，批評上學年新文學不過如此。

主觀上要求進步。

希望：備課充分，關鍵問題講清楚，應與朱、奔商量。

朱彤：

各教各的，互不相關，造成很不好的現象。

朱只來聽一次，態度不嚴肅。

不記筆記，表現自高自大。

講得太快。

備課認真，教學熱心、深刻

希望：集體備課。

范煙橋[200]：

不明確目的性，選材不適當。

有錯誤。

---

[199] 芮漢庭，後任南京師範學院教授。

[200] 范煙橋（1894—1967），學名鏞，字味韶，號煙橋，別署含涼生、鷗夷室主、萬年橋、愁城俠客，江蘇吳江同里人。一生著述頗豐，有《煙絲》、《中國小說史》、《範煙橋說集》、《吳江縣鄉土志》、《唐伯虎的故事》、《鷗夷室雜綴》、《林氏之傑》、《離鸞記》、《蘇州景物事輯》等等。1952年調往蘇州高級中學任教，1955年被任命為蘇州市文化處處長。

對同學意見敷衍。

希望學習蘇聯教學內容與方法。

三年級王寬行[201]

張拱貴：

佈置25題，範圍太大，搜集材料面太廣，希望切合實際。

進度照顧大家要求。

希望課外指導。

備課認真，材料充實，舉例新鮮恰當，虛心考慮同學意見。

沈祖棻

古典文學：

①選材國風恰當，楚辭卻不大適當，思想性不強。

②講的方面：不夠重視讀音。如矜不讀鰥。

　　詞和字講得清楚，有的還是不夠。孤立講詞字，有支離破碎
　　的感覺。

文學史：

①應把重點放在關鍵性的問題上。

②分類：安風雅頌。

③介紹較正確的結論。

④究竟詩與楚辭是何關係，沒有講清楚。楚辭對詩經有何承繼和
　　發展，應儘量介紹。

⑤希望把注釋印在講義上。

⑥要有比較詳細的提綱，以免失去重心。

⑦態度誠懇虛心，主觀上要求把課教好，古典文學有修養。

語文班提意見

朱彤：

不深入，不踏實，不解決問題。①如評清寒補助費；②買書。

對班主任責任不明確，責任心不強。

說口頭文學是閑課。

朱先生溫情主義，世故。

新文學史清楚、明瞭，生動形象化。

---

[201] 王寬行（1924—2004），江蘇邳縣人。後任河南大學中文系教授。

希望：加強領導工作。

**廖序東**

缺點

①態度不一貫，情緒或高或低。

②管教不管學，不與小組長聯繫。

③佈置課外作業很重。計劃性不夠，很少檢查。

優點：

①在所有的先生中滿意，目的性明確，批改細緻。

②把語文及教學法相結合。

**張拱貴**

沒有計劃性（如提綱）。

課堂教學自由，沒有計劃性。

嚴重的表現管教不管學，誰好誰壞，他是不知道的。

講義發下去沒改錯字，等於浪費。

例子思想性不強。

語言有很深刻的研究，使同學們能瞭解、發生興趣。

希望：系統的教學計畫，多關心同學們學習，舉例去除思想性不強及低級趣味的東西。

**吳調公**

情緒不安，不沈著、不穩定。

缺乏系統。

備課似乎不夠充分，臨時造句。

優點：虛心接受意見，不斷改進教學，要求教好，今後與同學多聯繫，不要太急，很沈著的，儘量有充分準備。

**楊白樺：**

教育目的不夠明確，好像是被培養成一個文學專家。

不能根據同學水平出發，教材多，未精簡，不能完全接受和領會。

只管教不管學，不與同學聯繫，不問同學懂否。

講話太快。

備課認真，熱情，希從做初中語教師的水平教我。

語專科意見

陳挺生

備課不充分。

不能答復同學的意見，同時不能作判斷，分析不明確。

廢話多，不知重點在那兒。缺少計劃性。

說幾個別字，占去很多時間。

思想性不夠。

宣佈教學大綱，使同學思想混亂。覺得語體文沒有古典文學好。說五四之後，就不注意寫字。說明留戀過去的一套。

批改作業：籠統的批語，如「真是一篇好文章呀」，「沒有什麼大錯誤」。

遲到的現象，不太關心教學。

希望：①備課充分，虛心接受其他老師意見。②加強計劃性。③希望加強政治學習。④掌握原則，抓住重點。

趙國璋[202]

態度虛心，誠懇，能聯繫同學。

舉例拘束，不夠豐富，應充分備課。

于滿川

備課充分，講解清楚。

對課外輔導不夠，聯繫同學不夠。

楊白樺

優點：認真，熱情，備課比較充分，守時間，批改作業認真。

缺點：

只管教，不管學。表現在講得太快，聽課發生困難，對精神實質不能領會。

工作上有些粗糙。

精簡教材不夠，東西多不能掌握進度。

希望：精簡教材，適合同學程度。

朱彤

內容豐富，分析深入清楚。掌握領導不夠，聯繫同學不夠。

---

[202] 趙國璋（1923—2005），河南新鄭人，1951年畢業於復旦大學中文系。後任南京師範學院古文獻整理研究所中國古典文獻學教授。

課堂討論佈置不夠周密。

希望：1.團結其他老師，推動教學。2.多與同學聯繫。

**韓祖緹**

沒有與同學聯繫。

沒有起橋樑作用。

**趙國璋**（教育專修科提意見）

優點：1.講課清楚、詳細；2.批改作文認真，仔細。

缺點：1.教材全是文藝作品，沒有說明文及議論文，對教育專修科奪目地形不明確。2.瞭解同學水平不夠，如序言講了八小時，我們還是不瞭解。雖然費了很多時間，收穫不大。3.備課不夠。4.講課中有兩點不妥當：①如說七斤嫂「畢竟是婦女見識」。②講語言學問題不妥。5.上課以外很少聯繫同學。

# 12月13日

自我檢查

工作作風和工作態度[203]

1. 自高自大，自滿，卻並非看不起旁人，只以為自己單搞也就夠了，這是本位主義的表現。

2. 聯繫群眾不夠：具體表現為在對領導請示不夠，向同事請教不夠，對同學輔導不夠、關心不夠，而且不夠全面。

3. 提意見考慮不周到、不大誠意，接受意見時不夠虛心，容易引起誤會，造成不團結的現象。

4. 鼓勵同學方式不當，造成不良影響和不良後果。

追究根源，由於非無產階級思想還占著主導地位，特別是個人主義，甚至是個人英雄主義支配了自己。

努力方向：克服個人主義，向集體主義邁進；克服一切非工人階級的思想，向工人階級的思想轉進。具體地說：多聯繫群眾，多與群眾商量，向集體化的教學方向走去。

徐銘延：

1. 過去對群眾不夠瞭解，智慧和感情，存在相當自滿情緒。

---

[203] 應為吳奔星的檢查。

2.系的工作搞不好，主要由我來負。不懂工作方式方法（辛辛苦苦的事務主義者）。

一、思想情況

剛來時，不瞭解情況，有些盲目。

其次感到棘手，產生患得患失情緒。

個人主義思想沒有很好的肅清。

二、行政工作

1.缺乏深入的思想領導。

叫不出名字，表示嚴重脫離群眾。

2.佈置工作，單純任務觀點。

排課時缺乏全面觀點，先排系內，再排系外，以致弄出許多僵局。

急躁，表現對吳奔星發火。

3.工作上的盲目性，缺乏全面觀點、預見、統一佈置。

課的開不開，誰來開，都沒有一定的原則。

4.系科班沒有很好的分工。

三、教學工作

1.採取輕視魯莽的態度。

習作課沒有照教育部規定的教育計畫進行。

2.備課沒人人負責，材料不充實，生硬搬弄教條。

四、作風態度

群眾觀點不強。

處理問題不冷靜，急躁，感情用事。

不調查研究，接受或反映意見顯得草率。

朱彤：

1.思改後的重要問題：自私自利，生活困難，工作困難。

為了愛人工作，表示了雇傭觀點，也表示了無組織無紀律性。

2.行政工作的個人主義

①籌建時期先搬家，房子及傢俱較好，影響團結。

②代理主任時期沒有想到搞好科班，只覺得領導上對聘請教師支持不夠，考慮挽回失去的面子。

團結工作的惡劣態度。對徐銘延及吳奔星。

汝龍離校曲折複雜，與吳有關。

不馬上講，隱藏起來，敷衍，笑裏藏刀。

小組長彙報

一、彙報情況

有部分同志的檢查全面、深刻，起了帶頭作用。但也有少數同志的檢查，不夠深刻，群眾意見多，原因是態度未端正，對運動麻痹。有的是跟思想實際聯繫不夠，有避重就輕的現象。對檢查帶頭不夠。

相互批評一般展開了，但也有個別小組文質彬彬，不像批評。有的不夠嚴肅，還有的睡覺（劉桂東）。有的同志提意見動機不純正。

今後應注意：

1.負責同志應從思想重視這個運動，深刻暴露自己，勇敢的跑到群眾前面，領導群眾。

已經檢查過的，不應放鬆其他同志。有的離開了中心問題，而談其他問題，沖淡了教學改革運動，要防止輕重不分。

2.目前運動的主要障礙

①檢查態度不端正。

②自由主義，不主動，不關心人家，思想上開小差。

3.還有少數同志自覺性不夠，應加強互助組活動。

4.檢查過程注意事項：

①每一同志檢查後，以一定時間研究主要問題，展開互助，但不要用代表發言，以免妨礙展開批評。

②對袖手旁觀的同志，應在小組內展開批評，端正態度。

5.其他

①政治輔導處同志不在小組檢查。

②檢查時間問題，在開展運動時，不強調時間，但也應在總的方面，掌握時間。

③典型報告問題

決定：1.時間：延長到下星期六。2.典型報告，暴露、分析、批判。張煥庭、陶次如。

# 12月15日

典型檢查

張煥庭：

一、思想方法：主觀主義的思想方法

　1.好談空論，不從實際出發。

　　對人的態度：自以為是，不虛心，只看人家的缺點，不看別人的優點。

　　對工作的態度：很少與同事商量。

　　教學方面也存在著單幹思想，對於教研室工作，也不看具體情況，搬用東北及北京師大一套辦法。

　2.工作作風：拖拉

　3.魄力不夠，不能堅持原則，貫徹下去。因為自滿，看不到新生力量的發展。沒有抓住科班的重心。

二、危害性：

　1.阻礙工作之進步。

　2.不能深入聯繫群眾，相信自己而不相信群眾。

　3.工作進行，本末倒置，不分主次。

　4.不能貫徹方針任務，使工作失去朝氣。

　5.不能發揮積極性和創造性。

三、怎麼造成的：

　　嚴重的個人主義使然。

　　由於在學習上不夠認真，從教條出發，而未聯繫實際。根源是受了資產階級的思想太深。

四、努力方向：

　1.加強馬列主義毛澤東思想的學習，學習實踐論，認識知識源於實踐。

　2.認真地投入這個運動。

　3.改正自高自大、不深入群眾的缺點。

　4.把心理學小組搞起來。

陶次如：

一、思想情況

以前總想專門教書，不願幹行政，原因是想全力提高業務水平，以趕上祖國形勢的發展，免得被淘汰。我沒有決心搞好生物系，除了個人興趣和個人前途支配著我外，還有舊型的生物小輪廓支配著我，不能用革命辦法、革命精神來辦好系的工作。

二、工作情況

怕麻煩，沒有信心。

看問題缺乏發展觀點，群眾觀點也不強。不能貫徹領導的意圖，怕影響備課，就不大接近群眾，召集會議。

三、教學工作

停留在脫離實際的理論上，主觀地安排教材。

四、思想根源及努力方向

地主家庭出身，受過封建思想的影響，資產階級的教育，並長期在反動統治下的學校教書，養成濃厚的個人主義的享樂思想。

1.為搞好教學改革工作而奮鬥。

2.學習蘇聯教師的榜樣。

3.建立教學制度、明確分口。

4.肅清長期積累下來的缺點。

# 12月16日

提意見[204]

徐銘延：

接觸了思想的本質問題，在具體事實上分析還不夠深刻，有兩點不夠：

1.教學思想鼓勵同學不當，還可以進一步研究。應如何引導同學到正確的路上去，要很好考慮。

鼓勵是思想教育問題，應防止其產生學習上的偏向，如使他們忘其所以，則是有害的。鼓勵或批評，都應堅持原則性，貫徹思想領導。

---

[204] 對吳奔星的意見。

2.對群眾活動及應當接受的任務，在思想上重視不夠，僅說不負責任還不夠，應提高到思想原則上來看。領導上交給他的任務，他不是很踴躍的接受，這不僅是一個不負責任的。

朱膚葒：

1.態度尚使人滿意，檢查出來的缺點應認真地克服。

2.虛心不要變成心虛，不要神經過敏地把一切問題都拉到自己身上來。

3.實事求是對待學生。

吳調公：

1.希望不僅在文學課，即使在日常生活中，都更須注意講話所產生的效果。

2.改正找出來的缺點。

于滿川：

先須克服個人英雄主義思想，如不克服，大之則組織紀律性不夠，小之則與人不易團結，產生單幹思想。希望今後往集體主義思想發展。

朱庚葒補充：

希望保證一定能夠克服缺點，搞好語文系。

韓祖緹：

只把自己做好，還沒有把其他先生的教學做得很好。

徐銘延：

還應當確立主人翁思想，以學委及常委的身份來搞好系的學習。還不能排除個人的意氣，應主動拿出熱愛系工作的精神來。

為什麼使人發脾氣，也應該聯繫自己很好的考慮，深刻的探索。

廖序東：

1.希望對人的態度和藹，少發脾氣。我系之不團結，主要是兩位領導與吳先生發脾氣。

2.在教學上希望注意成績差的。

3.希望在工作上勇於負責。

4.不辜負領導上對吳先生的重視，應認真的擔負起來。

沈祖棻：

態度認真，批評自己的也嚴厲，但有些地方還不深刻，內容與形

式還沒有嚴密的配合。

一個有威信的教師，對學生影響特別大，應注意效果。

工作作風，有兩點：

1.多疑敏感影響團結，平常說話，話中有話，易引起誤會。

2.態度和聲音不夠溫和，如對趙先生的態度。

楊白樺：

用詞使人有苦辣之味。希望同志之間的批評要明朗化，誠懇的感情用誠懇的字句表達出來。

朱彤：

1.多疑敏感是現象，還可以提高到思想上來看。如果都從工作出發，這些現象就不易發生，多少還是一個個人主義的問題。

2.對同志和同學說話，都要注意思想性的教育。

3.背了些成功的包袱，以為教書成功，就當包袱背起來，如不放下就會形成前進的障礙。如果有這些想法，應檢查思想根源來克服它。

陳挺生：

1.容易受刺激，容易暴躁和發火。

2.多注意、忍耐一下。

3.對同人能幫忙之處儘量幫忙，要從整個看問題。

4.多注意和藹一些，謹慎小事。

趙國璋：

分析思想根源還不夠深刻，有些還不是態度粗暴，還是與思想品質有關。吳先生說話有幾個特點：

1.引用別人的話，如說「二兩」也許是金子，引用容易造成大家神經上的緊張。

2.注重修辭，引用成語，不太恰當，如說風馬牛不相及，就不太恰當，使我刺激很深。

3.如他說對辦公深惡痛絕，對行政工作不太恰當。

4.如說學委會學習計畫「無懈可擊」，證明是個人英雄主義。

希望在會後行動中克服個人英雄主義和自由主義，在小組中起推動作用。

張拱貴：

1. 沒有認清在我院的身份。領導對他是非常信任。由於責任感不夠，沒有站穩自己的立場，不協助領導解決問題，有時還與領導處在對立的地位。
2. 自高自大，客觀上有瞧不起人的感覺。如對趙國璋有打擊他的嫌疑。
3. 對於缺點都談到了，危害性也談到了，過去有人對你恐怖。
4. 不僅是認識缺點，更重要的有信心有決心改正缺點。首先應在態度上改正；其次在工作上多負責任，處處協助行政上解決問題。如果能夠在行動上有所表現，別人一切對你改觀，最重要的是用行動來保證。

李敬儀：

1. 誠懇與否，不是從態度和語言上來看，而是從內容上來看。吳先生常常話中有話，不能用態度來解釋。為什麼敏感多疑？應再深刻的挖掘，思想上應該還有造成敏感多疑的本質存在。在集體的團體中生活，這些應更注意一些。
2. 應該從國家、對人民負責的觀點上出發，不管領導上信任與否，只看自己對國家、對人民的態度如何。
3. 把過去敏感多疑克服，把教學上的成功發揮，把語文系的教改搞好。

徐銘延：

還有消極情緒，不要矯枉過正，不要隱藏在心裏。

# 12月19日

小組長會議

吳：目前運動的進行，還不夠令人滿意。我們並非為某些人為難，是為了解決問題。組織起來，集體教學，克服個人主義思想；另一方面，吸取蘇聯先進成果與經驗，也應克服個人主義的保守思想，掃除思想障礙，徹底解決問題，是必要的。

秦：總的情況是比較正常的，但有一個問題存在：最近幾天大家思想上以為運動快過去了，提意見不深入。影響批評的開展。

另一種情況，個別小組開始時期很好，但這兩天來，批評變成調和，有人說：過去的舊賬不要算了。第三種情況，有些同志在思改時

問題沒解決，對領導不滿意，到現在還發牢騷。

時間問題：最少的有三個人，最多的有八個人還沒有完。如果明天要結束，就會變成任務觀點，來不及也要來得及。

計畫上的問題：集體研究系科班的問題放在檢查之後？還是放在建設階段？這也是時間問題的另一問題。

基本上兩個問題：思想問題和時間問題。前者必須各級領導同志提高警惕，善始善終，不能放鬆。同時，宣傳武器，也要更加發揮作用。小組長也得與錯誤的思想作鬥爭。運動雖正常，但集中性不夠，對運動的發展不無影響。希望用星期六及星期日兩天時間集中來搞，轉變自由思想、麻痹思想。

日程問題：具體研究系科問題，放在建設階段較好。

力量的使用問題：各小組發展不平衡，擬將政治處各同志力量適當地調整，但主要是依靠組長的正確領導。

下星期二可開始下一階段的學習。

吳：各個系科班，應保證解決思想問題。今天下午除進行檢查外，可檢討運動進行以來的缺點，再互保公議誰再補充檢查。今晚開會互助。

不是通過不通過的問題，主要是解決問題。不解決問題，大家進行幫助，民主討論，務期解決問題。什麼思想障礙組織起來，就解決這些思想問題。明後天佈置情況，條陳宣教科。

1.不要縮小到「團結」問題。

2.為了團結，用不著橋樑！

3.解決了的問題，用不著重複。

補充檢查名單：

1.徐銘延

　①群眾關係；②臨時思想。

2.朱彤

　模糊。

3.吳奔星

　「盡可能」搞好教改，太含糊。應提出保證。

4.張拱貴

　對團結起的作用。

5.楊白樺

　怕介入宗派。為什麼會有這種思想？

6.吳調公

　對同學意見重視不夠，同時沒有仔細分析的自己的思想。

7.沈祖棻

　等待思想。

　有為人民服務的決心，沒有克服困難的信心。

　自卑感對集體主義的組織起來也是有妨礙的。

　清高思想。

# 12月21日

對吳奔星意見

張拱貴：

1.不免給人一個印象，暴露了許多朱先生的缺點，方式不太妥當。

2.還不敢信任他有決心與辦法加強團結。

3.得意時洋洋得意，失意時垂頭喪氣，都是個人主義或個人英雄
　主義，從你對人對事，客觀上還是瞧人不起。

楊白樺：

1.排課時由個人英雄主義，造成的自私自利的表現。新文學史排
　成兩小時。

2.朱、吳有一些距離，文教學院的人對朱、吳是有宗派觀念。

朱彤：

1.聞一多在思想上看，是否中間路線，還是可以商量的。

2.許找我談系主任事：我首先說汝龍，其次是紀庸，同時說自己
　不適合。

3.提名時不提名，提紀庸打□□。

4.籌建時期估計人力，把吳估計為行政幹部，並且請吳主任從楊
　白樺與吳奔星兩人任擇一人，而吳則須吳主任回話後再來。

5.到校時期，我伸手與他合作。

　發表我的職務後，說我的房子是全院最好的，學生深夜找吳奔
　星，說汝龍同志之走，曲折複雜。這三事是接二連三，在三天
　之內發生的。

我覺得吳奔星同志可能是地位觀念，加上創作前途的悲觀估計，是否有一個意圖把自己的地位提高，是否有利用少數同學形成一種力量？我有這樣的懷疑。因行政人員而有飯碗的恐懼，是不可靠的。結合當時的情況，是非是可以大白的，這一種責任希望得到澄清。

6.吳的作風應很好考慮，比如說楊與朱彤關係不好；同時對沈祖棻說系三難教，提綱要到教育部，批評吳調公，不主張聘請他。又如說韓祖緹抄提綱事，是說我特權思想。再一個排課問題，吳同意擔任詩歌部分，只占十三分之一、填一小時，對我們很大的一個剝削，是剝削的作風。平均主義，兩個結論。要徐不任課，而要我擔更多的課，我所舉的例子是有人證的。

徐銘延：

不僅是個人英雄主義的問題，還有些自私自利的問題。

趙國璋：

有些問題上暴露得不夠，如報復情緒，是否在行動上有所表示。如對朱彤事，對許符實說三個月垮臺。這個另一個方面對領導幹部的態度很不正確。不同意朱先生做領導，不是單純的飯碗問題，在朱發表主任後有無報復情緒。

徐銘延：

組織性紀律性方面應該注意。

我發脾氣時，你是否建立一個人民教師的觀點。我希望你當仁不讓，勇於負責，而你偏偏向落後看齊，強調發脾氣。

于滿川：

團結問題與吳先生關係很大，先應該往思想上解決，然後再寫包票。

何福元：

對吳先生的檢查程度：

1.努力方向很好。

2.吳先生不冷靜，他考慮問題，用對抗情緒對待批評，你只是說明事實，而非暴露思想，態度不夠虛心。

徐銘延：

學習實踐論時，把計畫破產歸咎於書的缺少，對於問題的理解是

不好的。

何福元：

旁人反映吳先生：

吳先生很凶很硬，作風有不正派的傳說，應該引起警惕。

張拱貴：

作風是不好的，應該接受批評，改造自己。作風之不好，與樹立為人民服務的觀念是有關係的。群眾批評是不大錯誤的，把不好的作風承認下來，深刻反省。吳先生從來沒有表示過他要做系主任。我是否受吳先生利用，我說不是。

並不是怕丟掉飯碗；只是怕朱先生做主任，很難跟他接近。

徐銘延：

有些地方原則性比較差，雖有熱情，但有些感情用事。近乎人身攻擊，這樣的作風是不好的。

廖序東：

1.雖打包票，但能否實現很成問題。

2.對工作的責任感很不夠，把對工作與對個人的比較混在一起。

　如藝教系[205]課程，推來推去，耽誤很多時間。

3.對於領導的態度很不正確，表現在說話的含糊。

4.爱人成語是很不好的。

5.最基本的錯誤是大不了是不幹這一意圖，希望痛改前非。

陳挺生：

也有包袱。

沈祖棻：

敏感多疑引起距離，都是從個人出發的。平均主義原則性不強，「退伍」思想不爭取團結。

說話從正面說，不要曲折地去說，不要背後說，以免別人傳訛。

朱彤：

徹底地解決，在思想上提高。

楊白樺：

長添鐘點吳奔星為作俑者。

---

[205] 蘇南文教學院設立的藝術教育系。

吳調公：

講話時以負責的態度，往全面考慮說話的效果。主觀上也許無心，客觀上有了不好的影響。過分的表現自己，自然與集體的思想衝突。極端的發展造成與某些人的距離和不好的影響，對團結與集體備課都有危害性。講話時顧及全體的利益。

徐銘延：

如何在教學過程中貫徹思想領導，糾正同學們在學習上的偏向，值得注意教學思想和教學觀點。

韓祖緹：

可惜別的方面有多少缺點，一切清除從自己出發的看法，同時注意對同學的思想領導。

朱彤補充檢查

1.團結工作，我所應負的責任：

①自高自大，表現為文人相輕，特別對吳奔星，魯迅紀念會上講話，思想性不夠，抹煞了魯迅對待青年的優點。

②胸襟狹隘：表現在對吳奔星的課程。

③多疑敏感：疑心吳、張[206]排擠、搞鬼。如吳奔星提出房子房間問題，我就以為他在排擠。

責任：

甲：我不應把他們看成個人的鬥爭；

乙：加重疑心，使問題複雜化。

丙：發火多疑，帶到排課上去，疑心排名著選讀是把我拉垮，於是說我寧死不開，又疑心徐主任的職權一元化。

④個人自私的打算：教好課的動機是跟吳奔星爭短長，是生存競爭時代，希望別人都比我差。

2.創作思想和專著思想

①入了黨也是黨齡很短，因此想以創作終生。

②不安心工作。

③對教改態度消極。

④對政治活動不熱心。

---

[206] 指張拱貴。

⑤逆轉潮流，回到個人的協作當中去。

3.努力方向

　　①大力糾正創作思想，應建立在人民創作的基礎上。

　　②大力克服個人英雄主義。

　　③保證對吳奔星任何懷疑不發牢騷。

　　④積極負起科主任責任，協助徐主任。

**徐銘延補充檢查**

1.個人主義思想

　　怕到學校來，想去工會去工作，來以前思想波動很厲害。

2.對業務不熟悉。

3.團結問題上，因脫離群眾，不能主動克服矛盾，吳奔星脾氣一發，很不容易接受意見，難談。該他吃吃苦頭，「多行不義必自斃」。

4.急躁：主觀主義，經驗主義，上下級關係明確，強迫命令，包辦代替。

5.潛在的優越感，語文系不是文藝生活。

6.對同志不關心，聞「先生」不習慣。

7.自由主義，老資格。

8.希望及時談，不發脾氣。

9.接受批評不夠虛心。

10.受臨時思想支配，向落後看齊。

# 12月23日

發言[207]：

收穫：

1.認識了自己的缺點和別人的優點，認識了犯錯誤的根源——自私自利的個人主義思想指導自己。

2.在團結問題上明白了為什麼不團結的具體的內容和今後團結應注意的事項。

體會：

---

[207] 吳奔星發言。

1.認識我院思想領導的正確和及時，以及批評與自我批評這一武器的偉大作用。

2.因此，對於教學改革是「思想改造」的繼續，我體會得最深刻。

對於落子[208]、快書等民間形式的講解，只是注重在講如何唱，而唱的方式方法並未談，而且對每一形式的特徵起源、作用……等，沒有明確的交代。

講授時放唱片，應該制定同學在溫課時講，將課時重點應該放在講上。

講的技術並不壞，只是教學內容成問題。

人民口頭創作與民間文學的區別

教某一種形式，沒有聯繫寫作方法以及如何接受與發揚這一形式，和它與工農兵文藝方向的關係。

開唱片，意圖很好，但同學對唱片的意義、腔調沒瞭解前，恐怕只是浪費時間，不能消化。

內容龐雜，應該講現在最流行的、影響最大的牌子、曲。如子弟書[209]、落子、八角鼓[210]……等等可以不講。同時「子弟書」是滿清統

---

[208] 落子是河北省具有代表性的民間舞蹈之一。它流傳於滄州地區，尤以滄縣、南皮縣為盛，據查已有一百五十多年的歷史。冬季農閒時排練，正月十五前後演出，以示人們辭舊迎新，慶祝豐收的喜悅心情。落子系秧歌類型的民間舞蹈，內容多是表現男女愛情和人民生活的。唐山落子發展成為現在的評劇。

[209] 子弟書也叫清音子弟書，是清代的一種曲藝形式。曾盛行於北京、瀋陽等地。因其創始於八旗子弟並為八旗子弟所擅場，故名子弟書，約在乾隆年間開始流傳，清末即已衰亡。子弟書有東調和西調兩個流派。東調又稱東韻，其曲調音節類似戲曲裏花部的高腔，宜於演唱沉雄闊大、慷慨激昂的故事。西調又稱西韻，其曲調音節類似戲曲裏雅部的昆腔，宜於表現婉轉低回、纏綿悱惻的情緒。後來又分化出一種「石派書」，又叫「石韻書」，為石玉昆所創，以「巧腔」取勝。再後又有郭棟，創「南城調」。

[210] 八角鼓，古時滿族人用於自娛的一種拍擊膜鳴樂器，因鼓身有八個角而得名，又稱單鼓。鼓體扁小，鼓面呈八角形，代表當時清朝的八旗。鼓框用八塊烏木、紫檀木、紅木、花梨木和骨片拼粘而成；一說是八旗首領各獻一塊最好的木料嵌拼而成。七面框邊內各嵌兩至三枚小銅鈸，一面嵌釘柱綴鼓穗，寓意五穀豐登。八角鼓明代中葉以後開始流傳北京。除滿族、漢族使用外，還流傳於雲南省大理、劍川等白族人民聚居地區。白族八角鼓又稱金錢鼓，有八角和六角形兩種。演奏時，左手舉鼓，右手掌擊，用於

治階級的東西，已經不是人們的東西。

似乎沒有明確課程的目的、要求。談到「八角鼓」時，沒有將意義、作用、內容等說清楚，就放唱片，也是不適合的。課堂與戲臺應該區別開來，當然聯繫實際是要的，但重點應放在課上，注意知識的科學性與系統性。

唱片分散了學生的注意力，因事前未介紹內容，只能聽腔調，就有許多學生做別的事情，次序大受影響。

口頭創作，不是演唱文學，這是教育部說明課程時遭就明確了的。應該先講口頭的，演唱只能做鞏固教學成績之用。

介紹十三轍，只叫學生看詞韻。為什麼不介紹張純如編的《北京話十三轍》？又因介紹詩韻，使學生對十三轍感到混亂。

教學內容散漫，沒有中心，有些盲目性。究竟這一課解釋什麼問題，沒有明確。應該一個問題解決後再來一個問題。

# 12月24日

小組會

本學期工作計畫：

1.輔導同學學習辦法。十二月三十一日前。

2.調整班的課程，改變不合理狀況。五三年一月七日前。

3.提出班的速成辦法。一月十五日前。

4.考慮成立分組。一月十五日前。

5.教學檢查。一月二十一日前。

6.學習蘇聯先進教學經驗。二月一日前。

7.制定下學期教學計畫。寒假前（一月二十五日前）。

8.制定各系科教學大綱。開學前。

下學期工作

1.培養助教和使用學生助教，制定附校聯繫計畫。

2.編寫講授提綱或一兩門講義。

3.研究工作計畫（包括資料）。

4.培養典型創造經驗。

---

民間歌舞伴奏。

5.組織經常學習。

6.聯繫實際（參觀、見習、實習、座談會）。

7.教學檢查。

8.總結經驗。

9.教學小組的經常工作。

10.考察學業成績。

11.一九五三年度第一學期教學計畫。

# 12月26日

小組長會議

吳主任：

一：

    1.不要要求太高。教學小組一開始時，不要過於要求集體備課。主要是修改教學大綱，明確目的性。

    2.定出計畫。看有那些課可以寫出詳細提綱或編出講義。

    3.學習共同有關的蘇聯先進的科學或其他有關的文件，如華東師大學習毛主席講話。總之，做什麼，學什麼。如搞課堂討論，便須學習一下課堂討論的辦法。

    4.搞什麼，學什麼。

    5.教師展開互助。如難懂難學，沒有結論的學說，展開互助。

    6.從實際出發，別開空頭支票。

二：

    1.對教研組的目的任務有加強學習的必要。不要把根本性的教學改革變成枝枝葉葉的課程改革。因此，必須深刻地學習蘇聯教學先進經驗。

    2.文理科固有不同，但貫徹愛國主義的精神是一樣的。講緒論時就得端正立場觀點。

三：

在規定時間外，還得爭取上午的時間來搞。

什麼都要定出進度，開始不要太多。

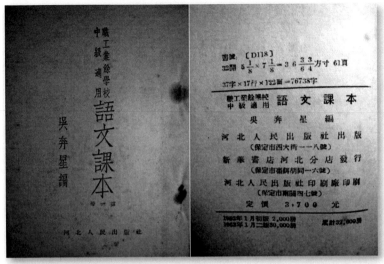

1952、1953年河北人民出版社翻印吳奔星編「職工業餘學校中級適用」語文課本第一冊封面、版權

1953年8月江蘇師範學院語文系第一屆畢業班全體師生留影，其中吳奔星（中間坐排左一）、沈祖棻（中間坐排左二）、廖序東（中間坐排右三）、王寬行（後排左三）。王寬行為王立群讀碩士生時的導師。

# 1月5日

籌委會與學委會聯席會議

吳主任：

1.一九五三年上半年教改計畫。

2.今年暑假發展四百人，五年內發展三千人。

3.成立財務檢查委員會，在院委會領導下工作。

4.學習問題，學習計畫。

5.整理班的教學，創造速成經驗。

張煥庭報告教學改革計畫：

教學大綱希望經過集體研究、討論，符合要求。

掌握進度、深度和態度。深入淺出，生動具體。

李敬儀報告學習計畫：

每星期二、三、各三小時。

要求：

1.擴大眼界，關心世界革命運動，正確瞭解革命形勢的前途。

2.學習蘇聯社會主義建設的偉大成就，瞭解中國革命的前途，增強建設祖國的信心。

3.提高對共產黨及馬列主義的認識。

時間：本周開始，星期三動員。

《人民日報》元旦社論先行學習。

第一部分　三星期國際

第二部分　一星期國內

第三部分　一星期黨

方法：

1.更好的掌握理論與實際相結合的原則。

2.掌握重點，第二部分文化教育。

3.講話提出問題。展開討論和爭論。

　　兩種方式：一是自學和小組討論為主（教師）。一是聽報告與自學相結合（職員）。

# 1月16日

語文教改座談會

附中何先生：

「速成」決定於教學的物件、教學方法及教師本身的條件。

工農速成中學學生速成的條件：

1.政治品質好：誠懇、虛心、肯鑽研、尊敬老師。

2.相當豐富的生活經驗：一般都在二十五歲左右，對於一般知識的理解力相當高，他們領會問題、分析問題都相當高。

3.剛入校時語文水平的不平衡：表現在吸收和發表上的不平衡，有的會說會聽，但不會讀寫。

教學上的缺點：

1.缺少計劃性。

2.對具體的教材沒有一定的過程，往往失去教師的主導作用。

3.沒有一定的課堂教學制度。

如何糾正缺點：

1.確定了全學程的教學計畫、綱要

　甲：速成有了本，精簡有了依據。

　乙：教學有了依據。

　丙：保證了教師的專業學習。

　丁：速成有了一定的目標和方向。

2.確定了一般的經常的語文教學過程

　甲：建立了教師主導性的教學精神。

　乙：比較嚴密地控制了時間。

　　建立科學的教學制度（新課堂教學）

1.學習紀律的建立。

2.學習情況正常化。

3.教學計劃性加強，對「教案」很認真和謹慎。

　甲：課外閱讀的配合。

　乙：建立了精簡選文及寫作練習相配合的制度。

　丙：系統知識與課文相聯繫的試驗。

　丁：為了語文的全面發展，要注意語文的課外活動。

4.教師的不倦的學習

大家很忙，忙得像一天做了兩天的事。

華東革大工農速成中學毛效同發言：

語文教學速成的可能性：

1.由於學生本身的條件：他們有一定的生活經驗和一定的政治水平，前者使他們吸收得快，後者使他們能堅持。

2.語文教學不外三方面

①系統的知識和正確的習慣（語法修辭、作法及文學知識）選文不等於系統知識，只是體現系統知識的工具。

②有效的教學活動：哪一種教學活動有效？哪一種是經常性的或突擊性的？

③優越的課堂制度是保證語文教學速成條件之一。

如果這三方面結合得好，便可以保證速成。

學生寫論說文必須居於哦系統知識加邏輯知識。選文及作法都按由具體的物到抽象的理來排列。

寫論說文，應配合複雜句的學習，特別是虛詞的運用。

還要配合大量的課外閱讀。

排課：速查，緊接自習一堂。

連堂就無須兩個教案。

新亦師範：

1.選材：根據初三到高一的課本。

2.學生年齡由十四、五歲到四十歲，教材不易選適當的，限於混亂狀態。

3.由於學生年齡的差異，進行思想教育也感到困難。

4.要求：有的學生對語法要求很迫切，教師對語法教法獨教或配合地教，感到困惑。獨教感到：①時間不夠；②枯燥無味；。配合地教，又感到系統性不易保證。

5.教材的單元不是根據語文知識而是根據思想內容。

6.方法：①內容分析；②寫作特點；③問題討論。

幾個環節：

1.啟發報告；2.提問；3.新課；4.分析；5.總結。

市一中：

教學法：

1.講有關材料，作為啟發。

2.課文分析：對語法教法並不一致，也無系統。

3.整理：全課小結。

4.佈置問題或作業。

第2堂首先對上一課的提問。

語法從圖解入手較有效果。

習作：首先強調消滅錯別字。

批改習作影響備課。

命題：結合課文。

附中何先生：

1.應不應該教淺近的文言文？

2.教材編選的問題，感到教材很難符合課程綱要的系統性。

3.課外閱讀不易與課堂精選材料有機而有效的結合，特別是論說文，加以課外閱讀佈置的面不夠廣，僅就篇目提供課外閱讀材料。

4.寫作方面表現綜合性的知識不夠，他們只是原則性強。

5.課文進程緩慢，如何減少縮短。

6.怎麼解決教師「忙」的現象？「亂」的現象由於有計劃性倒是解決了，但「忙」的現象行還未解決。

7.在提高教學效果的原則下，減少習作。

8.語法與修辭的教學根據呂說：

甲：語法思想的混亂，語法規律，眾說紛紜、莫衷一是。

乙：由於大家基礎差，討論時不正確與深入。

丙：學生學習積極性不夠高，因為在習作進度上幫助不突出。

丁：語法學習後，難於鞏固。

毛效同：

三個困難問題：

1.各種學校的語文程度的標準不夠明確，使教員或學生惶惑。

2.教材：有些強人之所不能。

3.師資：多有些進修機會。

市一中：

1.集體創作適合高中。

2.按思想性劃分單元是否適合。

3.同學自己批改習作,在初中有困難。

# 2月3日

鑒定意見

1.張拱貴:

急躁情緒尚未完全克服;

抽象的條文下,列舉具體的例子。

2.韓祖緹:

不遲到早退,按時上課似乎也是優點。

教改能儘量發揮,很生動,能引起學習興趣。

3.楊光興:

遵守工作制度是一個優點。

4.沈祖棻:

開會勇於發表意見是一個優點。

5.吳調公:

教改後對同人的團結有了初步進步的表現。

# 2月26日

第十次籌建委員會

吳主任:

1.彙報上學期工作情況。

2.研究和討論本學期的工作計畫。特別是教改計畫。

3.對行政領導展開批評。

童副主任:

1.紗窗,白璧之瑕,日月之蝕,缺點仍不免。

2.廁所:像一塊處女地或原始森林。

3.電錶:一樓一個電錶,以便控制。

4.細節:寫字臺的櫃子還鎖著。

5.房租:以方向為主,其他條件沒有顧及(如大小、建築、有無廁所、紗窗等便利條件)

重點之外應注意：

1. 經常修建工程；

2. 醫務室沒有改進，與博習醫院訂立合同，有優待方法，迄未見通知，是否只限於同學？

院本部總的財產：三百三十八億

附中：五十二億。附小：十億六千萬。

缺點：

忙亂（煩重），由於主觀努力不夠。大部分存留在事務性工作上，很少主動。

1. 工作佈置缺少計劃性，不去掌握重點（次點也沒有掌握）。

計劃性最差的是財務科和醫務室。

2. 原則性不夠，存在舊的作風（傢俱問題）。

3. 分工不明確。

4. 聯繫不夠。

5. 節約浪費和愛護公共財物注意不夠（水電）。各個宿舍的衛生設備經常漏水。

6. 修建工程節約不夠，第三宿舍本有紗門，金玉其外，破敗其中，只求表面美觀，不求實用。

7. 沒有經常開展批評和自我批評。

經驗教訓：

1. 緊密團結。

2. 依靠群眾。

3. 工友教育。

努力方向：

1. 加強學習，提高認識，使工作中的事務性提高到思想性。

2. 結合中心運動，做好各項工作，厲行節約運動，加強愛國衛生工作。

3. 認真做好基本建設工作。

4. 加強各方面的聯繫。

5. 加強組織性和紀律性。

具體工作：

一、基本建設

1.爭取在四月內圖書館動工。
2.建築女生宿舍，約五月底六月初動工。
3.擴充餐廳。
4.學生浴室，爭取六月完成。
二、大力開展愛國衛生工作
三、教學用具的統一採購
四、校產管理科加強對公共財物的愛護

# 2月27日

小組討論教務方面
朱彤：

1.檢查過去的毛病，雖接觸面不深入。過去的毛病，主要是樣樣都搞，沒有重點，對毛病認識不足。因此，下學期工作佈置，仍看不出重點。對教師備課自學的重要性認識不夠。
2.教務處領導上不夠虛心，不夠傾聽群眾意見。例如：①對語文速成不予考慮。②自學輔導曾建議先搞典型，也不予考慮。
沒有向群眾學習的態度。
3.過去及今天的檢查當中，工作方法帶有很大的片面性，如：對課程的批評，單純根據課代表的意見，沒有根據系科的意見，把同學的意見作為最後的、決定性的意見。有些統計數字缺少思想性，庸俗化。

劉百川：

主要的缺點，是教務處沒有一個熟悉業務的，對系科的東西，不能作深入的分析和研究，既不能肯定，也不能否定。

徐嗣山：

1.潘主任說，大綱一定，就不要再動了。為了提高教學質量，這種說法和想法還值得商量。今天的發言，可能使大家誤解。
2.課堂討論似應固定下來，不然，教師將主觀隨意進行課堂討論。
3.交流經驗似不能限於本院，還需要與校外交流經驗。

劉雪厂：

1.從檢查中看不出主要的毛病在哪里。因此，也就看不出本期從哪兒下手。華東傳達前的教務處，完全老一套，與文教學院同；華東會議後，有些改變和收穫，但是不夠的。究竟靠什麼條件改變卻沒有說出，改進過程中哪些是肯定的，又產生了什麼新的困難。

2.不熟悉業務，沒有深入瞭解各系科教學情況。

3.停留在一般號召上。

4.同學反映只是一方面，還要與教研組瞭解、研究。對教師成績的肯定是不夠的。

要解決這些問題，兩位教務長應分工、分頭瞭解。

沈叔良：

1.有些教學大綱必然要不斷地補充修正。

2.未開的課除了培養助教外，對校內教師潛力的發掘和培養也是必要的。應列入工作計畫。

劉百川：

計劃性不夠，如新教學大綱。事先不夠要求明確，事後批評形形色色。又如交流經驗，兩個會（集體備課及課堂討論）同時間，造成忙亂現象。

1.有些會是不必要的。2.主動性不夠，有懶漢等待思想，如向校外搜集材料、蘇聯先進經驗。3.不深入系科班。

徐銘延：

1.佈置工作形式主義，不從實際出發。如修訂大綱，各個系科課程不同，要求不同。如中國語文習作，不從部頒教學計畫的內容去研究。又如教學小組等類型。

2.不堅持原則，很被動。

3.工作制度混亂，有些會議找組長，有時找主任，有時找個別教師，互不接頭。有些工作佈置，也未通過系科班主任。

4.瞭解情況不夠。

劉雪厂：

1. 學波波夫[1]，教務處自己應該先學好。同時掌握重點，由教育系創造經驗。教務處的成員應首先精通波波夫的文件。

2. 工作計畫重複，邏輯性不強，表現了一定程度的思想混亂。

3. 只有教師為助教服務，很少助教為教師服務。

朱彤：

1. 兩個教務長推動教改力量嫌單薄，要利用「參謀本部」——七人小組。

2. 下學期的工作重點放在哪里，必須肯定下來。

3. 工作方法如何改進？生硬片面的工作方法如何改變？

4. 教材教法的老師組織一點。

# 6月2日

今天早上八時一刻，由博智醫院護士李小姐注射胎盤組織治療針劑，疼痛腫脹，大腿兩股受影響，蹲下或彎曲均感不便。

---

[1] 波波夫，蘇聯教育家。人民教育出版社1953年曾出版波波夫講述的《共產主義教育思想》一書。

版 稅 通 知 書

第 00500 號

| 書 名 | 五月1日至7月30日 銷數 | 版 稅 | 附 註 |
|---|---|---|---|
| 閱讀和寫作的基本問題 | 1108本 | ¥47.64 | |
| | | | |
| | | | |
| 共計版稅 | 肆拾柒元之陸角肆分 | | |

此致

吳奔星同志

東方書店

1955年10月6日東方書店版稅通知書

# 8月1日

## 補充檢查

我昨天的檢查，誠如同志們所指出，是很不深刻的。其原因是我沒有很好的正視自己的思想實際，挖掘自己的思想本質，提出最主要的問題，以致檢查流於一般化，沒有突出重點，違背了這次學習的目的要求。

經過同志們的幫助，我知道我在文藝思想上存在嚴重的問題，我的思想認識提高了一點，但仍然是很有限的。我打算在略為提高的基礎上，就一些錯誤論點作些補充檢查。然後追究一下其所以犯錯誤的原因：

從我的教學工作中看，我已出版的著作看，從一些講稿看，都說明我受胡風文藝思想的毒害是很深的。我在舊社會教書教的都是歷代詩選、文選和國文教學法，由於客觀環境的限制，新的進步的文藝理論，接觸得少甚至沒有接觸。正因為這樣，解放後就趕不上新的形勢的發展。教什麼，學什麼，思想方法沒有解決，必然弄得思想體系很混亂。我只能從基本傾向上辨別哪些是進步的東西，哪些是反動的東西，深入一層的分析批判，就感到棘手。五二年教新文學史新詩部分時，茫無頭緒。為了講得全面一些，以致把胡風及其黨羽的詩歌活動也講了一節（四十一面起）[1]。我當時錯誤地論斷胡風派詩歌是國民黨統治區進步的詩歌藝術的主要傾向之一。其實當時進步的詩歌傾向，應該說是郭沫若、臧克家、王亞平、老舍等人寫的格律詩。我把這些進步作家避而不談，卻宣傳胡風集團的詩歌，顯然沒有從工人階級的高度去區分進步的東西和反動的東西。我竟把宣傳主觀唯心論的詩歌當作進步的詩歌傾向，顯然模糊的階級立場。這種錯誤產生的根源，當然是立場不穩。我雖然通過了思想改造，但思想感情還沒有起根本的質的變化。正因為立場不穩，階級感情沒有起什麼變化，以致在著作中，在講話中流露了不少錯誤的論點，如同志們昨天所提出來。正因為我立場不穩，就對新社會缺少正確的看法，比如昨天同志

---

[1] 應為吳奔星在江蘇師範學院中文系所編印講義。具體待查。

們提出來的我歪曲了解放後工人階級的生活面貌，同時對土改政策也作了錯誤的判斷，以為地主階級打垮及經過改造，可以下降為貧農（艾青：大堰河我的保姆）。其他的一些怪論以及對領導的不滿情緒，都是由於立場搖擺所產生的。這說明我思想上還有一個根本問題沒有解決：還沒有建立革命的人生觀，還沒有了然我在革命陣營中應起什麼作用。比如我在一九五二年說過胡風派的詩在內容上反映了中國人民內心世界的希望和理想，表現了中國人民對新國家的成立的一篇歡欣鼓舞的心情。這種話在今天看來是替胡風吹噓，是反動的。我沒有及時向同志們、同學們檢查這些錯誤的論點，直到這次學習，也只是輕描淡寫地說我引用了胡風的理論，卻沒有作出具體、深入的分析與批判。這也是我的錯誤。

我在一九五二年還說過胡風集團的詩在形式上承襲了馬雅可夫斯基的形式（四十二頁）。這在今天看來，是把田間的詩和胡風派的詩混為一談，模糊了真正繼承蘇聯詩人傳統的進步詩歌和形式主義地硬搬的變了質的胡風派詩歌的區別。

又比如我在《文學作品研究》[2]一書中也表現出跟胡風分子分析作品的一些類似之處。比如我喜歡濫用名詞術語，特別是我動不動就侈談什麼社會主義現實主義，往往把它歪曲了。具體表現在分析《春蠶》的人物描寫。比如個別與一般相結合啦，批判與表揚相結合啦，都是割裂原文，說理不夠充分的，把社會主義現實主義庸俗化了。這是我不懂裝懂、生拉硬扯的結果，跟胡風割裂馬克思主義的經典著作有類似或相同之處。雖然我去年講《春蠶》沒有重複這一錯誤，但是我沒有及時地向過去的同學交代，也是不對的。

再如我在分析作品中喜歡請名家過目，為自己的分析找權威的根據。這是一種抬高自己的做法，跟胡風的意見書首先徵引經典言論來裝飾自己也是如出一轍的。

由這一些看法和做法看，我不僅中了胡風文藝思想的毒素，而且在思想上成了胡風文藝思想的俘虜。並且被他利用了。

其次，我要暴露思想上的一些弱點。比如對《文藝報》和《文藝月報》的看法。這兩個刊物我雖然經常閱讀，但只是為找教材或參

---

[2]　《文學作品研究・第一輯》，上海：東方書店，1954年6月第1版。

考資料而閱讀，沒有深切的體會到它們是宣傳黨的文藝政策和毛主席所口[3]的文藝方針的，沒有體會到它們是宣揚馬克思主義的文藝理論的。它們是必須跟反現實主義的文藝傾向，反馬克思主義的荒謬論點進行鬥爭的。早在去年秋天，我請楊院長[4]就《文藝報》對我的批評作出一些指示，他說：你的錯誤，據我看，主要在社會主義現實主義一點上。我當時沒有正視自己的錯誤，有一種個人的患得患失的情緒作祟，把嚴正的批評看成是對我個人的打擊。

這種患得患失的情緒，曾以另一種做客思想出現。我昨天說一九五三年暑假我請假到北京去，就有北京師範大學工作的一個朋友賀澹江事先寫信來說：失眠症要好，最好請求組織上調換環境，你在北方乾燥的氣候下待得比較久，還是到北方來吧。她說：北京的五十年代出版社，有編輯缺。我當時確曾動搖過，因為即可以易地療養，又可以出書。但我沒有向吳主任明白的提出，最後終於回來，還是因為私營出版社不如國立大學的教授好，可見我的名利思想的嚴重，完全從個人出發，竟動搖了多少年的教師專業思想，企圖去為私營出版機構服務。

### 為什麼犯這許多錯誤

1.階級本能作祟，使得我立場不穩。比如我在講七月派的詩的時候，一方面批判了他們的詩是工農兵看不懂的，把讀者的範圍縮小到只有他們自己人或一部分跟他們氣味相投的知識份子，同時，也批判了他們對工農大眾的生活體驗不深，沒有通過真正工農兵的藝術形象表現出飽滿的熱情，也批判了他們沒有到工農群眾中間去「落戶」，另一方面卻肯定了胡風在文藝理論方面的成就，肯定了他的反現實主

---

3　字跡不清，下同。

4　楊鞏（1919—2008），江蘇盱眙縣人。原名楊承業。1938年參加地方抗日遊擊隊，1939年加入中國共產黨。歷任連隊指導員、東北日報、新華日報、淮海報、新華日報、蘇南日報記者、編輯、總編輯、秘書長。1949年後，歷任蘇南區黨委組織部，江蘇省委組織部辦公室主任，江蘇師範學院黨委書記兼院長、副書記兼副院長，揚州師範學院黨委書記兼院長。1977年9月歷任南京師範學院革委會主任、黨委第二書記、黨委書記兼院長、黨委書記、顧問。離休後受聘為江蘇省詩詞協會顧問，江蘇省新聞學會顧問。

義的理論綱領，這樣就顯得矛盾，顯示我立場不明確。

2.在舊社會所受資產階級的唯心主義哲學思想的影響還沒有肅清，妨礙了先進的唯物主義哲學思想的接受，舊的反動的東西就常常冒出頭來。

3.由於從抗戰開始到解放前一直搞舊的東西，沒有接觸過進步的文藝理論。毛主席的講話也還是解放後來學習的，加以學習不夠、體會不深，還不能作為一種武器來使用，勉強使用，就難免歪曲的錯誤。

4.解放後沒有很好的重視政治學習和時政學習，對黨和政府的政策、法令、措施體會不夠，遇到具體問題，就很難作出正確的分析。

5.政治嗅覺不高，為胡風思想的兩面派手法所蒙蔽，像他的自我批判，如果不看舒蕪所揭發的材料，我還以為他認識了錯誤。比如我引用牛漢的話，就是一個例子。

### 為什麼沒有及時的作出深刻的檢討

我雖然也常常感到自己在胡風事件發生前，宣揚了胡風的反動理論和思想，但總原諒自己，以為那是在案件發生之前；更惡劣的是我常常想：在案件發生前，大家不是還肯定他的政治立場麼？報刊不是還發表他們的作品麼？我引用胡風的理論既沒有公開發表過，只要在同志們面前提一提就夠了，反正大家都已明確其中的錯誤，但是我就沒有正視我的錯誤在同學中已經產生的壞影響，應該向同學們有所交代。

最後，我向同志們表示，我在昨天的學習中的體會：就是通過同志們的幫助，基本上克服了我的個人英雄主義的思想，我相信在領導上和同志們的幫助下，我的思想意識上健康的因素是會不斷的增長，落後的甚至反動的因素是會逐漸肅清的。誠如徐主任所說，同志們對我的批判對於我的改造是有幫助的。

上午提意見[5]

趙：昨天不滿，今天憤怒。

徐主任立場，學校的立場。

徐：批判為主？肯定為主？掩飾錯誤的嚴重性。

---

[5] 應該是吳奔星補充檢查後，對其的意見。

璋：惡劣，不僅是毒害，是擁護者，一貫反黨、反人民。

不是患得患失的情緒，以小資產階級的手法掩蓋反動本質。

楊：割裂？

亞[6]：只講胡，不講郭等。

徐：又批判，又肯定，九十九句□的，一句錯的，都是不對的。

韓：不承認錯誤，解釋的幾點很空洞。

葛：根本沒有接觸到實際。

于：1.為自己辯護，為了全面是不通的。

　　2.立場不穩，很空洞。

　　3.對《文藝月報》的認識是不夠的，對它們崇信，是什麼思
　　　想指導的。

沈：比昨天沒有什麼進步，並沒有什麼新的東西。

　　立場不穩，很空洞。

調：1.對新社會沒有正確的看法。

　　　究竟什麼看法，應很好交代。

　　2.用批判幌子來開脫自己。

喬：解放前教舊文學，說新文學理論不夠，怎麼能隨便出書？

何：1.是不是有新東西，只有說工會是法西斯學校。

　　2.什麼叫徐主任的立場，就是說徐主任有小圈子。為什麼小
　　　集團分子還沒有起義？

王：完全敷衍，原諒自己，沖淡自己的錯誤。

拱：1.嚴重的錯誤，使我驚奇。今天還沒有認識這些錯誤，還出
　　　現了新的錯誤。

　　2.小宗派是有的，業務既不相同，怎麼能長期打成一片？這
　　　說明我們的看法和做法是一致的。當然不是建立在共產主
　　　義小宗派上，除我倆外，胡也慢慢靠近我們。

　　3.常提到北京治病，賀寫信說五十年代出版社可以進去。

　　4.如果五十年代不行，可通過葉聖陶調離這個學校。

這是到北京的真實動機。

對徐與趙敏的態度是不端正的，在排課時以為徐在遷就朱，頭一

---

6　胡正亞（1924—2013），元曲研究者，生前為南京師範大學中文系副教授。

期課少無牢騷，第二學期課多就發牢騷。

去年開始惡化：①許汝祉來，以為徐偏袒朱先生，許薪水高，譯作登在校刊，對徐不滿。②剛開學時，擬調吳到系二甲，又覺得徐偏袒，產生一些意見。③胡叫我們那裏去談：聽到徐、趙議論吳的教學情況。吳很氣，覺得徐、趙在找他的岔子。

楊白樺：張強調專業，有相同的看法。

趙：張的態度不對。

徐：許是通過組織來的。

亞：①肯定有小集團，剛一到學校，吳告我和朱有矛盾，小心講話。②在課程問題上，我覺得吳的課太少，建議吳改習作，吳說我的積極影響到他。③蓴門散步，認為徐不懂業務。④常與吳、張接近，自從去年寒假，才瞭解朱吳間的。

下午提意見[7]

韓：下午談話非常狡猾。

徐：揭破假面，進步沒有看見，反動倒是看見。

芮：很狡猾的。

亞：下午談話是反攻。

于：對吳有窮追的必要。1.沒有一條解釋得好。2.開始學習，有點害怕。3.朱先生說的什麼東西。

拱：有窮追的必要。

調：分析是次要的，首先是暴露的確是心虛。其次是採取守勢，同時又以守為攻。

菜：態度不老實，企圖反撲。

長：下午談話是一個策略。

亞：對張煥庭說，徐將陷害一部分助教。

徐：誰在打聽誰的情況？

廖：同志們不會造謠。

亞：反革命分子。

喬：挖掘反動的思想根源。

徐：詛咒領導。

---

[7] 應是對吳奔星補充檢查繼續提意見。

趙：五三年溜北京。

芮：五三年是不是有病？裝病作編輯。寫了許多講稿。

陶次如：揭發，把容易開的課自己開。

調：詆諍？

亞：沒有批判我，鼓動我。

葛：系主任排課以我為目標。

棻：利用胡影響我們。

徐：多改習作，造成神經衰弱，更影響同學。

　　索引工作上挑撥領導與同學的關係。

　　向青年學生鼓吹名利思想。

韓：勸胡寫作。

# 8月2日

童潤之檢查

一、右傾思想的表現和根源

　1.原來以為對胡風的問題是學術批判；

　2.從材料中我和臺灣的聯繫，有等待、急躁的情緒，希望快點
　　過去。

怕運動過火，冤枉了好人，後來覺得這是錯誤的。

（這不是右傾思想，而是反對肅反）[8]

學術批判不宜用鬥爭的辦法

第一階段學習態度不端正。

希望批判不能過火，怕使人生病，蔣教華為例。希望此次運動不
過火。

對邱光[9]同志不滿，以為他過火。

怕人誇大缺點，揭發漏、舊。

右傾思想的例子：

①教改中學生對教師提意見，覺得有偏差。

②教學計畫。

---

[8] 括弧內文字或許是他人插話。存疑。

[9] 江蘇師範學院教育學教授。

③對北師大教學大綱，覺得要求太高。

④對口試，也是這個看法。

⑤建築房子採取民族形式，造成浪費。

收購良行學校的房子，改校後通過，否則，又造成浪費。

楊科長來，覺得他對經費抓得太緊，這半年來才覺得他是對的。

⑥房舍、傢俱的分配，系科設備的購置，遷就理科，而薄文史。

⑦教職員借支，先生逕自批准。

⑧困難補助費，隨意簽字。

⑨借支旅費，隨意批。

⑩對人民助學金無原則，掌握不嚴。

當面交助學金給學生，討好。

對經費管理沒原則性，討好學生。

右傾思想阻撓學習運動的開展。

右傾思想的根源有反動思想，資產階級思想沒有得到根除，

怕運動過火是從個人出發的，怕鬥爭，怕被鬥爭。

二、對黨的領導有無抗拒思想

除解放初期外，我是忠誠的。黨和政府對我的寬大，我是萬分感激。但由於有個人主義，就忘恩負義。鎮反時思想逃避，赴朝慰問，事後才回。

對古楳不滿，最好有一老幹部做院長。

建院後吳、楊作主任，符合要求。檢查起來並無篡奪領導權之意。在江蘇人民政協發言，妄自尊大，建院後發表總務長，有所不滿。最好還有一個副的，後來又強調一個秘書。對吳主任滿意，但接觸實際問題，又鬧情緒。

跟楊院長在個別問題上，也表示不滿意。有一次態度很壞。

對楊科長態度也不客氣，覺得他掌握經費太緊，工作感到不便。對楊科長反映意見不高興。

楊科長與袁少明、張士禎有所爭執，採取調解，在思想上偏重袁、張，重視他們的業務。

對張教務長[10]一貫不滿，覺得資歷不夠，工作不踏實。

---

[10] 張煥庭。

覺得在思改前他們夫婦揭發了我的罪行，於是我就強調和誇大他們的缺點。在文教學院希望劉百川作教務主任。調整後，希望秦作教務長。

對徐嗣山也有意見，因為他擔任財檢會副主任，揭發我的錯誤，對他有成見，說他業務不好，說系科調整後，□□、□□的領導是否應改變，實際上對黨的安排不滿。

為什麼有這些錯誤的想法？

①個人權威的思想，希望自己的權越大越好，沒有意識集體領導是黨的領導方法之一。

②強調才而不重德，覺得每個黨員能力不夠。

幾年來對吳、楊，政輔處主任，很好靠攏。

把楊科長看成總務處的下屬。袁、張缺點嚴重，但為什麼祖護，只是重才。

沒有反抗黨的思想，但接觸具體問題，由於資產階級思想，就對黨的領導抗拒。

沒有對黨團員採取仇恨的態度。

三、檢查宗派思想

思改時曾檢查，但沒有改造，卻得到了發展。

對朱、二劉表示好感，覺得他們有才華。文教學院時，劉、朱都有做教主的企圖。

建院後對教務處表示不滿，幾年來已經形成了一個小宗派。□□□調華東，完全是張的陰謀。（朱到上海，劉向朱說。）

最近一年多很少接近、跟劉在一起，劉經常透露對教務處的反感。

是不是有計劃的活動，讓小集團擔任總務處，但經常發牢騷，企圖通過打擊，提意見，希望領導上另行考慮。

覺得周孝謙不如朱，但朱消極，周怕開會。

四、檢查洩露機密、挑撥同志關係

對黨的領導採取不負責任的態度。

①洩露系科調整計畫：洩露給周佩珍。

②行政會議決議洩露給黃乃松。挑撥他們對張煥庭不滿。

黃乃松控訴，利用他的落後對領導不滿。

看張煥庭是一個新黨員，覺得自己跟他只是個人的關係。

吳奔星先父母像（見3月31日日記）

1958年2月18日，吳奔星子女吳心印、吳心蘇、吳心京（從左至右）在南京玄武湖留影。（見2月18日日記）

一九五八年

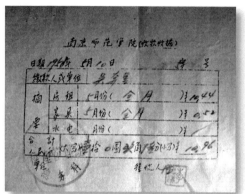

1958年5月10日南京師範學院總務科校產管理組收款收據

1958年8月22日張久如就遷居徐州住房問題的信（見8月23日日記）

吳奔星發表於1957年5月21日《光明日報》文章《協調黨群關係的幾點意見》書影，這是他被打成「右派分子」的關鍵證據。

## 【附錄一】協調黨群關係的幾點意見

高等學校的黨與知識份子之間其所以產生距離，我覺得有這麼幾種原因：

第一、少數黨員具有優越感，這種優越感，具體表現在他們不論任何時候、任何地點似乎都在代表黨、代表毛主席，體現黨的領導作用。自然，在工作中黨群關係的確意味著領導與被領導的關係，是一種等級鮮明的關係，這是沒有人否認的；不過，在日常生活中，卻是一般的人與人的來往的關係，應該是平等的。但是少數黨的領導人員經常把這兩種關係混淆了，以為自己任何時、地都是黨的化身，一舉一動甚至一個表情都應該具有原則性思想性似的，裝出一付神聖不可侵犯的樣子。這種樣子引起群眾的憂慮，深恐接近了他，一言不慎，就得罪了他，得罪了他，就得罪了黨。為了避免這種「原則性」的「政治」錯誤，也就不敢主動的爭取跟這些黨員接近。今後要調整黨群關係，我希望這些黨員應該分清楚人與人的關係和領導與被領導的關係，正好像分清楚兩種矛盾的性質一樣。我並不反對他們處處代表黨，做為一個黨員能夠處處代表黨，總是好事；不過，我希望他們像文學上的正面的典型人物一樣，能通過個性來表現共性，不要像沒有個性的「類型」，任何時、地都發散一種教條主義的氣息，變成公式化、概念化的人物。馬克思列寧主義是行動的指南，並非把共產黨員打扮得鐵面無情的化妝品。只有真正精通馬克思列寧主義的人，才是最能接近群眾的人。如果少數黨員，真正能做到這一點，在工作中嚴肅認真；在生活中和藹可親，群眾是願意向他們學習的。我希望黨組織應向黨員和群眾進行教育，在日常生活中，群眾跟個別黨員的關係不協調，不等於跟黨有距離；跟個別黨員有意見，不等於就是反黨。這樣才能消除群眾的顧慮。

第二、少數黨的領導人員嚴重地脫離了群眾，幾年之間跟教師們親切交談的時候很少，甚至沒有。他們對教師們的教學成績和學術水平，缺少實事求是的直接的深入的瞭解，只依靠極少數積極分子的間接的彙報。彙報經常走樣，從而使得他們對某些教師的成就也就經常

加以歪曲。這種「道聽塗說」的領導作風是造成黨與知識份子的隔閡的原因之一。黨員原來也是群眾，一經入黨，就脫離群眾，甚至打擊和損害群眾。有些群眾認為這種行為是「忘本」，正好像某些群眾忘記了新社會是怎麼來的也是忘本一樣。

在高等學校中的官僚主義，就是由於少數黨的領導人員嚴重地脫離群眾產生的。他們只依靠少數，忽視了多數，於是形成一種偏聽、偏信、偏愛、偏袒的宗派主義的偏向。少數黨的領導幹部經常被少數積極分子所包圍，經常處在被蒙蔽的狀態中。於是在肅反運動中，在教師升等升級的工作中，在工資改革的工作中，在選拔進修人員和先進工作者的工作中，在留助教的工作中都不能實事求是的做得使群眾心服口服。聽說有一個高等學校，有教師二三百人，卻由領導上掛一塊紅牌，公告某人為先進工作者，即將出席全國先進工作者會議。群眾大吃一驚，平常並沒有聽說他的什麼先進事蹟，也看不見他有什麼著作，忽然從天而降，出現一個先進工作者，其他數百人都變成了落後分子。這種「一將功成萬骨枯」的作法，非常令人寒心，不能不說是主觀主義和宗派主義的表現。我認為從數百人中指定一個先進工作者，無形中否定了和歪曲了黨和政府七八年來對廣大群眾的教育和改造。高等學校應不應片面地指定先進工作者，應不應給高級知識份子排隊（先進最少，中間最多，落後的次之）都是值得我們的黨考慮的。去年的工資改革工作，也存在很大的問題。原則是多勞多得。誰的教學成果和科學研究有成績就級數高，結果幾乎放棄了這些原則。對某些人的升級升等簡直是送人情。高等學校的教師應不應分等，前六級的名額應不應這麼大，都值得從新加以研究。

第三、少數黨的領導幹部不從發展上全面地估計知識份子的變化與進步，也是造成黨群隔閡的原因之一。他們總是覺得一些高級知識份子是從舊社會來的，必然帶著不少舊社會污穢，卻忽視了黨和政府七八年來對這些知識份子的教育與改造的客觀事實，忽視了這些知識份子追求進步爭取自我改造的主觀努力。他們懷疑知識份子的歷史，懷疑知識份子的品質，跟知識份子一接近，就害怕鑽空子；有些知識份子表示一下對黨的忠誠，就懷疑他們是「兩面派」。養成一種不尊師重道習慣。少數黨員學生不尊重非黨老師。少數黨員幹部不尊重非黨同志，少數黨員領導不尊重教師在教學領域和科學研究中所付出的

辛勤勞動；不及時的肯定他們的成績；某些教師課堂教學比較生動，
得到學生歡迎，而少數黨的領導幹部雖然從不聽課，卻污蔑這位老師
油腔滑調，故意打擊他的威信。聽見某一個教師的著作受了粗暴的批
評，不但不進行具體的分析和幫助，反而奔相走告，幸災樂禍，予以
歧視和冷遇。他們簡直忘記了「批評與自我批評」是社會主義時代推
動進步的武器，忘記了只有死人才不犯錯誤的教訓。特別是對待一些
曾經做過掛名的國民黨黨員或者曾經在國民黨的機關學校工作過的知
識份子，少數黨員更是利用各種運動，強迫他們招認國民黨的組織領
導是怎樣的，國民黨員的小組生活是怎樣的，各級的負責人員是誰；
答不上來，就認為是不忠誠老實。他們把共產黨的一套組織領導和工
作方法硬套國民黨，以為國民黨也像今天的共產黨這樣健全，過高的
估計了國民黨的結果，就加深了一些從舊社會來的知識份子的罪過。
他們只是片面地看到知識份子從舊社會來，只是片面地看到壞的一
面，很少調查研究，瞭解某些知識份子在舊社會的鬥爭歷史。據我所
知，有些知識份子曾經參加過大革命，參加過「一二九」學生運動，
參加過民主運動，曾經挨過國民黨特務的棍棒與驅逐，曾經寫過不少
進步詩文……，但是這一切很少引起少數黨的領導幹部的重視。他們
忘記了廣大的知識份子七八年來思想上的帶有本質的變化，只從現象
上看問題，唯唯諾諾的就是有「德」，好幹部；喜歡提意見的就是缺
「德」，壞分子。前者可以吸收入黨，後者卻徘徊於黨的門牆之外。
有些知識份子說：「我在國民黨統治時代被懷疑為共產黨；到了今天
又被懷疑為國民黨。有生之年，非入黨之日。只有臨死時遺囑子孫呈
請黨中央追認我為共產黨員了。」這話雖然幽默，卻是含淚的微笑，
極其沉痛的。也有些知識份子說：「別看我組織上沒有入黨，但是我
思想上已經入黨。因為我信仰馬克思主義，相信人類終有一日走向共
產主義社會。我雖不是黨員，也已鍛煉了七八年，應該算是老幹部
了。儘管不尊重我，我自認是沒有黨證的布爾什維克。」表面上看，
似乎有些阿Q精神，實際上卻是一種豪邁的主人翁的思想感情的流
露。像這樣的知識份子並非少數，希望能引起少數黨的領導幹部的注
意，因勢利導，給他們以培養，而不是給他們以諷刺。

　　黨群之間有隔閡和距離，除了這些來自黨員方面的原因外，群眾
方面也應該平分責任。有一些知識份子懂得了一些馬列主義，就驕傲

自滿,不參加理論學習,看不起理論教員,影響所及,使得學校中政治空氣稀薄;也有些知識份子認為自己有一套,覺得黨員不懂業務,不能夠領導他們。也有少數知識份子放棄對自己改造的信心,以為共產黨員是特殊材料造成的,自己不過是普通材料,從普通材料變成特殊材料,那是一個十萬八千里的過程,既非孫悟空,達到目的,是不可能的。於是消極情緒占了支配的地位。群眾的缺點是很多的。誠如一些同志所說,牆和溝是大家造成的,應該大家來推倒,片面地要求黨員也是不對的。

黨號召我們大膽放,大膽鳴,我感到很興奮。我們指出少數黨員在工作中的一些缺點,絲毫無損於中國共產黨的偉大、光榮和正確,恰恰相反,這正表現黨的自強不息與大公無私。有些人說,這次放與鳴是黨收集「整」知識份子的材料,今天的肆言無忌,是將來的痛苦的根源。我認為這種顧慮是對黨的政策認識不夠,甚至是對黨的政策的歪曲。

(載一九五七年五月二十一日《光明日報》)

## 【附錄二】南京部分教授在政協座談會發言
### 要求解決歷次運動遺留問題
### 吳奔星說:知識份子頭上潑了許多冷水

本報南京專訊 本報特約記者余邦榮報導:在政協南京市委員會召開的高教界文科教授座談會,一部分教授在肯定思想改造、三反肅反運動的同時,也揭露了歷次運動中存在的偏差,要求共產黨根據「有錯必糾」的精神,迅速調查處理,做到件件明白交代。

南京師範學院教授吳奔星說:在歷次運動中,知識份子頭上潑了許多冷水,我們雖然愉快地放下了歷史包袱,卻沉重地背上了人事袋,在人事袋裏有三大主義給我們戴上的各式各樣的帽子,今天共產黨整風,首先應該將人事袋裏三大主義所造成的誤會除掉,這是拆「牆」填「溝」中的一項重要工程,要趕快動手。

南京大學外文系教授陳銓敘述他在肅反遭到的歧視,他說:肅反打擊的面太廣,有些人不根據事實,亂扣帽子,造成冤獄,肅反後,

學生不敢來找我，我也不敢去找學生，「教」和學脫了節，同事對我也有戒心，系主任也不敢放手，定級也定得低，甚至連出版社要換名字出書，沒有辦法，只得冒用死去的父親的名字，他希望「平反」要快些，該恢復名譽的就要恢復名譽，不能拖著不解決。

南京大學外文系副教授朱一桂指出肅反運動後，南大空氣更加沉悶，上下不通氣，左右不相親，有些人到今天還抬不起頭來，精神很苦惱，他說：共產黨是大公無私的，為什麼現在還不「平反」，領導肅反的同志，在這次整風，要好好檢查一下。

### 罪及章太炎

南京師範學院肖丞說他思想改造中，十五次檢查通不過，為了過關，無可奈何，只得給自己加上流氓、地痞、光棍、學閥的帽子，甚至罪及他的老師章太炎。他說：領導上要我批判章太炎不學無術，封建頭子，在那種情況下，只得奉命罵一通，事後想起來，真對不起自己的老師。在三反中，他又被當作貪污分子，鬥了一陣，還上了新華日報，結果證明是假的，他要求恢復名譽，領導上卻對他說，事情過去了，不必再提了，可以作為教訓。他說：我老師講，直到現在還想不通，心裏彆扭，舒坦不了。我竭誠擁護共產黨，但是我和個別黨員中間有一堵高牆。拆「牆」人還是築「牆」人，請他們親自動手來拆。

大家對高校某些黨員領導幹部偏聽、偏信、偏愛提出批評，認為在民主黨派和群眾中間劃上進步、中間、落後三道杠杠，容易造成相互猜忌、隔閡和不信任。黨團員、民主黨派成員和群眾，在工作中，必須平等看待，這樣才能做到水乳相融，親密無間。

（載一九五七年六月二日《文匯報》第二版）

## 1月8日　星期三

下午三時半在九三和中文系聯合舉行的會議上進行補充檢查，跟以前各次檢查算起來，這已是第七次了。

## 1月10日　星期五

上午八時梅若蘭[1]來舍通知我，說錢且華[2]與徐銘延兩同志約我談話。如期前往，他們兩位把上次檢查後大家對我的意見，作了一番傳達，要求我在下星期三下午二時，再作補充檢查。

## 1月15日　星期三　室內零下一度

下午進行第二次補充檢查，同志們提意見，表示仍不滿意，最後由徐銘延同志小結性發言，錢且華同志要求我在下周內根據同志們的意見，寫成書面檢查。

## 1月16日　星期四　零下一度

閱讀王瑤《關於現代文學史上幾個重要問題的理解》[3]（《文藝報》五八年第一期），這是批判馮雪峰的。

思考如何進行書面檢查。

## 1月17日　星期五

上午寫成簡略檢查提綱。

## 1月18日　星期六　室內一度

十七日《人民日報》副刊刊載布依族蒙紹華[4]的木刻「苗家的龍船節」，畫面遼闊，形象鮮明，樹杈間安裝喇叭，不僅具有地方色彩，時代色彩也非常突出，顯示今天的兄弟民族豐衣足食的幸福生

---

[1] 梅若蘭（1925—），湖南人。1948年畢業於金陵女子文理學院化學系。九三學社成員。後任南京師範學院化學系教授。

[2] 錢且華，1956年任九三學社南京師範學院支社主委。曾任南京師範學院幼教系教授。

[3] 全名為：《關於現代文學史上幾個重要問題的理解—評雪峰〈論民主革命的文藝運動〉及其它》。

[4] 蒙紹華（1925—），布依族、貴州人。擅長版畫、油畫。1948年畢業於江蘇正則藝專。曾在部隊從事美術創作，復員後在《貴州文藝》任美術編輯，中國美術家協會貴州分會創作員。作品有《布依寨安上了電燈》、《春暖花開》等

活。我看了很久，真是愛不忍釋。

# 1月19日　星期日　晴　室內最低兩度，最高七度。

今天是一個最不痛快的星期天。剛起床興華就找我吵架。最後鬧得不可開交。我同意她帶著三個小孩離開我。她罵我，最後還匆匆而去。……

小印、小京也從今天起放假，留在家中吵鬧，環境更不安靜了。

須英從青海來信，說她厭惡青海，想念家鄉，寒假要回南方來。我從她的信中看出：她正在鬧情緒，如果真的離開，會造成很大的錯誤。為了不使她走向歧途，我婉拒了她的請求：借三十——五十塊錢。我怕她拿了錢作為回南的旅費，但因她並未說明，也不便明白指出，因此在回信中只能作一些暗示。暗示她突然想離開青海是不正確的。

下午逛了新華書店，又到東方紅舊書店買了兩本茅盾的著作：《速寫與隨筆》和《劫後拾遺》。

# 1月20日　星期一　晴暖

下午去學校結束本學期習作課，並輔導了幾位成績較差的同學。

得劉勤[5]十四日來信。信是寫給張、廖和我的。主題是給他介紹愛人。他大概還不知我同張都已墮落為右派分子吧。

有三首詞可以說明陪襯、聯想和集中等理論，也能說明抒情詩中的敘事的因素的特徵。

一、馮延巳〈長命女〉

春日宴，綠酒一杯歌一遍。再拜陳三願：一願郎君千歲，二願妾身常健，三願如同樑上燕，歲歲長相見！

---

5　劉勤（1921—），湖北石首人，九三成員，上海交通大學教授。喜歡舊體詩，創作有《偷閒集》。

此詞重點在「長相見」，但是怎麼才能如願呢，必須「郎君」與「妾身」都健康長壽才行。因此一、二願是條件，第三願才是目的。條件是作為陪襯的，不是與目的平列的。

二、呂本中〈采桑子〉

恨君不似江樓月，南北東西。南北東西，只有相隨無別離。
恨君卻似江樓月，暫滿還虧。暫滿還虧，待得團圓是幾時？

此詞因望月而聯想到悲歡離合。在「不似」與「卻似」之間，也顯示著詩人的想像。

三、蔣捷〈虞美人〉

少年聽雨歌樓上，紅燭昏羅帳；壯年聽雨客舟中，江闊雲低，斷雁叫西風。
而今聽雨僧廬下，鬢已星星也；悲歡離合總無情，一任階前，點滴到天明。

此詞把一生的「悲歡離合」作了集中的表現。同樣是聽雨，但生活環境卻起了巨大的變化。詩的主題就是寫這種「無情」的變化所帶來的無可奈何的情緒。因此，儘管有著敘事的因素，仍然不是敘事詩。因為這些敘事的因素是為抒情的主題服務的。

晚八時廖序東同志來訪，他是因參加普通話推行會議從錫來寧的。他勸我吸取反右鬥爭的經驗教訓，很好地度過後半生。語重心長，殊為可感。

# 1月21日　星期二　晴朗

讀高爾基《少女與死神》。
書面檢查寫成一段。小印小京放假後，吵鬧不休，簡直無法工作。

## 1月22日　星期三　晴朗

下午起閱《苕溪漁隱叢話》[6]。

柳若珍午後四時來舍，擬做保姆，我們已同意她來。

## 1月24日　星期五

《漁隱叢話》萬有文庫本卷三第十三頁引唐子西語錄云，唐人有詩云，「山僧不解數甲子，一葉落知天下秋。」

## 1月25日　星期一　零度

下午赴院，適教研組開會，討論如何答復學生所貼大字報的內容問題。學生對我提出意見共二十二條，歸納為宣揚資產階級思想、自我吹噓、工作不負責、下鄉勞改等類。這些意見絕大部分是不符合事實的。但既已被宣判為右派，有口難辯，也只有檢討了。

會上上官艾明[7]、沈蔚德[8]、朱彤、盛思明[9]、朱萱英[10]等都發了言，責成我檢討，由教研組向同學交代。

教研組會議結束後，到廁所挖蛹，我發現四個。

請老于[11]轉告徐主任，我的書面檢查尚未寫好，請寬限時日。老于說，錢且華已去北京開會，可以慢一些。

## 1月26日　星期日　五度

心村跟金築鬧彆扭，態度惡劣，給打了一頓。要他完成的清理煤渣的任務，迄今尚未完成。

---

6　苕溪漁隱叢話：《苕溪漁隱叢話前集》六十卷、《後集》四十卷，宋胡仔撰。
7　上官艾明，時任南京師範學院中文系教授。「文革」中去世。
8　沈蔚德（1911—2012），時任南京師範學院中文系副教授。主要從事寫作教學。現代文學研究專家陳瘦竹夫人。
9　盛思明（1931—），南京師範大學中文系畢業，後任江蘇省社會科學院副院長。
10　朱萱英，1950年代初先考入江蘇師院中文科，後轉入南師，畢業後留校，後調南師附中圖書館工作。
11　應指于滿川。

收到《文藝月報》退稿《仇恨從□[12]年敏一家發源》。此稿早已付排，擬於去年十二月或今年元月份刊出者，乃因右派關係而抽出。古語云：天下有可廢之人，無可廢之言。豈今言亦因人而廢之歟！報刊執行政策未免有偏差也！

## 1月27日　星期一

到院系轉一趟，從書亭取來《魯迅全集》第五卷，並購羅根澤[13]著《中國文學批評史》第二冊。

## 1月28日　星期二

晚間與興華討論分居問題。

## 1月29日　星期三

書面檢查初步完成，爭取明日修改完成，請興華謄清，使她藉以知道我的一些情況。

心村前天把洗菜的瓷盆打破，今晚又把炒菜的鍋打破，簡直不讓我們吃飯了。他今年已十七歲，該是高中畢業的時候，可是尚在初中一年級上學期，還如此昏憒，真是急人！

## 1月30日　星期四　五度

昨夜忽然從毛主席的《蝶戀花（贈李淑一同志）》想到詩的韻律問題。此詞上闋是以說明韻律是音韻的先後呼應，不止是押腳韻而已。如「我失驕楊君失柳」，二「失」字相呼應；「問詢吳剛何所

---

[12] 字跡不清。下同。

[13] 羅根澤（1900—1960），河北深縣人。1929年畢業於保定河北大學中文系，後又畢業於清華大學研究院、燕京大學中國研究所。歷任河南大學、天津女子師範學院、保定河北大學、北京中國大學、民國大學、安徽大學、北京師範大學、西安城固西北聯合大學、重慶南京中央大學等校教授，中國社科院文學研究所兼職研究員。1931年開始發表作品。著有《隋唐文學批評史》、《魏晉六朝文學批評史》、《晚唐五代文學批評史》、《中國文學批評史》（三冊）、《中國古典文學論集》、《孟子傳論》、《管子探源》等。

有，吳剛捧出桂花酒」，「吳剛」一詞在上下句中呼應。這種內在的音韻上的呼應，使句子諧婉，也可以說是「旋律」。

## 1月31日　星期五

下午陪心印、心京看《三毛流浪記》。這部電影在揭露舊社會的腐朽以及貧富懸殊現象是有積極意義的。缺點有二：一是三毛的形象有些醜化，如高而圓的鼻子，一看就是偽裝，給人不夠自然的感覺；二是解放後不一定來一個對照，讓三毛等加入歌舞行列。

## 2月1日　星期六

下午赴院，找錢且華，她開會去了，留條示意，請她打傳呼電話給我，看什麼時候把書面檢送去。

有這樣一種說法：認為格律詩的特徵之一是每句的字數相等或較整齊，而自由詩的特徵之一、卻正好相反。這種形式主義的觀點，容易在實際情況下碰壁。列入五七言絕固然是格律詩，並非自由詩；曲也並非是自由詩。

## 2月2日　星期日　晴朗

今日大掃除。金築、心村表現得很不積極，交給他們打掃的地方都不夠乾淨。

開始閱《夢溪筆談》卷十四藝文部分。

《苕溪漁隱叢話》已於昨日閱畢，但尚未將材料摘錄出來。

## 2月三日　星期一晴朗，有風

下午三時赴院，把書面檢討面交錢且華同志，其時她正在開會。

到新華書亭購得《文藝理論譯叢第二輯》、《馬克思列寧主義美學》各一冊，又購東海文藝社校訂之《千家詩》一冊。

閱讀明胡震亨《唐詩談叢》，係商務叢書集成初編影印本，有一些見解值得重視。

心村這一學期的成績，除體育與圖畫稍優外，均在六十一七十九分之間，操行亦極壞。教師評語，我完全同意。

## 2月4日　星期二

中飯時，興華又跟我吵架（第一次吵是十九日），她怪我不給饅頭給姑媽吃，盡要她吃稀飯。這種混淆黑白的讕言，實令不能容忍。

下午二時赴系開教研組會議。

晚七時在軍人電影院看前線劇團演出「右派百醜圖」[14]。

夜間失眠，暗誦李杜詩句，覺得李白的「小時不識月，呼作白玉盤」是聯想的例子；杜甫的「斫卻月中桂，清光應更多」，是想像的例子。

## 2月5日　星期三

下午二時本來是興華約我到人委會去辦離婚手續，經我曉以大義，暫作罷論。

「專題報告」課代表錢平風來家談考查問題。

## 2月6日　星期四　微雨七度

欣賞詩最需要發揮想像的能動作用。至於戲劇、電影，不必有太多的想像和聯想，因為一切都直接表現出來了。

根據《苕溪漁隱叢話》前集卷三十七的一則詩話，寫了一篇《蘇東坡怎樣對待青年作者》的雜文。

## 2月7日　星期五　陰

上午九時溫副院長[15]報告反右和整風情況。

右派分子共一百零九人，占全院總人數的百分之三點六四。教師右派分子十一人，行政人員二人，學生中右派分子七十六人（不包括畢業生）。黨內右派分子四人，團內三十三人。

關於處理右派分子的方針政策：

一、兩類不同性質的矛盾

---

[14] 本為滑稽劇，楊華生等集體創作，後改編為話劇。

[15] 溫建平（1916—1995），祖籍山東招遠縣，出生地遼寧丹東。1957年10月至1962年5月任南京師範學院副院長、代理院長、黨委書記兼院長。1979年到1982年任北京語言學院黨委書記、院長。

1. 必須分清兩類不同性質的矛盾，敵我之間的和人民內部的矛盾是兩類性質不同的矛盾，前者是敵我雙方根本利益衝突的基礎上的矛盾。後者是一個比較複雜的問題：在勞動人民之間是非對抗性的，而在人民內部之間的剝削階級與被剝削階級之間的矛盾有一部分是對抗性的，也有非對抗性的。矛盾性質不同，解決的方法也是不同。對待敵人是專政，決不能實行民主；對待人民內部必須實行民主而不能專政。

2. 必須認識當前的形勢
   主要的矛盾和大量存在的矛盾
   前者為敵我矛盾，後者為人民內部的矛盾
   民族資產階級的兩面性。
   我國當前的矛盾大量表現為人民內部的矛盾。我們處理右派分子將採取嚴肅和寬大相結合的方針。一般的說，將採取處理人民內部的矛盾的方式來處理。

3. 兩類矛盾的轉化
   敵我矛盾在一定的條件下可以轉化為人民內部的矛盾；反之，人民內部的矛盾在一定的條件下也可能轉化為敵我矛盾。右派雖然是敵人，但右派分子並不是都不可以改造，化消極因素為積極因素，懲前毖後，治病救人，仍然適用於右派。

二、嚴肅和寬大相結合的方針
   根據鄧小平同志的報告。
   中共中央及國務院處理右派分子的原則：
   1. 不能不處分。
   2. 處分不能過分。
   鬥爭要徹底，處理不能過分。右派是反動派，但不是每一個右派分子都是一樣的。

處理方法分五項，有勞動教養，有降職、降級、降薪、留職察看及免於處分等幾種。這些辦法跟右派罪行加以對照，應該說是相當寬大的。寬大處理顯示祖國的今天正在日益鞏固和發展中。

擬定「文學專題報告」考查題。

## 2月8日　星期六　晴

上午赴系大掃除。擦了玻璃和桌椅。

中飯後，興華又歪曲我的話，以致引起爭吵。

下午本來是小組討論溫副院長的報告，由於不要右派分子參加，我就到新街口百貨公司買了一對金筆，價八十三元。我第一次買金筆是一九四七年，距今十年了。這對金筆大概將伴我終老了。

## 2月9日　星期日　晴

下午二時唐娟來電話，叫我赴系開會。其實是李敬儀[16]、徐銘延、繆鈞[17]三同志約我談反右鬥爭的總結。我的主要問題一共九項，除個別不符事實外，我都同意，並且簽了字。他們又徵求我對處理的意見。我表示服從黨和政府的處理，個人並無意見。

興華說，買筆是浪費。從現象看，誠然浪費。但從作為生產工具這一意義說，從它將寫下我的遺著說，卻也不算浪費。何況，它使用多少年之後，仍可轉讓給他人或留給子女使用。

## 2月10日　星期一　晴朗有風

開始從《漁隱從話》中摘錄有關作文及文學理論的材料，每條材料之後，加按語以示己意。

德國神秘主義哲學家雅科巴·伯梅（一五七五——一六二四）曾說：「即使所有的山都成了紙，所有的海都成了墨水，所有的樹都成了鵝管筆，但是要寫盡世間的痛苦，這些仍然是不夠的。」這話對舊世界、舊社會來說是正確的，但在今天應該改寫：

假使蔚藍的天是無邊的紙，

深廣的海洋是用不完的墨水，

所有的山峰都是筆尖

也寫不完

---

[16] 李敬儀（1911—1966），江蘇南通人。1956年9月至1958年9月、1961年12月至1966年8月任南京師範學院黨委副書記。「文革」初期和丈夫吳天石一起被造反派鬥爭致死。

[17] 繆鈞，曾任南京師範學院中文系黨總支書記、黨委宣傳部長。

六億人民感受到了的幸福。

## 2月11日　星期二　七度有風

兩日未到學校，不知何時才要我參加會議。

繼續摘錄材料。

金築打破醃菜缸一個，損失了幾塊錢。

讀李白「獨坐敬亭山」，覺得此詩寫靜境非常深刻。本來是一個人爬山，非常寂寞，而他卻說：「相看兩不厭，只有敬亭山」。沒有伴侶，卻以山為侶。此與「舉杯邀明月，對影成三人」，都是以動境來反襯靜境。動是虛，靜是實。

## 2月12日　星期三　五度左右有風

下午赴系參加教研組會議，討論中文系社會主義競賽指標，我沒有發言。

聽說明日八時半全院開會，報告處理右派分子問題。

## 2月13日　星期四　晴，有風

上午九時溫副院長作了處理本院右派分子的報告。聽到處理之後，我不禁眼淚奪眶而出，深深地感到黨的挽救的真誠。右派分子如果再不改造，又有什麼別的出路呢？回到家後，對興華說起這事，她也覺得很寬。安了心，以後應該更積極地工作了。

下午參加教研組會議，仍然討論社會主義競賽的指標。

傭工介紹所送來一個保姆，名叫李玉華，係二十九中初中畢業生。現年二十歲，只比金築大兩歲。

## 2月14日　星期五　晴朗

從今日起放寒假，至二十八日止。

集句詩乃是借他人杯酒消自己憂愁。我隨口吟成「一年好景君須記，月到中秋分外明」，也算集句，惟集句而不工，則變成拼湊。因此，與其東扯西拉地集句，不如自鑄新詞進行創造也。

金築到學校去取成績報告單，因為操行分數只有三分，非常不滿，自己覺得不應得三分，於是把報告單退回給老師。這種作法非常

惡劣。照她的作法看，得三分似乎還多了一些。

## 2月15日　星期六　晴朗微風

春節將屆，準備買點過年物品。在回應政府打破常規勤儉過春節的同時，買一些必須的食物。

## 2月16日　星期日　晴朗

下午一時赴勝利[18]看電影《奧賽羅》。每一位角色都有獨特的個性，演技很好。

## 2月17日　星期一　丁酉十二月廿九日除夕

下午七時一刻赴世界戲院[19]看崑蘇劇團演出《風箏誤》，此劇為一喜劇，揭露封建社會家庭的內幕，內容雖不深刻，但演技頗有可觀，其中主要演員，均成於轟動全國的《十五貫》中一展身手。

孩子們都願意守歲，熬夜到天明，因我們未為他們準備玩具，又沒有可吃的來宵夜，仍然勸阻他們於十一時半就寢。

## 2月18日　星期二　晴朗無風初一

下午帶著孩子們逛玄武湖。小蘇對動物如小獅子、猴子等特感興趣。到兒童樂園，小蘇學著溜滑板、蕩秋千。臨返，于梁洲[20]給小孩攝影，讓小蘇坐在飛機模型內。攝畢，他不肯走出，再三哄之，始出。

回家時已逾六句鐘矣。

---

[18]　即勝利電影院，1936年由著名建築師李錦沛的設計建成，最初名「新都大戲院」，日據時改稱「東和劇場」，日本投降後改「勝利電影院」。2004年拆除。

[19]　即世界大戲院，後改名延安劇場。2004年拆除。

[20]　梁洲位於玄武湖北部，是南京旅遊勝地玄武湖內的湖心島之一、又稱老洲或舊洲，是玄武湖開闢最早、名勝最多的地方，南部通過芳橋與環洲相連，東面通過翠橋與翠洲相連，北部有輪渡與湖北岸相通。因傳說梁昭明太子曾在此建有「梁園」，故稱梁洲。

## 2月19日　星期三　晴朗

下午二時南京分社舉行社員大會，聽取傳達報告。

晚七時興華偕金築赴南京會堂看江蘇省話劇團演出話劇。

閱張宗櫏輯《詞林紀事》，上海古典文學出版社出版。校對欠精，頗多魚豕之誤。

## 2月20日　星期四　晴朗

上午分社把右派分子編為一個小組，漫談對處理原則的體會，由陳嘉[21]及劉開榮[22]主持。

下午以基層小組為單位，討論劉順元[23]同志的報告。

## 2月21日　星期五　晴朗微風

上午討論處理高覺敷[24]的問題，並就分社提出的競賽綱領發表意見。下午大會發言，並宣佈對高覺敷、周拾祿[25]兩人的處理意見。

---

[21] 陳嘉（1906—1986），浙江杭州人。1928年畢業於清華英文系。時任南京大學外國文學系教授。

[22] 劉開榮（1909—1973），湖南人，1941年畢業於成都金陵女子文理學院中文系。時任南京師範學院中文系教授。後任江蘇師範學院中文系主任。

[23] 劉順元（1903—1996），原名王溥泉，山東博興縣人。時任中共江蘇省委書記。

[24] 高覺敷（1896—1993），浙江溫州人。早年就學於北京高等師範學校和香港大學教育系。1923年畢業於香港大學教育系。曾任四川大學、廣東識別勤大學師範學院、中山大學、湖南藍田國立師範學院、復旦大學、金陵大學教授，國立編譯館編纂。曾任中國心理學會副理事長、南京師範大學教育系教授。

[25] 周拾祿（1897—1979），浙江義烏人。時任九三南京學社副主委。1921年畢業於南京高等範農科，專攻水稻。1931年進日本帝國大學，獲博士學位。1934年回國後，歷任中央大學農學院教授、中國稻麥改進所雲南站站長、中正大學農學院院長等職。1949年後，歷任華東農科所副所長、江蘇省農林廳廳長等職，是第二屆全國政協委員。他一生致力於水稻科學研究，在品種選育、稻米檢驗、細胞遺傳、秈改粳等方面作出了顯著貢獻，著作有《糧食貯藏》、《稻米檢驗》、《我國與東南亞稻米品種分佈之研究》、《稻作研究》、《水稻科學技術》等書。

回來時，看到《南京日報》副刊組殷志揚[26]留的條子，他找我為副刊寫稿，大概他們還不曉得我已戴了帽子也。

## 2月22日　星期六　晴，有風

上午同興華帶著小京、小蘇去逛莫愁湖。我在南京五六年，但還是第一次去。莫愁湖規模巨大，可惜沒有修葺，顯得荒涼。今天有許多居民及幹部在挖湖泥，推測未來數年內，一定大有可觀。

## 2月23日　星期日　晴，風力加大

上午在舊貨信託商店購買破舊軍用鴨絨被一條，回來一看，中間少了鴨絨一大塊，約占整條的三分之一。出門不退，自認晦氣。只能以「財去人安樂，風吹雞蛋殼」解嘲耳。

興華所在的學校[27]，將繼續反右。她也曾說錯過幾句話，不知命運何如。如她也被扣上帽子，真不好辦，將無面目見子女矣。

## 2月24日　星期一　晴有風

午飯後，跟興華相對而臥，想到她也有墮入右派的可能，不禁泣下。

## 2月25日　星期二　晴，有風

發覺興華所犯錯誤的嚴重性，夜不能寐。我的心情沉重，恐不亞於她自己。時至今日，方曉靠攏黨、靠攏組織的實際意義。應該思想上來一次恍然大悟的大轉變，大躍進也。

## 2月26日　星期三大　風，陰，晚有雪

《苕溪漁隱叢話》上的材料，凡有關於寫作、語言、作家論者，

---

[26] 殷志揚（1929—），筆名筱殷。江蘇常州人。1948年畢業於江蘇省立常州中學。歷任南京江南光學儀器廠材料管理員、生產計畫員，《南京日報》記者、編輯，南京市文聯創作輔導員，南京市越劇團編劇，常州市文化局創作員，常州市作協秘書長、副主席。江蘇省文聯第二屆委員，常州市文聯第六屆委員。1952年開始發表作品。1991年加入中國作家協會。

[27] 南京第二十九中學。

都已經摘錄完畢。今天又把《夢溪筆談》上的幾條抄了下來。現正閱張宗櫹輯之《詞林紀事》，其中有一部分材料可取，但多屬第二手材料，仍須深入原著，只能作為線索也。

晚七時赴和平影院看義大利影片《如此人生》。興華因為要寫大字報，沒有去，我帶金築去的，回來時大學載途。抵家，興華猶在燈下寫大字報。

## 2月27日　星期四　陰，有風，七度

上午十時南京日報殷志揚來組稿，談半小時。不便正面告以政治情況，勉強答應他寫稿，但不能如他之約下周內交卷也。

午後大雪，超過昨夜。

## 2月28日　星期五　雪夜

完成《散文的意義及其類別》一稿的提綱。

## 3月1日　星期六　轉晴

上午赴系，知道學生們要去修水庫，十三日才上課。

匯給北京中國書店服務科二十五點五元，購買《元詩紀事》及《明詩紀事》。

收到中國書店寄來「古舊書刊介紹」八期。

讀了周揚的《文藝戰線上的一場大辯論》（《人民日報》二月二十八日第二、三版），其中第三部分說文藝上的修正主義路線，聯繫具體的人和事，說得深入淺出，受益不淺。

又讀了《文藝報》上的《反對八股腔，文風要解放》，豐富了我今天的生活內容。這篇文章可以作為習作課的參考資料。

## 3月2日　星期日　晴　有風

寫成《「八股腔」的幾種表現形式》一文，約三千字，擬作為「習作課」的參考資料，可能時拿出去請教。

## 3月3日　星期一　晴　突寒三度

今日突然轉寒。

下午開教研組會議，並認購公債。沈蔚德一百四十元，朱彤一百二十元，吳調公一百元，艾明七十元。我認購一百五十元。我本來無此能力，但為了社會主義，為了黨的恩情，我應該勤儉持家，多購公債。會後，聽朱彤說，芮漢庭原來是一個反革命分子，已送監督勞動去了。這倒是大快人心的消息。

函本市舊貨信託商店，可否退回鴨絨被。

# 3月4日　星期二　晴　上元節

興華今日開始檢查，日夜不息。

上午聽□參加修書庫、挖塘泥的報告，下午教研組開會。昨日認購之公債，大家說躍進，我又躍進了二十元，共一百七十元，分七月扣繳。

| 四月 | 五月 | 六月 | 七月 | 八月 | 九月 | 十月 |
|------|------|------|------|------|------|------|
| 二十 | 二十 | 二十五 | 二十 | 三十 | 二十五 | 三十 |

今天是元宵節，晚餐是湯糰。

# 3月5日　星期三　陰雨

江蘇省委接受陸定一部長的指示，試辦農業中學一千至一千五百所，並通過教育廳委託南師中文系編選語文課本。上午八時半中文系召開第一次編輯小組會議，我也參加了。會上決定由于滿川及上官艾明擔任正副小組長，即日開始工作，要在三月底以前編出第一冊。

# 3月6日　星期四　陰雨

上午八時到烏龍潭[28]挖泥。我因鏟了幾回泥，太吃力，滿身是汗，外面寒風往內攻，裏面熱氣也都變成水，忽然覺得要噁心。同

---

[28] 位於南京市中心鼓樓區廣州路西側，是一座集歷史人文景觀與自然景觀為一體的古典文化園林。占地約7萬多平方米，其中水面2.69萬平方米。三國時為南京水系入江的一段通道，原名清水大塘。相傳晉時某年農曆六月十九，潭中出現烏龍戲水，故由此得名並一直沿用至今。

時，頭部恍惚，支援不住。終至嘔吐，唐娟治[29]等看我顏色蒼白，就讓我回來了。我第一次參加重體力勞動，就打了一個敗仗。畢竟上了年紀，比不得小夥子了。

下午選了一些農村中學語文教材。

## 3月7日　星期五　晴　大風

我學完俄語後，稀飯尚未開，心村抄著手站在旁邊。看見火要熄，他動也不動一下。我問他什麼理由，他說：今天輪得金築燒飯，我不動。我說金築買菜去了。他說他上次買菜金築不給他開門，他就不替她燒火。一個十七歲的青年，又懶又奸到了這個地步，真令人可恨！

上午帶小京到南京市牙科聯合診所拔牙，我也順便潔齒一次。回想第一次潔齒，還是在北師大二年級的時候，邇來二十餘年矣。一生只潔了兩次牙，太不衛生了。自己覺得好笑。今年四十五歲，再過二十年就是六十出頭，那時恐已無齒可潔矣。況且人一老，牙齒易鬆動搖，潔齒已非所宜。然則今天的潔齒，是此生最後一次了。有紀念意義，特大筆特書於日記之上。

南京日報副刊組正式來函催稿，真不知如何回答。他們是搞新聞工作的，我成了右派的新聞難道都不知道，奇怪！

興華的檢查尚未完，帽子都已經扣上了。今天晚上又開會了。人家追問她的動機，說她想組織平反委員會等等。她說她沒有這樣的動機，別人硬說她不老實。她沒有辦法，以淚洗面，反而招致斥責。她說：講到毛主席那兒去，我也講不出什麼你們所加於我的那樣的動機。興華平時不注意政治學習和時政學習，不會分析問題。因為在鳴放中犯了一系列的錯誤，夫婦二人都被扣上帽子，真是莫大的遺憾！

下午自學兩項宣言，以便明晨討論。

## 3月8日　星期六　晴

早起興華告訴我，學校要她寫材料，深刻檢討。本學期暫不會給她排課。如何處理，須聽下文。

上午參加小組討論，十時起參加編輯小組會議。

---

[29]　唐娟治，後任南京師範大學法學院教授。

艾明轉交人民教育出版社送來的審查費五十元。

## 3月9日　星期日　晴

上午八時赴人民大會堂參加「江蘇省及南京市各民主黨派社會主義大躍進誓師大會」，十二時始畢。會後去曲園吃米粉一碗，然後到東方紅書店買了兩本舊書。又到新華書店代銷處買了商務版《石頭記》精裝兩厚冊，價五元。

報紙連日以來都說打垮五氣或六氣。五氣為官氣、閤氣、暮氣、驕氣及嬌氣。六氣則加上邪氣。我以為再加上怨氣，為七氣。「七氣」除，則國事躍進可期。

## 3月10日　星期一　晴

今日開始領取受處分後的五級工資，共一百六十九點零四元，較原薪約減少三十元。

收到北京中國書店寄來的《元詩紀事》及《明詩紀事》。

上午教材編輯小組開會。

興華本期無課，這兩天學校派她協助辦理收費事宜。

## 3月11日　星期二　半陰半晴，小雨

下午一時許居民陳太太取去認購公債的人民幣伍元。

從昨晚起重讀《石頭記》，覺得描寫之細膩、曲折，遠遠超過《水滸》。

為繼母[30]寄去十五元，白旦[31]十元。

## 3月12日　星期三

上午整理習作教學方面的資料。

## 3月13日　星期四　陰，小雨

上午溫副院長作「雙反」動員報告，下午開始寫大字報，規定每

---

[30]　吳奔星三歲喪母，父親續弦蕭氏。
[31]　妻李興華堂弟李忠誠小名。

人寫一百——二百張，我寫了一下午，只寫了二十多張。

## 3月14日　星期五　陰，風

上午孫望告訴我，說人事科將找我談話，江蘇教育廳準備把我調往江蘇師專。我對他表示：絕對服從，只是搬家困難，希望把家留在南京。具體情況如何，尚待人事科約談始知。

今天寫了大字報約七十多張。

## 3月15日　星期六　陰，微雨，風

上午小印被狗咬了一口，晚上由金築送他到傳染病醫院去注射狂犬疫苗。

晚七時半偕興華到人民大會堂去看常香玉[32]主演的豫劇《拷紅》。

## 3月16日　星期日　陰雨

上午購到馬連良[33]、譚富英[34]、張君秋[35]、裘盛戎[36]等聯合演出的京劇票，每張二點二元，未免太貴一些。

---

[32] 常香玉（1922—2004），原名張妙玲。河南鞏縣（今河南鞏義市）人，豫劇表演藝術家。

[33] 馬連良（1901—1966），生於北京，字溫如，是京劇老生，京劇藝術家。民國時期京劇三大家之一。是扶風社的招牌人物。拿手戲目有《借東風》，《甘露寺》，《青風亭》等。父馬西園與著名京劇演員譚小培熟識。家庭的薰陶，使馬連良從小熱愛京劇藝術。9歲入北京富連成科班，23歲自行組班，發展成為獨樹一幟的「馬派」表演風格，自1920年代至1960年代盛行不衰。

[34] 譚富英（1906—1977），京劇老生演員，譜名豫升，小名升格出身梨園世家。譚鑫培之孫，譚小培之子。著名京劇表演藝術家，四大須生之一。生於北京，祖籍湖北武昌。曾任北京京劇團副團長。

[35] 張君秋（1920—1997），原名滕家鳴，字玉隱，祖籍江蘇丹徒，生於北京。京劇表演藝術家，四小名旦之一、旦角張派創始人。

[36] 裘盛戎（1915—1971），京劇表演藝術家，淨角演員，裘派藝術的創始人。原名裘振芳，北京人。1952年獲第一屆全國戲曲觀摩演出演員一等獎。擅演劇目有《姚期》、《將相和》、《杜鵑山》等。《群英會》、《鍘美案》已拍成影片。

下午仍赴校寫大字報，累計一起，共寫一百八十二張。

小印從昨晚起注射狂犬疫苗。

## 3月17日　星期一　陰

上午孫望與夏溶先後找我談話，正式通知我，江蘇教育廳應江蘇師專之請，調我去前去講授新文學史。一方面欣然奉召，一方面也感到手忙腳亂。立即馳函廖序東與張煥庭探詢詳情，並於下午赴新華書店把劉綬松[37]的新文學史[38]買來。晚間，重閱丁易的新文學史略。

## 3月18日　星期二　晴

上午閱劉綬松新文學史初稿左聯部分。

下午陪心印赴鼓樓醫院注射狂犬疫苗。回來看到殷志揚留的條子，他還是要我寫稿。沒有辦法，給他寫了一個信，說我要到無錫去，只有將來再寫稿請教。

## 3月19日　星期三　晴有風

下午參加教研組會議，並把習作課移交給赫然及霍煥明[39]兩位。會後，除草一小時。

晚飯後，帶小印到鼓樓醫院注射，順便看了一下眼睛和耳朵，同時，小印也看了一下耳病，從他的右耳中掏出半寸長的一截耳屎，多時失去聽覺的現象才告消除。

## 3月20日　星期四　晴

得廖序東回信及所寄現代文學教學大綱。

下午在「習作」課上給學生講述「八股腔」的種種表現形式，這是我在南師中文系講學的「最後一課」。學生對我寄予最大的希望，

---

[37] 劉綬松（1912—1969），中國新文學史專家。原名壽崧，筆名劉瀨流、宋漱流。湖北人。1935年入清華大學，1938年畢業於西南聯合大學。1949年後，任國立湖北師範學院、蘭州大學、武漢大學教授。

[38] 全稱為《中國新文學史初稿》，作家出版社，1956年。

[39] 霍煥明（1917—2008），又名霍微，祖籍廣東番禺。孫望夫人。西南聯大畢業。時任南京師範學院中文系教師。

卻不知我要跟他們離別了。我自己也不便跟他們告別，「別有一般滋味在心頭」。同學們，祝你們進步。只要你們經常想到我，縱使不提到我的名字，我也是感到欣慰的。

張殿春來舍通知：小蘇可以從下星期一起送托兒所，過期不保留名額。

## 3月21日　星期五　雨轉晴

上午整理有關臧克家詩的材料。

下午赴系跟唐娟治同志作臨別談話，並約徐銘延同志於星期天談話。

## 3月22日　星期六　晴轉陰

上午整理講課資料。

下午到新街口新華書店買了一本《臧克家詩選》，因馬上要給學生講。新詩應該大躍進，就情味的深長講，比唐詩差得遠，也沒有宋詞那樣經得起咀嚼。

為了教學工作的需要，重讀趙樹理的長篇小說《李家莊的變遷》。第一次讀它是一九五〇年八月，快八年了。

## 3月23日　星期日　晴

下午到徐銘延同志處作臨別談話。

晚間陳陵來聊天。

## 3月24日　星期一　晴

上午參加教材編輯會議，分工結果，我負責山歌諺語及李冰[40]的

---

[40] 李冰（1925—1995），原籍山西原平，生於山西朔縣。1946年春發表了短詩《大娘》、《我回來了》等。1948年任華北聯大文藝學院戲劇研究室研究員，並寫成民歌體敘事詩《趙巧兒》。1956年出版敘事長詩《劉胡蘭》。1953至1960年曾任中南文聯黨組委員、中國作協武漢分會副主席，1959年開始創作長詩《長橋》。1960年起任武漢市文聯副主席，1961年創作組詩《三峽放歌》。後又出版了長詩《巫山神女》、詩集《春風集》、《波濤集》等。

詩《大娘》的注釋與提示工作，並且先把《大娘》部分於明日下午提出，供大家討論參考。

下午五時許，金啟華[41]與胡正亞各攜餅乾一包來看我，感動得使我流淚。

晚上看京戲，由馬連良、裘盛戎、譚富英、張君秋在人民大會堂演出，張君秋的扮相最美，嗓子最好。

## 3月25日　星期二　晴

下午二時參加教材編輯會議，作了具體分工，我搞諺語單元和大娘一課的注解及提示。

上次買的京劇票還剩下今晚的一張，因為賣不出去，又看了一回。今天是譚富英演黃忠，馬連良演白槐，張君秋演竇娥。最後裘盛戎的戲，因為太疲倦，沒有看。

## 3月26日　星期三　晴，下午下霧

整天搞教材工作，初步搞完，尚須覆看一遍。

讀老舍的《二馬》。

## 3月27日　星期四　晴十度

今日突冷，跟冬天差不多。

下午匯了十二點二四元給北京中國書店，購買《石遺室詩話》、《帶經堂詩話》及《吳興詩話》，並囑寄到無錫江蘇師專。

## 3月28日　星期五　晴，大風，寒

上午把教材送去，並辦離職手續。我到校產管理組，剛說完我的計畫：打算要江蘇師專跟南師換一下手續，使我常住下去，李敬儀這傢伙竟氣勢洶洶的說：我們自己還不夠，只能住到六月底！好利害！

得廖序東的兩通明信片，教我早點去，以便接替鄭的工作。

---

[41]　金啟華（1919—2011），安徽來安人。1947年畢業於中央大學。時任南京師範學院中文系講師。

## 3月29日　星期六　晴

下午赴太平南路南京站票買了到無錫的快車票，隨後到夫子廟書攤買了幾本舊書。其中有一本是四庫全書文溯閣卷中，雖然殘缺，卻也可以欣賞，因此以三元高價買來了。

## 3月30日　星期日　晴大風

今日在家整理行裝，為了免除麻煩，只帶一竹簍必要的書籍。

下午李玉華沒打招呼就不到工了，不知怎麼回事。

## 3月31日　星期一　陰

收到繼母寄來的先父母畫像及照相，父親生於光緒五年（一八七九）十二月初九日，歿於民國廿六年（一九三七）正月初五申時，享年五十六歲。母親生於光緒四年（一八七八）十月十九日戊時，歿於民國六年（一九一七）三月初十日，享年卅九歲。

繼母蕭氏生於一八九八年十一月廿日，今年滿六十歲。活到四十五歲，才曉得父母的生卒歲月，面對遺像，不覺心酸，眼淚盈眶。在母親遺像之下題：不肖之兒今已老，無須佳節亦思親。

## 4月1日　星期二　雨

下午三時偕玉華赴下關托運行李，回時購買藍光鞋一雙，計五點六二元，又為金築、心村各購白色力士鞋一雙（三點三四元及三點二二元），還為小印買了藍光鞋一雙（二點五五元）。

明日要赴無錫，可是興華晚上因學習不在家，不能跟她作一次臨別談話，頗為遺憾。

## 4月2日　星期三　雨

六時許，興華給我下了一碗雞蛋麵。七時離家赴站，八點零一分開車，十時四十四分到達無錫。來校時首先碰到張煥庭[42]同志，以後

---

42 張煥庭1957年初起擔任江蘇師範專科學校籌委會主任。

才碰到廖序東同志。由他介紹鄭學弢[43]同志談課程問題。

晚上序東同志請我到幸福飯店便餐。

## 4月3日　星期四　陰

今天把臧克家和袁水拍的詩交教務科印刷，並開始編寫臧克家的詩一章。

早上吃四分，中午零點三三、晚餐零點二八，共零點六五元。

## 4月4日　星期五　陰雨

今天繼續編寫講稿。

寫了一封家信。

晚上陪張煥庭同志吃了一碗餛飩，並到蔣庭曜[44]同志處閒談了片刻。

今日早餐四分，中午零點二七，晚上零點二九，共零點六元。

## 4月5日　星期六　陰雨

初步編成講授臧克家的詩的講稿，約萬餘言。

晚間到序東處聊天，他正在寫紅專規劃。

## 4月6日　星期日　大風

下午同序東到崇安寺[45]買了幾本舊書，他出席九三的躍進會，我一個人回校。陷於政治上的孤立，心情頗為沉重。

開始編寫講授袁水拍的山歌的講稿。

---

[43] 鄭學弢（1920—2010），浙江嘉興人。1937年畢業於無錫國學專修學校。曾任蘇南文教學院、江蘇師專、徐州師範學院、蘇州大學中文系教師。

[44] 蔣庭曜（1898—1979），字石渠，江蘇省武進人，曾任無錫國學專修學校教授、總務主任，徐州師範學院教授。

[45] 崇安寺，梁溪首剎，吳會名勝，1600多年的崇安寺自古以來，就是無錫的政治中心、商貿中心、和文化中心。與之相鄰的洞虛宮有500多年的歷史，其三清殿的偏房為世界名曲《二泉映月》的作者阿炳的故居。建於1905年的公花園是我國最早的公園對公眾免費開放的公園，譽為華夏第一公園。

## 4月7日　星期一　晴

有關袁水拍的講稿大體告成。

今晚到文化宮買了有周小燕[46]參加的音樂會的欣賞券，明晚欣賞。

給興華寫一張明信片，寫了幾天都沒有完成。一方面想家，但另一方面卻無話可說。

## 4月8日　星期二　雷雨

興華來信，報告家中近況，稍微放心了一些。

高先生催我填寫教職員登記表。我說來不及，他要填寫了一個簡歷給他。

晚間赴文化宮欣賞上海音樂學院教師的旅行演出，節目少而精，特別是周小燕的歌聲，仍有魅惑之力，博得掌聲不少。當聽眾一再要求來一個時，突然停了電，真是美中不足。我第一次聽周小燕是在十年前蘇州的社教學院[47]，今隔十年以上，乍一見覺得她老了不少，當然，自己也老了。她的藝術仍然叫座，而自己卻成了右派。真是嗚呼哀哉，不勝感慨繫之矣。

## 4月9日　星期三　陰

上午開始第一次講課，上臺時同學們迎以掌聲，增加了我的慚愧。

## 4月10日　星期四　陰雨

從今日起訂了半磅牛奶。

到這兒來以後，從來沒有參加過會議，真是只搞業務，脫離政治。是好是壞，尚是未知數。

---

[46] 周小燕（1917—），歌唱家、音樂教育家，上海音樂學院終身教授，被讚譽為「中國之鶯」。周小燕是中國美聲聲樂教育大師，先後榮獲了中國音樂藝術最高榮譽獎「金鐘獎」，法國政府授予的「法國國家軍官勳章」等。

[47] 1947年到1948年間，吳奔星在國立蘇州社會教育學院國文科任教授。

## 4月11日　星期五　陰

上第二次課，有黨委書記吳主任[48]的妹妹[49]聽課，她沒有給我說，不知道她的聽課性質是學習還是檢查。

給興華寫了一個明信片，要她寄報刊。

## 4月12日　星期六　陰

今天停課，交心會結束，大遊行，鑼鼓喧天。我一人在室內編寫講授趙樹理作品的講稿，十天來約編了五萬字的講稿。只專不紅，怎麼得了？

找老廖去閒談，他從側面警惕我講課要當心，學生中黨員甚多，水平還相當高。

## 4月13日　星期四　晴

下午到新華書店買了一本《三里灣》[50]。

晚間同古德敷[51]、高樹森[52]到文化宮看羅馬尼亞影片《原來就是你》。

## 4月14日　星期一　晴，風

晚間與課代表談話，佈置《三里灣》課堂討論。

---

[48] 吳辛石（1923—2004），江蘇宜興人。時任江蘇師範專科學校黨委副書記。後任徐州師範學院黨委副書記，1959年因被定為右傾機會主義分子而被撤職，1962年得到甄別，1979年平反，後調任蘇州絲綢工業學院黨委副書記。

[49] 吳蘊章，後任徐州師範學院中文系教師。

[50] 《三里灣》，趙樹理1953年冬至1955年春創作的長篇小說。是中國第一部反映農業合作化運動的作品，1955年5月由通俗讀物出版社首次出版，後又由人民文學出版社出版，多次再版。

[51] 即古德夫（1914—1990），河南人，語言學家。國立西北師範學院畢業。徐州師範學院中文系教授。

[52] 高樹森，曾先後在徐州師範學院、蘇州大學中文系任教。

## 4月15日　星期二　晴

上午到總務科報差旅費，共計九點七四元，並交了本月房租水電費三點一零元。

收到興華昨日的來信，說金築可以住校，只是玉華從八號起就沒有上工了，不知何故？

下午第一次參加整風學習，討論《人民日報》社論《搞臭資產階級個人主義》[53]。

晚上第一次輔導，擬了討論《三里灣》的題目。

## 4月16日　星期三　晴

天氣轉熱了，下午除四害，擦了工作室的磚地，出了滿身汗。

晚間陪序東夫婦到中央照相館放大照片，他們興致很好，還要為照片著色。特別是廖夫人對顏色很考究，挑了又挑，很不放心似的。

## 4月17日　星期四　晴熱

下午二時又開會討論個人主義問題，有些同志進行了初步檢查。

今天更熱，幾乎只能穿單衣了。

《人民日報》刊出劉連仁[54]歸國，在天津與妻子見面的照片，深為感人，看了不禁眼淚盈眶。十四年的非人生活，居然生還，固是大幸，然而回顧十四年中的生活，也令人不敢想像。

## 4月18日　星期五　晴

昨夜一夜大風，又把溫度吹低了。

晚飯後，序東告訴我，某同學認為我報告把臧、袁開專章時，似乎對艾青[55]還有點留戀，覺得艾青是詩壇上坐第一把交椅的人物。其

---

[53] 題目應為《搞臭資產階級的個人主義》，發表於1958年4月13日《人民日報》。

[54] 劉連仁（1913—2000），山東省高密縣（今高密市）柴溝鄉草泊村人。1944年9月被日軍抓往日本做勞工，1945年逃到北海道深山老林隱居，變成穴居山野，茹毛飲血的野人，直到1958年被當地獵人發現。

[55] 艾青（1910—1996），現代詩人。本名蔣海澄，字養源，筆名莪伽、克阿、林壁等。浙江金華人。當時已經被劃為右派分子。

實，我當時乃是強調我們另開新章的思想性，想不到引起誤會。為之奈何。也只怪我亂扯，不談不好嗎？

## 4月19日　星期六　晴

今天學校開運動會，我不能參加，在房間裏讀老舍的《茶館》。
把教職員登記表初步填寫，尚未抄完。
晚到新華書店看了一會舊書。

## 4月20日　星期日　晴

到了星期天，更加寂寞一些。大家捕雀[56]，我不曉得從何處下手，不便主動爭取。只好在室內閱讀老舍的《殘霧》。下午一個人到文化宮看電影《柳堡的故事》。寫新四軍的一個副班長跟一個農村姑娘二妹子戀愛的故事。飾二妹子的陶玉玲表情很好，很像一個農村姑娘，動作既樸素又優美，語言少而內心世界豐富。

## 4月21日　星期一　先晴後雨

興華來了信，附金築心村信各一。玉華已經擔任業校教師，不來做保姆了。
下午參加討論教學計畫的會議。

## 4月22日　星期二　雨

給興華和南師工會各一信，告訴興華我大概三十號回家看看。
開始編寫講授老舍的講稿。

---

[56] 當時曾展開除四害（老鼠、蒼蠅、蚊子、麻雀）運動。《人民日報》1958年4月22日曾發表新華社發佈的新聞報導《首都人民除四害戰鬥一大勝利三天殲滅麻雀四十萬隻》：「新華社21日訊　北京市圍剿麻雀總指揮王昆侖今晚十時在廣播中向全市人民宣佈：首都全民動員，一致行動圍剿麻雀的戰役勝利結束。據北京市圍剿麻雀總指揮部截至今晚十二時為止的不完全統計：從19日至21日三天共消滅麻雀四十萬零一千一百六十只。很多地區已經看不到麻雀。」

## 4月23日　星期三　陰

得九三學社南京分社轉關係的通知。

## 4月24日　星期四　先晴有雨

下午抬土填河，從一點到兩點半，右肩紅腫，一碰就疼。小夥子與我年齡減半，而力氣加倍，真正是老而無用了。

夢見父親，年紀依然五十多歲。

## 4月25日　星期五　晴

昨夜大風。

從序東處借十五元。

晚在文娛室與語文三班李中周同學談話：1.同學誤會我捧了艾青；2.同學誤解了我說劇本中不能用對白式抒情。

## 4月26日　星期六　雷雨

下午參加全校教職員大會，聽取吳書記[57]作有關交心運動的報告。這是我來本校後第一次參加全校性會議。

## 4月27日　星期日　晴

下午與序東及利朱[58]小朋友遊覽錫山和惠山公園。惠山寄暢園山色優美，類蘇州獅子林，而又較為開朗，不像獅子林[59]使人有局促之感。

## 4月28日　星期一　晴

下午抬土填河，從一時開始，四時半結束。

晚間蔣庭曜通知九三星期三下午開會，要我不要回南京，只得

---

[57]　即吳辛石。

[58]　廖利朱，廖序東女。

[59]　獅子林，蘇州四大名園之一、至今已有650多年的歷史。位於蘇州市市城東北園林路。因園內「林有竹萬，竹下多怪石，狀如狻猊（獅子）者」，又因天如禪師維則得法於浙江天目山獅子岩普應國師中峰，為紀念佛徒衣缽、師承關係，取佛經中獅子座之意，故名「獅子林」。

聽從。

張鐸和丁家華兩同學來談課堂討論問題。張鐸並把他發表在校刊上的詩拿給我提意見。

## 4月29日　星期二　晴

下午整風學習，王進珊和張久如[60]談自己的問題。

上午語三、晚間語一分別討論《三里灣》，情況良好。

## 4月30日　星期三　雨轉晴

上午借「現代漢語」時間上「現代文學」。課後十時半離校回寧。

坐一零四慢車，票價三點三二元，從十二時十六分開車，下午五時零三分到南京。行前在旅客食堂用膳，計零點五八元。

慢車走得並不慢，慢在有站必停，無車不讓。

下午六時到家，首先迎接我的是心蘇。分別一月，他還是很親切的「爸爸！爸爸！」撲到我的懷裏來。

## 5月1日　星期四　雨

今天「五一」，天公不作美，有間斷小雨。整天沒有出去。

家裏給我的印象是「亂」，不乾淨。姑媽做事抓芝麻、丟西瓜，忙得不得了，卻無什麼表現。

## 5月2日　星期五　轉晴

昨晚小蘇病了，早上發燒（三十八點四度）而且瀉肚。聽說我走後沒有病過。真倒楣，我一回來他倒病了。伺候他一上午。

下午去新華書店，順便理髮，買了些水果。回來，碰到陶煥清[61]。

## 5月3日　星期六　陰

上午送小蘇上托兒所，因為張殿春聽報告去了，小蘇只要她，沒

---

[60]　張久如，1959年任徐州師範學院中文科主任、中文系副主任。

[61]　陶煥清，曾任教於南京師範學院中文系。

辦法仍帶了回來。

下午到中山東路東方紅書店買了幾本雜誌。

## 5月4日　星期日　晴

上午看了徐銘延、夏溶夫婦。十二時，拱貴順道來訪了片刻。

下午帶孩子們到山西路玩了一會兒。

## 5月5日　星期一　陰轉雨

上午送小蘇到托兒所，他哭著不讓我走。十二時半離家，八時半抵校。這時小蘇可能已經知道爸爸到無錫去了。這孩子貼心巴骨的，我真想他。

## 5月6日　星期二　陰

今天特別冷，穿兩件毛衣，一件毛背心，還穿了毛褲，簡直跟冬天差不多。

上午蔣庭曜通知，明晚上談談自己的錯誤。

下午聽張、于二首長關於五保安全運動的報告。

## 5月7日　星期三　陰

下午二時參加學生小組會，會上揭發趙永度、李光輝等同學有偷竊行為。會後，集體談時政，準備明天應考。晚上參加九三組織生活。我作了檢查。會上，孫純一[62]、蔣庭曜、劉天民及余某等提了意見。

## 5月8日　星期四　陰轉晴

上午第一節課參與時政測驗，共兩題，第一題包括三個填充，有一個說美國二月份失業工人有多少，沒有填好。

中午劉劍儀[63]替我領了校徽，號碼為一一七號。

---

[62]　孫純一、江蘇海安人，中央大學數學系畢業，九三成員，時任江蘇師專數學科主任。後任徐州師範學院數學系副教授。

[63]　劉劍儀，廖序東夫人，後任教於徐州師範學院中文系。

# 5月9日　星期五　陰-晴

下午王進珊[64]檢查，沒完，明日下午再搞。

晚上與序東夫婦看《霧都孤兒》，原著是英國狄根思所作。

張煥庭叫我寫規劃，還得跟他請示怎樣寫，預備明日找他詳談。

在序東處看到沈祖棻給他的信，說千帆在監督勞動。

# 5月10日　星期六　陰

上午7時找張煥庭主任談規劃問題。

下午仍然批判王進珊，最後張主任宣佈：「留用，監督改造」的處理辦法。

晚上同序東去配像框，順便吃了點心，魚皮燒賣每只五分，滋味鮮美。

# 5月11日　星期日　陰雨

下午一時許，同序東去公園參觀祖國的瓷器展覽會，打算到吳橋看看。因天色不好，怕下大雨，加以風大，就折回公園喝茶；隨後到王興記吃餛飩和包子。餛飩太鹹，包子卻十分可口。江南小吃，到徐州後當然吃不到了。

在飲茶時，我說：我們即不吸煙，又不喝酒，真沒有什麼嗜好。我本來想再說一句：我們是大好人。序東打斷我的話說：好名好利！相與大笑不止，一口茶把序東嗆了好半天！

買了一本五月一日出版的《萌芽》，讀了巴金寫的《談我的散文》，給我很大的啟發。

---

[64] 王進珊（1907—1999），江蘇南通人，1926年畢業於南通師範學校，1927年9月考入中央黨務學校一期。1938年到重慶，歷任藝文研究會編譯委員、國民黨中央宣傳部編輯專員、教育部第二社會教育視察團視察員、中央文化運動委員會專員、中央政治學校教授，先後主編《文藝月刊》、《文藝先鋒》半月刊等。抗戰勝利後，歷任《申報》文藝副刊《春秋》、《文學》主編。1949年後，歷任復旦大學中文系教授、徐州師範大學中文系教授。有《山居小品》（中正書局1947年版）、《戲文敘錄》（臺灣施合鄭基金會1993年版）、《王進珊選集》（文化藝術出版社2000年版）等行世。

寫成有關周立波的講稿初稿。

## 5月12日　星期一　陰

上午聽王進珊講課。

下午安全運動學習，由我檢查，弄得聲淚俱下。我的確是悔改了，同志們不相信，只有通過行動使他們相信。

## 5月13日　星期二　陰

上午教研組聽我講老舍。

接興華信，她已開除公職，留校察看，另行分配公務員職務。

下午對王進珊的教學提意見。

寫信給興華安慰她一番，要她好好地接受改造。

## 5月14日　星期三　陰雨

下午安全學習。對王進珊的改造規劃提意見。很多同志建議他把仁丹鬍子刮掉，以便在生活風格上更接近工農。我做了一首街頭詩：

老師王進珊，

鬍子像仁丹；

忍痛刮掉它，

思想把身翻。

當時抄給廖序東看了看。

晚間九三組織生活，討論進一步交心問題，會上曾宣佈了人民大學週刊上三篇交心的文章。

十三日《人民日報》第八版刊出馬克思收集的羅馬民歌《鴿子》。

## 5月15日　星期四　陰

上午注射傷寒副傷寒預防針。

給興華一信，告訴她房租將要漲價，該採取緊縮開支的措施。

晚上與序東往人民大會堂看內蒙古歌舞團的演出，得到第五屆世界青年和學生和平友誼競賽一等獎的寶音德勒格爾的民歌，饒有地方色彩。舞蹈的幾個小姑娘身段很優美，可以說宛若游龍，嬌若驚鴻。

節目報告員聲音清宛，表情柔潤，本身就是一個好節目。

## 5月16日　星期五　轉晴

上午第一二節張煥庭來聽課，下課後，寫自我改造規劃，一直到晚飯，什麼也沒做。下午安全學習，討論五保公約，把規劃交給科支部書記張久如。

晚間同序東夫婦看《狂歡》[65]彩色電影，場面壯麗，主題是批判文化宮主任的落後、保守和主觀主義。

蘇聯昨天發射了第三顆人造衛星，高三公尺半，重一千三百二十七公斤，社會主義國家科學上的這種卓越成就是東風壓倒西風的具體內容。

## 5月17日　星期六　晴

上午學生把被子拿去洗了。

下午九三開會，由廖序東交心，組長蔣庭曜忽然通知我不要參加，大概是我坐在旁邊，他們質問廖序東或者老廖檢查，都有所不便吧。

其他教職員除四害，我因摸不著頭，加以語文科大部分同志不在，只有明天再補了。

興華來信，說學校同意她退職。也好。

給劉勤一信。告訴他我和老廖想到上海作臨別紀念性質的遊覽。

## 5月18日　星期日　雨

上午八時把現代文學教研組的地板、桌子擦了一遍，其時嚴老[66]正在寫交心小字報。張老交我先進方法：用棕刷擦地板，不致起白道道。

九點多鐘在南市橋小館吃包子，看到十四日的《新聞日報》[67]，有《可怕的作家》一文，描繪李崴從紹興來上海，大鬧作家協會，說作協每月給他卅元太少，要求一百元；副秘書長沒有答應，挨了他一

---

[65]　《狂歡》，蘇聯故事片。

[66]　即嚴濟寬。

[67]　《新聞日報》，前身為英國商人丹福士1893年在上海創辦的《新聞報》，1949年6月改名出版，1960年5月31日停刊，併入《解放日報》。

拳；送入派出所，治安科長又挨了他一拳，給他送入公安局。在今天，還有這樣無理取鬧、行為惡劣的作家，真是不能容忍的事。

老古[68]九點多鐘敲門借小說，沒有，拿出了我的講稿，讓他看吧。

## 5月19日　星期一　陰

今天仍然是民主黨派及無黨派人士交心，我沒有參加。

劉勤來信，歡迎我們到上海玩。他也希望到無錫來玩玩。

晚間與序東溜街，各訂《光明日報》「文學遺產專刊」九期（六、七兩個月）。

## 5月20日　星期二　晴

晚飯後，與序東夫婦散步，買了一件玻璃雨衣，價十二點四七元，如破損可寄上海市江甯區康定路三五八號地方國營上海被服一廠。

## 5月21日　星期三　晴

給劉勤一信，建議他星期六下午來錫，以便星期天遊太湖。

晚上一個人看電影《鳳凰之歌》[69]。開演前，碰到張煥庭同志，他給我談了蘇師[70]處理右派的情況。

## 5月22日　星期四　晴風

上午全體教師貼大字報，希望學生提意見與批評。我也在後面用鋼筆簽上了自己的名字。但不知誰給勾掉了。

我一向自高自大，但反右後，深深感到，自高高不過共產黨，自大大不過共產黨。自高自大是主觀的幻像，並沒有客觀的基礎。大與高只有跟著黨走才能獲得，黨的高與大就有自己的一份在內。

## 5月23日　星期五　風

從昨天起學生給交心的教師提意見。我因沒有參加交心，學生也

---

[68] 即古德夫。
[69] 《鳳凰之歌》，1957年上映，主演張瑞芳等。
[70] 即蘇州的江蘇師範學院。

沒提意見。

編寫《白毛女》講稿。

給興華寫信。

## 5月24日　星期六　晴

各兄弟院校的排球隊員在我校比賽，飯廳擁擠，早上以包子當早點。

看見孫純一給廖序東貼的一張小字報：廖當右派分子吳奔星的簽名被人劃掉，說孫事先沒有告訴吳奔星。孫問廖的思想活動如何。質問廖的思想活動是可以的，為什麼一定要在我的名字前頭寫上「右派分子」，這對我個人無所謂，但必然影響到我的工作。黨既然相信我，在處理之後仍然照常工作，而孫卻一再的加以打擊，是何用心？為什麼孫的用心如此跟黨的意圖不合。黨介紹我來，在介紹信上也並未稱右派分子呀！

晚間與序東一道理髮，曾談交心問題，並說到孫純一一定要冠我以附加語，筆下無情，未免刻薄。

## 5月25日　星期日　晴

天氣很熱，只能穿單衫了。

上午序東告訴我，以後到他家談話，彼此的要求要嚴格一些。他大概是怕我影響他，也罷，沒必要，少上他哪兒去。

晚上才看到劉佩芳貼的大字報以及同學們的小字報。同學們希望我交心，希望我進步，我很受感動。但是在教課內容上，卻有一些是不符合事實的，算了，讓它去。

內心受此震動，工作不下去，一個人去文化宮看了一場墨西哥影片《命根子》，由三個短片構成。最後是《人面獸心》，寫白種人隨便侮辱印第安人的少女，既有種族歧視，也有種族迫害。

## 5月26日　星期一　晴

今天比昨天更熱。

老廖害怕作為重點，心情頗為緊張。特別是當我把老蔣的話轉告給他之後，他說去找張煥庭談談。

今天又有劉天民貼了我一張大字報。

晚飯後上街買了一本《青春之歌》[71]，一點八元；席子一鋪，一點四一元；枕頭套一個，零點二六元；汗衫一件，一點八元；蒲扇一把，零點一七元。

## 5月27日　星期二　晴

下午跟張老談交心問題，他教我寫出來，不必公佈。

晚間輔導，學生都為考試而擔心。這不太好。

劉勤來信，也正在交心緊張。

## 5月28日　星期三　晴

得興華和繼母來信。小蘇兒果然病了三天。

老家老一輩的人差不多都死光了，只有叔叔玉岩還健在。

晚間欣賞了蘇聯國大劇院南高音獨唱家、俄羅斯蘇維埃聯邦社會主義共和國功勳演員、史達林獎金獎獲得者阿納托裏・奧爾菲諾夫及其學生獨唱音樂會。會前看了街頭雜技演出。

編完《王貴與李香香》講稿，尚未校對。

《青春之歌》頗為吸引人心，使我回到了三十年代的青春時代。

## 5月29日　星期四　晴

張老和蔣老分別通知我，要我從明天起參加九三小組的交心學習。張老還要我寫小字報和處理以來思想情況。

## 5月30日　星期五　晴

下午參加九三小組會，會上大家對老廖提意見。

## 5月31日　星期六　晴

上午第四、五節開科務會議，討論二年制文史改專修科教學計畫。

---

[71] 《青春之歌》是女作家楊沫的第一部長篇小說，是當代文學史上第一部描寫在中國共產黨領導下的學生運動及知識份子鬥爭生活的長篇小說，後被改編成電影、電視劇、歌劇等。

下午三時起，九三小組開交心座談會。會前，蔣老輕聲說，要我幫助老廖，我說，提不出什麼，他似乎不相信。

陳其五[72]在《文匯報》發表《徹底拋棄資產階級個人主義》[73]一文，有一節說個人主義的特徵有六：私、驕、嬌、假、空、偏。對我的啟發很大。

晚間散步遇到江蘇師院語文系畢業的一個同學周雪華，三初中教書，黨員。他問我南師教師有那些右派，我支吾其詞。只是告訴他我也犯了錯誤。他告訴我朱彤的妹妹朱金蘭在社橋初中教書，是右派。

明天是「六一」兒童節，隔壁中學的孩子們正在表演節目。一陣陣童生傳過來，我正閱讀《青春之歌》，不知道興華將領孩子們怎麼過節。我真是「兒女情長」，每逢佳節倍思親（人）！

## 6月1日　星期日　晴，陣雨

早上遇見肖毓秀同志，她是從蘇州來為煥庭曬衣物的。

下午同利朱和她的同學成惠琳去文化宮走走。今天是兒童節，請她倆吃了糖果和冰棒。然後，我獨自看了《海魂》，編導之一沈默君[74]是黨內右派分子。

晚上送肖毓秀上三輪車，然後去文化宮參觀革命史跡展覽會。少先隊員在廣場跳集體舞，非常熱鬧。

## 6月2日　星期一　晴

上午把「處理後的思想情況」連同小字報二十九張交給張老。

上午把《青春之歌》看完了。我是在一種激動的心情中看完的，或者不如說，是作品激動了我的心情，不得不看完的。我往往在

---

[72] 陳其五（1914—1984），安徽省巢縣人，蒙古族。時任中共上海市委委員。

[73] 載1958年5月31日《文匯報》。文章為當年5月23日陳其五向華東師範大學教職員工作的報告，由《文匯報》根據報告記錄整理。

[74] 沈默君（1924—2009），安徽壽縣人。電影劇作家。1954年任解放軍總政治部文化部創作室電影創作組組長，1957年與黃宗江合作創作了電影劇本《海魂》。1957年被錯劃為右派，1961年到長影廠任編劇，1978年任文化部劇本委員會委員兼創作組組長，創作了《台島遺恨》、《自有後來人》、《孫中山與宋慶齡》等多部電影劇本，1984年出版了電影劇本集《孫中山廣州蒙難記》。

睡午覺時，閉著了眼睛，仍是模模糊糊地在閱讀它。作品以女主人公林道靜（張秀蘭、路芳）的長成為主線，寫了「九一八」前夕到「一二九」學生運動這一段時間黨的地下工作者領導北京學生所進行的一系列的、反對蔣介石的不抵抗主義、反對法西斯統治、反對華北特殊化、要求民主、自由，要求全面抗日等鬥爭。

作品所展開的矛盾是複雜尖銳而又曲折、多變的，以此為基礎，作品的情節緊緊抓住讀者的感情，使讀者產生活下去的餓勇氣與理想。在生活中產生愛恨分明的感情，產生美就是生活，美就是戰鬥，使膽怯的人變得堅強，使庸俗的人邊得高尚，同時，也看到多少時代的渣滓，被倒入歷史的垃圾箱。

作品的發展迅速，體現了當時在戰鬥中行進著的現實生活，每一章節給人以激動，毫不產生沉滯之感。由於在革命的發展中描寫現實，情節的流動性增加了故事的緊張性和性格的集中性。使人關心每一個愛國青年的命運，也注意每一個叛徒、壞分子的應有的下場。

黨的領導思想和組織紀律，在作品中有突出的表現，顯示著從九一八以後，與國民黨的投降外交相反，黨是更加關心祖國人民的命運，每一個黨員所克服的困難都給人帶來一份力量。

許多人參加革命，自覺的接受黨的領導，都是由於內受蔣匪幫的迫害（王曉燕及其父母），外受帝國主義的侮辱（如李槐英）。除了跟著共產黨走，就沒有出路。

主人公林道靜從猶豫、軟弱、溫情到堅強反抗的道路是知識份子的典型的道路，是知識份子改造的方向，這是在雪的教訓中鍛鍊出來的布爾什維克。

語言的流暢俐落，也是該作品動人的因素之一。

劉大姐——徐輝——林道靜——余淑秀

盧嘉川——江華——許寧

胡夢安——女特務——戴愉

作品著重在行動中、人與人的關係中描寫人物。同時也在這個人對那個人的感受中寫人物。例如通過林道靜的感受，寫出了余敬唐、余永澤、盧嘉川、李夢瑜（江華）等反面和正面的人物。

作品也帶著濃厚的傳奇性，如戴愉叛變後，一次在汽車中被江華宣判罪狀，一次被江華等勒斃；盧嘉川在獄中敲壁傳聲，代替語言；

以及任老頭出示趙毓青的血衣和後來成為通訊員等。這些傳奇性加強情節的故事性，但是過多的傳奇性也不免影響生活的真實性。

## 6月2日　星期一　晴

下午九三小組會議，為了把交心推進一步，小組培養典型（重點）。序東被評為重點幫助的典型。我看他心情沉重。他怕我影響他，要我少到他那兒去。我看他的問題，多半是不善措詞，節外生枝地引申出來的。今天同志們要他談與黨的關係問題。他心情不好，我跟他談了幾分鐘就回來了。

## 6月3日　星期二　晴

興華來信，她已拿到退職書，退職金是三百零五點二九元。

## 6月4日　星期三　晴

給興華一信。

下午老廖檢查，在談與右派分子的關係時，也談了我與他的關係。

## 6月5日　星期四　晴

下午二時仍然是幫助老廖交心。我也發了言：1.他的隱居深山思想，說明他跟現實有距離；2.他對於黨和政府的政策不夠瞭解，使得他與黨有距離；3.他與我關係雖久，但不深，交心時期曾兩次叫我少到他那兒去，足見他並未喪失警惕性，思想上是劃清了和右派的關係的。

今天宣佈下鄉勞動，從八——十一日，停課三天。

## 6月6日　星期五　晴

勞動名單上本來沒有我，我跟張老說，爭取參加，又補上去了。

下午仍由廖序東交心，部分同志對他提意見，態度不夠好。

晚間到文化宮欣賞上海歌舞團的音樂、舞蹈。

最近經常看電影與歌舞，原因是為了安於平凡，慣於孤獨。

## 6月7日　星期六　晴

本來預定明晨下鄉割麥，因天氣預報，九日將有暴雨，必須於今明兩日搶收。因此，下午赴無錫南門外一農業社協幫助農民割麥。割麥不甚吃力，只是來回走路，把腳跑酸軟了，影響勞動效果。回來時，已經癱了。在勞動時，也有兩三回要暈倒，硬是忍過來了。

興華來信，報送家中情況。

## 6月8日　星期日　晴

搶收夏麥，到下午四時半返校。股以下疼痛，大腿肌肉發疼，兩腿屈伸不靈，上下樓梯及床位，都很艱難。

晚上看上海人民雜技團的演出。小姑娘的柔術，似乎沒有骨頭一樣，我的一身卻屈伸不靈。回來時校門上鎖，不是裏面尚有人外出，險些兒要住旅館。

## 6月9日　星期一　晴

睡了一夜，更加酸痛，大有寸步難移之感。有痛無處訴，怕人說我嬌氣。

晚上爭取看《十五貫》電影，比舞臺劇多了一些外景，但不如舞臺劇緊湊，加以說白無字幕，崑蘇以外觀眾，就感到有隔閡。

下午集體自學劉少奇的報告。

## 6月10日　星期二　晴

下午開科務會議，討論教學材料。

## 6月11日　星期三　晴

下午討論總路線。

晚間出去補褲子，並買了一個記事本和一瓶光明牌奶粉。

## 6月12日　星期四　晴

今天發了工資。我住的一間小房間，每月房租漲至三點五二元，加上水電及傢俱租金超過四元，未免太貴了。

## 6月13日　星期五　晴

下午學習總路線。

劉勤來信，說學習緊張，希望我們暫時不去上海玩。

晚上到新華書店，訂購了《詩人玉屑》一冊，約明日去取。

碰到王進珊夫婦，他先後向儲申書和我借錢，說是忘了帶。我剛回來，他就還錢來了。

## 6月14日　星期六　晴

上午把最後一章講稿交印，本期花了兩個半月時間，編成講稿二十五萬字。

晚上買回《詩人玉屑》，並看了越劇《麗人行》。

興華來信，隨即回信。

## 6月15日　星期日　晴

今日獨逛蠡園與黿頭渚。不遊蠡園，不知太湖之美；不登黿頭，不知太湖之大。

中午在黿頭渚之澄瀾堂小憩。正廳有戰犯譚澤闓[75]題的「天然圖畫」橫匾。在廊下品茗，太湖七十二峰奔赴眼底，不禁聯想宋人「水是眼波橫，山是眉峰聚，借問行人去哪邊，眉眼盈盈處」的詞句。

進澄瀾堂有集句對聯：清流激湍，映帶左右；朝暉夕陰，氣象萬千。此聯並不能顯示太湖景象，真可以說是自然主義的手法。上聯（出邊）把太湖的浩蕩，描繪成「清流急湍」，此舊式文人硬套陳詞之過也。

在黿頭渚橫雲飯店[76]叫了一個白湯鱖魚，味頗鮮美。用飯後，乘

---

[75] 譚澤闓（1889—1948），湖南茶陵人。近代書法家。字祖同，號瓶齋，室名天隨閣，譚延闓之弟。善書法，工行楷，師法翁同龢、何紹基、錢灃，上溯顏真卿。氣格雄偉壯健，力度剛強，善榜書。取法顏真卿，兼工漢隸。又善詩，能畫。民國時南京「國民政府」牌匾即為其所書。上海、香港兩家《文匯報》的報頭即其所書，至今沿用。戰犯之說，疑誤記。

[76] 橫雲飯店地處太湖黿頭渚風景區遊覽中心，遊船碼頭旁，是一家已有70年歷史的飯店。五十年代以創制「太湖雲塊魚」，「糖醋活鯉魚」等特色菜

輪船到梅園。四時半返校。

今天與湖山為伴，生活頗為充實。像我這樣孤獨出遊的人，亦頗不少。萍水相逢，盡是遊湖之客；關山易越，皆非失路之人。

## 6月16日　星期一　晴

下午系無錫市政協傳達報告會議，很多人作了傳達，並談了體會、感想，提出了交心的指標五百——六百條。最後，于從文[77]和吳辛石兩書記講了話。

劉百川[78]也在會上爭取發了言。他一方面講得到了黨的寬大處理，一方面又說對他的處理過嚴，真是矛盾極了。

## 6月17日　星期二　晴

下午聽總路線報告，報告人系黨委書記吳辛石同志。

## 6月18日　星期三　晴

今天學習總路線，大家寫交心小字報，沒有叫我參加。

晚上買了一個茶杯，一斤番茄。

## 6月19日　星期四　晴

早上老廖說，右派分子李緒文[79]交了一百八十條心。我也寫了

---

肴而聞名，位居無錫八大菜館之列。

[77] 于從文，曾任徐州市副市長，1959年至1964年任徐州師範學院院長兼黨委書記，1979年至1983年任徐州師範學院院長。

[78] 劉百川（1903—1971），江蘇阜寧人。中師畢業後，從小學教師成長為大學教授。抗戰期間任四川省教育廳編審秘書、義務教育委員會總幹事；華西大學副教授、四川大學教授、金陵大學兼職副教授；抗戰勝利後任江蘇省教育廳第四科、第三科科長，兼任江蘇教育學院教授、基本教育試驗區主任；1949年後歷任蘇南文化教育學院工農教育系主任、教授，江蘇師範學院教育系主任、教授；1956年奉命到無錫參與籌辦無錫師專，暫定名為江蘇省中學師資訓練班（徐州師範大學前身），任副主任兼教務處長、教授。

[79] 李緒文（1905—1987），江蘇興化人，南京中央大學數學系畢業，先後任金陵女大、南京師院、江蘇師院教師、副教授、教授，1957年被打成右派，降職為副教授，1958年貶謫徐州，1962年摘帽，1965年退休。有譯著《微分方程初步》行世。

四十多條，連上次一次，也有八十條左右，預計再寫一百條左右。

近日雙手脫皮，不知是否腳癬傳染？

晚飯後碰到張久如同志，曾談交心事。

## 6月20日　星期五　晴

興華來信，轉來吳英[80]一信。她說她要爭取做左派，入黨，很好。我回信鼓勵她早日成為事實。

明日為端午節。晚飯後，給利朱買了一斤楊梅。之後，我一人到大眾看了民主德國的紀錄片《席勒（一七五九——一八零五）》。

## 6月21日　星期六　晴大風沙

我的生活的特色之一，我忽然想起，吃除了買飯菜、買東西之外，不說一句話。嘴巴，主要是說話的，現在變成主要是吃了。的確，最近要多吃掉一些東西。

今天是端午，廚房的佳節菜單有二十五樣菜，可是很擁擠，不便去搶。結果，只買到一樣炒牛肉，比不是佳節的日子還要吃得差一些。

晚上獨自看揚劇《雙槍陸文龍》。扮演陸夫人、乳娘、王佐、銀花公主等演員，都給人以較深的印象。總的說來，這是演得令人滿意的戲。

## 6月22日　星期日　雨

下了整天的雨，這雨對於農作物是及時的時雨。晚飯後，去買番茄，忽然雨大起來了，淋濕了衣褲。隨口念出了「衣沾不足惜，但願時雨來」，前一句是陶淵明的詩，後一句是我仿作的。

昨天買的粽子，到今天還有兩隻，給利朱去了。

序東的愛人劉劍儀今晨生了一個女孩。序東希望生一男孩。這樣看，為了生男孩，還得繼續努力[81]。

給興華一信，勸她不要跟玉華討帳。

---

[80]　吳英，吳奔星在蘇州江蘇師範學院任教時的學生。

[81]　廖序東60年代又添一女。

## 6月23日　星期一　晴

下午把《青春之歌》和《紅旗》兩本寄給興華。本想到李喜福[82]吃一頓同腸，但又有些捨不得，只在王興記吃了一碗餛飩、兩個包子。這使我想起宋老定（李准《不能走那一條路》的主人公）下決心到鎮上吃一頓，結果只吃了一碗豆腐老什麼的一樣。

到舊書攤買了滿濤譯《別林斯基文集》一、二卷，每卷零點五元，倒是便宜。

## 6月24日　星期二　晴

上午起來，寫了兩首民歌，自覺還可傳。

下課的時候，丁肅[83]（署名白茄）把他寫的《理想曲》送給我看。

晚七時——八時四十分，在大禮堂集體輔導，講述跟「第三種人」作鬥爭時馮雪峰所犯的嚴重的錯誤。

## 6月25日　星期三　晴

張煥庭參觀各地，今日返校。

明日下午要去幫助農民插秧。我因腳疾體弱，打算請假。

晚間赴大眾[84]看《祝你成功》，主演母親和兒子安德列的演員很有個性。

## 6月26日　星期四　晴

今日插秧，我請假沒去。

天氣大熱，開始影響吃飯與睡覺。

## 6月27日　星期五　晴陣雨

興華寄來工會證。

---

[82] 喜福樓飯店由李喜福創辦於1919年。當時其飯菜以經濟實惠享譽蘇南。1956年公私合營，「文革」期間被撤並。1988年在中山路北端重建開業。傳統特色菜有：喜福同腸、糟煎白魚、生麩肉圓、雪菜肉絲等。

[83] 丁肅，徐州師範學院中文系畢業，後任徐州市社科聯副主席。

[84] 指無錫大眾電影院。

昨今兩日特熱，昨日下了一陣雨，不到三分鐘。今天上午下了兩陣雨，也不到三分鐘。到了下午五時許，一陣西北風帶來猛雨，倒下了相當時候。下吧，下吧，清涼的雨呵！等於睡眠、等於飲食的雨後，沒有你，眠食都不安了！

上午陳伯元同學找我改他反映昨日插秧情況的山歌。

晚上在李喜福飯店吃飯，叫了一小盤同腸，價零點七九元，外加米飯等，共零點八六元。同腸一個人吃嫌多，多得食而不知其味。回來還買了一斤水蜜桃，半斤楊梅，今年第一次嘗新。

## 6月28日　星期六　晴，陣雨

雖然有陣雨，天氣仍然悶熱。

昨晚徹夜流汗。

今天下午慶祝「七一」座談會，沒有通知我參加。

晚飯時去燙褲子、理髮，在喜福吃了一盤煎白魚，味道鮮美，只是油膩一些。

在大眾看了電影《在總路線的照耀下》[85]，看了工農的幹勁，反襯知識份子的確差勁。

## 6月29日　星期日　雨

下午參觀了生產躍進展覽會。

序東兄把黎先生給他的明信片交給我看。黎師說：「不妨通信」。因此，我晚上寫了三張信紙的長信並錄舊體詩三首給黎先生：

> 天安門上有雄啼，思想翻身永不迷。
> 寰宇歡呼總路線，嫦娥也應插紅旗。
> 嫦娥心上插紅旗，深悔當年一片癡（一作差）；
> 人世只今非昔比，高歌躍進莫遲疑。
> 右派高冠戴上頭，他生未蔔今生休。
> 蓋棺論定如何論，一片丹心爭上游。

---

[85] 新聞紀錄片，應為《在總路線的光輝照耀下》。

## 6月30日　星期一　晴

晚間買了一本《文史哲》，其中有徐文斗[86]寫的一篇批判馮雪峰的文章[87]，一看頗為失望，材料與論點都是從何其芳等人的文章中來，沒有新的見解，只是重新編排了一下而已。

到醫務室看腳疾，以為有什麼特效藥，只不過是碘酒，是我曾經用之而無效的。

到洗染店取香港衫，過期而未洗好，心中不愉快，不禁冒火，可見脾氣還得繼續改好一些。

## 7月1日　星期二　晴

今天是黨的三十七周年紀念，下午參加了全校性的慶祝大會。

## 7月2日　星期三　晴

晚飯後，到文化宮茶座喝了將近一小時的茶。在書攤上買了一本《紅旗》，有郭沫若的《浪漫主義和現實主義》，其中頗有可取的觀點。但是文章廢話太多，有些見解頗為陳腐。如說浪漫主義主情，現實主義主智；青年偏於前者，老年偏於後者，都值得商榷。個別句子，還不通順，大概是忙中所寫，來不及推敲也。

## 7月3日　星期四　晴

上午把交心小字報用信套裝好，送到張久如同志的桌上。

這幾天看梁斌的《紅旗譜》，很受感動。下午五時看完。

## 7月4日　星期五　晴

上午結束了「現代文學」的講授，學生鼓掌鳴謝。

## 7月5日　星期六　晴

上午李清華來談話。

---

[86]　徐文斗（1932—1993），山東鄆城人。1953年畢業於山東大學。

[87]　《批判馮雪峰的唯心主義的「藝術實踐」》，載《文史哲》1958年第6期。

## 7月6日　星期日　晴、熱

今天義務勞動，到南門外鋼鐵公司基地挖土、平土，感到很累。

南師中文系來信，要我填專題報告的成績，我回信叫他們把考查作業收齊寄來。

晚到拱北橋吃麵，並不如宣傳之好。

## 7月7日　星期一　晴、暴雨

下午五時下了一場暴雨，約七、八級大風，帶了一陣涼爽。

## 7月8日　星期二　晴

雨後，究竟涼快多了。

上午參加了學生的紅專辯論。

下午參加孫純一、臧雲甫[88]報告梳辮子[89]的大會。孫純一談了：1.一九四三——一九四四年在蘇北解放區辦學校，直接與民主政府為敵，而且勾結汪偽軍隊、逃出解放區；2.抗戰時期囤積幾百擔糧食；3.買地出租；4.解放後包庇反革命兄弟；5.鳴放時與九三的副主委發表聯合宣言，表現右派言論。總之，一系列的行為，說明他一貫的反黨，而他反而打扮成積極分子，一再提出入黨申請書。

晚間散步，碰到老廖，他說，孫純一逼他向他交出歷史問題。

## 7月9日　星期三　晴轉陰雨

今日頗為涼爽，是近半月來最好過的一天。

晚上看上海人藝演出的《紅色風暴》[90]，主題突出，結構緊湊，顯示出劇作者對現實生活的概括能力；演員對人物性格的體會也很深刻，例如正面人物施洋、林祥謙，反面人物趙局長、白顧問，都演得很好。

---

[88] 應為臧雲浦（1914—2010），浙江吳興人。1983年任徐州師範學院歷史系中國古代史教授。

[89] 梳辮子，指一條條地列出「反動言行」。

[90] 《紅色風暴》，劇作家金山執筆創作。1958年發表。以「二七慘案」的真實史料為依據，塑造了林祥謙、施洋兩個性格鮮明的形象。

## 7月10日　星期四　晴

上午參加語一的辯論：「中間道路走不走得通？」

興華來信，說金築心村只講究穿，而且覺得買東西便宜，一點不感到□力維艱，真使人氣憤。

晚上看《搜書院》[91]，跟新聞片挾裹一起，演到十點半還沒完，怕關校門，只得未終場而出。

## 7月11日　星期五　晴

今天開始又熱起來了。

下午四點，上海人藝的演員跟本校同學見面。

我把《紅色風暴》的觀後感寫在筆記本上，作為將來講授現代文學的參考。

## 7月12日　星期六　晴

上午透視胸肺。

給吳英一函，告訴她準備到滬瞻仰魯迅墓，問她什麼時候有空。

晚上看上海大公滑稽劇團演出《拉郎配》，一方面話與唱詞聽不大懂，一方面整個劇情也沒有多大意義。休息時即離去，未終場而歸。

## 7月13日　星期日　晴

南師轉來李清廉[92]一信，才知道她去年調動未成，仍返蘇北，現在灌雲文教局工作。暑假將往西南，大約將與她的童年好友結婚吧。為恐她離職西去，馬上回了一信。

---

[91] 搜書院是流傳在海南的著名故事，著名瓊劇劇目；描寫一對青年男女衝破封建桎梏，爭取婚姻自由的故事；此故事在民間流傳二百多年，五十年代，海南瓊劇界將之編寫為《搜書院》瓊劇劇本，由瓊劇著名表演藝術家黃文、陳華、紅梅主演，深受海南人民歡迎。1956年，《搜書院》被移植改編為粵劇劇本，經粵劇著名表演藝術家馬師曾、紅線女主演並搬上銀幕。

[92] 李清廉，吳奔星在蘇州江蘇師範學院教書時的學生。

## 7月14日　星期一　晴

上午孫純一忽然來室，說許彥生[93]下午找我談話。我問什麼事，他說組織上表示對你的關懷吧。下午我找到許，寒暄一陣之後，他告訴我，市委將於本星期六召集右派分子進行前途教育，對右派化敵為友。希望右派認識錯誤，加速改造。跟他談話約一小時多一點。談話地點在後西溪二十號，九三分社辦公室。他還說有的群眾說我對自己的錯誤認識不足，我要他舉出具體事例，他又舉不出來。他說可能是憑印象吧。天啦，好一個「印象主義」！

## 7月15日　星期二　晴

下午看電影——《桂林山水》和《羊城暗哨》。桂林是我住過幾年的地方，看了電影很想重遊。《羊城暗哨》是陳殘雲[94]編劇，他過去是我編的《小雅》詩刊的撰稿者。這個電影編的還不錯，很曲折，很驚險，而且又充滿人情味。

## 7月16日　星期三　晴

上午蔣庭曜來送學習資料，順便談了一下思想情況和他續弦問題。
吳英來信，說她很忙，正好，我也要開始忙了。
下午聽取張煥庭以教育方針為中心的教學改革和吳辛石三節約兩個報告。為了節約電，特買了一盞空氣電燈泡。

## 7月17日　星期四　晴

下午討論教育方針。
與古德敷到國營副食品公司三樓吃麵當晚餐，費零點九元，隨後遇王進珊夫婦，一同到裝訂店取回兩本講義。

---

[93] 許彥生（1916—1985），江蘇無錫人，西南聯大畢業，九三成員，曾任無錫市政協副主席。
[94] 陳殘雲（1914—2002），廣州人，新加坡歸僑。小說家、劇作家。主要作品有：《香飄四季》、《山谷風煙》、《羊城暗哨》、《熱帶驚濤錄》等。

## 7月18日　星期五　晴

上午十時語文科師生舉行會議，抗議美帝侵略黎巴嫩，並通過抗議案，由師生大家簽名。

今天上下午都討論高師學生成為一個什麼樣的勞動者問題。

興華八天沒有來信，特去信探詢原因。

## 7月19日　星期六　晴

上午參加抗議美帝侵略黎巴嫩和約旦的示威遊行。

晚上特約電影放映隊在學校操場放映《五更寒》[95]，票價五分。

吳英來信，描述了她的住宅和生活狀況，希望我到上海時就住在她家，以免浪費。

## 7月20日　星期日　晴

熱極！

給吳英一信，告訴她我大概去上海的時期。

## 7月21日　星期一　晴

上午討論教學計畫，下午聽張煥庭作參觀全國各高等師範的傳達報告。

李清廉來信，說她要去向曾經愛過的一個人交心。

晚間與臧雲甫同吃汽水和西瓜，這是今年第一次吃西瓜。

## 7月22日　星期二　晴

興華來信，決定不來無錫。

下午舉行教學方針學習的彙報大會，最後由李副書記報告，並通知座談美帝侵略黎巴嫩問題。晚間開始討論，明晨起繼續深入討論。

---

[95]　《五更寒》，1957年八一電影製片廠出品。

## 7月23日　星期三　晴

上午八時在人民大會堂聽了胡畏[96]同志的政治報告，對右派進行前途教育。下午討論，由吳書記主持。我就右派的階級屬性，對處理的看法等項發表了意見。臧雲甫認為我同其他右派分子是屬於第二類——口服心不服。吳書記認為我到師專來以後，在行動上的表現，改造的決心不是太大的。我約他具體的對我再進行指示，他說這幾天沒有時間，有空再說。但聽了他這樣說，心中頗不自安。

## 7月24日　星期四　晴

上午趙國璋夫婦與廖序東等逛太湖。

八時許人事科長高亞環同志來談話，對我的工作態度提了一些意見。我請學校函南京十一中准予心村住校。

分別函告興華、吳英說學校有義務勞動，暫不能回家或赴滬。但今晚聽序東說，為了照顧我返寧搬家，沒有分配我的任務。

## 7月25日　星期五　晴

上午十二時與老廖請趙國璋夫婦在聚豐園吃飯。飯後，老廖返校，我陪他們逛崇安寺，在副食品公司冷飲，快四時才送別。

分配義務勞動的名單沒有我，據說是照顧我返寧搬家。果爾，則真感激之至矣。

從今天起，沒有參加過肅反學習的教職員和學生，開始肅反學習。

遇到張久如同志，他說，我沒有事，可以先回家去。

函興華和吳英，告訴他們回家或赴滬的大概日期。

## 7月26日　星期六　晴，陣雨

上午老廖通知我，說張久如同志請示之後，仍要我參加炊事方面的義務勞動。只得函告興華，暫時又不能回家了。

下午教學漫談會。

---

[96] 胡畏，1958年6月--1960年5月任無錫市政協副主席。

## 7月27日　星期日　晴

　　上下午除了賣飯外，還參加檢菜工作，今天整整坐了六小時，相當累。

　　心裏老惦記著搬家，但是這兒又走不開。

## 7月28日　星期一　晴

　　興華來信，談賣傢俱問題。

　　從早上五點半起一直到十二點半，都是從事檢菜、剝豆、剪豆的工作；下午三時起又開始剝茭白，洗土豆。吃飯之事真不容易！

## 7月29日　星期二　晴

　　晚飯後，應鄭學弢之約，到城中公園茶座談教學問題。

## 7月30日　星期三　晴，極熱

　　今天月亮圓了，大概是農曆十五[97]吧。

　　今天特別熱。除了繼續義務勞動外，還得參加從今天開始的以一星期為期的教學方針的討論會。

　　蚊子咬得不得了。

## 7月31日　星期四　晴，陣雨

　　南師校產管理組來函，催我於八月十五日前遷移。當時發函該組和夏溶，請寬限至九月十五日，不知可否。

　　下午開全體教師會議，張、於講話，主題為支援兄弟學校。

　　晚間到大眾看《漫長的路》[98]。

## 8月1日　星期五　晴

　　下午漫談支援運河師專，大家似乎都無條件地服從黨和政府的調配。

---

[97] 實為農曆十四日。
[98] 蘇聯電影，上影1957年譯製。

晚間到新華書店購《明清笑話四種》（周啟明校）、《希臘羅馬神話與傳說中的戀愛故事》（鄭振鐸編著）及《社會主義現實主義論文集》等三書。

## 8月2日　星期六　晴

下午討論教育為政治服務，在討論過程中，總務處工友老王不經我的允許，擅自開啟門戶，把鎖弄得開關失靈，至晚七時才打開。他們開我的門，據說是有助教到校，須加床一張，但住房權既然給了我，要加床，理當通知我，不出此著，擅自開啟，這是侵犯人身自由。

晚間與老古到人民大會堂看長春雜技團的表演。

## 8月3日　星期日　晴

涼爽了兩天，今日起又極熱。

下午開會漫談教育與勞動相結合，我的發言跟鄭學毀的頗有矛盾。

買了一個西瓜，重八斤，斤五分。

## 8月4日　星期一　晴

下午召開歡送我校支援運河師專的同志以及歡迎各兄弟學校派來支援我校的同志大會。語文科系洪念崖前往運河師專。

## 8月5日　星期二　晴

下午討論現代文學的改革問題，並談及洪念崖不願調往運河師專。

晚間九三小組假座李喜福聚餐，社內為每人出一元，自己再各出6角6分，餐後並在城中公園水畔茶座座談中蘇會談以及交心後的心得體會。大家聯繫洪念崖抗拒調職並進行請願事，談到知識份子思想改造的艱巨性。

請求張、廖轉請學校致函南師對我的搬家事寬限半月。

## 8月6日　星期三　晴

下午正開會，孫望帶著兩個孩子來校訪問。他是到太湖療養院休養的。

晚間吳書記作肅反小結報告，于書記做請假報告。

## 8月7日　星期四　晴

上午十一時廿九分，乘九十一次車到上海，和平客滿，到吳英家休息。

晚間在大光明看寬銀幕電影「五一勞動節和蘇聯馬戲團」。

這一晚沒有睡好。

## 8月8日　星期五　晴

上午與吳佩玉、敬偉姐弟到虹口公園瞻仰魯迅墓，並參觀紀念館。

## 8月9日　星期六　晴

早五時到上海北站，乘快車到無錫。下午得興華信，說沈廷玉先生全家要在十號來寧，於是夜車趕回。

## 8月10日　星期日　晴，陣雨

上午極熱，下午下了一場大雨。天氣頓時涼爽。

赴新街口舊貨商場請他們來家看傢俱。遇吳天石夫婦，握手並寒暄了片刻。

## 8月11日　星期一　晴

給廖序東和張久如一信，並請廖到總務科領回多扣之伙食費。

開始包紮傢俱。

## 8月12日　星期日　晴

把紅木床、小推車、沙發床，棕繃床等賣與中央商場[99]舊貨商場，只得四十六點七元，不夠買進紅木床的價格。

---

[99] 1936年1月12日，中央商場正式開業，由32位社會名流和愛國之士發起創建，是當時南京第一家大型綜合商場。1949年4月26日，中央商場在南京城率先恢復營業，從此進入了一個嶄新的發展階段。1956年1月6日，中央商場實現公私合營，

## 8月13日　星期三　晴

下午五時去看徐銘延夫婦，未晤，留條而返。

心村說老師已答應他住校，明日即可遷入，特於晚間為其購臉盆一隻。

下午起一陣烏雲與東北風，頓時涼爽。

## 8月14日　星期四　晴

今晚赴百貨公司成衣部，做藍卡其褲一條。

讀報湖北農村早稻畝產三萬九千多斤，令人興奮。

## 8月15日　星期五　晴陰

賣去報紙六十一斤，每斤零點二七元，得十六點四七元。

心村從今天起住校。

## 8月16日　星期六　晴

今天因心村、金築未來，包紮傢俱基本停止。

## 8月17日　星期日　晴

心村金築，上午來家賣廢紙，下午捆紮行李。

## 8月18日　星期一　晴

總務科□同志來家，托他轉告李敬儀，早日前來拆除水電等分表。

## 8月19日　星期二　晴

無錫轉來夏溶、吳英信。

想吃點營養菜，可是排隊都買不到。

## 8月20日　星期三　晴

學校派人前來拆除水錶、電錶。

張拱貴前來談話片刻，多互相鼓勵語，無他言。

## 8月21日　星期四　晴，陣雨

序東來信，說房子無衛生設備，須自備馬桶和刷子，聞之頗感不快。當即函煥庭與序東表示希望。

把風扇和火爐寄託給中央商場二樓舊貨商店。

## 8月22日　星期五　晴

## 8月23日　星期六　晴，陣雨

下午赴下關購票，並打聽運行李到煤炭港的運輸工具。

張久如來函，說房子的分配情況不能改變。

學校通知二十五號前到校。

## 8月24日　星期日　雨

今日天雨，板車合作社不能派車，因此，行李運送不出去，心頗著急。

廖序東來信，說房子分配，就是那個樣子。

吳英來信，說她在勞動中的收穫。

## 8月25日　星期一　雨

昨夜雨未停，今天繼續下，估計行李又無法運出去。

給廖、張有一信，說明行李阻礙情況。

心村取去學費八元，住宿費三元，膳費九元，零用八角，共二十元零八角；金築取去學費八元。

金築去找老泰生接洽板車，他們答應明日有車來。

## 8月26日　星期二　晴

早九時三輛板車把行李拉至煤炭港站，共重一千七百六十斤，運費四十一點零四元。

給金築膳費八元，宿費三元。

## 8月27日　星期三　晴，陣雨

上午到中央商場，風扇已經脫售，共得七十三點六元。

給興華買了一條咖啡色格呢褲子，計三十元。

## 8月28日　星期四　雨

昨晚金築睡在家裏，半夜起來買菜，買肉兩斤，今日吃餃子。

下午與興華上街看舊貨，為興華買了一件西服上裝，以便改夾克（價二十五元）。

晚間拱貴來，談片刻。他談到邱玉英同志曾來看我。

拉板車的人還沒有來取錢。

## 8月29日　星期五　晴

晚十一時五十五分乘四十二次滬蘭特別快車赴徐州，金築、心村送至下關火車站。旅客擁擠，雖兒童客車亦無虛席，幾乎是站到徐州。

## 8月30日　星期六　晴

早七時抵徐州，房子很小，行李未到，生活上頗感不便。

## 8月31日　星期日　晴

連日天晴，對我搬家頗有方便。今日到了一批行李，但整理費時。總務科多分了一間房子給我，算是行了許多方便。我有一間房子工作，於教學當有好處。

## 9月1日　星期一　晴

興華的腹瀉未好，姑媽、小印和小蘇都相繼瀉肚。下午特為他們到彭城路去買了SG.大概是飲食欠妥所致。打算自己取火，又不易買到煤球。

上午開全體教師會議，下午參觀工地。

## 9月2日　星期二　陰雨

上午九時半開會，討論現代文選及習作的聯繫問題。

東西尚未清理完畢。我與興華都未參加勞動，頗為心焦，怕人說話。

## 9月3日　星期三　陰雨

上午于書記作動員報告，為一千零七十噸鋼而奮鬥。「一切讓路」，我校五號起要日產鐵一百斤，指標是三百斤到六百斤，會後，職工分工，有的做十二小時，有的做八小時。我參加物資供應組工作，今天幹了八小時。

## 9月4日　星期四　雨

大雨，有五——六級東北風。昨日是搞碎□河泥，今天是搞碎缸碗片，整整幹了八小時。

姑媽、小印繼續瀉肚，小蘇也開始瀉肚。下午興華去買藥。

## 9月5日　星期五　晴

上午十時，鄭學弢來舍談開課問題。

繼續參加物資供應工作。

到門診室看腹疾。

下午興華參加敲打礦石工作，忽然暈倒，手腳俱冷，為人送回，始漸恢復。

晚間蔣庭曜來舍通知，明日徐州市地方組織開會整天。

## 9月16日　星期六　晴

上午參加徐州市各民主黨派社會主義改造評比競賽大會，感到疲勞，下午請假。

## 9月7日　星期日　晴

上午十時半，參加徐州市人民示威遊行，擁護周總理聲明，反對美帝干涉內政，中國人民一定要解放臺灣！

## 9月8日　星期一　晴

繼續參加勞動

晚間序東來舍小坐片刻。

## 9月9日　星期二　晴

晚八時在中山堂看新聞紀錄片《勤工儉學》等影片。

## 9月10日　星期三　晴

張久如通知：因原料未到，休息半天。

下午工作一小時半，去郵局預定第四季度雜誌《人民文學》等七種。並赴新華書店購普及本《紅日》和《苦菜花》。

## 9月11日　星期四　晴

金築、心村都來信要本子費。金築說：委託寄售的火爐賣掉了，要我把憑單寄去，以便取款。心村說：老師同學都說我和興華是右派，他感到難過。

晚上開全體人員大會，吳辛石同志作報告，佈置中旬煉鋼工作。

## 9月12日　星期五　晴

從今日起，勞動十二小時，從正午十二時起至深夜十二時止。下午到雲龍山下漢畫像石陳列組推碾子，一時許始就寢。

寄金築一信，附寄售憑單。

## 9月13日　星期六　晴

寄南京李順昌一函，催寄興華的夾克。

晚間因原料未到，工作暫停。

## 9月14日　星期日　雨

取得歷年公債利息人民幣三十一點八元。

學校負責人召開家屬會議，從晚六時至十時不得開電燈，以便電源支援工業建設。

## 9月15日　星期一　晴

正午小印的班主任來家，跟他媽談了小印最近一個時期的學習情況。總的傾向是不用心、不用功，常犯錯誤。

仍在十二小時制地工作，簡直沒時間看書，不知怎麼樣上課。許多同事都這樣擔心。如果就這樣下去，不必上課，也好。

## 9月16日　星期二　晴

晚七時煉鋼指揮部邀請漣水越劇團來校演出《追魚》，慰問參加煉鐵的全體人員。在演出前，開了大會，由於校長作簡單報告，並授予主力爐的光榮稱號。

## 9月17日　星期三　晴

下午同興華到百貨公司。回來時，見到鄭學弢留的條子，說七時開工會，我因時間過了，未去。

## 9月18日　星期四　晴

上午把《人民日報》訂費二元交給鄭學弢。

從昨夜起，開始下半夜和上半天的工作，感到非常疲勞。下午覺也沒睡好。長此下去，很難持久，身體會拖垮。

## 9月19日　星期五　陰雨

中央衛生檢查團來徐州檢查衛生。

後勤工作分成三組，每一組勞動十二小時，其餘兩組休息，這樣比以前每天都勞動十二小時要合理一些。

## 9月20日　星期六　陰雨

下午放學後，小印被一個同學打破腦袋，他也奪過鋼管還了那同學一下。給打腫了前額。我叫興華找小印的班主任，請她對孩子進行友愛和安全教育。

夜班開始，因為任務不多，把身體弱的放到前半夜，身體強的放到後半夜。我被當作身強體壯的，放到後半夜。

## 9月21日　星期日　晴

晚間開會，于書記報告，我因上了夜班，未去校部，不得知，未參加。

## 9月22日　星期一　晴

晚與興華去中山堂看《怒火》。此到徐州後第一次看電影也。

## 9月23日　星期二　晴

今天白天本應休息，忽然得到通知，仍然工作。

## 9月24日　星期三　晴

下午領到旅費九十八點六七元。

晚七時半九三開會，對陳外長[100]聲明[101]表示態度。同時，孫純一傳達中央統戰會議精神，其中談到右派工作問題，右派應多作工作。我也表示了肯定的意見，願在實踐中改造自己。

## 9月25日　星期四　晴

下午同興華上街買物。

晚六時開全體師生大會，因系廣播通知，我不在校內，事先不知，等七時上班時才曉得。

今天本來是日班，忽然通知改為夜班，但因開會，又不知為何變動。

夜九時許，九三寫大字報擁護陳外長聲明。我也寫了一張。

## 9月26日　星期五　晴

南京李順昌分店為興華改製的兩用衫取來後很不稱心，等於白花卅餘元。

---

[100] 陳毅，時任外交部長。

[101] 應為《中華人民共和國外交部部長陳毅駁斥美國國務卿杜勒斯在聯合國大會上發言的聲明（1958年9月20日）》。可參見《中華人民共和國國務院公報》1958年第27期。

下午李穎生和王守之來家通知我，從明晨七時起按新的編制參加勞動。李是直屬營排長。

## 9月27日　星期六　晴

今日中秋，興華買了一條鯉魚，還有羊肉等。

晚上跟孩子們一起吃了月餅。

## 9月28日　星期日　晴，大風

今日鋸柳樹，打了膝蓋，紅腫了一塊。

小印的鋼筆丟了，為他買了一支新的，零點九七元。

寄張拱貴一函，內附糖票斤半。

## 9月29日　星期一

今日敲白雲石。

## 9月30日　星期二

今日敲石英石，色透明，像冰糖，也像明礬，又像冰塊。帶回家一小塊，孩子們以為是冰糖，以舌舐之，不甜且硬，乃止。

劉劍儀來家小坐，借去《紅旗譜》一本。

賀先生[102]來信，催寄搖椅。

## 10月1日　星期三

國慶日，下午一時在體育場開會。

上午本來打掃清潔，但因小蘇拉了一床，洗被帳還來不及。

《苦菜花》今日看完。這本書以母親為線索，書名叫《母親》還好一些。

---

[102] 黎錦熙夫人賀澹江。

## 10月2日　星期四　晴

## 10月3日　星期五　陰

上午起暫停勞動，準備功課。

下午開教師會議，討論如何上課等問題。

晚間偕興華到徐州會堂看童長苓、王熙春等演出的《雁門關》。

## 10月4日　星期六　陰

上午學習關於教育工作的指示和陸定一《教育必須與生產勞動相結合》[103]兩個文件。

讀毛主席《送瘟神》二首。

晚間與鄭學弢、顧莉莉討論教學大綱。會後，鄭借去《人民文學》第5期，《新苗》第九期。

## 10月5日　星期日　陰雨

上午把沙發搖椅寄給賀先生，重三十九公斤，寄費三點一九元（每百公斤七點七七元）。

晚飯後把擬好的文選教學大綱叫給鄭學弢，並交換了一些意見。

帶孩子們到中山堂看電影《海底擒諜》[104]。

## 10月6日　星期一　晴

從昨天午飯後，腰部右側隱隱作痛，晚間睡覺亦有此感覺，到今天黃昏仍然如此。

開始看《林海雪原》，並初步分析了一下《紅旗》八期的社論

---

[103] 《人民日報》1958年9月2日發表署名陸定一的文章《教育必須與生產勞動相結合》，原載《紅旗》第7期。「紅旗」編輯部按雲：「陸定一同志這篇文章，是根據黨中央召集的教育工作會議的結論寫出的。黨中央對這個問題即將有指示發給各級黨委。我們希望各級黨委在討論黨的指示的時候，結合陸定一同志的文章予以討論。在學校黨委討論此事的時候，可以吸收非黨的教授教員參加。」

[104] 蘇聯電影，拍攝於1955年。

《美帝國主義套上了絞索》[105]。

## 10月7日　星期二　晴

下午到郵電局查詢所訂雜誌，並到新華書店調換《沫若文集》第六卷。

## 10月8日　星期三　晴

下午與鄭學弢交換備課情況。

## 10月9日　星期四　晴

鄭學弢下午來舍，才知道上午全校開了一個師生員工大會，我不曉得，沒有出席。

今日分析《紅旗》社論《美帝國主義套上了絞索》，感到很不容易深入和生活。

## 10月10日　星期五　陰雨

準備功課。

一隻二斤四兩的母雞，掙脫繩索，從欄杆裏掉到樓下，馬上就找不到了，不知道請了誰的客。

晚間聽吳書記做了四小時報告。因坐在後面，麥克風走音，不知所云。

## 10月11日　星期六　晴

今日開始上業務課，聽了鄭學弢上了一課。

晚間開師生見面會和工會小組會。

## 10月12日　星期日

李穎生來轉告：二年級因有任務，下周不上課。

---

[105] 見1958年9月16日出版的《紅旗》雜誌第8期，題目為《美國侵略者自己套上了絞索》。

## 10月13日　星期一　雨

今天領了薪水，九、十兩月水電五點七四元，似乎太貴了些。

## 10月14日　星期二　雨

今天本來開始上課，但因學生有運輸任務，停止上課。利用這段時間把毛主席的《送瘟神》二首翻譯了一遍，並寫成大意。

擬了一個「新民歌的產生與新詩運動的偉大發展」的提綱。

晚開文史科全面躍進大會，由馬煥周書記作報告。

## 10月15日　星期三　晴

九三開會。

## 10月16日　星期四　晴

今天第一次上課。

下午恢復勞動，敲打白雲石。

## 10月17日　星期五　晴

整天敲石頭。

## 10月18日　星期六　晴

下午帶心印心蘇兄弟上街買煤油燈，沒買著。

## 10月19日　星期日　晴轉雨

整日敲礦石。

## 10月20日　星期一　雨

上午敲礦石。下午理髮、洗澡。

晚上老廖來通知：明天不上課。加以沒有電燈，很早就睡了。

## 10月21日　星期二　陰

看到二十日《人民日報》，載以鄭振鐸為團長的中國文化代表

團十人，於十七日從北京乘蘇聯圖-104客機赴莫斯科轉阿富汗和阿聯途中飛機失事，全部罹難。鄭振鐸不但是詩人、小說家，而且是史學家、考古學家、收藏家、版本目錄學家，在舊社會對文化整理有過貢獻，在新社會剛剛開始整理其舊著，並打算有新的貢獻的時候，就不幸罹難，真是無可補償的損失。看到消息之後，為之沉痛者久之。

買了一百斤上熟米。

明天本來沒有課，突然劉劍儀於傍晚前來通知，上課時間調到星期三、六兩天上午。

## 10月22日　星期三　晴

上午上了第二次課，下午參加科務會議後，聽鄭學弢講課。

## 10月23日　星期四　晴

下午與鄭、顧等備課。

晚上聽報告，有李書記[106]的形勢報告，吳書記的鋼鐵報告，張主任的體育報告。

小蘇上午八時許在幼稚園碰破左額。小蘇說有小朋友推倒他，幼稚園老師說，是小蘇自己頑皮跌破的。不管怎麼說，把孩子委託給托兒所，結果跌破了頭，托兒所變成「破」兒所，究竟是遺憾的。

## 10月24日　星期五　晴

上下午備課，但因小蘇在家養傷，興華來了月經，又發燒，先後由三十七點八到三十八點三度，以致影響我的工作效率。

## 10月25日　星期六　晴

上午查清潔，得紅旗。

今天沒上課，改到明天，教師打掃工作室。

晚上搬山芋。

---

[106] 即李聰。1959到1966年任徐州師範學院副院長。1968年5月4日被迫害致死。

## 10月26日　星期日　晴

今日原定補上昨日之課，臨時又與心理學對調，調到了下星期二。

午飯後，同興華帶小蘇逛了一次人民公園和動物園。此是來徐州後第一次遊園。園雖不大，亦聊勝於無也。

## 10月27日　星期一　晴

下午聽教育部韋愨副部長作有關教育方針的報告，晚間繼續開座談會。

## 10月28日　星期二　晴

上午聽鄭學弢講課，下午我上課，他沒有來聽。

## 10月29日　星期三　晴

下午七時半九三小組過組織生活，漫談：1.教育方針，2人民公社，3.臺灣局勢。

## 10月30日　星期四　晴

上午去三馬路[107]二號領取第四季度糖票。

下午參加勞動，並與鄭學弢備課——「幸福的會見，巨大的鼓舞」。

## 10月31日　星期五　晴

上午七時許，高樹森前來叫我到十多里以外的鄉下去刨山芋，後來石佩瑜[108]見我明天有課，加以腳痛，臨時又叫我不去，改天再說。

下午敲礦石。

---

[107] 三馬路的歷史始於清末，是因為鐵路開通、東車站興旺而開設的。先有了大馬路，而後有了二馬路、三馬路。三馬路很短，從復興路西到黃河沿這一段，百余米。早期客棧多、店鋪多，也有過廠坊。三馬路後改稱青年東路。

[108] 石佩瑜，無錫高等師範學校高中師範科（1938—1941）畢業，後在徐州師範學院任教。

## 11月1日　星期六　晴

上午蔣庭曜告訴我：昨天的科主任教研組主任會議上，彙報教學情況，聽說學生反映我在講「美國侵略者自己套上了絞索」這篇文章的時候，只說杜勒斯瘋狂，而沒有強調他的資產階級的本質，從而論斷這是我的資產階級思想的流露，也是思想沒有改造的表現。

上午開全體教師會議，討論文史科如何放衛星，迎接國慶十周年。

## 11月2日　星期日　晴

下午同興華沿黃河故道走了一段。

晚間興華開家屬會回來，說嚴梅對她說，有人反映：興華身體很好，每次一大籃一大籃地買菜，到到了勞動，卻裝病，興華氣得不得了！

## 11月3日　星期一　晴

今日下午敲礦石。

晚間興華把蒼蠅交給梅師母，不久他的兒子在樓下叫喊，問打了多少？

金築來信。

## 11月4日　星期二　晴

回金築一信。

上午開教研組會議，討論政治學習和放衛星問題。

## 11月5日　星期三　晴

今天才發覺第四季度的詩刊未訂，特函吳英把十月份的買來。

下午開文史科師生會議，報告大辦工廠和學習教育方針。

## 11月6日　星期四　雨

下午與鄭、顧集體備課，討論李德復[109]的《典型報告》[110]。

晚間張煥庭報告慶祝十月革命四十周年。

## 11月7日　星期五　晴

下午政治學習，閱讀《人民日報》「在勞動的旗幟下集合」[111]，隨後漫談。

政治學習的時間每週六小時，學習三個月。本周內大鳴大放，要寫大字報五十——一百張。

## 11月8日　星期六　雨

夜夢大哥。他穿著灰色西服，當他拍著我的肩膀的時候，我正穿著黑色西服看著一篇我自己寫的文章。兄弟的突然相見，都很高興。經過詢問，互相瞭解到都在參加工業建設，而且他住的地方離家很近。我怪他為什麼不回家。我約他到我住的地方休息，他跟著我走。看到一個有熱水的地方，大哥要洗腳。我說到樓上去。碰到另一個人，告訴我樓上沒有水。於是我就陪大哥洗腳。我嫌他的座位太低，我找了一個方竹凳，不太結實，大哥一坐就垮到地上了。我才知道是做夢。有很多情節已經忘記了，這裏記的只是概略。我與大哥見面的地方，我記得住的人都是比較知名的專家學者，這些人都參加了勞動。大哥的樣子，約莫有五十多歲。

大哥死了二十五年了，杜甫悼李白的詩說：「故人入我夢，明我長相憶」。我經常夢見大哥，說明我也是經常想到他的。如果大哥還活著，今天也會在建設祖國的崗位上前進的。他在生前最引為遺憾的

---

[109] 李德復（1932—），湖南新邵人。1956年畢業於華中師範大學。1957年開始發表作品。1962年加入中國作家協會。著有專著《典型報告》、《鄂北紀事》、《三個》、《高高的山上》、《藍色狂想曲》、《我長大了》、《錢》、《血吻》、《死角》、《李德復文集》（3卷）等。

[110] 《典型報告》，小說，首發《長江文藝》1958年第4期，《人民文學》1958年第5期轉載。

[111] 《人民日報》查無此文，出處不詳。

是打算去莫斯科的理想沒有實現，就被病魔奪去了生命。

晚間序東送新課表來，順便談到學生提意見的事。我對他表示：只要是實事求是提意見，都不在乎。談吐之間，不免有些情緒。

## 11月9日　星期日　陰

下午同興華帶小京去中山堂看了電影《母女教師》[112]。這部電影對如何教育頑皮孩子以及如何處理孩子的錯誤，有一定的教育意義，只是反映生活還不夠深刻，停留在表面。

## 11月10日　星期一　陰

上午去聽鄭的課，不斷地已於昨日上過了。今天是學生勞動。

## 11月11日　星期二　陰雨

上午鄭學彀來談，他因妻病，將請假回蘇州，本周功課，請我代授。

晚間老廖通知：老鄭星期五的課，改調星期六，因學生要去勞動。

## 11月12日　星期三　雨

下午七時吳主任作有關教育方針學習方面的報告，于書記接著談了兩點：1.顧慮問題，2.鳴放問題。

吳主任說，每人在二十號前要寫大（小）字報二百張。

對全面發展的理解[113]

1. 我曾經對全面發展作了錯誤的理解，以為學生對各門功課平均發展，成績均優，叫做「全面發展」。
2. 我曾經以為書面知識豐富就是文化水平高，很少考慮到資產階級知識份子的知識有絕大部分都是片面性的知識。
3. 我曾經以為幹部參加體力勞動是單純的為了改造思想，沒有想到更主要的是為了推動社會生產力的發展，是為了消滅腦力勞

---

[112] 《母女教師》，拍攝於1957年，導演為馮白魯，主演有林默予、紫千、張輝等。

[113] 應為所寫小字報草稿。

動和體力勞動的差別……等等。

4.我在無錫學習毛主席提出的教育方針時，跟許多同志主張高等師範是培養能勞動的教師，而不是能教書的勞動者。今天看來，這種看法是跟既能體力勞動又能腦力勞動的全面發展的概念是有出入的。

5.我也曾經認為在德智體三方面發展就是全面發展，忽視了把學生培養成為勞動者。

6.我曾以為搞好學生的業務學習，就是保證了教學質量，不知道這是造成學生的腦力勞動跟體力勞動的更大的差別。

## 11月13日　星期四　雨

晚間九三開會，孫純一報告參加人民公社的經過情形，並座談昨晚吳書記的報告，保證寫小字報一百五十張。

## 11月14日　星期五　晴

下午上丁戊已的「現代文選」，課後學習毛主席論帝國主義和一切反動派都是紙老虎，我發表了兩點感想：

1.資產階級教授專家的形象，也有些像紙老虎。

2.對鬥爭應表示歡迎。

貼出小字報二十張。

## 11月15日　星期六　晴

上午上四節，下午勞動並寫小字報二十四張。張老拿一份材料，要我寫一個證明，系關於一九四一年七月——一九四三年七月這一段時期桂林中學三三班情況和黃國彬等人的下落，我都不曉得。

下午一戊陳峰同學拿了他一本短篇小說稿要我提意見，我真有些戒心，怕將來被扣上鼓勵學生的資產階級思想的帽子。

晚與興華看上海市人民淮劇團演出的《忠王李秀成》。

## 11月16日　星期日　晴

下午給金築和心村匯了三十元。給繼母匯了十五元。

## 11月17日　星期一　晴

鄭學弢從蘇州返校，送來糖果一包。

陳伯元晚間七時來舍，幫我找北京廣播電臺的部位，沒有找到。

## 11月18日　星期二　晴

上午到新華書店，並理髮。

下午與鄭學弢談了片刻。

收到吳英和李清廉的信。

## 11月19日　星期三　晴

今天很冷。

鄭學弢來談兩事：1.學生提他的意見，他不心服，準備說明，徵求我的意見；2.要我繼續講完《夜渡靈官峽》[114]一課。

回吳英、李清廉信，鼓勵她們忠實於社會主義事業。

## 11月20日　星期四　晴

下午二時半一丙學生開鳴放會，對學校的勞動、對教學，都提出了意見。學生說我分析作品，把政治和藝術輕重倒置，說我的立場沒有改變，思想沒有解放，諸如此類。當然，要考慮這些意見。

老鄭晚間來舍，李清華和胡蓉芬來借書。

晚間九三開會。

小字報綱要[115]

1.誠懇歡迎同學提意見：

　①指出我在教學工作中的資產階級思想。

　②指出我在講稿中表現的資產階級思想。

　③我願意跟同學們一道來批判自己的資產階級思想。

2.心裏有個鬼

　鬼來堵住嘴；

---

[114] 應為《夜走靈官峽》，杜鵬程（1921—1991）1958年作。

[115] 題目為編者所加。13日開始，20日結束。

本來要暴露，

鬼又拉後腿。

3.吳主任曾說，思想改造是靈魂深處的改造；昨晚他又說，每
人心裏都有一個教育方針，這個教育方針總免不了跟黨的教育
方針有出入。這也是看穿了靈魂深處的話。我沒有完整的教育
方針，，也不反對黨的教育方針，但仔細檢查，從個人出發，
認為自己身體不行，不能跟小夥子一塊勞動，也就滋長了「方
針最好，可惜老了」的思想感情。

4.在學習教育方針以前，我跟許多人一樣，以為教育與生產勞動
相結合，對於理工科是很容易結合的，對於文史科卻不易直接
地結合。

5.有的同志說：勞動既然是一門課程，也應該有教學計畫。我同
意這種看法。因為這樣做，可以清除勞動是額外負擔的思想。

6.我在一九五五年胡風反革命集團被揭露前，在講授田間的詩的
時候，曾引證過胡風評述田間的話。

7.當馮雪峰的畫皮沒有被揭露前，我把他看成一個馬克思主義的
文藝理論家，喜歡引用他的觀點。

8.我從曾經引用過胡風、馮雪峰的論點看，我的文藝思想跟他們
有相通之處。

9.我在南師教過丁玲寫的《中國的春天》[116]，對這篇文章曾加以
讚揚。

10.在十月份，有一個時期的勞動量是每天十二小時，而且日夜
輪值，我覺得多一些，但到了正式上課之後，一個星期攤不
到幾次勞動，隨著沒有勞動的機會，我認為也不好。

11.勞動我是贊成的，但是我有一種「正規化」的思想，希望勞
動時間正規化。

12.勤工儉學辦工廠是好的，我希望辦的工廠，不僅要能賺錢，
而且要使每個人能學到一種技術。

13.一個教師在沒有徹底改造好以前，他的教學工作不可能完全
沒有問題。我希望領導上及時指出存在於教學思想、教學觀

---

[116]　《中國的春天》，發表於《新華月報》1952年第5期。

點、教學方法中的資產階級思想，以便及時改正，讓同學及時受益！

14. 黨的教育方針是適合於各級學校的，運用到高等師範學校，如何使師範化的特點跟教育方針相結合，互相推動，我還沒有想清楚。

15. 我校是高等師範學校，在如何貫徹黨的教育方針上，勤工儉學似乎跟中學的聯繫不夠。因為我們的同學將來不僅要在業務學習上教導中學生，還要在生產勞動上領導中學生。

16. 教學方法上習慣於老一套，只從事點滴的改革，沒有勇氣以革命的幹勁徹底來過。

17. 在科學研究中，大破資產階級科學性系統性，大立無產階級的科學性系統性。

18. 自己覺得教學好，並不等於符合教育方針。不同的階級對好與壞，有不同的標準。

19. 學生鳴放材料中有關教學的意見，希望班主任分類送給有關教師參考。

20. 在改革教學大綱、教學內容的同時，黨委書記應該下課堂聽課，對具體的人的具體教學及時指出，才能徹底改革教學。

21. 為了貫徹教育方針，文史科平時應注重群眾性的文學藝術活動的鍛煉，以便畢業後到工廠、農村參加或協助工農的文化生活。

22. 在學習方針前，我以為「多面手」是什麼課都能教的「萬金油」，這種看法是錯誤的。

23. 吳主任曾說：改造必須鬥爭，鬥爭是為了改造。這種對改造與鬥爭的辯證的看法，很可以消除鳴放中的任何顧慮。我希望同志們、同學們對我在教學工作中表現出來的資產階級學術思想進行鬥爭。

24. 「現代文選」的教學大綱，雖然是爭取貫徹黨的教育方針的，但是直到現在還沒有跟黨委、同學一起，實行三結合。

25. 二年級的同學指責現代文學組沒有及時講授共產主義文學的萌芽──新民歌，這種迫切的要求，是對的；現在回答同學：「文學專題報告」即將開始新民歌問題的報告。

26.在學習方針前，以為各門功課都得五分，才是全面發展。

27.我校是高等師範，但跟中學的聯繫不太重視。為了突出「師範化」的特點，可否在辦工廠的同時，還辦一些業餘中小學？

28.韋部長指示，不要勉強去談結合。自我檢查與外力揭發相結合。

29.注重學習生產教學科學研究相結合。

30.在教學大綱的擬訂、教材編寫等工作中，教師既未主動爭取黨委來結合，黨委也未親自來領導，更沒有發動學生參加。

31.「厚今薄古」，是貫徹教育方針為無產階級政治服務的一個重要環節。我校在這方面還搞得不夠。

我校對「厚古薄今」批判過，「厚今薄古」的宣傳教育似乎有進一步搞深搞透的必要。

文史科在課程設置上還不夠突出「厚今薄古」的精神。

「厚今薄古」才能顯示大躍進的姿態。

為了「厚今薄古」，文史科應添設「當代文學」，重點講授新中國成立以後的作品。

為了「厚今薄古」，文史科應添設「現代名著宣讀」，講授五四以來的名家名作。

為了「厚今薄古」，現代文學方面還可以多開幾個課程。

32.「現代文選」開設一年，只能講二十篇左右的文章，同學學的似乎太少了。

33.教師的勞動量應根據中共中央和國務院的指示，每年不少於一個月。

34.科工作室應及時搜集同學對教學的意見，並加以研究，表示自己的看法，然後轉送教師，督促改進。這是具體領導教學的途徑之一。

35.有一些會議，可以在工地舉行，邊勞動、邊討論，這也是腦力勞動與體力勞動相結合的形式之一。

36.歡迎同學以小組會議的形式對教師提意見。就我個人來說，我表示隨叫隨到。

37.關於非方針、反方針的思想，一方面固然要自己暴露，也要群眾揭發。二者必須結合，才不偏頗。

38.蘇聯文學如果暫時不開，似可先以專題報告的形式出現。

39.領導上應鼓勵青年教師開課，跟老師起互相輔導的作用。

40.青年教師如果不獨立開課，也應部分開課。這可以給老教師的教學注射新的營養。

41.青年教師開課問題，領導上要鼓舞，青年同志自己應爭取，老教師要支持。

42.開展互助聽課，並養成隨時提出意見的良好風氣。

43.當面給教師提意見，是真正的尊師重道。

44.在黨的教育方針的鼓舞下，當面對教師的教學提意見，幫助他提高，是真正的階級友愛。

45.文史科在分配教師的教學工作上，有積壓人才的現象。文史科的教師似乎還沒有做到「人盡其才」。

46.對同學結合生產勞動所產生的群眾性文藝創作，領導上和教師都應大力肯定、支持，並希望擇優加以油印。

47.學生在生產勞動中的創作，可以開一次展覽會。

48.希望文史科跟同學一起，舉行一次全校性的新民歌欣賞晚會，使學生體會到文學與生產勞動的辯證關係，認識工人階級的文藝路線的偉大勝利。

49.為了打破「先生講學生聽」的舊教學方法，「現代文選」似可試行師生共同分析作品的新方法。
師生共同研究作品是教學工作的群眾路線。

50.師生共同研究作品，根據初步的體會，有幾個好處：
①能集中智慧、豐富教學內容，提高教學質量。
②能促使學生開動腦筋，集中精力聽講，消化課文。
③鍛煉講課藝術，為試教創造條件。
④可以結合朗讀和講解，推廣普通話。
⑤同學互相啟發，提高對作品的欣賞水平。

51.師生共同分析作品，也有值得研究之處：
①一篇文章的教學時間可以長一些；
②分析一篇作品之前，要有一定的準備時間；
③如何充分動員普遍發言。

52.「現代漢語」的朗讀課似乎可以用「現代文選」的選文材料。學生體會較深，可能朗讀較好。

53.習作課的教學似乎也可採用在教師領導下的小組批改的方式，突破學生作、先生批的圈套。

54.習作課的命題可以結合生產勞動，以勞動任務作為中心主題。

55.我長期患失眠症，自從參加了一些體力勞動之後，症狀顯著減輕，飯量也相應增長，教學也較有精神。

56.建議師生共同在一起漫談教學改革問題，每週一次。

57.教學改革包括「教」與「學」，怎麼教好，怎麼學好，兩方面都有所改革。

58.教師只有參加了勞動，才能教好反映勞動的文學作品。

59.為了貫徹教育方針，「現代文選」應該多選配合當前政治生活、反映工農業生產的文學作品。

60.「文選」與「習作」兩組似可舉行一兩次朗誦欣賞和習作批改方面的觀摩會。

61.「文選」除在課堂上試行師生共同分析外，某些文章的備課，也可吸收水平較高的同學參加。

62.編高校教材。

63.文史科應與省市文聯掛上鉤。

64.讀了幾十年書，但對工農業生產一無所知。

65.請領導上安排固定的時間讓教師深入到學生中去。

66.貫徹黨的教育方針的過程，對於我來說，也就是自我改造的過程。

67.養成學生參與文藝活動的能力。

68.教師應深入學生，學生也要主動找教師。

69.請科工作室把各兄弟院校在教改後編寫的大綱、教材以及學生編寫的教材，集中陳列在會議室，供大家參考、學習。

70.教學改革應該組織一些專題座談。

71.請教務科把各兄弟學校批判資產階級學術思想的文章搜集起來，開一次展覽會。

72.建議省教育廳組織本省高等學校文科舉行各科教改的專門會議，統一步調，互相學習，共同前進！

73.請黨委會組織人力對教師的講義進行審查。

74.為實行三結合準備條件，請文史科黨總支參加「現代文選」

的備課小組會，進行必要的指導。

75.把鳴放變成一種社會主義的民主習慣，盼望同學對教學改革提出意見。

76.在教學工作中，我們一方面要打破資產階級性質的舊常規，一方面也要建立無產階級的新常規。

77.文學史教師有學習一次革命的現實主義和革命的浪漫主義相結合的創作方法的必要。

78.把毛澤東詩文作為專章編入「現代文學」中去。

79.科工作室最好定期召開課代表會議，通知任課老師也列席，聽取同學對教學的意見。

80.請領導上配合勞動，抓一下系統的理論學習，幫助教師改造思想。

81.建議黨委會定期召見教師，對教學思想的改造，加以具體指示。

82.希望同學們平時也對教學提意見。不必等待運動到來後，才提意見。

83.過去我教「現代文選」，多半講魯迅、茅盾、郭沫若等，四二年以後，除了趙樹理，其他作家講得很少。這其實也是「厚古薄今」的一種表現。

84.領導上除了抓教師的課堂教學外，為了及時撲滅資產階級學術觀點，也要抓教師的備課工作。

85.課堂教學只是針對一般的水平，最好把水平較高的和較低的組織起來，在教師的領導下，由同學自己個別輔導。

86.領導上如何抓教學，希望建立制度，訂立計畫。

87.如果對教學的意見關係到學術上的專門問題，應該把意見寫得具體一點。

88.怎樣針對學生的思想實際進行教學，對於我來說，仍然是一個有待解決的問題。

89.我過去對學生的水平估計不足，以為只有高年級的同學才談得到參與「三結合」的工作。在我接觸了一年級的同學之後，我感到以前的看法是片面的。

90.怎樣使同學對教學的意見，具有最高程度的代表性，是值得研究的問題。

91.文一丙班在二十日下午開的鳴放會，是真正推動教改的動員會，希望多開這樣的會！

92.怎樣在教改後結合生產勞動教學，出現科學研究的新學風，是值得研究的一個問題。

93.教師的備課，材料研究，休息等都不應與教育方針相抵觸。

94.在學習教育方針時的兩條道路的鬥爭，是進入共產主義的前哨戰。

95.怎樣在文學作品的課堂教學中貫徹教育方針，是值得商討的一個具體問題。

96.政治質量高的教師應在課堂教學上起示範作用。

97.在教改後應出現相互之間坦白提出意見的新氣象。

98.聽到意見後感到心情舒暢，不產生抵觸情緒，是思想水平提高的具體標誌。

99.現代文學方面反映工農業生產的長篇作品很多，如何使文史科同學都能擇要閱讀，是值得研究的問題。

100.資產階級教學觀點有一些是教師自己限於水平還認識不到的，必須依靠集體的力量加以揭露。

101.工廠辦學校，師資要學校支援；學校辦工廠，也要工廠支援技術人員。這樣雙方才可少走彎路。

102.大字報有數字而數字的偏向，有一些不能代表個人的原始思想。怎樣杜絕「湊數」思想。

103.應該開設「中國民間文學」一課。

## 11月21日　星期五　晴

下午學習論紙老虎文件。

晚間陳伯元和王惠敏兩同學來座談片刻。

## 11月22日　星期六　晴

下午于書記作了關於成立人民公社的動員報告，晚上熱烈討論，都報了名，並向校黨委報喜。

于書記：關於參加人民公社的動員報告

一、人民公社的性質

是以生產為中心的以工、農、商、學、兵相結合的社會結構的基層單位。毛主席說：一曰公，二曰大。所謂「公」，是指生產和生活資料都是公有的；你的，我的，大家的，但又不是國家的。

人民公社是從社會主義社會向共產主義社會過渡的一個最好的組織形式。也即是從集體所有制過渡到全民所有制的一個最好的組織形式。從社會主義的全民所有制過渡到共產主義的全民所有制的最好的組織形式。

四化：組織軍事化，行動戰鬥化，生活集體化，管理民主化。

公社的體制：有三種體制──①一縣一社；②一縣數社，縣設聯社；③一縣數社，縣沒有聯社。以第二種較好。第三種不好，群龍無首。

二、人民公社的組織：

①社員代表大會，最高權力機關。

②社務委員會。

③常務委員會。

公社下設若干「部」、「會」、「委」。

凡是中華人民共和國的公民，可以志願申請參加。

尚沒有取得政治權利的地主、富農、反革命分子，不得參加；如要求參加，經過討論、批准，准予參加，不算社員；不批准者，監督勞改。

先搭架子。──雲龍人民公社。先成立籌委會，然後逐步組織三堂：育嬰堂（托兒所）、敬老堂（幸福院）、食堂。「三堂」是客觀形勢發展的結果，不是誰的主觀造成的。這是第一個原因。

勞動大批調動，組織必需大，這是第二個原因。

一畝田的勞動力從去過的二十個工增加到二百個工，因此，必須把婦女的勞動力解放出來，這是第三個原因。

從這三個原因看，人民公社是一九五八年大躍進當中創造出來的。河南最早，安徽在一九五四──五五年就開始了，當時由於災荒，大家發揮共產主義的協作精神，集體度荒，於是形成了「公社」──「大合作社」。

由於形勢的發展，不建立公社是不成的。江蘇的河網化有一百七十二萬億土方的工程，相當萬里長城，需要大量的人力和物力。

不「公社化」，今後就不能大躍進。

公社架子搭好後，還得鞏固、提高。暫時艱苦，長遠幸福。

不是取消家庭，而是取消家長制。仍有「家長」，但不是「家長制」。

三、工資制和供給制問題

是在物資生產很好的條件下實行供給制。今天實行的半供給制和半工資制，「半」不是二分之一。

大集中，小自由。

逐步提高：

①提高社會的財富。

②提高人民的共產主義思想覺悟。

③提高文化、技術。江蘇省十年普及高等教育，全國十五年普及。

幾個問題：

①會不會出現懶漢？會。但是可以社員們監督勞動改造。

②工資多少與積極性高低。

工資不動，暫時遷就落後的一面。

③家屬怎麼辦？

作為公社的一個管理區，有自己的食堂、托兒所、敬老院。大搞生產，大辦工廠，大搞科學研究，必須解放家屬的勞動力。根據生產情況，酌予工資。

④洋機[117]——屬於集體所有。

⑤保姆——大勢所趨，以後保姆找不倒。

⑥托兒所甲：全托；乙：日托，吃飯，晚上回家。丙：看管，吃自己的。丁：吃奶孩子有哺乳室。

⑦銀行存款，並不歸公社。

⑧學生入公社怎麼辦？

⑨婦女問題：在原始共產主義社會，男女都一樣。

吳書記講話：

一、人民公社是共產主義的萌芽，它把人民的生活帶到更幸福的水平上去。明天比今天一定好。

---

[117] 縫紉機。

二、對人民公社的許多傳說應加以正確的判斷。說公社不好的，是從敵視的角度出發的。我們應理解對公社看法上的兩條道路的鬥爭。

檢查自己觀點，有一些問題時由於錯誤的觀點造成的。例如天倫之樂的問題，就是從資產階級及觀點出發的。

三、共產主義社會的幸福，是全體人民通過勞動創造出來的。

四、怎樣對待入社工作？

    1.堅信黨的領導。

    2.堅持辯證唯物主義觀點，以發展的觀點看問題。

    3.大鳴大放甲：暴露錯誤的看法，即使糾正。乙：提供參考性的意見，大家出主意。

    4.積極行動起來。

# 11月23日　星期日　晴

上午把入社[118]申請書交給鄭學毀。

八時起敲礦石，到十一時半止。

# 11月24日　星期一　晴

下午選積極分子。晚間舉行毛主席詩詞學習晚會，又開九三小組會。

毛主席詩詞學習會

張主任：

1.首先要在生活上有所準備。

2.由於毛主席精通了馬列主義，對革命的前途有信心，才能高瞻遠矚；加以具有革命的人道主義和愛國主義，這是詩中表現的根本精神，從此出發，才表現胸襟開闊，想像豐富，氣魄雄偉等特點。

「不到長城非好漢」，表現堅定的信心，與動搖分子完全不同。

「今日長纓在手」，主動權在手，勝利便有把握。

《長征》以八句詩表現長征，也只有毛主席從切身的體會中才能

---

[118] 指加入學校所成立的人民公社。

表現出來，表現革命的樂觀主義。

「昆侖」氣魄宏大。「橫空出世」寫出了昆侖山的高大。

「閱盡人間春色」與「飽經滄桑」等有別。所謂「春色」是社會越變越好。一部社會發展史概括其中。

「數風流人物還看今朝」，到了今天才體會得深刻。「風流人物」，第一流人物，能文能武。「六億神州盡舜堯」，也是此意。

把吳剛和嫦娥寫成與烈士能夠建立友誼的人物，這是「古為今用」。

「送瘟神」同意吳天石的意見。

「形式方面」引致《詩刊》函，不要在青年中提倡[119]。

## 11月25日　星期二　晴

上午五時許起床，六時許出發到十多里以外的農村運紅薯。

下午聽徐州市委沙書記的方針報告。

## 11月26日　星期三　晴

得吳英、李清廉信，並附她倆合影以及清廉母子合影各一幀。

與鄭學弢研究《天搖地動的一年間》。

## 11月27日　星期四　晴

下午二時跟興華看蘇聯白俄羅斯影片《戰鬥的童年》[120]。

## 11月28日　星期五　晴

上午敲了兩小時焦炭，然後上了兩小時課。本來前兩小時要聽張老講毛主席詩詞的，高樹森堅持要敲焦炭，既然要教學服從勞動，那就只有捨聽課而敲焦炭了。

---

[119] 毛澤東1957年1月12日致臧克家及《詩刊》編輯信中表示：「詩當然應以新詩為主體，舊詩可以寫一些，但是不宜在青年中提倡，因為這種體裁束縛思想，又不易學。」

[120] 蘇聯電影《戰鬥的童年》，由長影1958年譯製。影片通過特魯喬夫和他的夥伴們的勇敢、機智的戰鬥經歷，真實地表現了他們在戰鬥中建立的真誠的友情和他們豐富的內心世界。

## 11月29日　星期六　晴

下午開會討論向積極分子會獻禮問題。

晚間沙書記報告徐州解放十周年。

## 11月30日　星期日　晴

上午大掃除，並參加三、四、五、六班學生鳴放。

下午與鄭學發、王進珊討論研究毛主席詩詞的計畫。

三、四、五、六班鳴放大會

蔡嘉明（戊）：

對歷史課的批評；

關門閉戶的教學方法；

厚古薄今的教育方針；

穿插反動謬論。

韓志堅（丁）：

教師不深入同學、瞭解教學情況。

路明立（己）：

既要培養教師的「多面手」，也要培養「多面手」的教師。

學生的主要任務應該是學習，不是勞動。贊成韋部長的指示。

在師專能學到知識，但學習到的要比師院、師大為少。歷史、文選都沒有超過中學的範圍。因此，我不滿意上師專，不願意到農業中學教書，因為它不正規，設備差，農村生活艱苦。

助教助教，應該助教。老師應該到學生中去。

張維萍（丁）：

把材料交給學生，共同備課。

反對半工半讀。主張一個單元勞動，一個單元學習。

倪雅芳（戊）：

老師應以身作則。體育和普通話都應帶頭。

楊士昌（戊）：

兩年嫌短。

張武言（丁）：

不實事求是。

劉企華（丁）：

對學習不重視。

史濟民（己）：

勞動如何結合專業。

學生質量不高，開課老師質量也不高。

批評、心理學、歷史、文藝理論、習作。

「現代文選」的老師分析杜書記[121]的「保守思想」是由於形勢發展得太快，為什麼說「太」字，可見是對形勢發展「太」快有抵觸情緒。是不是發展慢一點，就能消除「保守思想」？

楊春玲（丙）：

「現代文選」講思想內容比較少，藝術技巧比較多，而且分析的是皮毛，總結的時候對的不對的都總結進去。

老師與同學同吃同住同勞動做得很差。

陳峰（戊）：

師專培養人才有保守現象。

大學教師的話應該成為定論。

同學說我是神經病。

文藝理論有教條主義傾向。

毛家駒（丙）：

1.思想改造是教改的主要問題。

2.三結合問題。

校黨委對講稿沒有嚴格審查。

楊維富（戊）：

1.資產階級和無產階級的鬥爭（文藝理論）。

2.講課有顧慮（心理學）。

祁開文（丁）：

文藝理論和習作輔導可以合併。

同學見不到老師。

老師思想尚未解放。

---

[121] 李德複作品《典型報告》中的紅花社支書。

## 12月1日　星期一　晴

下午舉行徐州市解放十周年慶祝大會，晚間文史科學生文娛晚會。

## 12月2日　星期二　晴

今天是師專運動會的日子。我年老無技，沒有參加。下午本想去看看，但因與興華第一次逛雲龍山，疲倦了，就沒有去。

寫成聽了于書記報告後的一首七言律詩。多少年來，這還是第一首舊詩。

## 12月3日　星期三　晴

下午去看顧莉莉。她在昨天運動會上被同學的自行車碰傷。

## 12月4日　星期四　晴

上午上課時，把歌頌徐州解放十周年的一首律詩[122]，交給張久如同志。詩的原文是：

> 雲龍山畔不平常
> 泥水汪洋變學堂
> 淮海當年除舊政
> 徐州從此換新裝
> 工農大眾長為主
> 剝削階層一掃光
> 更喜未來無限好
> 歡呼萬歲黨中央

下午上街，跟興華一道看了埃及影片《和平的土地》。它寫的是阿拉伯人和以色列的鬥爭，表現了埃及游擊隊的勇敢、機智，也表現了阿拉伯人在反抗以色列人的迫害中更加團結。

今天還修改了五月在無錫所寫的一首新民歌：

---

[122] 寫於1958年12月1日「徐州師專慶祝徐州解放十周年大會」後。

　　山歌唱到大天亮，
　　唱出山歌兩大筐：
　　一筐唱給毛主席，
　　一筐唱給黨中央。
　　挑起山歌走天下，
　　五湖四海放紅光！

## 12月5日　星期五　晴

　　上午聽張久如同志講毛主席詩詞，學習毛主席寫了兩首十六字令：
　　其一：鋼——，幹勁衝天夜未央；銀河淡，爐火勝朝陽。
　　其二：鋼——，紅遍神州氣勢昂；燒死你，美國野心狼！
　　下午學校召開大會傳達周總理關於臺灣地區的鬥爭形勢的報告，沒有讓右派分子和監督使用的反革命分子參加。

## 12月6日　星期六　晴

　　晚間九三小組開會談總路線提出以來的思想情況。會後，與鄭學弢談了一些教學上的問題。
　　小蘇昨晚上吵鬧，大概是因為托兒所帶去看了一場電影，著了點涼，有點發熱。
　　戊班學生陳峰跟我談他的短篇小說《試驗田》。

## 12月7日　星期日　晴

　　上午廖序東找我去商量增加現代文學的時數問題。
　　下午同興華領著孩子們到動物園逛了一下。小孩都喜歡猴兒。
　　晚間我校有慶祝積極分子會議開幕的文娛晚會，帶小京看了一會兒。
　　李清華同學晚間曾來舍小坐還書，並交換了一下讀過《青春之歌》的印象。

## 12月8日　星期一　晴、多雲

閱讀何其芳《沒有批評就不能前進》[123]。

## 12月9日　星期二　晴

昨日因重感冒，一夜沒睡好。口腔發乾，頭部沉重。而今天的工作卻特別煩重，除了聽張老講毛主席詩詞二小時外，上下午各授二小時。

下午吃餛飩，放了不少辣椒、香辣粉和大蒜。

## 12月10日　星期三　晴

下午開會討論鳴放和學習論紙老虎文獻[124]問題。

重傷風還沒有好，到校醫室看了一下。

## 12月11日　星期四　晴

昨天馬書記把師生所擬的電影《公社教師》的創作計畫傳閱，我看見其中人物之一是右派分子，階級成分是富裕中農。覺得有些不對頭。根據鄧小平同志的報告，在工農中整風，不戴帽子。右派分子只存在於知識份子中。今晨曾將此意見轉告馬書記研究。

下午與鄭先生商量下面課程安排問題。

課代表會議，學生沒談出多少問題。

下午課代表會議（張老主持）

開會目的：1.學習情況；2.對教學的意見。

王瑞南（文二甲）：

1.新中國成立以後的作品講得太少，新作家講得太少。要求補課。

2.講修正主義的批判不夠透徹，僅講代表人物及其論點不夠滿足。

　張老師[125]講話，北方同學聽不懂。

3.學習空氣不太濃厚。

---

[123] 應為《沒有批評，就不能前進》，載《新華月報》1954年第12期。

[124] 《人民日報》1958年10月31日發表編輯部文章《毛澤東同志論帝國主義和一切反動派都是紙老虎》。

[125] 張久如。

4.教學形式多樣化。

吳功志（文二乙）：

1.記筆記困難，感到恐懼，不知如何去教。

2.前一階段課程的安排，厚今薄古體現得不夠。現代文學的課時太少。

3.對「批判」專題講得還不夠透徹，最好結合作品批判，聯繫理論批判。

4.沒有課堂討論，如對巴金作品應該加以討論。希課外找時間討論。

5.輔導課上學期雖是形式主義，畢竟還能找到老師，現在竟找不到老師。

6.百分之九十九的同學上自修就是看小說。

王瑞南：

因為筆記記不下，希望印講義。

文二丙：

古典文學講義發得不及時，而且還有錯字。

講解最好在一課之後。

北方同學聽嚴老師[126]的話困難。

反歷史主義的觀點，如說古代民謠在「紅旗」下結合。

古典文學（文二乙）

1.看小說風氣甚濃，復習時間少。

2.嚴老師束手束腳，沒有解放思想。

不要因時間不夠而少講。掌握時間不夠好。教學形式還一般化。

3.郝老師的講義比較簡單。

4.缺少獨立分析作品的能力。

不會分析。

5.課外文學活動的領導能力。

6.新出的小說，最好組織同學討論。

7.講義最好打字。

---

[126] 嚴濟寬。

# 12月12日　星期五　晴

　　下午教改鳴放會。會後，馬書記認為只是個人談個人的，沒有樹立對立面辯論，希望下次找對立面。

　　晚間與鄭學弢準備課堂討論《小技術員戰服神仙手》[127]的提綱。

教改鳴放會發言提綱[128]：

一、關於知識質量問題。

二、教學和勞動結合問題

　　1.由於所受的教育和接受的社會影響，都是屬於資產階級體系的，因此，對於知識質量的看法，在一九五七年黨中央和國務院發出幹部下放勞動鍛煉的指示前，是強調書本知識的掌握的，是脫離勞動的。雖然曾經學習過毛主席的《實踐論》，瞭解實踐是知識的來源，但主觀上對生產實踐的重視是不夠的。雖然，由於解放以來，通過一系列的學習，對體力勞動是重視了，自己也曾參加過義務勞動，但在學習教育方針以前，並沒有想到教育質量要通過生產勞動去提高。因此，自己思想上對於教育方針的理解，仍然停留在資產階級販賣知識、傳授知識的階段上。

　　2.在開始學習教育方針後，最初一個階段是認識不足的。以為黨強調生產勞動，對教學人員說，主要是為了改造思想，並沒有把勞動和知識質量之間的有機關係認識清楚。因此，思想上對那些文科不能與生產勞動相結合的觀點，不能批判，而且還暗暗點頭，自私表示同情。

　　3.剛學習教育方針時，我對生產勞動並無抵觸，只是覺得教師參加生產勞動後，從事科學研究的時間會減少，從而教師的科學水平會不能很快提高，因而會影響教學質量。

　　4.年青一代的學生參加生產勞動，我是更加贊成的，可是又擔心一個學語文的學生，兩年之內除了勞動時間、上課時

---

[127] 《小技術員戰服神仙手》，評書，范乃仲作，載《曲藝》1958年第10期。《人民文學》同年第11期轉載。

[128] 吳奔星發言提綱內容。

間外，怎麼能夠把必要的參考書、必讀書念完？因此思想上曾產生一種趕快改成師範學院的急躁情緒。

5. 在理論上我肯定文史科是可以跟生產勞動結合的。因為通過生產勞動，徹底改造教師的思想，使教師跟工農有共同的語言，這樣教學工農兵文藝作品，就會理解得更深入，教學質量從而也會提高。但是文史科的業務究竟如何跟工農業生產做直接的結合，我還是感到模糊。

6. 我認為要在師專的兩年培養出工人和農民是比較困難的。

7. 生產勞動培養了社會主義覺悟，對分析作品是有好處的。學生追求分析的方法；方法固然也重要，但重要的在於分析思想內容。

8. 有些大學留助教，也是重政治質量和業務水平，沒有，也不可能，把生產勞動的知識與技能估計進去。

9. 生產勞動一方面要有臨時性的義務勞動，但也要有一些計劃性的生產勞動，而且以後者為主。

10. 「現代文選」的質量是無底的。

11. 知識質量的標準，應跟隨著不同的學校、不同的系科而有所不同。

鄭：

有提高的，也有降低的。降低的原因：①教師的破立未完成；②勞動和學習的安排尚未固定；新的秩序還沒有完全形成；③過去有勞動為主的偏向。

蔣：

六大矛盾。

讀一句用一句，才是好的；讀多了沒有用，不如不讀。

李：

教學小腳女人。

孔子隨地隨時上課。

「文藝理論」、「現代文選」還是從前那一套東西。

「現代文選」局限於名家名作。

范：

結合是「紅」。

黨委聽課，抓教學。

大破大立，評北師大的文藝理論大綱。

王守之：

參加勞動，打垮了知識份子的架子。

衛一萍：

缺什麼，補什麼，主要補思想改造。不應強調專業，對教師可以如此說，對大部分學生是否也能這樣說？如果能，我校的許多專業課可以大砍大殺。

蘊：

教學質量包括政治、文化、勞動三方面。

古：

1.知識質量達到什麼標準？

　是減少、壓縮呢？還是多快好省？

2.如何幫助工農同學？

3.生產勞動也要開課，做些技術指導。

4.上課、勞動的計劃性加強。

5.一方面勞動，一方面學習，就是結合。

# 12月13日　星期六　晴

下午馬書記傳達，毛主席建議：

下屆中華人民共和國主席候選人不要提他，並經黨的八屆六中全會（在漢口召開）同意。理由有三：1.讓毛主席光做黨中央主席，有更多的時間研究黨和國家的方針、路線；2.研究馬克思主義的理論；3.必要時，根據人民的願望與需要，仍可提他任主席。

# 12月14日　星期日　晴

上午五時，興華偕小京到菜市買菜，經過三小時，一無所得。她回到家大發脾氣，說我不應叫她在星期天出外買菜。

下午帶小京看希臘影片《偽金幣》。這部電影揭露資本主義國家內部的腐朽與醜惡很深刻，表現手法也很細緻、動人。

晚間丙班同學王恒美、郭東如兩同學來漫談。

## 12月15日　星期一　晴

今天興華去買菜，又撲一空。

上午丙丁兩班課堂討論《小技術員制服神仙手》。

下午動員修建石狗湖[129]水庫工程。

## 12月16日　星期二　晴

上午八時戊班課堂討論[130]

1.鄧修恒：

在大躍進形勢下，先進思想的勝利，保守思想的失敗。

把一個小技術員放在一個革命的家庭，就為戰勝保守思想打下了一個基礎。

2.江鎖芬：

①小技術員受到革命家庭的培養。

②支書對他的計畫很滿意。

3.倪雅芳：

①黨的領導使小技術員有充分的信心完成計畫，並且預見到有一場思想鬥爭，使之有充分的準備。

②對不同的人採取不同的教育方法。用「膽大、膽大」來迎合神仙手，希望通過這，教育他。對小技術員，則說三年五載也學不完神仙手的技術，鼓舞他們互相學習。5000斤除了本身努力外，黨的領導起來主導作用。

這篇作品對當前農村的技術革新是有影響的。

蔡嘉明：

一開始就說明了農村新舊思想的鬥爭，目的性是為了搞好生產。目的性一致，產生挑、應戰，這就不同於資本主義社會。

---

[129] 石狗湖，是江蘇徐州市雲龍湖的原稱，位於徐州城區西南部。它西連韓山，東依雲龍山，南停大山頭和豬山，原水面5.8平方公里，陸地5.6平方公里。《重修雲龍湖碑記》載：「徐州市人民政府於1958年浚湖工，清淤疊堤，穿渠起閘，軍民勞作，兩易寒暑，八裏長堤北臥，萬畝綠波蕩漾。1960年2月工竣之日，始有雲龍湖之新稱。」

[130] 即討論《小技術員戰服神仙手》。

競賽的結果，都感到圓滿。

最後的挑戰，也表現了社會主義制度的優越性。

小技術員的計畫，有些關門造車的傾向。

楊士昌：

1.黨支持新事物，表現了很大的決心。

2.對神仙手表示了團結教育的政策。

倪雅芳：

1.作品除了寫支書東跳西跳以外，其他方面表現太少；

2.小技術員似乎不是剛從初中畢業出來，而是一出現就製造這樣
　完善的計畫，關門翻米丘林[131]著作，就寫出計畫，這一點是不
　真實的。

張開平：

人民內部的矛盾，不是敵我的矛盾，因此，神仙手在事實面前，
就認輸。組後採取擺事實講道理的方法。

楊維符：

1.談矛盾的處理。

2.神仙手得意，認為青年人種的小麥像菱草。

3.黨對新事物的重視。

4.人物形象不怎麼生動，作者說理多了些。兩個人鬥爭，寫群眾
　活動不夠。

魏素雲：

在黨的領導下打破了數千年的保守思想，對農民進行了社會主義
教育。

黨的領導，也證明社會主義制度的勝利。

顧漢：

1.寫支書對雙方的態度很真實。

2.結尾不太好，如果沒有了的話。（對「請聽下回」的認識）

於啟祥：

1.陸續介紹人物出場，人物有代表性。

---

[131] 米丘林（1855—1935），蘇聯園藝學家，植物育種學家，米丘林學說的創
　　始人。

2.語言很豐富，用了很多歇後語，適合人物身份（「豆芽子上天」……）。

3.形象性「像大姑娘的頭一樣」。

劉遠軍：

1.小技術員是革命的後代，青年團員，父親經常來信鼓勵，因此他的思想非常進步。

神仙手的典型性，他的保守思想有他的根源，因為他有幾十年的經驗。

2.題目很好——暗示先進與保守的鬥爭。

黃殿才：

1.黨的預見性，預料到事物發展的規律。

2.語言通俗，歇後語。

3.一開始就引人入勝，而且頗有思想性。

4.矛盾的發展很自然，見大家同意，忽然神仙手不同意。

5.挑應戰時為了讓落後趕先進，先進更先進，共同向共產主義社會邁進。

下午一時許，同興華帶小蘇去看《偽金幣》並洗澡。走到公園前，小蘇脫手走馬路，臉朝北行，一個解放軍下士騎自行車自南而來，剎車不及，把小蘇撞倒，左手小指受傷，額中及偏左撞傷兩處，當時未發覺，到電影院才給他揉撫。並買了紫藥水給他擦手。在影院中，發現他精神不佳，回家路上給他買的餅子也不吃，到了家，吃牛肉餛飩，只吃了兩個餡兒。洗臉後送上床，一量體溫，39度，隨即吃了大半片S.D.帶小蘇打。今天如果撞死撞傷，造成悲劇，真是不堪設想；如果他發燒是由於破傷風，也不得了。雖然怪興華沒有攙扶，也怪我提議要他去看電影。真是悔之不及！

閱十五日《人民日報》，羅常培[132]於十二月十三日逝世。

---

[132] 羅常培（1899—1958），字莘田，號恬庵，筆名賈尹耕，齋名未濟齋。北京人。滿族。北京大學畢業。語言學家、語言教育家。歷任西北大學、廈門大學、中山大學、北京大學教授，歷史語言研究所研究員，北京大學文科研究所所長。新中國建立後，籌建中國科學院語言研究所，並任第一任所長，中國文字改革委員會委員。畢生從事語言教學、少數民族語言研究，方言調查、音韻學研究。

## 12月17日　星期三　晴轉陰

下午討論教育方針，老高有意歪曲我的發言。晚間留陳伯元、王惠敏便飯。陳伯元明去南京參加國防體育鍛煉。

## 12月18日　星期四　陰

上午與鄭、高備課——馬前卒評「改選」[133]。

下午準備新民歌論文。

## 12月19日　星期五　陰

上午五點就醒了，六時起來，吃了飯，七時集中到石狗湖工地抬土。回到家，肩膀腫痛，屁股下墜，兩腿酸痛，真是年齡不饒人，趕不上小夥子了！

## 12月20日　星期六　晴

小蘇這幾天發燒，下午興華領他到婦幼保健院瞧病，說是氣管炎，花了兩塊多。

晚間工會舉行文娛晚會，我參加唱《人民公社好！》。

## 12月21日　星期日　晴

今天勞動下來，很感疲勞。

晚間老蔣來談教學問題，並提到我在會上發言要當心一些，因為我跟別人不同，頭上有一頂帽子。

## 12月22日　星期一　晴

下午理髮。

晚間鄭學弢通知：1.日內將檢查普通話；2.明日與高樹森共同備課——《什麼是真實》。

---

[133] 應指《一株攻擊黨的領導的毒草—評「改選」》，作者馬前卒，載《人民文學》1958年第9期；《改選》，作者李國文，載《人民文學》1957年第7期。

## 12月23日　星期二　晴轉陰

上午聽鄭學弢講課，並集體備課。

下午跟興華因布票問題，大鬧一場。

## 12月24日　星期三　陰雨

興華三點多去市場排隊買肉，我和小京五時去買，買了三點五[134]的肉[135]。

吳海法[136]從鄭集中學[137]來信，問《春蠶》發表年月[138]。

回李清廉一信。

## 12月25日　星期四

下午課里鳴放，晚間九三討論。

鄭學弢來說，高樹森要教甲乙班，不教丙丁班，我表示同意。

## 12月26日　星期五　陰轉多雲

繼續鳴放。準備講毛主席詩詞。

## 12月27日　星期六　陰轉晴

上午辯論，到十時，于書記作深入鳴放的動員報告，下午討論他的報告，每人檢查了學習以來的思想情況。

分析毛主席的詞《水調歌頭·游泳》。

---

[134] 疑漏量詞，或「元」或「斤」。

[135] 後面一行字跡遭塗抹。

[136] 後改名為吳海發，字燭人。江蘇無錫人。民進成員。1958年畢業於南京師範大學中文系，分配到徐州鄭集中學任高三語文教師。後調回無錫，歷任無錫市市北高級中學、無錫市幹部學校教師，兼任市內高校教學工作，高級講師。2005年加入中國作家協會。著有《文苑落英》、《文天祥〈指南錄〉校注本》、《大鵬折翅：記李白的悲劇人生》、《學術河上烏篷船》、《二十世紀中國詩詞史稿》等。

[137] 鄭集中學，位於江蘇省徐州市銅山縣。始建於1952年，1963年被確定為江蘇省教育改革試點學校。

[138] 春蠶，茅盾作，最初發表於1932年11月《現代》第2卷第1期。

上午教研室發言[139]：

我覺得討論黨的教育方針，強調課堂教學是對的。

①並無絲毫輕視生產勞動之意，恰恰相反，今天強調的也是為無產階級政治服務，與生產勞動相結合的課堂教學；

②如果說，為了貫徹黨的教育方針，就不應強調而只應忽視課堂教學，這決不是方針的含義。

③貫徹黨的教育方針，不是為削弱課堂教學，而是為了更好加強課堂教學。所謂加強，是在學習過程中，清除資產階級的教學思想、觀點、方法以及教學內容，樹立無產階級的教學思想、觀點、方法以及教學內容。

④生產勞動是應該強調的，但如果為了強調勞動，而故意把課堂教學的作用貶低，是顯然違背方針的。

## 12月28日　星期日　晴

小蘇又有些咳嗽，小京發熱，熱度到三十八點七度。

晚間參加時事測驗。

## 12月29日　星期一　晴

上下午都是關於教育方針的鳴放辯論。教習作的幾位老師，有不夠團結的跡象。

## 12月30日　星期二　晴

上午鳴放，下午休息，晚間九三開會。

陳峰與李清華來談話和借書。

## 12月31日　星期三　陰

印、京跟興華排隊買肉，結果，上課時間已到，肉還沒賣，只得去上課。

---

[139] 應為上午辯論吳奔星的發言內容。

1959年7月徐州師院首屆畢業中文甲班留念，吳奔星為第二排右一

1959年7月13日吳奔星與學生吳功志合影

1959年9月26日學生陳月清贈送的照片（見當年10月3日
日記）

1959年8月5日吳奔星與夫人李興華及子女全家福

1959年6月7日吳奔星子吳心印和吳心蘇合影（見當年6月7日、14日日記）

1959年6月7日吳奔星與子吳心蘇合影（見當年6月7日、14日日記）

1959年4月29日學生李清華贈送
的照片（見當年4月29日日記）

徐州師院中文系
黨總支書記馬煥
周寫給吳奔星的
條子（見當年7
月2日日記）

1956年第11期南師校刊發表的孫望
《「懷舊」試譯》，上面可見吳奔星
的大量修改（見當年9月30日日記）

## 元月1日　星期四　晴

下午跟興華帶孩子們到淮海路走了一趟，想看兩點五十分的電影《黨的女兒》[1]，但是買不到票，就在馬路上無目的地走了一遭。走進新華書店，也只見人擠人，空氣很壞，連售貨員也見不到，小印要買連環畫，也沒買成。偌大一個徐州，只有彭城路上一家店賣八寶飯和清水元宵，質量不佳，可是顧客盈門，排不上隊。買了幾個梨子回家。

## 元月2日　星期五　晴

昨晚嚴重結冰。

下午聽張久如講毛主席詩詞《蝶戀花》和《送瘟神》二首。

赴中山堂看電影，時間未到，又沒看成。

聽說豬肉將發供應證，每人每月三兩。

## 1月3日　星期六　晴轉陰

下午跟興華看《黨的女兒》。

這幾天最低溫度都在零度以下六至八度。

## 1月4日　星期日　晴

早上在家吃……[2]

氣象臺天氣報告：今明低溫，最低將是零下十至十二度，最高零下一至三度。

晚間開始生火，玻璃上一片雪白，全部結冰。北房是零下一度，室外是滴水成冰。

## 1月5日　星期一　晴

早上把馬桶弄翻了，興華和姑媽收拾了一上午。興華邊收拾邊罵

---

[1] 彩色故事片，1958年攝製，林農導演，陸小雅、田華、陳戈、李林、夏佩傑等主演。

[2] 後面字跡被塗抹，無法辨認。

人，罵個不休，也只有聽之。

開始在丙、丁[3]講毛主席詩詞。

## 1月6日　星期二　晴

興華中了煤氣。

老廖晚間送來《公社教師》初稿，說明日下午提意見。

## 1月7日　星期三　晴

下午討論《公社教師》，一致認為內容單薄，人物性格不典型，故事性不強，……等。

## 1月8日　星期四　晴

下午買回《魯迅全集》第七卷。

今日下午于書記作前一階段的教改學習的總結報告。

晚間參加農中教師座談《公社教師》的會議。

## 1月9日　星期五　陰晴

整天都是參加教改會議。

上午教改會議，馬書記談如何轉入教改階段：

分三步：

1.把教學中存在的問題先拿出來，揭發出來，歸納、辯論；

2.通過辯論統一認識；

3.改什麼，改掉與新的教育方針不符合的東西。

第一步：自我揭發，相互揭發。揭發三脫離：①脫離實際；②脫離生產；③脫離政治。

實際：甲，面向中學；乙，學生接受水平（有無好高騖遠傾向）；丙，實踐知識。

教學內容上：甲，對課程的目的性明確不明確；體現在教學思想上；乙，哪些是陳腐的和錯誤的；丙，有沒有重複的、多餘的；丁，有沒有厚古薄今現象。

---

3　指班級。

教學思想上：檢查思想、立場、觀點、方法和教學態度。

注意擺事實、講道理，不亂扣帽子。

元月十六日前揭發告一段落。

## 1月10日　星期六　晴

下午聽學習八屆六中全會文件的傳達報告。

## 1月11日　星期日　晴

晚間吳主任報告有關教育方針學習的問題。

## 1月12日　星期一　晴

今日把「現代文學」原稿及「現代文選」筆記送交范一德陳列展覽。

下午開會座談昨晚吳書記報告。

晚間九三開會討論教改問題。

## 1月13日　星期二　晴

上午給繼母和金、心兩兒匯款。

## 1月14日　星期三　晴

鄭學弢、蔣庭曜檢查，很不令人滿意。

## 1月15日　星期四　晴冷

晚間高樹森通知明晨由我檢查。

給人事科的證明材料：

1. 一九四一年七月——一九四三年七月，這一段時期我先後在廣西醫學院、桂林師範學院工作，並不在「桂林中學」。在一段時期，只在桂林中學臨時兼課兩個多月，時間約在一九四三年寒假前後，上了課就走了。偽三青團組織及其活動不明瞭。我兼得課時該校高中三年級的國文，是否三三班，我不清楚。

2.黃國彬[4]這個人是當時桂中校長雷震[5]介紹認識的。黃與雷跟我在北京師大是先後同學（不同在一個時期），當時廣西有師大同學會的組織，每年開一次同學會，才認識他們。

　　我在桂中兼課時，黃國彬是訓育員，並教過公民和國文。從他的職務和工作看，可能是偽黨團的骨幹分子。他現在何處，我不清楚。我自一九四三年離開廣西後跟他沒有發生過通訊關係。

3.所列桂中三三班的學生名單，一個也沒有印象。因為從不點名。他們當時的表現以及現在的去向，都不曉得。（吳奔星十五日交張久如）

# 1月16日　星期五　晴冷

　　上午王守之[6]、王進珊檢查；下午我與李建釗[7]檢查。陳有根和鄭學弢等提意見後，馬書記宣佈下次繼續提意見。

　　檢查提綱：

　　立場：理智上向前看，情感上向後看。

1.黨的教育方針思想上並不反對，但如果仍然是老一套，也認為可以。可見對過去那種脫離實際、脫離生產的教育，我並沒有感到要改變的迫切需要。

2.我認為我們上了年紀的人只能貫徹方針的上一句，至於下一句是年青一代的事。

3.習慣於學習方針前的舊秩序，對於又勞動又學習的新秩序還不習慣。勞動不反對，只要求什麼時候該勞動，什麼時候該學

---

[4]　1943年1月，三青團桂林中學分團籌備處成立，黃國彬任主任。

[5]　雷震（1904—1983），字叔鳴，廣西平等鄉廣南城人。1933年畢業於北京師範大學。1937年2月任桂林女中校長，1942年改任桂林中學校長。1946年夏，任桂林師範學院副教授，講授中國上古史、中國通史、史學通論等課程。1950年3月，在桂林逸仙中學任任教。1957年被劃為「右派分子」，後又被扣上「歷史反革命分子」帽子，於1958年被清除離校。粉碎「四人幫」後，得到平反，恢復公職。

[6]　王守之，民盟成員，時任中文科講師。1968年6月27日被迫害致死。

[7]　李建釗（1922—2009），廣東汕頭人。1987年起任徐州師範學院中文系邏輯學教授。

習，以致有計劃的安排時間就心滿意足了。

4.我覺得下廠下鄉一邊勞動，一邊教學是很困難的，也是眷戀舊秩序的思想情緒的反映。

5.對於「三結合」感到不習慣。黨領導教師□□□[8]就夠了。對二年制專科學校的學生在「三結合」上發揮多少作用，感到懷疑。他們對教學提出一些意見是可能的，至於跟教師共同研究大綱、教材，恐怕要浪費時間，走不少彎路。

從這幾方面檢查，我感到有些害怕，因為口頭上說擁護方針，實際上最好維持老一套。理智與感情的矛盾，實際上就是階級立場沒有轉變的表現。

方法：

1.理論聯繫實際方面：講課時對國內形勢的聯繫是注意到的，但是對同學的政治思想實際就很少甚至沒有聯繫。

對文藝理論、習作指導、現代漢語等都有所聯繫，並無計畫，沒有跟任課教師作有計劃的聯繫，只是從自己的想像出發，覺得某些跟某課有關，於是捎帶幾句。這其實是教學中的主觀主義的表現。聯繫中學實際，主觀上是注意的，但具體做得卻不夠，對於學生的接受能力，有時為了炫耀自己，也有些虛張聲勢，超出學生接受水平之處。

2.主觀上認為在分析作品時必須遵照毛主席的指示政治標準第一、藝術標準第二、思想性與藝術性的統一。但是在具體進行時，有時光談政治性，不免產生教條主義的傾向（原因是未破而立）；有時不免藝術性談得多一些，就不免產生形式主義的傾向。

3.習慣於報告式的教課方法，如果突破「先生講、學生聽」的形式，思想上頗模糊。同時，這種方法是否能一概而論地說它是老一套，也不明確。

態度：

1.對接受同學的意見，態度不夠端正。不牽涉面子問題的意見，欣然接受；對面子有關的較尖銳的意見，就不免有對立情緒，

---

[8] 字跡不清。下同。

甚至有報復情緒。

2. 過去曾批判過態度不嚴肅的問題，基本上是解決了。但在某些時候曾不知不覺地流露出來。

3. 對教學工作的責任感，只表現在備課工作比較認真，對於學生學習以後的效果的檢查、督促是不夠的。

4. 對教學工作的接受，現在基本上做到了要我教什麼，我就教什麼，並不討價還價。但是思想上也有一種不要我教我也不爭取的念頭，這就反映出積極性是不夠的。

5. 習慣於單幹。到本校後，要互相聽課、集體備課，表現上熱情的參加，而內心卻有抵觸情緒，覺得這是中學的搞法。高等學校的教學要提高質量必須在科學研究的基礎上進行，只是集體備課一下，就去上課，還有些「教書匠」的色彩。

6. 教同一教材，總希望自己教在最後，讓其他同志先教，這樣自己可以教得成熟一點。

內容：

1. 在沒來本校前，內容是有反動的東西的。例如在馮、胡的面貌未揭露前，我的講稿中曾經引用他們的言論，推薦過他們所寫的書。丁玲、艾青的小說、散文和詩，都曾選作教材。到本校後，這種顯著的錯誤是沒有了，但是由於政治學習不夠，由於看的書報的面不廣，也有可能選進反動的東西，有待於外力的揭發。

2. 雖然「現代文學」也有厚古薄今的現象，如講老舍、臧克家、袁水拍等都把重點放在解放前，儘管事實上他們解放前寫的作品多一些，時期長一些，但是也說明對當代文學重視不夠。

3. 貪多求大，這也是個人英雄主義的反映。

4. 對某些作家和作品的評價——成績和缺點的指出，未必恰如其分，主觀上認為正確，客觀上反映未必一致，希望外力揭發。

同志們的意見：

陳有根：

從內容看，雷聲大，雨點小。自己的主要的問題談得很少。有矛盾的地方。一方面感謝黨的信任，一方面又感到在師專教學不過癮。為什麼沒有重點講《山鄉巨變》、民歌等，思想根源是什麼？

對勞動不是很積極的態度，有幾次勞動不參加，說是有病。

希望勞動正常化，戴上資產階級正統觀點的帽子，很牽強。究竟對勞動的態度怎樣？

學術觀點談得很膚淺。

你對黨究竟抱著什麼樣的態度？樣樣都要政治掛帥，談戀愛也要戀愛掛帥，很不嚴肅。

現實發展太快了。

談到崔希彥[9]，不像一般人吹牛。

為什麼說立場沒有轉變過來，究竟在學術觀點上怎樣，也沒有深入挖掘。

究竟教學當中存在什麼問題？

蔣庭曜：

對方針既是從個人出發，還是懷疑。

對勞動態度是否擁護教育方針。

根據你自己所談的，說擁護方針，我很懷疑。

不如說哪些地方有抵觸情緒，還對自己的改造有好處一些。

一方面不配教書，一方面又不過癮，內心深處究竟怎樣？應該挖出真實思想。

面很廣，沒有挖到思想深處，沒有徹底暴露出來。

鄭學弢：

空，沒有什麼內容。

從言行方面揭發不夠。

有一種情緒：小心應付環境，不得罪人。

對黨疑懼的心理很突出，如辦移交。對「蠟燭」的話的解釋。對黨不信任。

講臧克家的詩，反映了自己的心情。

助教應該做些工作，對當時的情況不相稱。

說學習方針沒有顧慮，破得差不多了，有無潛臺詞。

撐門面，以講得長為勝。

---

[9] 崔希彥，時任河南登封縣應舉社社長。

臧克家並未照大綱。有打泡戲[10]的形式。

為自己創造條件教好課，對集體考慮得少。有一個星期沒有授課，等得教新民歌不願意。

對待學生有個人意氣作用。

講毛主席詩詞過於瑣碎。

強調藝術性過分。

多，沒有把原始思想毫無顧慮的談出來。

嚴濟寬：

雷聲大，雨點小，有很多矛盾的地方。

他說沒有降低一等的感覺，說不改院，太保守，師專不過癮。這一點說明來師專時並不高興。從個人出發認為勞動是好的，勞動可治療失眠。現在不勞動，是不是又失眠了？這看法不妥當。

對課程內容講得不具體，一句話就是立場觀點問題。今後結合具體問題來談脫離政治，好大喜功。

高樹森：

問題很多。

1. 假如不是犯錯誤，調師專就不來；如果真是感激的話，就不會說這樣的話；

2. 所謂過癮，究竟是什麼？是否自己的學術淵博，師專無法容納？是否不能充分發揮為無產階級政治服務的才能？這就不是懷著感激的心情來的，與原始思想不符合。原始思想沒有暴露出來。希望繼續挖掘。

3. 從這一邏輯發展下來，潛在思想會在課堂上流露出來。這一方面談得不多，原始思想是離心離德，有距離。如說今天進行教改，僅僅過渡，這個思想，根本沒有主人翁思想，不能為人民服務。對前一階段的處理，口頭上感激，內心上是否如此？檢查並沒有表示「大破」，也就是說跟黨並非靠得很緊。應繼續深入檢查下去。

4. 退一萬步說，不犯錯誤，你把這種思想來指導教學，也不可能培養出祖國需要的人。不犯錯誤就不來師專，占了主導的地位。

---

[10] 打泡戲是指京劇演員新到一個演出點，最初三天所演的最擅長的劇目。

印錫華：

檢查不真實。有許多矛盾。不是自卑，而是不過癮的問題。主要是個人英雄主義的問題。

既然感謝黨的信任，為什麼又有辦移交的思想？上次檢查還不是真實的暴露自己的思想。

還不敢正視自己的錯誤。是否對文章中的論點同意？

擁護教育方針，又說從個人出發。有正規化思想確是真實的，習慣於三脫離的教學，說明了對教改的態度問題。對黨的態度。今後，應注意怎麼改造自己，根本改變對黨的態度。

拒絕接受同學們的批評。

關於自己的學術思想幾乎沒有檢查到。是否真的沒有犯以前的錯誤？如果沒有，為什麼同學說思想性很差？

李穎生：

沒有站在人民教師的地位來思考問題。如說新教師培養起來了就可辦移交。老教師對新教師的培養不是歡欣鼓舞，而是懷疑恐懼。

批判毒草，如果正確，同學們是不會嘲笑的。這就是說對自己的話表示了懷疑。有說服力就是有說服力。年青人是不會無聲的嘲笑，以年長的心情推測年青人的的心情是不切合實際的。論說文是講得好的。是怕受到批評，並非考慮同學受到效果，怕犯錯誤的心情。

前後有矛盾。前面自卑，後面好大喜功。專科的分量不應少於大學學院。前後語氣矛盾。

廖序東：

1.沒有認識消極情緒對教學的危害性，黨信任你，應該盡到責任。這些情緒不改，就會影響教學工作。

2.在「現代文學」中，對作家和作品的評論都可以流露自己的感情。五十萬字的「現代文學」希望檢查。這次沒有談到，需要補充檢查。

3.對作品的思想內容的分析，學生的意見應該考慮。是否有分析了藝術性就是分析了思想性的想法，希挖掘思想根源。

4.「不過癮」三字不嚴肅。改師院過癮？

衛一萍：

1.對黨的領導的看法，如果真正感謝黨，那應當怎樣對待黨？為

什麼要有辦移交的想法，這是對黨的懷疑。究竟對反右鬥爭的看法怎樣？是不是由於多說話？

2.對黨的教育方針究竟怎樣看法？採取什麼態度？如不提出新方針，仍贊成舊方針。

在一張小字報上說，勞動似乎太少；但是在一次小組會上，卻又說「多」。前後矛盾。因此，問你對方針的看法究竟怎樣？說話「順風轉舵」。

3.來師專以後，對自己的工作究竟怎樣的態度，怎樣看法？教課有顧慮。藉口論文難講，同事之間，為什麼不老老實實，是不是在其他地方也作了藉口？

「不過癮」的問題，可以挖掘一下。漂亮的字樣比較多。

吳蘊章：

1.上學期和本學期都聽了吳老師幾堂課。上學期講課材料很豐富，用的高等學校的講課形式。本學期卻使我想起中學來。教學形式的改變是不是過於強調了客觀因素，與政治上的情緒有無關係？

2.「公社教師」、「蠟燭」是從個人角度出發。提法是對的，但是心情卻不對，為什麼說毀滅了自己？教育工作不是這樣。燭光的存在就是自己的存在。應重視政治情緒的高昂。

郝立誠：

最初以戴罪立功的心情來檢查，語氣很沉重，但到後來不對頭。內心始終和黨有距離，既然感謝黨，為什麼怕移交，懷著疑懼的心情。

既然戴罪立功，應該積極性很高，但到後來又說責任感不夠，很矛盾。

「不過癮」對過去有所留戀，不安於位。

古德夫：

話中矛盾很多，真實性成問題。不如說「反右鬥爭以後不能不來」，還直截了當。

希望檢查一下對黨的態度。

鄭說吳老師小心謹慎，我也有同感。不如大膽地談，對人對己都有好處。

對教學內容說得很少，還有自滿情緒。並不能說本學期為無產階級政治服務。

劉劍儀：

思想不大真實。如寫「小字報」說勞動似乎太少，「小字報」中「似乎」太多，掩蓋了真實。在會議中，又說勞動不宜太多。

在會上分析人家發言，沒談人家的意見。

過去聽課找缺點，現在聽課代替備課，這也不真實。提不出缺點，怕得罪人。

檢查沒有聯繫教學實際。講稿中是否就沒有資產階級思想。

講老舍油腔滑調，過去聽吳先生講課，也不夠嚴肅。

範一德：

小心謹慎是否解決問題的根本辦法，還是轉變立場是根本的。如果立場不轉變，小心謹慎，也還是要犯錯誤的。

教學上究竟有哪些不能令人滿意的，是不是說在教學中就沒有錯誤的。

說杜勒斯簡單的頭腦加上神經錯亂，才說出這篇夢話來。怎麼把嚴肅的政治鬥爭簡單化、庸俗化，歸之於生理上的原因。應該歸之於階級本質。這樣講不是起了動員鼓舞的作用，而是起了減弱的作用。可見講課的政治思想性差，或者起了相反的作用。

趙樹理的雜文也是可以的。你把原意湊合起來，偷換了概念。

你把政治鬥爭看成純理論的鬥爭。當時中國人民對臺灣問題採取怎麼態度就沒有了，你當時對臺灣人民遭受的態度怎樣？

吳老師講課是有油腔滑調、嘩眾取寵。列舉例子的目的性是什麼？

思想觀點自己不揭發，難道自己就沒有什麼可批判的？

「移交」是不是黨利用了我一下？如果這樣想，是錯誤的。將來下臺與否，與其說決定於黨，不如說決定於自己。

檢查的前半段是為了取得人心，聽到後面，卻很難說是有誠意。把立場問題看成自卑情緒。檢查的是雞毛蒜皮。

要求正規化不一定是資產階級思想，難道無產階級就要亂七八糟？

「過癮」話中有話，要講得更清楚一點。

陳有根：

1.不願教反右文章，有人說是消極情緒。我不同意。我認為還是

思想感情問題。是不是你對右派的修正主義的論點恨得起來。再一點怕把修正主義的東西講走了火。

說藝術性通過思想性來表現，也不符合吳的實際。對政治標準第一、藝術性第一、吳是懂得的，並非常識性的錯誤。這實際上是教學上的一種傾向。

對外交使節的等級，就能得出結論，是否腦子裏有這樣的東西，才認為無產階級也有等級制？

黨的領導什麼都套得上，是不是套？

小杜為什麼保守，你說發展得太快。把思想落後，歸之於形勢於客觀。你對大躍進的態度究竟怎樣？（不是歸之於客觀，而是說有保守思想的人會覺得形勢發展太快）

王守之：

既然帶著感激的心情，那就應積極投入工作，為什麼又帶著恐懼的心理？這個矛盾怎樣解釋？這個矛盾不解決，就不能很忠誠地工作。

藝術性講得少，思想性講得多，這與資產階級思想有關係，不敢講，怕犯錯誤。

對同教材的老師不提意見，難道一點意見都沒有？是否也有和平共處、互不侵犯的思想，很容易互相吹捧。思想不見面。

王進珊：

沒有想到「以毒攻毒，也很需要」。講思想性強的作品，是否「以毒攻毒」？

不僅立場問題，而且心理也不健康。

張振棟：

主要還是對黨的態度問題。這個問題不解決，其他都談不到。應該首先解決問題。

提意見關門。為什麼怕會上提？

馬書記：

1. 談思想活動的時候，是提出了一些問題，但這些問題的真實情況還談得不夠。例如：
   ① 不犯錯誤不會來到師專；
   ② 教學過癮不過癮。

揭發是好的，但問題的本質是什麼，為什麼會有這樣的思想，談得不深刻。

③在師專教學是「過渡」時期？

為什麼會產生這種思想，究竟以什麼為根據，這些都沒有談。當時為什麼想到是過渡時期。

④希望建立正常的秩序，並非缺點或錯誤。任何人都希望有正常的秩序，問題不在於這裏，問題究竟在哪里，沒有談。滿可以結合前一階段的情況談談當時的心情。

2.談教學問題僅僅談到幾個原則問題，沒有談具體內容。究竟以什麼來說明這些問題，因此聽來空洞。應該拿出具體問題來說明各種傾向或現象。不能僅僅提問題，而應該有問題的具體內容。這樣才符合實際情況。

3.在檢查時還有些表彰自己。

例如：

①沒有明顯的重大的政治錯誤，其意說，有問題也只是一般性的小問題。今天應虛心、冷靜地考慮自己存在的問題，僅以同志們提的意見說，問題還存在不少。

②如果不進行教改，仍然贊成老一套教學。我推想：吳老師你自己現在已經贊成了新的教育方針，已經沒有舊的教學觀點。

當然，今天不是談優點。各人都有優點。今天不談優點，而是談自己存在的問題。

## 1月17日　星期六　晴冷

下午學習八屆六中全會文件。從四時起，大掃除。

## 1月18日　星期日　晴冷

今日大掃除。

左眼紅痛，喉嚨痛了幾天，還沒有好。

## 1月19日　星期一　晴

下午大家給我上次的檢查提意見。有些意見是對的，有的意見卻不免斷章取義，沒有照顧上下文和當時講話的主題思想。

# 1月20日　星期二　晴

下午與興華看《破除迷信》[11]。看畢，我去洗澡，興華先回。

晚間蔣庭曜送「紅書」，並通知明晚九三開會。

晚八時許，林秀華（甲）、趙興堂（乙）、邵理全（丙）、祁開文（丁）四同學來談編寫現代文選教學大綱，向我校黨員大會獻禮事。

# 1月21日　星期三　陰

下午在徐州會堂聽燕部長作關於教育方針學習的總結報告，從二至六時，整整四小時。

買灰色粗毛衣一件。

# 1月22日　星期四　晴

下午對嚴、古提意見。晚間九三開會討論如何深入教改和向黨獻禮問題。

# 1月23日　星期五　晴

整天是送禮大會。我個人覺得二年級同學在擺事實說道理上做得好一些，一年級差一些。

獻禮大會

1.對蔣庭耀提意見（二年級）

①講義中有不少右派言論，系採用蘇北師專的。不負責任。

②推薦秦兆陽[12]的《在原野上前進》[13]。

③厚古薄今的思想嚴重。

④重外輕中的傾向。

2.孫敦修[14]

---

[11]　《破除迷信》，電影，王冰導演。八一電影製片廠1958年攝製。

[12]　秦兆陽（1916—1994），筆名何直等。湖北黃岡人。1957年被打成「右派分子」。

[13]　應為《在原野上，前進！》，長篇小說，作家出版社1956年出版。

[14]　下文應為孫敦修向老師的「獻禮」，即所提意見。

吳奔星

站在反動立場，用資產階級文藝觀點講課。根本不懂得黨所領
導的社會主義的大學的內容。

違背政治第一、藝術第二的原則。

開講第一課沒有講如何貫徹黨的教育方針。

如果不懸崖勒馬，就⋯⋯[15]

毛主席的家庭大老婆小老婆

提到領袖家庭，就想到帝王將相。

談杜書記感覺不到大躍進政治氣候的變化。

感覺不到政治氣候，就是反面人物。

講課乾巴巴，不負責任，遷就同學，不下結論。

鄭老師

①想到大學教書，瞧不起師專。

②不深不透，馬馬虎虎。

③目的性不明確。

衛老師

①沒有明確的政治目的性。

②為寫作而寫作。

3.張明華

不同意以主觀分析作品。如吳先生[16]分析《老馬》[17]和《老母刺
瞎親子目》[18]。

老馬是否典型形象？

引蘇聯《共產黨人》雜誌專論談典型。

「總得讓大車裝個夠」，統治者貪得無厭的形象。

為什麼把老馬作為典型形象？

「僥倖地逃脫了日本鬼子的毒手」，歪曲了老母的形象。

自然景物的描寫暗示反動統治的冷酷，是唯心主義。錯誤的分析
方法。

---

[15] 以下字句不清。

[16] 指吳奔星。

[17] 臧克家作品。

[18] 袁水拍作品。

只講臧、袁解放前的作品，解放後的只是提一提，表現了厚古薄今的傾向。

對作家的世界觀對創作的影響談得不夠。

學生方昌耀、張明華等三人、高樹森、李成蹊[19]兩同志均先後來舍訪問，探其動機是怕我聽了學生的意見後鬧情緒。

## 1月24日　星期六　晴

下午開會，學生要我發言。發言前，學生鼓掌；發言後，學生認為我的話有些逆耳，不但不鼓掌，反而紛紛遞條子起來反駁。

朱培元：

只談了同學說的，究竟他自己還有什麼說的？

對《老馬》的意見，不是對詩的缺陷，而是對吳老師。

對臧克家早年的詩估價太高，不符合總的革命形勢。

老舍戲劇《滿門忠義》[20]中的局限性沒有指出，沒有意義。

王金中：

吳老師沒有誠意。

①第二部分不是多餘的，儘量減低自己的……[21]

②說張明華分析不透徹，倒打一耙。作為一個接受意見的人來說，態度不好。

③對《老馬》的典型性批評不夠。

④當場沒指出誣衊領袖，同學本身有問題。

⑤不滿意吳先生的態度，不是要求同學們「送禮」，開清單。

## 1月25日　星期日　雨

下午跟興華看蘇聯影片《詩人》[22]。

廖序東來通知開會，對他發了一通牢騷，感到教書教不下去了。

---

[19] 李成蹊（1921—），江蘇靖江人，1983年後任徐州師範學院中文系漢語史教授。

[20] 應為《忠烈圖》。

[21] 原文後即為省略號。

[22] 電影《詩人》，1949年攝製，描寫十月革命前，拉脫維亞詩人萊尼斯領導群眾，與沙皇政府進行鬥爭，最後走向武裝革命的道路。

晚間開會，馬書記宣佈教改的下一步驟內容，由王進珊、嚴濟寬[23]、蔣庭曜和我來檢查。

# 1月26日　星期一　雨

今天上了兩節課後，就準備檢查。

自我檢查提綱

一、教學思想——對黨的態度

　　1.即感謝黨的信任，又嫌師專不過癮。

　　2.一方面不配教書，一方面又不過癮。

　　3.既沒降低一等的感覺，又說不改師院，就不過癮。

　　4.即感謝黨的信任，又有辦理移交的思想。

　　5.前面自卑，後面又好大喜功。

　　6.既然戴罪立功，應該積極性很高，但到後來又說責任感還不夠。

　　7.反右鬥爭後，不能不來，不是自己要來。

　　8.對黨的距離。

　　9.不犯錯誤，不會到師專來。

二、方針問題

　　1.對方針的看法。

　　2.對勞動的看法：寫小字報說勞動太少，在會上又說太多。

三、學術觀點

　　1.三脫離。

　　2.個人英雄主義的老根。

　　3.厚古薄今。

　　4.主觀唯心主義。

四、對青年教師的態度

五、教學方法

六、教學態度

　　1.對學生的態度。

　　2.自由主義。

---

[23] 嚴濟寬（1899—？），古典文學研究專家。曾任徐州師範學院中文系教授。

七、教學內容：黨的領導什麼都套得上。

# 1月27日　星期二　陰雨

下午王進珊檢查。意見沒有提完，晚上繼續提。我因準備檢查，向馬書記請假。

自我檢查　一九五九，一、二十六──二十七

## 一、教學工作中的思想情況：

我在教學工作中，有一種不健康的思想情況，支配著我的教學工作，明白地說出來，那就是感到自己的政治思想品質不能勝任現代文學方面的課程。由於這種思想纏繞著我，我一方面感謝黨對我的信任；但另一方面，我在教學工作中的信心不是高昂的。我主觀上明白應該以很高的積極性對待自己的工作，但是一想到自己的政治品質，消極情緒就上來了。同志們指出我上次的檢查有矛盾，從同志們的角度看，的確是矛盾；但從我的心情看，正是真實的思想情況的表現。沒有犯過我這樣錯誤的人，對於犯了錯誤的人的心情是不容易理解得透徹的，甚至是很難理解的。例如：我把「現代文學」看成過渡性質，有「辦移交」的想法，看起來是跟我的感激黨的心情矛盾的。其實，在我自己卻又是統一的。我既然有自卑感，從自卑感上產生辦移交的心情也容易理解了。加以我在無錫曾聽過張煥庭主任作了各兄弟院校教改經驗的報告後，談到文藝理論和現代文學等課程，各個學校差不多都是由黨員同志或者政治質量較高的教師來擔任。我聽了，經常感到自慚形穢。為了對青年同學負責，我的確希望有黨員同志或政治質量較高的同志來接替我的教學工作。這就是我的辦移交的心情的根源。

就是沒有犯錯誤以前，我也曾經在南師說過，像文藝理論、現代文學等課，最好由黨員同志擔任。我們這些由舊社會過來的，最好轉到其他方面去。當然，並不是說別的課容易教，思想沒有改造好的人，教任何課都是會出問題的。但從思想性、戰鬥性說，有一些課是比較微弱一些的。同時，「現代文選」這門課，我教了多少年，也總想換一換，可是得不到機會。調到師專以後，覺得二年制，課程有限，更沒有選擇的餘地。我上次所說「不過癮」，主要是從這一角度出發，並非我的學術淵博，師專容不下我。師專一改了院，年級多

了，課程多了，像現代文選一類思想性較強的課，就可以移交給政治質量較高的青年教師去教，自己可以選擇其他力所能及的課程。但在今天，課程只有這幾門，就只能領導上分配什麼課，就擔任什麼課。個人願望是難於完全照顧的。當然，我這種希望選擇自己合適的課程的想法，也是資產階級個人主義作怪，充分說明我一方面接受領導上安排的工作任務，一方面也希望從現代文學轉到其他課程方面去。我的想法跟黨交給我的任務是有距離的。我覺得與其要我教現代文學，不如教其他功課，可以扭轉我在教學工作中的消極情緒，更能貢獻我的一份力量。等我改造得差不多了的時候，如果必要，仍然可以擔任現代文學方面的課程。這並不是說，轉移到其他方面去，教學就沒有問題了，而是說這樣做，對同學的學習更有利。因為我深深感到，我的主要問題是一個政治立場沒有完全轉變的問題，是一個還沒有取得無產階級的世界觀的問題。當然，這個問題，任何資產階級教師都程度不同地共同存在，然而，我卻更為嚴重些。這個問題不解決，擔任現代文學，對同學的學習沒有好處，至少好處是不多的。自然，這只是我個人內心的想法。我鄭重表示，黨要我擔任什麼課，我還是努力擔任什麼課，決不討價還價。

我上次說過，我要不犯錯誤，要調我到師專來，我是不願意來的。這是反右鬥爭以前的思想情況，並不是反右鬥爭以後的思想情況，因此並不矛盾。在反右以前，我對工作的安排，最壞的結果雖然是接受的，但在安排的過程中，總有些患得患失的個人想法，阻礙我不是很痛快的接受任務。雖然我沒有抗拒任務，但從思想深處檢查，組織性紀律性是不夠的。但在反右鬥爭以後，經過幾次自我批評和批評，這種思想狀況沒有了。有的同志說，反右以後，調你到師專來，與其說自己愉快地來，不如說是你不能不來，還真實一些。其實，這是不符合實際情況的。我到師專來，並不是領導上勉強我來的。我雖然犯了錯誤，黨是事先徵求過我的意見的，我表示樂意接受任務，黨仍然要我表示意見，而且說，千萬不要勉強。因此，同志們如果認為我是不得不來，那是不符合事實的，至少是從一般的情況作出的推測，不符合我這個具體的人的實際情況。我的確是懷著一種感激的心情愉快地來的。同志們只要想一想，一個墮落了的人被黨挽救過來的心情，就能瞭解我的心情是真實的。當然，同志們既不是過來人，要

瞭解這種心情是比較困難的，因此，同志們認為我的說法矛盾，不夠真實，這也是可以理解的。我想，時間是會考驗一個人的。我目前的教學思想是黨要我做什麼，我就做什麼。我的政治立場的改造過程儘管尚未完成，但我今天的心情，總是爭取跟黨沒有距離的。當然，個人主義沒有根除，要做到在具體細節上沒有距離還是不容易的。我的辦移交思想，並非對黨的疑懼，但是可以發展成為對黨的疑懼，是應該批判的；我的原始想法，還是聽了張主任的報告後，從理論上認為工人階級必須有自己又紅又專的教師隊伍，像我這樣的人，如果三兩年改造不過來，辦移交是應該的。在這一問題上，我不是下決心積極的改造自己，適應形勢發展的需要，而是設法轉移教學工作的性質，這其實是一種阻礙自己很好的為無產階級政治服務的消極思想的表現。有的同志說的對，移交不移交，或者下臺不下臺，與其說決定於黨，還不如說決定於自己。我同意這種看法。我自己今天也是這麼想的。在上一次的檢查中，這一點我是表達得不明確的。

今天有些同學對我的教學提意見，著重於政治傾向方面提問題，我想也正是有感於我的主要問題是政治品質的問題。在這一點上，主客觀可能相去不遠，或者是一致的。

## 二、方針學習過程中的思想情況

1.在鳴放階段，我寫過一百多張小字報，貼出去的有一百張。其中有幾張是關於勞動的。有一張大意是這樣：我對大搞鋼鐵時期的勞動時間，我說過多一些。到了同學學習四個星期後勞動一個星期的時候，教師幾乎沒有什麼勞動，我又寫了一張，說勞動少一些。到了辯論的時期，我認識到大搞鋼鐵的政治意義後，也就發表意見，那個時候的勞動安排是恰當的。按照小字報所編的號碼以及發言的程式看，我檢查對勞動的看法，是沒有矛盾的。有的同志可能沒有注意小字報的號碼，才有我對勞動的看法是矛盾的感覺。

我說過，勞動我是同意的，但我希望正規化。同志們指出正規化的希望並不壞，正規化並不一定是資產階級思想。我也同意。我要暴露的是，我希望正規化是從個人出發的，目的是希望留出個人備課和研究的時間。在這一個前提下，我贊成勞動。這就是說要使勞動服從個人的備課和研究。這就顯然不是無產階級思想，而是資產階級思

想。例如有一次要聽張久如主任講毛主席詩詞，忽然把我們從教室裏喊出來敲焦炭，在當時的心情，我跟有些同志一樣，感到有些遺憾。但是，我還是願意勞動的。除了一次運山芋，因為聽說要搞一整天，我第二天一早有課，還得準備，得到領導上的同意，改一天再去以外，我從沒有請過一次假。當然，由於我的體力不夠，勞動質量是遠不如人的。

2.在鳴放時期，我認為我的教學，從選材看是為無產階級政治服務的，問題是沒有跟生產勞動相結合。上一次檢查以後，聽了同志們的意見和同學們的送禮，才知道我的教學工作，在為無產階級政治服務一點上還存在著很多問題。主要的問題是由於政治立場、政治思想沒有完全轉變，以致正如有的同志指出，教學工作的政治思想性不強。這種根本性的問題，可以通過方針學習和教學改革，解決一部分，但是要從根本上解決問題，怕不是一個短時期問題。

3.對教學工作中的群眾路線認識不夠：對同學提的意見不能進行冷靜的分析，送禮大會上給了我很大的教育。

### 三、教學內容的檢查

1.錯誤的和不夠妥當的部分：

現代文學部分：

甲：主觀唯心主義的傾向、分析方法

A.分析袁水拍《老母刺瞎親子目》（講稿四十二頁）

B.對駱駝祥子「不敢高呼革命」的原因的分析（講稿五十三頁）

二方面矛盾；第二方面降低了世界觀對人物形象的創作的指導作用。

以上是同學所指出而為我所統一的。

乙：自相矛盾的

我在分析李季的《王貴與李香香》，說「由於民歌形式的限制」使這首詩在描繪敵我鬥爭時存在簡單化的偏向（講稿一百五十四頁）。民歌形式有無限制的問題，今天還在爭論；但我今天的認識，覺得民歌並無「限制」。這一論點低估了民歌形式，我認為是錯誤的。所謂「限制」正是

各種不同文體在反映現實生活時有它們各自不同的特點。

丙：由於校對疏忽容易引起誤解的

我在分析「阿詩瑪」時，引證日丹諾夫在第一次蘇聯作家代表大會上講的幾句話後，我闡明革命的浪漫主義的傳統（講稿一百九十六——一百九十七頁）。下面接著談屈原和李白，由於講稿上的一個句點印成逗點，很容易使人誤解屈原和李白的作品中的浪漫主義是「革命的浪漫主義」，很容易跟當前討論的革命浪漫主義混淆起來，因而是不妥當的。

丁：評價不當的

對臧克家的評價的確偏高。

①只指出他初期的詩，不失對光明的信念，卻沒有指出他跟已經存在的光明面還有一段距離（第六頁）。

②他的初期詩，他自己說「要盡力揭破現實社會黑暗的一面」是正確的，但沒有指出他並沒有盡力歌頌「星星之火、可以燎原」的光明面這一缺陷（第五頁）。

③臧克家自己說他初期的詩帶點革命的浪漫主義氣味，我同意他的看法，但在今天看，恐怕是過高一些；同時，也沒有指出他所說的「奇怪的天火」的局限性（第七頁）。

④對臧克家《老馬》的分析沒有及時指出「老馬」典型形象的片面性，一直到最後才指出（二十三頁），前後矛盾。對老舍《忠烈圖》[24]一劇，沒有指出這一作品的嚴重缺點—沒有反映黨的統戰政策。對《茶館》的缺點也談的不夠。

2.厚古薄今部分

①臧克家（見前）。

②袁水拍雖然重點分析了他的「山歌」，和肯定了他在肅反和反右派鬥爭中所寫的戰鬥性的諷刺詩，但只談了幾句，又沒有舉出例證，顯然是「厚古薄今」。

---

[24] 抗戰京劇。寫於1938年。初載1938年4月《文藝陣地》創刊號。

③老舍也是重過去，輕當代。

④周立波沒有及時地講授《山鄉巨變》的現實意義。

3.不夠與該講但沒有講的部分

①第八章新中國的新作家；第九章少數民族文學的「概要」
部分都講得不夠，資料也太少；

②五四以來的重要作家，如周揚的文藝理論、田漢的戲劇、
田間、郭小川的詩、老蘇區的革命文學；

③特別是沒有及時講毛主席詩詞和「新民歌」，以及解放後
的長篇小說。

現代文選部分

1.沒有以多快好省的精神講授，形成少慢差費現象。

2.根本問題是政治品質和理論水平的限制，與學生日益提
高的文化知識水平、政治理論水平不適應，不能暢所欲
言，對內容的分析不深不透，同學在鳴放時提的意見是
正確的。

3.由於分析不深不透，在教學方法上乾巴巴的幾條筋（如
黨的領導任何地方都可以套，放之四海而皆準），也是
正確的。

4.輕思想性重藝術性的傾向也是存在的，如《絞索》[25]
一篇。

5.有繁瑣的偏向。如分析「語言」部分，如分析《會見》
一課。

6.除了思想性外，講藝術技巧的計劃性、科學性不夠，每
篇文章都分析語言，究竟要講到什麼程度，達到什麼目
的，是心中無數的。

## 四、資產階級學術觀點

1.忽視政治的傾向

①表現在對教學大綱的執行上：機械地執行教學大綱，不能
臨機應變地配合當前的政治形勢。例如上次我檢查到講周

---

[25] 即《美國侵略者自己套上了絞索》。

立波這位元作家的作品的時候，《暴風驟雨》是贏得國際聲譽的作品，但從現實意義看，及時地重點地講《山鄉巨變》，意義要大得多，更能反映農民如何在土改後，經過互助組，發展到合作社以及人民公社的過程。又例如，在去年五、六月，正是各地黨委號召收集新民歌的時候，《紅旗》的第一期出版後，周揚同志發表了《新民歌開拓了詩歌的新道路》[26]的論文，我也沒有及時地補講一節新民歌。又例如在反右派鬥爭以後，明知有些院校開始講毛主席的詩詞，我也不敢主動提出加講一章毛主席的詩詞。這一些例子，說明我的思想方法是靜止地看問題，片面性太多，辯證法太少，也是工作中的主動性不夠。

②表現在教學工作上：我認為同學中黨團員的比重很大，政治水平一般都要超過我，對於一篇文章的內容分析，總覺得學生能夠理解，甚至會超過自己。特別是講《紅旗》社論《美國侵略者自己套上了絞索》的時候，還瞭解到政治課上將對同學們進行形勢教育，就更以為只要重點分析一下論文的結構和語言，至於思想內容，整理出來一個輪廓來就行了。同學們對這一篇文章所提意見，是正確的。

這是一方面。我感到不如同學。

另一方面，就是我上次所檢查的，對於一些批判毒草的論文，我希望政治質量較好的同志來教。這是因為我感到不如同志。

對一般的論文，我感到同學的理解超過我；對批判毒草的論文，我又感到別的同志超過我。這樣，我的教學工作自然只有脫離政治，不能很好的為無產階級政治服務了。

③表現在對課程的選擇上：我上面談到由於教學思想的不健康，我希望改變工作性質，如果讓我選擇的話，我就會選擇其他課程，而不選擇「現代文選」或「現代文學」。就是選擇「現代文學」，我也希望能夠讓我寫成「講稿」，通過三結合，審查之後再講。這種思想，也是產生脫離政

---

[26]　《新民歌開拓了詩歌的新道路》發表於《紅旗》1958年第1期。

治的傾向的根源之一。

2.脫離實際的傾向

　①表現在教學工作中：脫離同學的思想實際，是很嚴重的。我到現在對一二年級的同學認識的很少，談過話的更少。在這種情況下，要針對同學實際進行教學是不可能的。在無錫，因為有輔導時間，還按時到教室去一下，到了徐州，跟一年級同學很少接觸，因此，他們對「現代文選」的意見如何，願望如何，我都不瞭解。教學工作停頓在教書不教人，管教不管學的舊教育階段，與黨的教育方針的精神是違背的。

　②表現在講稿的編寫上：我雖在學術上一無成就，一無所長，但又想編出比別人較為詳細的講稿。同志們指出我一方面自卑，一方面好大喜功，是矛盾的。一個一無所知的人，往往是沒有自知之明、自以為是的人。這是我一貫的毛病，經過幾次批判，我下決心不把這個毛病帶到江蘇師專來，但是它陰魂不散，還是跟著我走。我認識到自己的膚淺，但接觸到具體工作時，又不自覺地暴露出自以為是的尾巴。我平常很想向具有謙虛品質的同志多學習一些，但經不起考驗，碰到具體問題，舊毛病又萌芽了。編講稿也是如此，總希望貪多貪大。結果，徒然脫離二年制專科學生的實際需要。

問題的實質，還是個人主義的白旗沒有拔掉，不拔除這個根子，脫離實際的資產階級學術觀點就不能克服。

有的同志批評我「小心謹慎，不得罪人」。的確，我希望學習得謙虛一些，倒不是為了「應付環境」。但是，一個人的修養不是一個短時期形成的，因此，儘管「小心謹慎，不得罪人」，偏偏經常「得罪人」。例如，我在獻禮會傻瓜年的發言，就引起了同學們的不滿。因此，我覺得我還沒有修養到「小心謹慎、不得罪人」的地步。就我這個具體的人說，向「小心謹慎、不得罪人」的方向努力，還不嫌多餘；當然，更根本的是拔掉個人英雄主義的老根子，從思想立場上解決問題。

　3.主觀唯心主義的傾向

①表現在對作品的分析上：

　　我過去是不承認這一點的，經過同學們提出的事例，以及
自己的檢查，我的確存在主觀唯心主義的傾向。今天回想
起來，這種傾向早在一九五五年就暴露出來了。例如我在
分析魯迅的《藥》時，把烏鴉的出現及其作用，強調到不
太適宜的地步。我在分析茅盾的《農村三部曲》時，對阿
多頭這個人物的作用，也估價得太高一些。這是解放初期
寫的東西，不必詳談，不過，也證明同學對我的批評，既
有現實根據，也符合我的歷史情況。

②表現在對作家的評價上：

　　抓住一點，不看全面；有的偏高，有的偏低，往往不能恰
如其分。

③表現在對一些問題的理論的概括上。把一些問題提高到理
論上來認識是必要的，但我往往違背了毛主席指示的認識
過程，直接提到理性階段，而忽視了它的感性階段。因
此，就顯得乾巴巴的幾條筋，有教條主義的傾向。教條主
義也是主觀唯心主義的一個方面。這也就是一個理論沒有
聯繫實際的問題。理論不聯繫實際，就避免不了主觀、片
面的傾向。

我在現代文學的教學中，對作家的某一時期的總結，往往偏
高，就是由於沒有很好的對作品進行具體的分析。

4.厚古薄今的傾向

對臧克家的創作道路分成四個時期。我雖然講了他怎麼一步
步靠攏人民、接受黨的領導，但有三個時期是講解放前的，
而講解解放後這個時期，又沒有突出他在黨和毛主席的鼓舞
下編輯《詩刊》，顯示黨和毛主席的指示對新詩歌發展所起
的重要作用。

厚古薄今的傾向，其實也是一種忽視政治的傾向、脫離實際
的傾向。

五、教學態度

1.曾經有過不嚴肅的態度，油腔滑調

到師專以後，克服了不少，但仍然不知不覺流露出來。這也

是資產階級思想作祟。思想不改造好，光是主觀上當心注意，是不解決問題的。

這種態度危害性：雖然師生平等，不必板起面孔教書，但是態度不嚴肅，污染了同學，去做中學教師，對尚未成年的中學生是有一定的影響的。例子：兩首情詩。

2.對群眾力量認識不足

①學生鳴放，同情教師；

②輕視同學水平，個別同學不如教師。

3.特別要檢查的是我在獻禮大會上的發言

同學們熱情的提名，要我發言，我卻倒打一耙子。我的意思是相應主席的號召，相互送禮，但是我卻忘記了兩點：①我是一個被送禮的人，應該虛心聽取同學的意見；②我究竟是一個教師，既說同學偏激，可是我自己就犯了偏激的毛病，正好自己打嘴巴。

特別是我沒有估計到同學的這個意見，是從對領袖的熱愛出發，從對反動階級的革命警惕出發，是一種最可寶貴的道德品質，我的反倒打一耙子，是一個錯誤，是一個屬於立場性質的錯誤，不是愛護而是對抗。

記得同學提意見時，經常有請老師原諒的話，我今天在檢查的同時，真是要請同學原諒了。當然要取得真正的原諒，還是在於這次教改中有進步的表現。

## 1月28日　星期三　陰雨

今天上午向王進珊提意見，下午嚴濟寬檢查，明天可能輪到我。

## 1月29日　星期四　轉晴

上午對嚴濟寬提意見，下午聽李副校長報告，我的檢查要輪到下期去了。

## 1月30日　星期五　晴

黨員大會開幕。

上午上專題報告，下午上文選，講新民歌。

## 1月31日　星期六　晴

上午赴雲龍山燈塔人民公社打麻雀，從四時起床，十二時許回來，又冷又餓，疲憊不堪。

下午學生陳峰來室閒談。

## 2月2日　星期一　晴

上了本學期最後一課的文選，學生毛家駒說我講過「革命的現實主義不與浪漫主義相結合」，將「成為自然主義或照拍主義」。我是說「現實主義如果不結合浪漫主義有成為照相主義的可能性。」

下午教研組會議。

## 2月3日　星期二　晴

上午聽吳書記的報告，下午科會議，漫談吳主任報告，並大掃除。

晚間老廖來舍，談到學生對我提意見問題。

## 2月4日　星期三　晴

上午馬書記報告。

下午上街買雜誌。

晚間李清華還書，王進珊還眼鏡。

## 2月5日　星期四　晴

上午金築回到徐州，下午李校長動員積肥。

今天買了兩隻母雞，每斤一點四元。

## 2月6日　星期五　陰

上午小京把一個六磅的熱水瓶打破了。

這幾天不少鄉下人都做了雞販子，索價一點四左右一斤，開徐州有雞以來的先例。

## 2月7日　星期六　陰

下午領孩子們上街白跑了一趟，沒有什麼可看的[27]。

## 2月8日　星期日　晴

今天是春節，上午姑媽、金築和心京、心蘇逛雲龍山；晚間我和興華看蘇聯電影《不平常的夏天》。

## 2月9日　星期一　晴

上午做煤球，下午磨米粉，晚間陳峰來談家庭情況。

## 2月10日　星期二　晴

上午老廖找我到張煥庭家坐談片刻，因為他最近調南京工作。之後到孫純一家小坐。

老蔣通知後天九三開會一天。

下午跟興華率領孩子們看《兩個巡邏兵》[28]。

## 2月11日　星期三　晴

買了幾斤新鮮的小魚。分給姜老師一斤四兩。

繼續重看《青春之歌》。

## 2月12日　星期四　雨

上午九三開會。

## 2月13日　星期五　雨

上午九三繼續開會，討論改選規劃。

下午方昌耀等三同學來訪。

晚間看完《青春之歌》。

---

[27] 後一句被塗抹，無法辨認。

[28] 《兩個巡邏兵》，上海電影製片廠攝製於1958年。

## 2月14日　星期六　雨

上午吳功志、唐景祥及周鴻鵠等三同學來訪。下午為金築買半價車票。

## 2月15日　星期日　雨

金築於九時半離家赴南京。她在家十天，表現還好。

老廖通知，十九日上課，後天開會，大後天來一次三結合。

## 2月16日　星期一　轉晴

晚間丁班學生王傑、華安民、茆長和等三人來訪。茆長和以所寫話劇《紮根》徵求我的意見。

## 2月17日　星期二　晴

上午科務會議，決定各教研組在會上寫好教學大綱，以便明天「三結合」討論。

下午討論現代文選和當代文學教學大綱。

## 2月18日　星期三　晴

上午通過三結合的形式討論現代文選教學大綱，下午討論當代文學教學大綱。

李清華從故鄉泰興返校，送來土產寸金糖和花生米一包，並送我一本《南京民歌選》。

## 2月19日　星期四　晴

上午繼續講授新民歌專題報告，下午跟一年級學生討論教學內容。

## 2月20日　星期五　晴

上午學習赫魯雪夫的報告。

## 2月21日　星期六　晴

上午高樹森來談教學大綱，順便請他提提如何進行教學檢查的

事情。

王進珊代購歷史年表一冊。

晚間興華與姑媽帶孩子們看電影《黃寶妹》[29]去了。我一人看家，學生陳峰來談話，忘了打稀飯的招呼，爐火熄滅了。

準備新民歌講稿。

## 2月22日　星期日　晴　元宵節

下午跟老古到黃河故道散步片刻。

晚間一年級學生孫敦修[30]、茆長和等四人前來談話劇和文藝理論問題。

## 2月23日　星期一　晴

下午搞了兩個小時的積肥。

## 2月24日　星期二　晴

上午講授新民歌中的「兩結合」創作方法，之後，討論教學分工，跟鄭學弢頗有分歧。

## 2月25日　星期三　陰雨

晚間7-10時，九三開會。

## 2月26日　星期四　晴

連日咳嗽，嘶啞。今天上專題專報，就是以嘶啞之聲結束民歌專題的。

下午跟興華看蘇聯電影《保姆》。

晚間李清華來借書。

---

29　《黃寶妹》，上海電影製片廠攝製，謝晉導演。影片以真人真事介紹了著名的全國勞動模範、紡織女工黃寶妹，影片主人公由黃寶妹自己扮演。

30　孫敦修，1958年畢業於徐州三中，考入徐州師範學院中文系。後曾任徐州日報社副總編輯。

## 2月27日　星期五　晴

上午于書記報告，下午科裏討論規劃。晚間黨委辦公室介紹一位范同志來瞭解劉為之的情況，我寫了一份材料給他。

## 2月28日　星期六　晴

上午備課，晚間看完陶承的《我的一家》[31]。這是一本激動人心的革命回憶錄。

## 3月1日　星期日　晴

上午跟小京看中國雜技團演出的雜技，本來興華小蘇也一道去了，後因小蘇不夠一公尺，不准入場，興華只得帶他回家。

晚間帶小印小京看電影《患難之交》[32]。

## 3月2日　星期一　晴

下午教研組會議，決定我教二年級，鄭學弢教一年級。這樣分工較明確，但任務則重矣。幾個長篇要花多少精力嚩！

## 3月3日　星期二　晴、風

準備《青春之歌》講稿，並開始看《百煉成鋼》[33]。

## 3月4日　星期三　晴

準備「典型報告」，重新改寫為講稿。

下午龔治臧和陶其德前來談話。

小蘇咳得厲害，醫生說是百日咳。

---

[31] 陶承（1893—1986），湖南長沙人，大革命時期開始參加中共活動，三十年代在上海作地下工作。丈夫和兩個兒子都為「革命」捐軀。回憶錄《我的一家》1956年由工人出版社出版。北京電影製片廠改編成電影《革命家庭》。

[32] 《患難之交》，長春電影製片廠1958　攝製，王逸導演。

[33] 《百煉成鋼》，作家出版社1958年出版，艾蕪作。

## 3月5日　星期四　雨

講授「典型報告」。

下午集體備課，內容為毛主席詩詞和《青春之歌》。

晚間興華叫小印默寫，沒有耐心，把小印痛打一頓。

## 3月6日　星期五　雨

上下午都是學習「關於人民公社若干問題的決議」。

從今晚起停電到下星期一止，對備課工作頗有影響。

## 3月7日　星期六　轉晴

下午工會小組會議。

## 3月8日　星期日　晴

下午方昌耀和吳功志兩同學來談當代文學事。

晚間與興華去看《靜靜的頓河》，沒有買到票。臨時買到一張退票，讓興華先看。

## 3月9日　星期一　晴

晚間看《靜靜的頓河》。

## 3月10日　星期二　晴

孫純一下午二時來家，說昨天一個賣魚的從我家出去，被搜出棒子麵兩斤，據說是我跟他換魚來的。他特來告訴我，引起重視和注意。

## 3月11日　星期三　晴

下午二時派出所叫興華去，要她寫檢討，承認錯誤。結果，只得寫了。這都是梅師母的嫉妒與報復的行為。

到新華書店買了一本謝皮洛娃的《文藝學概論》和杜鵬程的《在和平的日子裏》。

小印右手被同學用石頭打傷，今天有不少孩子戴上紅領巾，他卻

流了鮮血，真令人氣憤。大人的政治情況影響幼小的心靈，奈何！

## 3月12日　星期四　晴

下午馬書記佈置學習人民公社的提綱。

## 3月13日　星期五　晴

上午討論糧食問題，我檢查了以棒子麵換魚的問題。高樹森、鄭學弢、顧莉莉對我提了意見。

下午聽沙書記作關於學習六中全會文件的動員報告，其中關於糧食問題的一部分，已聽過好幾次了。

今天給金築、心村寄了二十元，並還張拱貴十二元。按照慣例給繼母寄錢，因錢不敷，暫時停寄，這是從一九五四年一月以後直到今年三月第一次停寄，以後想按三大節氣寄點錢。

## 3月14日　星期六　晴

上午討論《青春之歌》，周慶基參加丙班旁聽。

晚間興華領著姑媽、孩子們看《墨西哥人》，我看家，陳峰來聊天。

## 3月15日　星期日　晴

上午十一時吃飯，十一時半集合往石狗湖勞動，晚上六時才回來。

## 3月16日　星期一　晴

跟古典文學對調，把星期四的課提前於今日上午，討論《青春之歌》。

晚間散步到大同街，碰到李清華取照片，她說她是三月六日（古正月廿七）生的，照的二十周歲的紀念照。

## 3月17日　星期二　晴

下午三時專題討論《青春之歌》。晚間九三開會。

## 3月18日　星期三　晴

王惠敏[34]來家談考查問題。

## 3月19日　星期四　晴轉陰雨

晚間帶小京看波蘭影片《影子》。沒有把握頭緒，看不懂情節的發展。

## 3月20日　星期五　陰轉晴

上午，王郊天彙報南大文藝理論教學情況。下午漫談。

## 3月21日　星期六　晴

上午小結《青春之歌》。下午工會改選。晚間看國產影片《鐵窗烈火》[35]。

下午與興華逛雲龍山。

## 3月22日　星期日　晴

下午與興華看《梅蘭芳舞臺藝術》[36]，包括「霸王別姬」和「貴妃醉酒」兩個片斷。「貴妃醉酒」反映的只是生活現象，不夠深刻，貴妃的猥褻動作，看了也有些倒胃口。

孫敦修把他的一個同學的詩稿送請我看看，還談了對課程不滿的某些意見。

## 3月23日　星期一　晴

金築來信，說她在十九日晚與同學看電影，散場後，校門已閉，不敢喊門，就睡在同學家中。第二天回校，教導主任、班主任找她，要她檢討。聽說還要處分。我讀完信，心中感到難過，去信問她詳細情況。

---

[34]　蘇州人。江蘇師範專科學校中國語文專修科學生，1957年入學。

[35]　《鐵窗烈火》，上海電影製片廠1958年攝製。

[36]　《梅蘭芳舞臺藝術》，彩色紀錄片，1955年北京電影製片廠攝製。

## 3月24日　星期二　晴

下午跟一年級同學講《青春之歌》的討論情況，晚跟二年級輔導新民歌，當場分析了三首：東方巨人、我來了、毛主席的恩情。

## 3月25日　星期三　晴

這兩天，小蘇在婦幼保健院治療咳嗽，打了一瓶鏈黴素。

晚間散步，買了一斤半小鯽魚，價七角。

## 3月26日　星期四　晴

下午馬書記等報告有關教育實習問題。

晚飯後散步碰到陳月清、李清華，同她們散了一會步。據說有的同學如朱士福，被派在初中試教，頗有不滿情緒。

陳月清說，去年我剛到師專時，大家說我年輕；一年不到，她們女同學議論，這一年來我老多了。清華不讓她這樣講。的確，我也感到這一年來老多了。從許多跡象看，的確老多了。我的孩子們，謝謝你們的關切！

## 3月27日　星期五　晴轉小雨

今天是陰曆2月19日，相傳為觀音菩薩生日，雲龍山有廟會，下午同興華到山下走一趟，給孩子們買了幾樣玩具。

晚間到新華書店買了一本人大出版的《書評選》[37]，大多是《文藝報》上登過的。

## 3月28日　星期六

下午二時與顧莉莉同高學保等四同學到市立五中找盧安晰等談語文教學情況。去時坐車，回時與顧莉莉一同步行。

小印發燒，晚間興華帶他去瞧病。

---

[37] 全名為《書評選·文藝部分》，中國人民大學新聞系出版班編，中國人民大學出版社　，　1959年。

## 3月29日　星期日　雨

　　早上聽中央人民廣播電臺，廣播西藏叛亂事件。

　　小印病好一些。

　　因為天雨，整天沒有下樓。

## 3月30日　星期一　晴

　　興華發燒，到婦幼保健院看病。

　　小蘇咳嗽，打了三瓶鏈黴素，一直不好。

## 3月31日　星期二　晴

　　興華一天沒有退燒，晚間再度看病。

　　讀《文藝報》謝思潔《再說毛主席詞〈蝶戀花〉的解釋》[38]，頗有不同的見解，特寫在該文之後。

## 4月1日　星期三　晴

　　下午為二甲補授新民歌專題報告。

　　興華的熱度時退時升，晚間她竟想到死，流起眼淚來了。小蘇說，媽媽死了，就沒人打我了。這不懂事的孩子，更刺痛了母親的心。

　　晚飯後，高樹森、張月田、陳崇義、陸士偉等先後來借書報。

## 4月2日　星期四　晴轉雨

　　下午和晚間指導學生備課。

　　興華熱度稍減，但腹痛有時加劇，臥床未起者整日，飲食便溺倒還正常。許多家務加到我身上。真是炕上有病人，炕下有愁人。這幾天我真有些發愁了。

## 4月3日　星期五　雨

　　上午開實習工作會議，下午聽周主任講西藏問題，晚間李清華和周廣林先後來備課。

---

[38]　《再說毛主席詞〈蝶戀花〉的解釋》，載《文藝報》1959年第6期。

## 4月4日　星期六　轉晴、大風

下午九三開會，通知時說得很嚴重，說會議的內容有關於知識份子改造的道路問題，但是實際卻不然。老孫說，關於南京各民主黨派代表會議的傳達問題，尚未請示黨委，暫不傳達，因而諱莫如深。

晚間帶小京看蘇聯彩色故事片《勞動與愛情》。

## 4月5日　星期日　晴

下午理髮，並赴新華書店買了《野火春風斗古城》[39]和《馬恩搜集的民歌》[40]各一本。

路遇須養本，同他到淮海賓館晚餐。他用他的工會會員證買了一個拼盤，一碟炸肉丁，價各一元。

晚間七——九時指導學生準備《出賣靈魂的秘訣》[41]。

## 4月6日　星期一　晴轉雨

下午開科教師會，討論教學計畫。我提出「習作指導」改「寫作研究」。

晚間幫助學生備課，回來時，小京竟將周廣林寫的教案初稿裁成片斷，幾乎把她打死了。這只能怪興華，太不管事了。

## 4月7日　星期二　晴

上午李清華來研究課文《解救》的教法。

晚與興華到工人文化宮看《靜靜的頓河》第二部。

## 4月8日　星期三　晴

上午興華去婦幼院檢查，據說是子宮外孕，必須動手術。真是糟糕。我在興華面前故作鎮靜，因為她老是埋怨，勞命傷財的。我怕她動手術出什麼意外。

---

[39]　《野火春風斗古城》，作家出版社1958年出版，李英儒著。

[40]　全名為《馬克思、恩格斯收集的民歌》，人民文學出版社1958年12月出版。

[41]　《出賣靈魂的秘訣》，雜文，魯迅瞿秋白合作。

小蘇這幾天跟我睡，咳嗽倒好了，但上了兩天幼稚園，忽然拉稀了，大概是在園裏睡午覺著了涼吧。

看《野火春風斗古城》。

## 4月9日　星期四　晴

興華的病，據醫生檢查系子宮外孕，須動手術。

下午二時指導同學試講《友邦驚詫論》。

## 4月10日　星期五　雨

上午李副校長講兩個過渡。下午時政測驗。有幾題沒有答出來或者答得不完全。

晚間指導同學試講《出賣靈魂的秘訣》。

## 4月11日　星期六　雨

上午陪興華去醫院辦入院手續，交了六十元。下午興華去院。

下午鄭學弢找我談《普通勞動者》[42]。一居民調劑大米二十斤、油一斤。

興華不在家，似乎沒有主，孩子也感到寂寞一些。

## 4月12日　星期日　晴

上午帶小京、小蘇到醫院看興華。

下午買茶葉、牙膏等。

晚間李清華來談教案。

晚七——十時幫助儲繼芳[43]、張月田兩小組備課。

## 4月13日　星期一　晴

寄金築、心村二十七元（金十二元，心十五元）。

下午實習工作會議。

---

[42] 《普通勞動者》，作者王願堅，載《人民文學》1959年第11期。

[43] 儲繼芳，上海南匯人。女。副編審。畢業於徐州師範學院中文專修科。歷任小學教師，中學教師，《江蘇教育》雜誌社編輯。合編著有《我的教學生涯》、《詞語教學》、小學語文教學指導書低年級》等；著有《斯霞之路》。

興華昨日刮子宮，經過良好，預備明日出院。

晚間李清華來研究教案。

梅師母來說，派出所叫寫愛國衛生公約。

## 4月14日　星期二　晴

上午興華出院，一共花了十餘元。

上午跟張月田小組準備《友邦驚詫論》。

下午買了一張五抽寫字臺。

## 4月15日　星期三　晴

上午科會討論系科目的性等問題。

晚六時五十分看田漢、安娥編劇、傅金香主演的越劇《情探》舞臺紀錄片。

## 4月16日　星期四

上午到五中，該校校長和教務主任等給同學介紹情況，最後我代表學校表示謝意。

上午李校長等報告五中情況。

工作計畫：貫徹黨的教育方針，以整頓提高為主。

共產主義教育、教學改革、生產勞動。

貫徹黨的教育方針，提高教學質量。

學習教學大綱。

每月一次觀摩教學。

提問、計分、佈置作業。

## 4月17日　星期五

上午七時聽觀摩教學。

上午在淮海賓館午餐。晚間九三開會，聽彭飭三和周主任講話。席間曾談到右派的改造問題。

## 4月18日　星期六

下午二時民主黨派擴大會議（政協禮堂）。

一、估價

進步面主要，消極面次要。但大多數同志立場未改變，還有兩面性，處在中間狀態。當前情況，兩頭小，中間大。

大躍進以來，多數人對黨還存在著戒備心，還有些懷疑。但有些人認為是謹慎。實際上有許多人是不願意多講話。

反右後，工作比較被動，怕負責任，感到知識份子沒有地位，情緒低落，幹勁不大，有顧慮。

反右以後，都願意改造，但又怕改造，有厭倦情緒。

二、方針服務與改造相結合

以政治思想為統帥，工作崗位為基地，勞動實踐為基礎。

不能光搞業務，不進行改造，要警惕自己。

三、方法

1.評比競賽。

2.和風細雨。

二者應以後者為主。

不是不要批評，而是採取和風細雨的形式，不是大聲疾呼。在工作中自覺進行兩條道路的鬥爭。

改造是階級本質的改造，其規律是長期、曲折、反復的。調動改造的自覺性，調動工作中的積極因素。

服務態度：有真有假，假中有真，真中有假，弄假成真，由假到真。假在縮小，真在增多。改造的過程是由假到真的過程。

不要用反右的方式進行改造。反右是打少林拳，現在要打太極拳。用和平改造的辦法，走社會主義道路。希望將來在風平浪靜中改造，走入社會主義。

希望在各級黨委的領導下，積極改造，前途是光明的。

民主黨派在思想中要認識的幾個問題：

要改造兩面性。

與其說加速改造，不如說加強改造。因為改造不能在時間上限制。改造是長期的。不是一年兩年就改造好的。別的東西可以放衛星，改造是不能放衛星的。

自卑是高傲的另一種表現。

知道資本主義道路走不得，黨反不倒，右派當不得，只是認識上

的提高，不是立場的轉變。交心是改造的開端，不是結果。必要性以客觀的正確為基礎。

資產階級知識份子的帽子是資產階級給你戴的，只是你不感覺到，共產黨告訴你而已。只有等到資產階級消滅了，帽子就沒有了。

服務與改造相結合，必須以政治為統帥，工作崗位為基地，勞動實踐為基礎。服務與改造是對立的統一。

搞評比競賽容易造成緊張的局勢，也可能造成內部的隔閡。規劃是可以檢查的，不要搞評比。

學校是三結合的基地。要貫徹黨的教育方針，三結合是主要的關鍵。學校的任務要以教學為主，不要忘記教學。

教師在黨的領導下要起主導作用，但反對不允許學生批評教師。學生是老師的朋友。我們主張教學相長。

古與今的問題：

反對了厚古薄今，不能走到另一極端：以虛無主義的態度對待一切歷史的遺產。

土洋並舉問題：

土洋都要在教學上得到反映，不應有所偏廢。

土中出洋，如南通季德勝的蛇藥，已暢銷東亞。當然，為土而土，只要是土的都是好的，這樣的想法也是不對的。不要洋的，無異是自甘墮落。

## 4月19日　星期日　晴風

上午參加一堂試講後，回家聽說小蘇走失了，急如星火，到處尋找，熱得我一連換了幾次內衣。幾乎把雲龍區找遍了，都沒有找著。最後，絕望得流出了眼淚，表情近乎瘋狂。哪知經過兩小時，小蘇回來了，他說廖利朱把他帶到學校玩去了，真是氣死人。利朱這一下可害了我一上午沒有工作。

下午四時四十分到工人文化宮看美國片《王子復仇記》，即《Hamlet》。回校後，又參加同學的試講。

## 4月20日　星期一　晴

今日學生開始試教，尚無大錯出現。

上午十時二十五分金靜貞試教。

準備不夠：沒拿粉筆。

讀音：生命讀「生民」，秋景讀「秋金」，奴隸近乎「努力」，赤誠（「吃人」）的心。

## 4月21日　星期二　晴轉陰雨

上午十時許忽下暴雨，一時氣溫下降，穿少了衣服，冷得難受。

上午第一節武麟祥試教：

肯定：態度沈著、板書整齊美觀，照顧課堂記錄，傳達感情。

問題：①介紹作者注解自己的語言，破壞了系統性。②分段太匆忙，劃分段落沒有作到預期的效果，顯示教育目的只是基本達到了。③教學語言的邏輯性。

上午第四節顧定國試講：

①板書有計劃，而且整潔；

②時間掌握得較好。

商榷：

①得出段落大意時，是否要學生參加部分活動。

②沒有解釋「英雄光輝照丹心」。

下午第二節嚴育修試講：

①介紹斯特朗頗有條理；

②板書整潔，教態沈著。

晚間儲繼芳來談教案。

## 4月22日　星期三

姑媽的二哥今天到徐州，準備接姑媽回家[44]。

整天搞實習工作，晚間張月田、劉明哲兩位抬著黑板到我房間試講，蔣玉芳亦來研究教案。

上午第一節白婉芳試講。讀音：車子（差子）。

上午第二節姚天國試教。

上午第三節嚴育修試教。

---

[44]　河南省濟源縣。

下午二時十分顧老師評議會。

顧：

1.朗讀給學生一個完整的印象。培養學生默讀也還是需要，特別是非文藝性的理論、說明文章。

2.生字詞解釋。

3.課文分析，談語法。

　甲：問題要提得好，才能引導學生到預期的要求上來，引導學生向主題思想集中。

　乙：培養學生發言。學生發言得好，就證明他們思維得好。

　丙：分析之後歸納主題，起趁熱打鐵的作用。

4.學生的閱讀練習。一課講完組好朗讀。

5.復述。

張月田、劉明哲晚間在我房間試講。

# 4月23日　星期四

上午第四節武麟祥：

1.把建設事業向記者談，深深感動了她。

2.同學罰站。

3.延安精神發揚光大，不如說同學的友誼發揚光大。

4.人民公社到了共產主義也是一個基本的單位。

5.表情與內容矛盾。

晚間指導學生試講。

蕭家和試教：

1.臉孔平易近人。

分析朱德挑水較好。

2.板書較差。

3.「同學們，是不是這樣呀」，「是！」不深入的提問。

4.這種精神是戰勝敵人不可缺少的力量。

5.多了十分鐘。

晚七時四十分張明華在宿舍試講：

1.讀音。「請願」、「宰割」、「剝削」讀音不准。

2.提問，一方面，一方面。不明確。

3.第一大段（寫錯了）。

4.害怕中國人民的覺醒。

5.撕掉「文明」的面具應該補充：露出野蠻的嘴臉。

## 4月24日　星期五　晴

今日天氣又轉熱，寒暑表升至華氏七十度。

小蘇昨夜咳嗽相當厲害，原因是打被子。

張明華等晚間前來研究教案。

第一節徐健明（？）試講：

1.能注意學生的共同活動。

2.精神飽滿，平易近人——容易叫人接近。

第三節陳崇義試講：

1.方音太重。

2.語調平板。

## 4月25日　星期六　晴

下午二時十分陳根生試講：

1.神態匆忙，不沈著。

2.講魯迅思想應該先講進化論到階級論；不應先談民主主義到共產主義思想；應該是由民主主義者到共產主義者。

3.提問時是一種命令式口氣。

4.板書條理性不夠。

5.未朗讀課文即解詞。

下午三時趕到雲龍湖出席九三小組生活。

晚間姑媽的二哥和孩子們到我校禮堂看電影《銀翼上的紅星》[45]。

李清華來找我兩回，相左，不知何事。

## 4月26日　星期日　晴

上午李清華來研究朗誦。晚間沈雪雲、白婉芳、張月田、劉明哲

---

[45]　《銀翼上的紅星》，蘇聯電影。

等分批來談教學問題。

姑媽的二哥下午五時返籍。

# 4月27日　星期一　晴

上午第一節嚴育修、武麟祥評議會

武：

1.朗讀後要學生分段不太合適。

2.聯繫同學思想實際不夠。

3.「鞏固」這個環節做得不好。

4.教學要求達到，由同學可以回答主題來證明。

嚴：

1.預習不夠。

2.時間掌握不好；第二節課懷念講得多。

3.第三節沒有聯繫西藏問題。

第三節許余達試教：

1.態度尚沈著。

2.板書尚有條理。

缺點：

1.感情還不夠自然。

2.語腔有背誦現象，稍平板。

3.朗讀沒有波瀾。

4.提問只注意前幾排同學，不能照顧全面。

下午第一節課參加顧定國評議會。

原任老師意見：

1.解詞較多，學生沒有思維活動。

2.初中學生板書不宜太草。

3.初中學生不太懂「手法」這個術語。

4.朗讀不必都讀整段，找幾句精彩的話來讀。

下午第三節高學保試教：

1.對青年尊敬到五體投地的地步；

2.正在提問學生，就背向學生寫板書，把原因寫出來；

3.美英法縱（念成「勿」）容日本；

4.日本侵略中國不能與當時形勢平列。

5.時代、作者，三十四分鐘。

6.朗讀還可以。「宰割」讀音不准。

7.過渡不自然，闡明不透徹。

下午第四節（四點五十——五點四十）

鄧家倫教學：

1.方言太重。

2.對發言同學缺少鼓勵。

3.提問太籠統。

4.朗讀不佳，沒有表情。

能啟發同學的思維，如風光從自然風景到工農業大躍進。

語言毛病：工農業和城鄉差別，已經正在逐漸消失了。

晚間全校慶祝國家領導人的選舉勝利完成。

# 4月28日　星期二　陰雨

第一節高學保講課（第二課時）：

昨（查）天[46]

1.復習提問對上一節課有所鞏固、補充。

2.語言不完整：「日本兵佔據了遼東，佔據了遼寧，佔據
 了……」，「國民黨對學生採取欺騙……」

3.文言：迫在眉睫。

4.講第一段時應強調驚詫，國將不國。

5.聯繫當前談敵人的「驚詫」。

6.聯繫盧森堡夫婦之死批判「友邦」對人民的態度。

上午第二節參加陸士偉評議會。

下午聽張明華公開教學，晚間梁大志、蔣玉芳、周廣林、張伯藩
等來舍討論《出賣靈魂的秘訣》。

# 4月29日　星期三　雨轉晴

上午第二節李寶華講課：

---

[46] 應為讀音問題。

1.提問時能夠一再啟發，而且能徵求其他同學意見。

2.語言還清楚，態度也還沈著。

3.提的問題有啟發性，

4.紅粉筆後面看不見。

5.材料的安排。

6.提問：英雄怎麼出場的？應該提作者是怎麼用不同的開始描寫英雄的。

7.講結構比較透徹。

8.能重視環節與環節的過渡，如過渡到語言知識。

9.講語言知識，學生還沒有抄好，就給擦掉了。

10.講語言知識的時間太長（二十分鐘）。

第三節陳根生第三課時：

1.沒有講「呈文」的引號；

國與不國，決定於的友邦的驚詫與誇獎，揭露了黨國的實質。

2.黨國充當「友邦」的幫兇。不止是「幫兇」問題。

3.板書橫豎夾雜。

4.本埠——本市。

5.「不必」講得好，但是結尾的意義還沒有說得深透。

6.「友邦」驚詫的實質沒有說，撕破「友邦」文明的面具。

下午李聰副校長到五中召開了一次座談會，對實習工作作了一些指示。

晚間李清華同學送了一張照片，作為即將畢業的紀念品。

# 4月30日　星期四　晴

第二節俞紹慧講演《漁家民兵柯寶才》[47]：

1.柯寶才出沿海去探魚群。

2.「我同意薛長田的」：最好還是問問同學好一些。

3.擬（疑）[48]人，老天爺變臉，

---

[47]　《漁家民兵柯寶才》，載《詩刊》1958年第7期，作者張永枚。

[48]　應是讀音不準確。

4.六點省略號[49]。

5.面不改色，說明柯的勇敢，沈著。

「孔明的腦袋」，最聰明的人。

6.「笑」下不是「天」，而是「夭」。

7.魚鷹看了魚就「抓」起來。

8.「邊防」應說「海防」。

9.朗讀能繪聲繪影，有聲有色。

10.讀音：朽（秀）木、擬（疑）人。

第三節周勤明講課：

備課認真。

1.注（主）意。

2.語言知識的例子是否都是從課文中摘出來？

3.動詞重迭，原詞重迭，如討論討論；形容詞重迭單字重迭，如高高興興。糊塗，小氣，囉嗦，加「裏」字重迭，如小裏小氣。數量詞的重迭，有「逐一」之意，「一堆」變成「一堆一堆」。

第四節高學保講課：

1.提問的要求不夠準確。

2.縱（從）[50]容。

3.講得不夠透徹。

4.奴才、走狗、賣國（賊）。

5.友邦不只是美帝國主義。

6.沒有把軍費、政費這一段的意義發揮出來，這種不可告人的關係是黨國鎮壓學生運動的最直接的原因。

太注重課文詞句的串講，忽略了內容的發掘，以至學生印象不深。

「依然」就是「一貫」。表示時間觀念，說明國民黨鎮壓學生運動的一貫性。

晚間九三開會。沒有談什麼問題，有些浪費時間。

---

[49] 應指板書時省略號沒有寫成六個點。

[50] 應是讀音不準確。

## 5月1日　星期五　晴

天上沒有日頭，

人民哪有活頭。

共產黨不來領頭，

人民生活哪有甜頭？

今天是五一勞動節，忽然想到以上的詩句。

下午與興華看了國產故事片。此片思想內容雖好，但是藝術的感染力相當單薄，沒有引人入勝的魔力。

晚間儲繼芳、吳功志等同學來研究《出賣靈魂的秘訣》。

## 5月2日　星期六　晴轉陰

上午九三開會，由孫純一和須養本兩人檢查改造規劃。大家提了一些意見。

下午教務科召集會議，李校長對指導實習的同志們講話：

1.方針要求，貫徹方針，提高質量。

2.發揮教師的主導作用，承認教學相長，達到教好學好的目的。

3.教師提高質量，有嚴重的政治意義。

4.理論聯繫實際，高師脫離中學實際，很難想像。

5.語言訓練讀哪些書籍？

6.實習質量，雖有好的，但一般來說，沒有達到師專教育計畫所規定的水平，尚有6周的課，怎樣安排。

7.中學語文存在哪些問題，如何提高教學質量。

政論性文章應該怎樣教？

長文怎樣教？

解釋辭彙孤立地解釋，而不是結合課文內容。

以三個班級進行分析：家庭出身、學習興趣、閱讀作品。

8.今後教育實習的安排問題。

王科長：

1.鑒定；2.交換意見。

李清華前來研究《解救》並試講了第三、四兩個教時。

## 5月3日　星期日　雨

上午第一節劉華明講課：

1.表情不自然，語調不適中。

2.窮困、青春讀音不准。

3.板書不夠整潔，太小，後面看不清楚。

4.精神飽滿，語言響亮，但抒情因素較小，感染力不夠。

5.語言：不能向封建勢力甘拜下風。

6.尚有條理（按照小標題分析）。

第三節高學保講課：

1.沒有打上課鈴，就上了課。

2.主子與奴才的關係，評三分。把黨國的反動本質講成了關係。

3.①復習提問，十分鐘；②寫作方法。

4.誚字讀音錯誤。

5.不細心，教材不太熟悉。

6.媚讀眉（眉骨）。

晚間廖序東來商談教學計畫，範一德來談《解救》的藝術特點。

## 5月4日　星期一　晴

第一節吳曙天試講：

1.看到胡適的談話而寫這篇文章的。

2.語言不夠乾淨、利索。

3.眼睛要正視前方。

4.對什麼症發什麼藥。

5.教態有點忸怩。

6.讀音。

7.第三段的分析條理性不夠。

8.胡適的「自由散漫」。

9.所說固有文化是文化遺產中的糟粕，是鞏固封建統治的基礎的
上層建築。

第二節俞光劍分析課：

1.用手擦黑板，講得太匆忙。

（如地區偏僻，人煙稀少）

2.百分之八十三。

下午九三座談，討論尼赫魯的講話，接著開會討論教學計畫。晚間看九七八部隊在我校放映蘇聯彩色片《海底擒諜》。

## 5月5日　星期二　晴

第一節吳曙天講課：

1.用手擦黑板。

2.似乎喘不過氣來的樣子。

3.時代背景應著重人民大眾對日本的侵略的反抗。

4.沒有說他在蘇聯入黨。

第二節徐玉峰講課：

1.和平解釋朝鮮問題。

2.教態比較呆板。

3.悄悄讀成第四聲。

4.朗讀還有點急促，應根據人物的語氣來決定語氣。

5.板書有些發抖。

6.全部正楷，沒有簡筆字。

7.穿了新鞋。

8.姿態文雅，怕踩死螞蟻。

9.用手擦黑板。

10.偎依──親密地靠著。抽噎──哭不成聲。

11.提問要顧及到後面的同學。

李俊英講課：

1.方言重，不好懂。

2.綠色粉筆不鮮明。

3.板書可以。

4.進行思想教育命令口氣，顯得生硬。

下午第二節周廣林講課：

1.眼部表情令人有滑稽之感。

2.「訣秘」──「秘訣」（粗心）。

3.板書欠老練，向東北方向傾斜。

4.簡筆字：停（仃）。

5.十九軍（十九路軍）。

6.條理尚清楚。

7.朗讀太快。

晚間科裏開會討論教學計畫中的培養指標。最後馬書記宣佈嚴、衛兩人因歷史問題交代未清，給他們幾天的時間進行交代。

# 5月6日　星期三　晴

第一節吳曙天講課：

1.這一段說明什麼問題——提法不明確。

2.「日本帝國」。

3.「有效用」的就是實驗主義，有些簡單化。

4.揭露胡適……

5.能聯繫課文講。

6.「儒教軍師」沒有解釋。

7.「不愧為日本帝國主義的軍師」，諷刺語。

第二節白婉芳講課：

1.評分正確。

2.兩個「保證」：①不掉到溝裏頭；②不切掉手指頭。

3.同學活動少一些。

4.板書向東北傾斜。

5.用手擦黑板。

6.語言不夠精煉。

7.簡筆字問題。

第三節周廣林第二課時：

手擦黑板。

晚間看電影《紅霞》[51]。

5月7日星期四陰雨

周廣林第三課時：

1.提問與鞏固很有必要。

---

[51]　《紅霞》，彩色戲劇片。

2.聯繫舊課進行教學。

3.形象性和諷刺、反語兩點最好結合起來。

4.最後太匆忙。

下午二時半評議會。

吳曙天

自我分析：

1.鑽研教材、寫作教案的過程；

2.試講，互相啟發；

3.教學過程

①課時計畫沒有很好完成，如第一課時沒來得及講生詞。

②不夠鎮定，有些慌張。

③板書的條理性不夠。

④沒有發揮教案的作用。

⑤語言學生聽不懂。

⑥提問不能適應學生的理解程度。

4.教學目的大體達到了，深刻性不夠。

高學保：

1.介紹作者頗生動，有感性，只是時間多一點。

2.時代背景不夠突出，有的與前文重複。

3.應該提提其他的反動文化人，去襯托胡適。

4.「友邦」日本沒有解釋一下。「小百姓」沒有解釋，用否定
　「征心」策，不妥，應用揭露。

過去、現在、將來，三部曲「將來」似乎不太好。

「收回」臺灣不妥。

板書逐層駁斥，沒有說明，同學印象不深。

第二課時是逐段講解與半講相結合。

講雜文是否要逐段講？還是抽出論點來講？

陳根生：

1.整個說來，完成了教學目的。

2.應突出反「圍剿」的勝利。

3.作者介紹重點不夠突出。

4.介紹胡適主要抓住他的思想，不必看重年月。

5.第二課時聯繫課文較少，文字上的障礙比較大，同學要求輔導。

6.協作方法較簡。

7.雜文相同點可以放到寫作方法之前。

嚴育修：

1.第二課時沒有分析透徹。

2.第四段落大意沒有寫。

3.寫作特點講得草率一些。能聯繫舊課是一個優點。

4.不看學生，應該鍛煉。

5.學生互動少一些。

周廣林：

1.國聯調查團，不是李頓調查團[52]。

2.二二年入黨，沒有交代。

武麟祥：

1.講作者從出生到犧牲，是否有此必要。

2.板書較好。

晚間徐茜、屠玉華前來瞭解丁班同學現代文選考查成績。因為尚未閱卷，相約於明日中午評定後再作面談。

# 5月8日　星期五　晴

第一節吳曙天講《曹劌論戰》：

1.「敵疲我打」。

2.應該先朗讀後解釋生詞（字）。

3.肉食者——大夫以上的官。

4.鄙[53]bì？見xiàn。

---

[52] 國聯調查團是「九一八」事變發生後，於1932年1月21日正式成立。團長是英國人李頓爵士，故亦稱李頓調查團。國聯行政院規定他們除調查日本在中國發動「九一八」事變而形成的滿洲問題外，也調查中國的一般形勢。後來由於控制調查團系列強國家，致使中國國民政府外交部及國際聯合調查委員會中國代表處受到制約，無法發揮更大作用。1932年9月4日調查團完成調查報告書，各委會簽字。10月2日《國聯調查團報告書》在東京、南京和日內瓦同時發表。

[53] 應讀：bì。

5.犧牲，未講清楚。

6.乘，公與之乘。

7.夫[54]——那個？

說到，談到（戰爭、這件事情）

第四節周廣林講課：

1.「問何以戰」，沒講清楚。「何以」，「以何」也。

2.「犧牲」不是現在所理解的。

3.「弗敢加也，必以信」，「加」浪費。

4.忠之屬也：這是使人民對國家盡忠的事情。

5.馳之——馬上去追。

6.轍——zhé。

7.一鼓作氣：「作」字未解釋。

8.靡，mì、mí。

　　晚間李副校長作動員報告，號召實習同學寫作調查報告，並定於下星期五開會公開發言。

## 5月9日　星期六　晴轉小雨

　　上午第一節高學保和陳根生評議會。

　　高學保發言：

　　第三教時較差：沒有注意量力性原則，起始課就分段，不符合教學原則。貪多。

　　先抽象，後具體，再回到抽象。

　　周廣林：課堂很沉悶。

　　嚴育修：板書與語言不協調。

　　盧老師對高學保：

　　1.課堂空氣沉悶。

　　2.眼光很少離教案。

　　3.提問沒有評分。

　　下午跟五中話別。

---

[54] 「夫」（fú），發語詞，議論或說明時，用在句子開頭，沒有實在意義，可不譯。

下午四時半話別會

師生關係的結束，同志關係的開始。

顧宗凡老師：希望同學重視語言訓練。①標準普通話；②話說得太快太多；③寫字要注意（板書，改作文）。

李老師：希望會後交流經驗。

孫老師：能把同學名字叫出來，今後取得聯繫。

盧老師：學到了①把知識有系統有條理地給學生。板書列表法：清楚明白，幫助同學全面掌握知識。表格像卡片插入頭腦。②小結一步一個腳印。③抽象——具體——抽象。④聯繫學生實際。

張老師：發揮共產主義大協作精神。希望提寶貴意見。

高學保：教案不切合實際，臨時需要改動。

俞紹慧：通過實習，鞏固了專業思想。

晚間居民保衛組長通知，說派出所找興華明天上午九時開會，又不知什麼事情。

## 5月10日　星期日　雨

下午科裏開會討論教育實習總結問題。

晚間到文化宮看民主德國電影《科倫上尉》，主題是諷刺西德在美軍佔領下日益軍國主義化。並碰到李清華、姚定國等同學。

## 5月11日　星期一　轉晴

下午聽關於六中全會文件學習的報告，晚間參加高學保等關於調查報告的小組會。

## 5月12日　星期二　晴

下午科裏開會，彙報實習工作。

晚間九三小組開會，由蔣庭曜和廖序東檢查。

## 5月13日　星期三　晴

今日興華買了一個重量兩斤的母雞，是一隻病雞，很瘦，燉後，味道不佳。

上午把下一階段的當代文學選講內容交給馬書記、張主任等審閱。

晚間，老古來談他明天將在大會發言，交流教學經驗問題。

## 5月14日　星期四　晴轉小雨

下午教育實習總結報告會開幕。休息後，討論了學生的幾個報告，晚間又幫助陸士偉修改了報告。

晚間李清華來借書。老高要我星期六下午談談實習期間的看法。

## 5月15日　星期五　晴

上午休會。下午總結報告會照常舉行，有五中的盧安晰等發言。

## 5月16日　星期六　晴

上午仍然是總結報告會，由孫、廖、張、吳講話。下午分科開會，我在會上也講了一點檢討性的話。

## 5月17日　星期日　晴

上午九三小組在雲龍山頂茶座上過組織生活，由劉天民、郝立誠[55]檢查。

下午清華來借書。

## 5月18日　星期一　晴

下午教研組會議，討論教學質量存在問題和解決辦法等。

響應號召，節約糧食四斤。

## 5月19日　星期二　晴

下午報銷了六點三五元的車費。

把第三次修正的補充教學大綱（當代文選）請教了張老，他基本上同意。

晚間看英國片《百萬英鎊》，通過一個打賭的故事，證明金錢並非萬能。

---

[55] 郝立誠，徐州師範學院中文系教師。專攻古代文學。

## 5月20日　星期三　晴

今天特別熱，溫度錶上達華氏八十度。

晚間想做點備課工作，但是終被瞌睡蟲所戰敗。

## 5月21日　星期四　晴

上午二年級當代文學繼續開講，講的是《百煉成鋼》。

下午興華參加派出所召開的家屬會，報告昨晚失竊事。當談到糧食問題時，派出所的女同志要興華站起來給大家看看，說「她是右派，交大家監督」。說興華是被開除的，平日違反了政府的法令。興華說明兩點：1.並非開除，有書為證；2.平時違反哪些法令，請大家指出幫助改造。王梅同志等說不出來，反而說興華抗拒。所有這些情況的造成，就是由於家屬組長梅師母表示自己積極，不負責任地栽誣興華。我聽了，非常氣惱。

## 5月22日　星期五　晴

下午與興華擬逛泰山廟會[56]，因走不動，半道而返。

晚間去買《北方文學》，沒買到，看了川劇《杜十娘》影片。此片對杜十娘、李甲和孫善賚等人物性格作了比較集中的描寫。

九時許，梁大志和于光劍兩位同學前來請問現代文學方面的問題。

---

[56] 徐州泰山廟會又稱「泰山廟市」。據考證，徐州泰山上的寺廟興建於明朝嘉慶年間，當時叫「顯濟廟」，供奉的是碧霞元君。清朝乾隆四十三年即1778年，徐州知府永齡將其更名為碧霞宮，即俗稱的「奶奶廟」。按照有廟就有廟會的常理，可以推斷徐州泰山廟會的形成應在奶奶廟建成之後。每年農曆四月十五日前後三天，來自四面八方的敬香者紛紛來到泰山廟，朝拜「泰山奶奶」，以求多子。逢會期間，敬香者不僅涉及所屬六縣（市）、五區，而且魯南、豫東、皖北一帶的善男信女都來此朝拜。這充分體現了佛教文化的「諸惡莫作、眾善奉行、大慈大悲、普渡眾生」的精髓，也反映了人民群眾對平安幸福生活的嚮往和渴求。徐州泰山廟會場面很大，涉及山上山下，廟內廟外，方圓數公里。內容和形式各異。其主要內容是朝山燒香磕頭拜佛、民間工藝美術大展示、民間文藝表演及企業商家趕廟會等。因年年盛會，各種攤點已形成格局。徐州泰山廟會已非單純的宗教色彩，而是集商貿、旅遊、信仰、娛樂、民間文化藝術於一體的盛大民俗活動，已成為淮海經濟區規模最大的民俗盛會之一。

## 5月23日　星期六　情

上午聽劉市長報告，下午為興華看給師專黨委會的報告。晚間看蘇聯電影《堅守要塞》。

下午二時工會活動。

六好：學習好、勞動鍛煉好、備課將可好、輔導好、批改作業好、考試考察好。

一、學習好

1.時政學習方面①按時閱讀黨報黨刊如《人民日報》、《紅旗》等。②積極參加本校共產主義思想教育的學習。課前閱讀指定文件，課後復習思考，開展思想鬥爭。

2.業務學習方面①按期閱讀《文藝報》，提高對當前文藝運動的認識水平；②閱讀新近出版的文藝理論書籍，如茅盾的《夜讀偶記》、《鼓吹集》等。③重讀五四以來的代表作。

二、勞動鍛煉好

1.積極參加學校佈置的義務勞動。

2.爭取到校內外的工廠、農村進行一定時期的勞動鍛煉。

3.爭取下放到農中，研究教學，參加生產。

三、備課、講課好

1.充分掌握資料，針對學生的需要，整理材料，寫成講授提綱。

2.根據學生意見，改進課堂教學。

3.講課講透，並使同學便於筆記，掌握知識。

4.使教材密切配合當前的政治生活和中學的實際需要。

四、輔導好

1.按時輔導，遇到有共同性的問題，定期進行集體輔導。

2.根據復習提綱進行重點輔導。

五、批改作業好

1.在畢業考試前要學生分析一篇論文，既以檢驗分析能力，同時測驗習作水平。

2.認真批改畢業試卷。

六、考試考察好

1.擬定復習提綱，讓同學們系統復習。

2.畢業考試時，在命題方面，既提出重點，也要照顧全面。

3.認真評分，把評分作為學生知識質量的標誌之一。

## 5月24日　星期日　晴

上午九三開會，由我和李成蹊作思想檢查。

晚飯後，清華來找材料。

陳伯元從南京來，給孩子們買了一斤餅乾。

## 5月25日　星期一　晴

下午教研組會議。特熱，可穿單衣。

## 5月26日　星期二　晴

晚間看《列寧格勒交響曲》[57]，吸引力不大，未終場而出。

## 5月27日　星期三　晴

晚飯後，梅師母竟要求興華給她的孩子打一件襯衫，興華以技術差婉拒了。

陳有根通知我明日去石狗湖勞動。

## 5月28日　星期四　晴

早上告訴劉劍儀（廖先生去運河[58]），請代為請假，因為要備課不能去勞動。

興華把寫給黨委會的信送去了。

晚飯後，陳伯元和龔治臧、陶其德先後來聊天。這兩天停電，到今晚八時半才有電燈。

興華「謹呈江蘇師專黨委會」的信：

我是吳奔星的愛人，本來在南京二十九中教語文，因一九五七年鳴放時犯了錯誤，一九五八年蒙黨寬大處理：仍留校工作，並保留工會會籍。只因身體弱、孩子多，不適宜擔任語文教學工作，加以要跟

---

[57]　蘇聯影片，莫斯科電影製片廠攝製，上海電影譯製廠配音。

[58]　應指運河師專。

愛人搬到徐州，找不倒保姆，才自請退職，經黨和行政的照顧准予退職，發給退職證明書和退職金，有案可查。這是我個人的基本情況。但是在本月二十一日由派出所同志主持的家屬會議，講到糧食問題時，派出所同志要我站起來給大家看看，說我是被開除的右派，到徐州還不老實，做了許多壞事，要我每週向家屬小組長彙報一次生活情況。我當時聲明兩點：

一、我並非開除，系自請退職，經領導批准並發給證明書和退職金。

二、我自己覺悟水平低，在上學期因聽說有師母用糧食換魚，我也用玉米麵換過一斤小魚（當時尚未宣佈用自己的計畫糧去交換其他物資為非法），業經向派出所作了檢討。此次竟聯繫業經加以檢討處分的換魚一事，公開宣佈我做了許多壞事，我不明確究竟犯了哪些錯誤，請同志們具體指出來幫助我改造。

當時王梅同志說我「對抗，不承認錯誤」。我想就是反右派鬥爭的時候，也還是擺事實、說道理，這是黨的政策，家屬會難道可以違背黨的政策嗎？黨對我的寬大處理是繼續留校工作，後來批准我的自請退職。這都是事實，而家屬委員會硬說我是被開除，不知有何根據。我加以解釋竟被認為是「對抗」。難道家屬委員會可以隨便改變黨對我的處理嗎？為了改造自己，我歡迎群眾的監督，但根據我的錯誤的情節，黨並沒有加以「開除公職交居民監督，並每週向小組長彙報」這樣嚴重的處理。而這裏的家屬委員會竟任意向派出所做出這樣的建議，我認為這是直接違反了黨對我的處理辦法，不是站在黨的立場。我不能接受。特別是要我向本身就存在不少問題的小組長梅師母按期彙報，是對黨對本人都沒有好處的。特將梅師母的情況略舉數點供黨參考：

一、她經常把賣雞的、賣雞蛋的、賣魚的都叫到家裏，往往不問價錢，一買就是一大籃。有一次一個鄉下人拿了幾隻鴨子，要一塊多一斤。人家都嫌貴，她卻提了就走，全部包下來。五月二十四日她又帶頭把賣雞的叫到家裏來買。

二、她曾以兩斤棒子麵換一斤大米的標準，跟老百姓換米。她對其她師母以糧食換魚都熟視無睹，這能說公正嗎？

三、她教育她的孩子喊我的孩子「小右派」，給幼小孩子精神上

以莫大的刺激。我的孩子生於新中國，長於新中國，梅師母這樣做，我認為是原則性的錯誤。

四、她的孩子沒在托兒所包飯，但我幾次看到她的孩子吃托兒所小朋友的飯菜。我的愛人也碰到過。像梅師母這種作風不正派的人，是不宜在托兒所做保育工作的，尤其是她對孩子經常進行恐嚇教育，是違反教育原則的。

五、我的身體一向不好。在南京有南京中醫院、鼓樓醫院、工人醫院的病歷可查；在這裏也有婦幼保健院的病歷可查。梅師母通知我開會，我雖有病，每次必到；但她竟向派出所反映，說我裝病不到。

六，她是小組長，但不能團結群眾，總是辱罵別人。例如五月二十二日下午跟人事科高師母吵鬧，高師母倒了馬桶後在院子裏刷，她硬說高師母在菜地上澆糞，影響衛生，竟出惡言說高師母「吃屎喝尿」。鬧到鄰居圍觀，影響極為惡劣。但她自己卻經常在院子裏沖夜壺，她的孩子在院子裏隨意小便。

我雖犯了錯誤，但是我畢竟是中華人民共和國的一個公民，是工會會員。根據憲法，我對於梅師母不符合事實的彙報，有解釋的權利。但是家屬會上竟不准我解釋。當然王梅同志是共產黨員，我相信她是大公無私的，只是梅師母企圖矇騙她，使她不清楚事實的真相，一解釋就扣我「對抗」的大帽子。因此我只得向黨彙報，希望黨就家屬委員會企圖篡改黨對我的處理辦法一節，進行公正的判決。

以上這些情況，我沒跟任何人說過。我害怕梅師母信口扣我什麼帽子。我想我把這些情況告訴黨，他們總不會說我「對抗」吧！當然，我也盼望黨對我加以經常性的教育。

## 5月29日　星期五　晴

晚間去文化宮看《伊拉克的曙光》[59]。小蘇突然發燒，提前返家。

## 5月30日　星期六　晴

清華把幾本書扔到桌上就走了，不知何故。

---

[59] 紀錄片，中央新聞紀錄電影製片廠出品。

下午九三在雲龍山上過組織生活，由余明俠[60]、錢樹榮分別檢查。

## 5月31日　星期日　晴

上午小印淘氣，興華打他，他跑到雲龍山兩次。下午二時多才回家。

四時許，清華來取書籤。

到文化宮看《靜靜的頓河》下集。我覺得比第二集好，主要人物的性格刻劃得比較集中。

晚間高樹森來通知：明日下午下鄉割麥。

## 6月1日　星期一　晴

早上張久如同志來舍，叫我不要下鄉割麥，原因是路途較遠，我的腿不方便。我深感領導上的照顧。

晚間帶孩子去照相，相館擁擠非常，沒有照成。

我買了一件人造棉襯衣。

## 6月2日　星期二　晴

下午去專署醫院[61]透視。

晚飯後理髮。

夜間整理《青春之歌》討論總結，業已完畢，約三萬餘言。

## 6月3日　星期三　晴轉雨

上午顧莉莉送實習生□定來我處。

下午五時許小雨，天氣轉涼。學生在鄉割麥，希望雨不要下大，不要下長。

## 6月4日　星期四　雨

昨夜起大風大雨，終日未停。上午九時許，看見下鄉麥收的同學

---

[60] 余明俠（1924—），安徽省壽縣人，1947年畢業於南京中央大學法律系，1986年起任徐州師範學院歷史系教授。

[61] 始建於1953年，前身為徐州專署門診部、徐州專區醫院，1983年地市合併後更名為徐州市第四人民醫院。

像落湯之雞歸，心中很難過。這次風雨真可以說是自然災害。

看完郭沫若的歷史劇《屈原》。此劇在1941年以後演出就起了教育人民打擊敵人的作用，它的思想性是無可非議的。但是劇中把屈原的去留，決定於鄭袖一人，而鄭袖之所以排斥屈原，又只是因為怕張儀獻美人，害得自己失寵。這樣以偶然的現象為劇本的中心情節，就不能不削弱屈原這一人物的思想的光輝，模糊讀者對屈原與楚國反動統治階級之間矛盾的必然性的理解。

劇本以衛士甲殺死鄭詹尹、焚燒太廟，帶屈原逃往漢北作結，也值得商議。這樣的結局，不符合歷史上所說的屈原被逐且不去說它，卻把屈原寫成跟兇殺犯一道逃亡的人物。如果要到漢北去，儘管可以去，殺死一個太蔔，解決什麼問題呢？鄭袖陷害屈原，與他無關；以藥酒毒死屈原的陰謀，也並非出自太蔔，這種忘了元兇，找小鬼出氣的手段，似乎也削弱了作品的思想性和藝術感染力。

孩子們有一天問我：爸爸，「好象對我說」倒過來怎麼說，我還沒有來得及考慮，小京說「說我對象好」。同樣幾個字，次序倒過來，意義完全不同。這是漢語的特點之一、具有「回文」的性質。

## 6月5日　星期五　晴

下午李清華來談話，並借走《電影創作》一冊。

張官興把他的一篇小說送我批改。

## 6月6日　星期六　晴

為心村匯去兩塊錢，作為下鄉麥收的費用。

下午到美芳照了一張二寸半身像，這是幾年來第一次照相。

本來想看梆子戲，臨時因故退票。

讀完李何林《文學理論常識講話》第二部分。這部分講創作方法，幾乎都是引證茅盾、周揚、日丹諾夫、高爾基的論點，自己很少見解，即有也膚淺。有一些提法，還值得商榷。

## 6月7日　星期日　晴

上午陳伯元、張官興兩位先後來聊天。快吃午飯時清華來還書，她下午要去看山東歌舞劇團的表演。要叫晚上來，她說要自修。

下午帶著小印、小蘇到美芳照相，興華領小京看《靜靜的頓河》下集。

晚間讀《人民文學》六月號馬烽的小說《我的第一個上級》，寫一個縣的水利局副局長老田同志，人物形象是那麼鮮明。我本來很疲倦，打了一個盹，一氣給看完了。真是一篇好小說。

## 6月8日　星期一　晴

下午開會討論學生實習評分問題。

清華同學來借閱《文學知識》和《人民文學》，準備復習現代文學。

想到同學畢業離校，忽然想起李白和王勃的詩句：玲瓏望秋月，天涯若比鄰。

## 6月9日　星期二　雨霽

晚上帶心京到彭城劇場看山東歌舞團表演，節目頗為精彩。

## 6月10日　星期三　晴

下午開會，馬書記傳達高校黨委書記會議的精神。

晚飯後，茆長和、老廖、丁肅、吳功志、孫敦修先後來訪。

## 6月11日　星期四　晴

晚間看電影《三八河邊》[62]，過於描繪農村在各個發展階段上的情況，重點不夠突出、結構頗為鬆懈，不能緊緊抓住觀眾的情緒。

## 6月12日　星期五　晴

下午聽于書記作關於並校建院[63]的報告。

老廖在窗下通知，明日許昌師院有人來聽我講課，我說明日無課可聽。

---

[62] 《三八河邊》，江南電影製片廠攝製，魯彥周編劇，張瑞芳等主演。1958年上映。

[63] 指江蘇師範專科學校與徐州師範專科學校合併為徐州師範學院。

## 6月13日　星期六　晴

下午九三開會，晚間與同學談話。送我照片兩幀。

## 6月14日　星期日　晴

今日水銀柱上升到華氏九十度左右，出了不少汗。

上午去取照片，小印小蘇合照的最好，我和小蘇合照的次之，我一個人照的最差，顯得色彩模糊、精神萎頓。

今日看有關小品文、雜文的材料。

## 6月15日　星期一　晴

上午顧莉莉、印錫華[64]兩位來談進修計畫。下午開聯歡會，歡迎徐州師專老師和同學。

得賀滄江的信。

## 6月16日　星期二　晴特熱

給金、心寄二十六元。

## 6月17日　星期三　晴

上午李成蹊又來說，我要跟工會會員作讀書報告，講《青春之歌》。我再一次婉謝了。

今天準備講雜文，覺得挖掘不深，沒有太多的東西可講。

## 6月18日　星期四　晴

晚上丁蕭來談詩；李清華來談現代文學復習問題。

## 6月19日　星期五　晴

上午于書記做有關增產節約的報告，隨後漫談一小時。下午教研組會議座談上次馬書記的傳達報告。晚間到新華書店買《蔡文

---

[64] 印錫華（1935—2011），江蘇太倉人。1989年到1996年任徐州師範學院副院長。

姬》等書。

# 6月20日　星期六　晴

上午文選舉行測驗，下午聽李校長報告，晚間看青島市話劇團演出《敢想敢做的人》，途中碰到李清華跟巴燁榮一道去文化宮看電影。

話劇故事情節並無新奇之處，但主題明確，演技熟練，頗得觀眾好評。

# 6月21日　星期日　晴

小印整天不回家，下午回了家，又跟小蘇吵架，罵他一頓，他竟下樓大罵爸爸，驚動四鄰。興華竟站在樓梯上，指摘是我嬌慣的，殊為可惡。

晚間為二甲輔導「現代文學」，講了新民歌是共產主義文學的萌芽和「兩結合」的思想基礎以及它與社會主義現實主義的聯繫和區別的問題。

# 6月22日　星期一　晴

今天沒有開會，改到明天。

下午回信給胡正亞。收到吳英來信。

# 6月23日　星期二　晴

下午開系教師會議，討論教學計畫和課程設置問題。

《百煉成鋼》說，好的愛情不是追來的，是她自己走來的。不錯，愛情是有腿的，當你不留心的時候，她悄悄地來了；但也奇怪，當你留心的時候，她的腿卻不走了。「有約不來過夜半，閑敲棋子落燈花」[65]，或者是「來是空言去絕蹤，月斜樓上五更鍾」[66]。

---

[65] 出自宋代詩人趙師秀《約客》。
[66] 出自唐代詩人李商隱《無題》。

## 6月24日　星期三　晴

這幾天看沫若自傳。

晚上去取收音機，過了辦公時間，到百貨公司買了半盒按釘，是李、邵兩位女同志特為我留的，我非常感謝她倆。

## 6月25日　星期四　晴

上午上當代文學，講論文和雜文的理解部分，有楊、李校長和范一德聽課。

下午教研組開會，與鄭學斅在意見方面（分階段上課）相左。我認為把三班人分成三班有問題，他們不同意我的看法。

晚上準備現代文學。

## 6月26日　星期五　晴

極熱。浴罷仍汗流不止。

繼續讀《沫若文集》第六卷。

## 6月27日　星期六　晴轉雷雨

上午小有雷雨，即轉晴。下午九三開會，忽然來了大雷雨。心想沒有關窗，家中人如想不到關，會把寫字臺上的書籍打濕。回來一看，果然是一場水災。

九三開會，三個內容：1.歡迎一位從運河師專並來的陳同志；2.須養本宣讀他準備在市會發言稿；3.大家漫談改造與服務的關係。進行第三項時，我談了一下跟鄭學斅的關係，劉天民說我有兩句話不妥：一是不應說每週十二小時就是「笑話」；另一句不該說：讓鄭學斅來試試看。晚飯後廖序東來家又談到開會失言問題，我最近心情不好，萬念俱灰，大有看破紅塵，生死置之度外之慨。

陳伯元來談話，談到生化科一位女同學跟他的關係，說那位元女同學最近不理他，給他的身體和精神帶來很大的苦惱。

## 6月28日　星期日　晴

下午去理髮，碰著耿兆翔、方昌耀、李清華去看《地下宮

殿》[67]。晚上，學生宿舍停電，李與方同來小坐片刻。

# 6月29日　星期一　晴

看完《沫若文集》第七卷。

從今日起停電，晚上無法工作。

# 6月30日　星期二上午晴下午轉雨

上午清華到此復習功課。

小蘇腹瀉，精力陡然疲塌，興華領他去看了病。

自我改造規劃（一九五九年六月修訂）

一、基本情況

　　自一九五八年五月擬定自我改造規劃以來，整整一年當中，在黨的教育和社的幫助下，在自我改造方面，多少取得了一些成績。例如在工作方面，基本上做到了服從領導分配，而且全心全意去做；在勞動方面，由於一年來的鍛鍊，至少已經清除了輕視勞動的觀點；在學習方面，也響應校黨委的號召，投入各項運動，並且按時閱讀《人民日報》和《紅旗》雜誌等。但是，核對規劃，也存在不少缺點。例如，每當依次運動來時，雖然在科內和社內表示態度、暴露思想，但是定期向黨彙報思想的次數還不多，雖然也有客觀原因，如工作忙一些，或者認為一些思想情況已在小組會上談過，沒有特殊的思想情況值得彙報等等。但是主觀方面對思想彙報不夠重視，還是基本情況。此外，在政治學習方面，沒有經常性地寫心得筆記；在勞動方面，只要領導一照顧，就不再主動爭取；工作方面，只是做好本位工作，主動性、積極性不夠昂揚，等等，也都是缺點。

　　為了鞏固已有的收穫，克服存在的缺點，特將規劃進行修訂。今後決心本著「以政治為統帥、以工作崗位為基地、以實踐和勞動為基礎」的方針，在黨的領導和社的幫助教育下，進行政治立場的根本改造。

二、努力方向

---

[67] 應為中央新聞紀錄電影製片廠1958年拍攝的記錄片《定陵地下宮殿》。

1.服從黨的絕對領導，根本改造政治立場；
2.擁護並貫徹執行黨的方針政策，特別是黨的教育方針和文藝政策；
3.樹立階級觀點、勞動觀點、群眾觀點和辯證唯物主義觀點，徹底清除資產階級個人主義和個人英雄主義。

三、具體措施

1.積極相應黨的號召，擁護和執行黨的方針政策。
不論學習、工作、社會活動乃至生活各方面，只要黨一號召，就堅決相應（例如最近黨號召節約糧食，我節約了十二斤；黨號召工業建設儲蓄，我儲蓄了七十元）。
2.積極參加體力勞動，培養勞動人民的思想感情。
在最近一兩年內爭取下放到農業中學，半工半教。一方面研究農中的語文教學，一方面與社員們從事農業生產。
3.服從黨和行政的工作調配，只要力所能及，一定勇於接受任務，努力完成。
4.除了貫徹黨的教育為無產階級政治服務、教育與生產勞動相結合的方針外，還必須同時貫徹文藝為工農兵服務的方針。
做到備課好、講課好、輔導好、批改作業好、考試考查好。

四、加強政治學習和業務學習

政治學習方面：1.按時間閱讀黨報黨刊；2.積極參加本院佈置的教職工共產主義教育的學習；3.以毛主席著作為中心，有計劃地學習馬列主義的經典著作。

業務學習方面：1.經常閱讀新近出版的中外文藝理論書刊；2.重讀五四以來的代表作；3.以一定時間復習英語和俄語；4.結合教學工作，從事科學研究，每半年至少寫出質量較高的論文一至二篇。

五、聯繫群眾，搞好群眾關係和師生關係

1.把自己放在群眾的監督下，虛心聽取來自群眾的批評，特別是來自青年教師和同學的意見。
2.在工作方面發揮共產主義協作精神，互相幫助，共同提高。
3.關心和幫助青年教師的進修，促使他們提高獨立工作能力，早日開課。

# 7月1日　星期三　雨轉晴

今天是黨的生日，恰巧也是我的生日（夏曆五月廿六日），幾年來都忘了自己的生日，今年雖未忘，但心情欠佳。興華昨日買了一隻小母雞，算為我賀壽。

晚間六班徐封祥、董崇義[68]兩位同學來談現代文選的考試問題。

# 7月2日　星期四　晴

馬書記於上午給我一個條子，約我下午七時到總黨支談談。我如期前往，向他彙報了工作、生活等方面的情況。他指出一點，我上次在教研組會說，同時開十二個鐘頭，說到江蘇教育廳也是笑話。他說這樣說話不大好。

# 7月3日　星期五　晴

下午乙班同學路明立[69]和董崇義等來問現代文選方面的問題。晚間陳伯元和李清華先後來談話，一同離去。

# 7月4日　星期六　晴

下午徐州各民主黨派舉行貫徹服務與改造相結合的方針經驗交流大會，先是大會發言，一個下午只有四人發言，真是又臭又長，令人反感，而主持會議者，亦不顧天氣炎熱，聽其自然發展。而這樣的會議，竟須開一天半，明天還有一天。記得在南京，民主黨派一連開一兩天會，簡直從來沒有[70]。

# 7月5日　星期日　晴轉暴雨

今日請假，沒有去參加會議。晚飯後序東來談，準備把鄭學弢調去教文選。

---

68　應為陳崇義。下同。
69　路明立，江蘇省徐州市豐縣人。徐州師範學院中文系畢業後，歷任豐縣中學教師、教導主任、豐縣第三中學校長、豐縣文聯主席、徐州衛校校長等職。後研究易學，頗有成就。
70　此後2句文字遭塗抹，無法辨認。

## 7月6日　星期一　晴

上午鄭學斆來談話，目的在解上次的疙瘩。

清華來質詢。

下午集體輔導現代文學，並參加甲乙丙三班照相留念。

晚間看由《三里灣》改編的電影《花好月圓》，許多同學也去看了這部電影。去時，碰到李校長，他跟我談到這部電影的內容，鼓勵我去看看。

## 7月7日　星期二　晴轉小雨

晚上帶小蘇去吃冰，碰到清華，她買白府綢做短袖上衣。回來時，小蘇要抱，害我出了滿身大汗。

## 7月8日　星期三　晴

上午擬好畢業試題，送請科工作室和黨總支審查批准，下午送去列印。

晚上帶小蘇等出去吃冰。有同學來，沒有看見我，就走了；我以為還會來，等好久，竟不再來。

## 7月9日　星期四　晴

今日特熱，難於工作。晚間清華來問「現代文學」。

## 7月10日　星期五　晴

今天比昨天更熱。

上午本來要聽馮書記的報告，但因一年級要考試，不聽報告；我也就適應這種情況，去輔導現代文學，不聽報告。這是張久如主任所同意的。

## 7月11日　星期六　晴小雨

今日現代文學畢業考試結束。

下午九三開會，並參加鄭學斆等的擬題會議。

用唐人語，集句成五絕一首：

多難識君遲（盧綸）
夢君君不知（溫庭筠）
玲瓏望秋月（李白）
竟夕起相思（張九齡）

## 7月12日　星期日　晴轉雨

今日下午小雨，氣溫稍降。[71]

## 7月13日　星期一　陰雨

今天天氣特別涼爽，比前昨兩天低十度。

送序東《蔡文姬》一冊，他要把錢給我，時有學生在座。我認為他太小看我了，給學生以不大方的印象。

## 7月14日　星期二　晴

今日出的事頗多：

上午七時半教研組會議，鄭學弢氣勢洶洶地硬性規定每一節的教學時間，然後發表由我編教材的所謂初步意見，最後發表請領導決定的意見。其實這都是圈套，要我去投。他批評我爭取更多的時間去教學不對，又批評我不鼓足幹勁、力爭上游，儼然一位上級，其實幼稚得可笑可憐。

正在討論中，興華被利朱和小京扶著來到辦公室，聲言要找黨委談話，原因是梅師母藉故尋釁，小印一下樓，就說：你為什麼罵毛主席？小印說：我沒罵。她說，梅天放聽你罵的。於是你一言，他一嘴，不可開交。興華去瞭解情況，反被王梅和梅師母的「聯合陣線」攻擊一通，迫不得已，來找黨委馬書記與她談一下，她氣得全身發抖。老廖請呂醫生給她注射安眠藥針，說她是歇斯底里症，見鬼，真是欺負人！

晚間回來時，老廖轉來鄭學弢擬的參考篇目。本想批閱試卷，但一直疲乏，在帆布椅上睡了一個小時，讓蚊子叮得渾身奇癢。

---

[71] 後一段遭塗抹，無法辨認。

## 7月15日　星期三　晴

上午序東來室，對他批評了一下鄭學弢，後來鄭亦來室，略談數語離去。晚飯後序東要利朱送來一冊《百花齊放》，因為我送他一冊《蔡文姬》，似乎是投桃報李也。

下午清華剛來，朱瑞佳、辛源泉、倪靜琪等相繼至。坐片刻均辭去。清華說她去看吳素秋[72]的京劇。

## 7月16日　星期四　晴

讀柳永《晝夜樂（憶別）》一詞，頗有所感，其中所謂「何期小會幽歡，變作別離情緒」，真千古典型感受。

為金、心二兒寄去人民幣二十元。

晚十點李清華和陳月清前來坐片刻。

## 7月17日　星期五　晴

上午開全體教師會議。下午給黨總支和科工作室一信，表示我對現代文學講義編寫的看法問題。

晚間到新華書店取書。

## 7月18日　星期六　晴

下午把畢業試卷送到科工作室。

鄭學弢來談分工問題，並在幾個問題上達到協議。

李清華、胡玉芬來還書，蔣繼武來補考，共同嘗了一點興華包的韭菜雞蛋餡兒的餃子。

## 7月19日　星期日　晴

上午準備編寫講義的資料。

金築、心村上午從南京回到徐州。

蔣繼武同學送我照片一張留念。

---

[72] 吳素秋（1922—），著名京劇表演藝術家，旦角演員。山東省蓬萊縣人。原名吳玉蘊、麗素秋。丈夫姜鐵麟是著名京劇武生演員。

## 7月28日　星期一　晴

上午和下午都是監考，跟醫分院曹宗□在一起，還有數理科同學。

## 7月30日　星期四　晴

上午于筱傳送還《苦菜花》，並借走《青春之歌》和《紅日》。

今日比昨天日還熱，真是揮汗如雨；幸虧晚飯後有風，不然，真要熱煞人也。

## 7月31日　星期五　晴

「現代文學」講稿緒論部分初稿寫完。

印錫華送來工會請看的錫劇戲票一張。

## 8月1日　星期六　晴

晚看錫劇《珍珠塔》，表演藝術相當成功。

## 8月2日　星期日　晴

今日氣溫稍低。晚間到新華書店取書，適遇該店休假。

## 8月3日　星期一晴　晚小雨

上午盧安晰和她的丈夫周君來找我商榷《葉紫論》的提綱。

晚與興華看錫劇《孟麗君》。此劇不如《珍珠塔》細膩。

## 8月4日　星期二　晴

接三哥7月7日信，閱後即複。

## 8月5日　星期三　晴

下午帶孩子們到美芳照相。晚間陪興華看錫劇《珍珠塔》，這次有佈景，比第一次還好些。

## 8月6日　星期四　晴

涼快了兩天，今日又開始熱了。

接鄭學弢一函，當即復信。

## 8月7日　星期五　晴

今日轉熱。上午科工作室召集暑假留校教師開會，討論教學計畫。

## 8月8日　星期六　晴

下午金築、心村協助做煤球。

## 8月9日　星期日　晴

晚上帶心村、小印、小京看香港片、巴金同名小說《火》。其實在南京已看過的，印象不深，以致又重看了一次。

影片以抗戰工作為中心事件，以劉波和朱素珍[73]的戀愛為線索，反映了抗戰時期人民生活的艱苦，批判了田醫生超然物外的人生觀。

## 8月10日　星期一　晴

晚飯後盧安晰夫婦送《葉紫論》原稿給我看。

金築、心村於晚車返寧，臨行除購票五點八元外，給金築二十，心村二十一點五元。

## 8月11日　星期二　晴

楠來信，報告她與泰興人相處的情況。

晚飯後與王守之小立馬路上談話，正好蔣玉芳來了，談到在統配時照顧愛人問題，她說○○○[74]愛的人不少，作風不正派，生活不嚴肅，特「立此存照」。

## 8月12日　星期三　晴

把5日所照各相取回。

盧安晰及其愛人周維勝於上午九時前來，我就他們所寫《葉紫論》提了一些意見。

---

[73] 應為朱素貞。

[74] 姑隱其名。

## 8月13日　星期四　晴

得吳英來信，談到李清廉在桐梓[75]情況，頗為狼狽。自古紅顏多薄命，清廉已經是徐娘，何以亦如此薄命？

## 8月14日　星期五　晴

晚與興華到工人文化宮看香港片《笑笑笑》[76]，此片描寫一九四三年至一九四四年北京[77]一小公務員被裁以後的生活情況。寫得比較集中，思想性也相當高。

## 8月15日　星期六　晴

初步統計，寫了四萬字。第一章第一節尚未寫完。估計明日寫完文學社團，後日開始敘述創作概況。

## 8月16日　星期日　晴

晚間與興華看法國電影《紅與黑》。

## 8月17日　星期一　晴

今日轉熱。上午把現代文學第一章理論部分編完，下午開始寫創作概述。

## 8月18日　星期二　晴

今日比昨日更熱。買西瓜一個，吃了兩頓。晚上吃的時候，小印貪玩未歸，小蘇把分給姥姥、小印的全吃光了。

## 8月19日　星期三　晴

得白婉芳等同學來信，要我回答有關教學和參考資料問題。

---

[75] 桐梓，貴州省北部。
[76] 《笑笑笑》，香港長城電影公司1958年攝製。李萍倩導演，鮑方、石慧主演。被評為香港電影史上百部佳片之一。
[77] 應為天津。

## 8月20日　星期四　晴

上午高樹森送課表來，科二分三班，每班四小時，共計每週十二小時。

## 8月21日　星期五　晴

上午開始講授「現代文學」的緒論部分。

## 8月22日　星期六　晴

下午理髮，並為金、心寄去二十元。

## 8月23日　星期日　晴

今日編寫「蔣光慈的詩」一小節。

上午鄭學弢來舍，拿去第一章講稿一部分。

應同學之請，簡單分析了一下毛主席的《蝶戀花》，由興華抄一份寄給丹陽師範的張興豪同學。

## 8月24日　星期一　晴

上午上課，有周慶基、印錫華聽課。

下午開全系教師會議。

下午調整課表，一二三四合班上課。

## 8月25日　星期二晴　下午雨

下午勞動，鋤地種蘿蔔，不到一小時，暴風雨來了。

晚飯後，鄭學弢來談現代文學事。

## 8月26日　星期三　先雨後晴

上午在動院小禮堂授課。

小蘇似乎拉痢，興華有點發燒。

「聞一多的詩」編寫竣事。

## 8月27日　星期四　晴

下午學習八屆八中全會公報和決議，晚間九三也學習。

清華寄來《新民歌三百首》，陳月清亦有信來，並寄近照一幀。

辦理公債還本付息手續。

## 8月28日　星期五　晴

下午開響應八屆八中全會的偉大號召的行動大會，晚間看《上海姑娘》[78]。

## 8月29日　星期六　晴

編成「革命烈士的革命詩歌」一節。

## 8月30日　星期日　風雨

上午韓志堅、胡玉芬來訪。序東拿來一篇《怎樣才能把文章寫通》的文章，請提意見。下午陳鐸、孫敦修來談話。

今日天氣涼爽，但由於接待同學，工作的進度頗慢。

## 8月31日　星期一　雨轉晴

中午蔣玉芳來訪。晚上十點起停電。預先買了一個煤油燈。

## 9月1日　星期二　晴

回楠一信。

## 9月2日　星期三　晴

下午三時教研組開會，討論提高教學質量和青年教師進修問題，作為組的工作計畫的基礎。

## 9月3日　星期四　晴

晚七時，鄭學發找我去開臨時教研組會議，隨後蔣老又通知明晚

---

[78]　《上海姑娘》，北京電影製片廠1958年攝製。

九三開會。忙得要死，會之不已，如何兩全？

## 9月4日　星期五　晴

上午校改講稿，下午繼續幹到晚飯。晚飯後九三開會，至九時許才散。

## 9月5日　星期六　雨

下午學習周總理報告，晚間五、六班同學魏平、張則名（？）來聊天。

給心村的班主任淩瑣一信，系打聽心村的醫藥費。

## 9月6日　星期日　晴

到新華書店買了幾本書，其中一本是《論茅盾四十年的文學道路》，上海文藝出版社出版，作者葉子銘，系一九五七年南大畢業，作品原系畢業論文。

## 9月7日　星期一　晴

老蔣通知，本星期又將開會，希作思想準備。

## 9月8日　星期二　晴

下午三時赴徐州會堂聽燕部長報告有關八中全會文件學習的事情；回來時，見興華和孩子們神色沮喪，原來麻母雞被竊。中秋前夕，母雞被竊，也真是倒楣的事。但我向來樂觀，只要人口平安，丟只把雞，也就只好想開一點了。

## 9月9日　星期三　晴

下午系裏在雲龍山歡迎新教師。會後遊試衣亭，有乾隆寫的蘇東坡題試衣亭一絕：「雲龍山下試春衣，放鶴亭前送落暉。一色杏花三十里，新郎君去馬如飛。」又遊「普陀一支」，中有送子觀音像，楹聯系白話：我本是一片婆心，送個孩兒把汝；你須行百般好事，留些蔭澤給他。

## 9月10日　星期四　晴

下午學生韓志堅來反映同學中對胡適的《人力車夫》一詩兩種絕然相反的意見。

興華協助抄了幾張講稿，質量不高。

## 9月11日　星期五　晴

下午教研組會議，討論如何把八全大會精神貫徹到工作當中去。

複陳月清等同學的信。

## 9月12日　星期六　晴

給金築和心村寄去二十八元。

獨自到文化宮看香港片《柳暗花明》，系陳娟娟等主演，背景為一九四七年春天。

## 9月13日　星期日　晴

晚飯後到中山堂看《千女鬧海》[79]，情節過於簡單，對觀眾印象不夠深刻。

## 9月14日　星期一　晴下午雨

下午一時半開師生見面會，會後文娛，領小蘇看了片刻。

小京發高燒，送婦幼院打針，花了兩塊錢。

## 9月15日　星期二　晴

上午上課時，序東說，有人說我不重視八中全會文件的學習，我說這是對我的惡毒的誹謗，因在辦公室中，兩人未得詳談，究竟哪個造謠中傷，尚未得知。

下午開始輔導，但並未見學生來。

---

[79]　上海電影製片廠1958年攝製。

## 9月16日　星期三　晴

下午為五、六班集體輔導一小時半。

早上聽廣播，毛主席召集會議，商談特赦罪犯和右派分子摘帽子問題[80]。

晚間好心找興華去看電影《火焰駒》[81]，卻於散場時，怪我推了她一把，大發脾氣。我原是一片好意保護她，教她走人少的地方。她的腦筋竟連善惡都不分了。

## 9月17日　星期四　晴

今日為夏曆中秋節，興華買了一隻光雞和一斤月餅。其他如魚、肉，都沒有買。這是解放以來過中秋最簡單的一次。

晚上九三開會，也有月餅吃。隨後談談，是一年來九三組織生活最輕鬆愉快的一次。

廣播特赦罪犯與右派摘帽子問題。

## 9月18日　星期五　晴

路明立來請求批改新詩。

戴素濂通知，明晨補「現代文學」。

廖序東晚上來談，上次說有人說我不重視八屆八中全會文件的學習，系孫純一所說。當然，孫純一系依據蔣庭曜所談，因為我曾說最好晚間不開會。他竟以此構陷成罪。

## 9月19日　星期六　晴

上午為一、二班補課後，找蔣庭曜談了片刻，認為他與孫純一從開會的時間上得出不重視學習的結論是荒唐的邏輯；認為孫純一對我是進行政治陷害，打著「幫助」的招牌，加深我的罪過。

上午十時許，馬書記要巫嶺芬來叫我，他要我寫一件材料，談談兩年來改造的成績。我趕寫出來，約六時半送給他。

---

[80]　其後2行遭塗抹，無法辨認。
[81]　彩色戲曲片，1958年上映。

晚飯後，序東來談，下午九三小組開會，同志們一致表示，我的表現還好。可能有助於摘帽子。

## 9月20日　星期日　晴風

上午在政協禮堂聽劉部長作有關學習八屆八中全會的報告。

「魯迅生平、創作、思想發展年表」初稿完成。

去聽講的路上和聽講中，孫純一與蔣庭曜都偽善地表示希望我爭取摘帽子。其實阻礙我摘帽子的正是他們。

## 9月21日　星期一　雨

今日閱讀《魯迅全集》，搜集他思想發展的第一手資料。

## 9月22日　星期二　雨

從鄭學弢處轉借《魯迅日記》下函。

從黨員的透露看，從周圍群眾的切切嚓嚓看，我的摘帽子，多半是無望的了。已經戴了兩年多，再戴幾年吧。反正是這麼回事，「斯人獨憔悴」！

## 9月23日　星期三　晴

複畢業同學秦志英信（蘇州農專），回答關於想像與聯想對感染力的作用問題，以及茅盾的《雷雨前》是什麼體裁的問題。

下午三時半召開師生員工講衛生除四害行動大會，由李校長作報告。

## 9月24日　星期四　晴

上午開始學寫魯迅生平和思想發展。

鄭學弢來要科學研究題目，我告訴他，以「魯迅年譜」為題。

晚飯後理髮，迎接國慶十周年。路上碰到老廖，他說馬書記曾問到他我對於摘帽子的態度問題。

## 9月25日　星期五　晴

上午七時朱培元[82]通知我，不必去聽報告，叫我上下午學習《人民日報》九月十九日的社論《進一步貫徹執行黨的教育方針》和《十年教育大革命大豐收》[83]的新聞報導。他說：今天是一部分人自學，一部分聽報告。我是屬於自學的一部分人中，不知確否？也許是把右派排除在外，亦未可知。

## 9月26日　星期六　晴-雨-晴

上午聽鄭學弢講課。並校對油印。

下午九三組織生活，漫談牛部長報告。

晚間繼續校完講稿第一節，之後，繼續寫魯迅思想發展史。

## 9月27日　星期日　晴

下午為了清潔工作，與興華發生爭吵。

上午掃院子，下午打掃工作室，並整理自己的書房。路明立來請求修改新詩，幫我掃了一下地。

晚間葉維四[84]送來提綱一份，請提意見。

## 9月28日　星期一　晴

下午勞動一小時。

晚間看國產片《懸崖》[85]。藝術形象尚鮮明，但思想深度不夠，總懸浮在表面上。

---

[82] 朱培元（1938—），江蘇南通人。1959年徐州師範學院中文系畢業後留校任教。後任南通教育學院院長。

[83] 為《人民日報》刊發新華社稿，見報題目為《社會主義教育培養了社會主義建設的強大生力軍十年教育大革命大豐收1958年小學中學大學學生超過舊中國最多一年的二點六倍到四點七倍工農學生成份大增。一千多萬畢業生已成為各項建設事業的重要力量》。

[84] 葉維四、後任徐州師範學院中文系教授。

[85] 長春電影製片廠1958年攝製。

## 9月29日　星期二　晴

下午一時半開慶祝建國十周年大會，楊校長主席，于書記作報告。

晚七時許在階梯教室開會，由吳書記宣佈摘掉右派分子康子初右派帽子的決議。我與劉[86]、李[87]都因不夠條件，須繼續努力。

我的想法是這樣：群眾的發言，不免把政治原則和生活細節混為一談，右派應政治上犯錯誤而戴帽子，但今日不能因生活細節而不能摘帽子。

## 9月30日　星期三　晴

上午試譯魯迅《懷舊》為語體文，此文孫望曾譯刊南師校刊[88]，但對照原文，諸多不妥，故在他的基礎，試圖提高：1.全用普通話；2.求與原文吻合。

下午十二時四十分，系教師開會，由馬書記傳達院會精神。之後，不參加遊行者打掃衛生。

晚間陳峰來聊天。

## 10月1日　星期四　晴

今日國慶，風和日暖。把孩子們換得一身新，下午到餘窯公園[89]玩了一下，還劃了一小時船。湖面雖小，在徐州說來，卻是寶貝，生色不少。到明年國慶，我想會建設得更好。徐淮趕上江南，這是基礎。

## 10月2日　星期五　晴

整日沒有下樓，繼續編寫魯迅一章的講稿。

## 10月3日　星期六　晴

給院黨委函

---

[86] 中文系教授劉百川。

[87] 李緒文。

[88] 載1956年11月號《南師校刊》，題目為《「懷舊」試譯》。

[89] 應為今日之徐州雲龍公園。

敬愛的黨委：

國慶前夕，聽到吳書記宣讀黨委關於摘掉康同學右派帽子的決議以及對其他右派分子的勉勵與期待，我感到非常激動。我表示：完全擁護黨委的決議，並願在今後努力工作，認真學習，爭取摘掉帽子，以回答黨委的殷切的期待。

附幾點說明：

1. 李和老師說小孩罵我右派，我和孩子們吵罵，希望黨委調停，與事實不符。經瞭解，系梅住孚先生的孩子罵我的孩子為小右派。我年將五十，雖然愚魯，卻從未與小孩爭吵過；到徐州後，也從無小孩罵過我。
2. 李和老師說在勞動中，人家爭聽我講笑話，亦與事實不符。如果真有此事的話，也不是壞事。可惜不是事實。
3. 劉天民同志說我對摘帽事海闊天空，滿不在乎，也不符合事實。我從未與劉天民老師談過摘帽子的事，也從未說過「海闊天空」的話。我縱愚頑，對摘帽子還是重視的。
4. 以棒子麵換魚，系去年大煉鋼鐵時事。
5. 廖序東老師說團結問題、接受任務問題，都不免片面與誇大。說來話長，且中文系馬書記已瞭解，不多談。

此信謄正後，擬上午九時送交馬書記轉黨委會。

鄭學弢來說，下午游餘窯公園。我說我去過了，要領小孩去看電影，不一定去。

得陳月清信，寄結婚照一張，愛人系管同舜。

下午五時到文化宮看電影《三個父親》[90]。

# 10月4日　星期日　晴

上午九三與民盟參觀徐州果園，該園招待臨城桃各一枚，約半斤左右，本質頗佳，既脆且甜，水多，清涼。

晚間參觀徐州展覽館，並看《林則徐》[91]。小京、小蘇因不舒

---

[90] 《三個父親》，1930年攝製的劇情片，譚志遠、高梨痕導演。
[91] 《林則徐》，上海電影製片廠攝製於1958年，鄭君裏、岑范執導，趙丹

適，先送回家。

在一甜食店吃炸元宵，因糧票不夠，向一名白星瑩的服務員借了四兩糧票。

## 10月5日　星期一　晴

晚間鄭學弢留條而去，條上說星期四要我對演出《阿Q正傳》的演員講講《阿Q正傳》的精神和幾個主要人物的性格。

興華領著孩子們看《三個母親》[92]。

## 10月6日　星期二　晴

上午鄭學弢來談話，說明日下午準備開教研組會議。

晚飯後為小印買球鞋一雙，價三點九九元。

## 10月7日　星期三　晴

上午聽鄭學弢講課。午後教研組開會，並擬定科學研究題目的目的、要求和方法步驟等。

## 10月8日　星期四　晴

下午參加《阿Q正傳》劇本演員座談會，我講了一下魯迅寫《阿Q正傳》的主觀意圖和作品所顯示的客觀效果。

## 10月9日　星期五　晴

上午七時半，于從文書記作關於八屆八中全會的偉大意義的報告，一直到十一時許才結束。下午漫談于書記的報告，到四時半結束。之後，並商量佈置魯迅紀念展覽會的事情。

這一次學習將有三個月，最後一個月是聯繫思想實際，進行批判。這是一次嚴肅的政治運動，不是一般的學習。

---

主演。
[92] 上海電影製片廠1959年攝製。根據伍賽文同名文明戲改編。

## 10月10日　星期六　晴

下午中文系師生開會，馬書記報開學以來學習情況。會後，鄭學弢弄了一紙，說銀行要儲蓄。我問能否儲到三民街[93]民行？他就神氣活現：這是集體。似乎存在三民街民行就破壞了集體似的。他氣勢洶洶地走了。此人的狹窄、小氣，不能得志，大有國民黨小公務員惡劣作風。

## 10月11日　星期日　晴

閱《魯迅日記》一九二七年——一九三零年。

晚與興華並小蘇看《生命的凱歌》，系描寫搶救鋼鐵工人丘財康的故事。小蘇不懂，只知道一個工人有病，其他細節一無所知，吵著要回家。

## 10月12日　星期一　晴

上午閱《魯迅日記》。下午參加籌備魯迅展覽會。

得學生來信一件，並得廣州郵購書局函，返還郵票零點三五元。

## 10月13日　星期二　晴

下午舉行學術報告會，由葉維四報告十年來黨的文藝方針的光輝成就，古德夫報告十年來黨的語言政策的光輝勝利。

晚間赴新華書店，遇見鄭學弢。替小蘇買了幾本學前兒童的連環畫。

領了工資，寄金築十二元、心村十四元。

## 10月14日　星期三　晴

收到廣州郵購書店寄來的《魯迅舊詩箋注（張向天箋注）》[94]一冊，優點是搜集了一些資料，幫助對原詩的理解，缺點是作者對原詩的散文譯述，有不少生吞活剝和理解錯誤的地方。

---

[93] 後改名為解放路。

[94] 廣東人民出版社，1959年8月第1版。

下午籌備魯迅紀念會。

晚飯後，序東來看《魯詩箋注》。

重讀何其芳五六年所寫「論阿Q」。

## 10月15日　星期四　晴

下午繼續參加魯迅紀念展覽會的籌備工作。

晚飯後寄給北京郵購書店九元，請購寄《魯迅日記》道林紙精裝本一套。

## 10月16日　星期五　晴

上下午均學習，上午閱讀文件，下午討論。

晚間寫畢「魯迅的戰鬥歷程和思想演變」。

## 10月17日　星期六　晴短時小雨

下午九三小組開會，並交社費二元與須養本。會後，魯部長動員除四害。

晚間開始「魯迅」一章的講稿第二節「魯迅的創作」。

姑媽帶京、蘇等在學院禮堂看電影《林則徐》。

## 10月18日　星期日　晴

晚飯後理髮。

八時，學生請去參觀《阿Q正傳》的預演。

## 10月19日　星期一　晴

晚間舉行魯迅逝世廿三周年紀念會，由學生歌唱、朗誦並演出許幸之[95]編的《阿Q正傳》第二、四兩幕。

## 10月20日　星期二　晴

下午現代文學教學小組開會，鄭學弢感到框不住了，要增加講授

---

[95] 許幸之（1904—1991），電影導演，畫家、美術評論家、作家。　原籍安徽歙縣，生於江蘇揚州。擅油畫，粉畫、美術史。

時數。

晚間與興華看田華主演的《江山多嬌》[96]。

## 10月21日　星期三　晴

下午一時半系裏開教師會議，馬書記傳達省委關於教學安排的指示；會後，教研組又開會漫談。

## 10月22日　星期四　晴

上午聽張鼎盛[97]講課。

下午批閱函授生試卷。五時許，鄧星雨和邵理全來室談講授魯迅作品問題。

晚間搜集分析《阿Q正傳》的材料。

## 10月23日　星期五　晴

上午聽吳書記講馬克思主義者如何對群眾運動。下午討論。

晚間張鼎盛來研究郭沫若的詩《罪惡的金字塔》[98]。

得吳海法、賀滄江的信及郵件，賀寄的是師大學報。我回她的信不自覺的表現出低沉消極的情緒。

## 10月24日　星期六　陰雨

上午交印《狂人日記》和《紀念劉和珍君》。

## 10月25日　星期日　陰雨

晚與興華帶孩子們到人民舞臺觀看成都市大型魔術團演出，其中一女睡於箱中，從中截成兩段，腳猶能動，後複合而為一、女亦複原

---

[96] 黑白故事片，八一電影製片廠1959年拍攝，王蘋導演。

[97] 張鼎盛（1935—），中學高級教師。鎮江丹徒大路鎮人。1959年南開大學中國語言文學系畢業後，分配到徐州師範學院中文系從事現代文學教學，1963年調丹徒縣大港中學工作至今。六十年代中期，結合教學實踐，探索新的學生作文批改法，著有《啟發式批改作文法》一書，1988年由四川教育出版社出版。

[98] 寫於1940年6月17日，初載於1941年9月18日《詩創作》月刊第3.4期合刊。

狀。此中究竟，倒使觀眾無從得知。也許就是所謂「遮眼法」吧。

## 10月26日　星期一　晴

開始研究《故事新編》，準備寫講稿。

## 10月27日　星期二　晴

下午教研組開會，討論講稿。

複李俊英（無錫，塘頭橋初中），替他分析《孔乙己》。

## 10月28日　星期三　晴

寫完「魯迅的小說」（講稿）。

晚間準備明天講課的提綱。

收到北京郵購書店寄來的《魯迅日記》上下兩冊。

## 10月29日　星期四　晴

開講魯迅專章，進度似覺稍慢。

小蘇晚間發燒。

昨夜徹底失眠，原因之一、是姑媽整夜不睡覺，晚上蒸饅頭。她說蒸好了，天就亮了。

## 10月30日　星期五　晴

上午、下午均討論，我檢查教改時期曾經同情過三位被批判的老師，周慶基又挑起爭論，就「同情」一詞咬文嚼字，大肆批評。

晚間張鼎盛送講稿來徵求意見，並問對下午的爭論有何意見，似負有使命者然。

小蘇上午住院，興華夜間陪侍。

## 10月31日　星期六　陰雨

上午上課後，接小蘇回家。老蔣老□先後通知，明日參觀賈汪煤礦。

## 11月1日　星期日　陰

上午徐州市各民主黨派前往賈汪鎮大泉鄉人民公社參觀，因火車誤點，下午一時許始到，吃完飯已三時半，參觀約一時一刻，內容是電動抽水機、菜園和敬老院。參觀後，張社長報告半小時，又匆匆忙忙趕火車，於七時離賈汪，夜□時許抵家。

## 11月2日　星期一　晴

連送牛奶的都欺侮人。十月份送一磅，昨天改為半磅，到今天竟半磅也不送。大概是受居民影響，一聽說某某是x派，似乎連牛奶都可以不給他吃了。

開始寫雜文部分的講稿。

## 11月3日　星期二　晴

閱畢王士菁的《魯迅傳》。

完成魯迅雜文講稿的提綱。

## 11月4日　星期三　晴晚陣雨

下午教學小組開會，談教學、考查、輔導並由我作學習方法的報告問題等。

## 11月5日　星期四　陰晴相雜

開始研究魯迅五四時期寫的六首新詩。

晚赴新華書店購書。

## 11月6日　星期五　晴

上午聽楊校長報告關於階級、政黨、領袖的關係問題。下午討論，我聯繫五七年犯錯誤的事作了簡短的發言。

## 11月7日　星期六　晴轉陰雨

下午一時許開會，回應躍進倡議書。二時許李校長作報告，歡慶十月革命節四十二周年。

晚間興華帶孩子們看電影《風暴》，我則再閱《魯迅日記》。

# 11月8日　星期日　陰雨下雪

上午第一節課時間系裏開會通過倡議書。

晚間張鼎盛來拿去北大現代文學提綱。

# 11月9日　星期一　雪

上午在一二三四班講完「魯迅的戰鬥歷程和思想演變」。

下午教研組開會通過躍進規劃；接著九三開會，談端正學習態度。

**個人躍進規劃**

現代文學教研組吳奔星

自從學習八中全會文件以來，在院首長的指示喜愛和小組成員的幫助下，深刻認識到右傾機會主義的危害性，特本著反右傾、鼓幹勁的精神，訂立個人躍進規劃如下：

一、政治學習方面

　1.要求：提高思想認識水平，加強自我思想改造。

　2.措施：

　　①在院黨委和系總支的領導下，認真學習八中全會的文件，聽報告時，不遲到，專心聽講，並作筆記。

　　②小組討論時，如事先宣佈討論提綱，一定先作好發言準備；討論時，暴露不正確的想法和看法，爭取老師們的幫助。

　　③端正學習態度，認真討論問題，不計較個人得失。

　　④認真閱報、關心時政，並爭取每週以兩小時自學哲學或共產黨宣言。

　　⑤鞏固熱愛徐淮地區和本院工作的思想感情。

二、教學工作方面

　1.要求：主動積極完成黨所交給的教學工作任務。

　2.措施：

　　①充分備課，編好講稿；

　　②吸收組內外聽課老師的同學的意見，修改講稿內容，改進教學方法。

③不斷學習本課程新的科學研究成果，豐富教學內容。

④經常鑽研馬克思主義的文藝理論，閱讀現代文學作品，注
意文藝界的動態，為講授大躍進時期的現代文學作好充分
準備。

⑤深入班級，瞭解同學學習情況，徵求同學對教改的意見，
每週至少一次。

三、勞動鍛煉方面

1.要求：培養工農感情，改造非無產階級思想。

2.措施：

①積極參加並完成學校佈置的勞動任務；

②爭取每週勞動半天；

③爭取到農村去鍛煉。

四、科學研究方面

1.要求：提高業務水平，保證教學質量。

2.措施：

①擬定年度讀書計畫，進行索引工作，充分掌握本課程應有
的資料。

②結合教學工作，每年完成論文一——二篇。

③在資料上和方法上，協助青年教師進行科研工作，並學習
他們所取得的經驗和成果。

一九五九，十一、九，擬。

# 11月10日　星期二　轉晴

上午把個人躍進規劃交給朱培元。

晚間與興華到徐州會堂看天津市歌劇院演出古裝神話歌舞劇《石
義砍柴》[99]。

# 11月11日　星期三　晴

下午政治學習，討論黨的領導。許多人如鄭學弢、吳蘊章等都未

---

[99]　中國傳統舞劇，改編自民間故事。

發言，以致冷場，討論得不夠熱烈。這個問題我想除了反革命分子以外，是解決了的。

我的發言：

1. 過去對非黨領導同志體現黨的領導認識不夠；
2. 在編寫講稿的問題上表現右傾情緒，得到馬書記的指示才糾正過來。

## 11月12日　星期四　晴

上午政治學習，討論紅專問題。下午運動會，不得參加。晚間函授會議，分配擔任輔導工作。

上午政治學習發言內容：

1. 思想領導和業務領導是統一的，這在文藝學概論和現代文學這兩門課中特別顯著。如果脫離了黨性原則，離開了階級分析的方法，就會犯或大或小的錯誤。這也就是說，講這兩門課，不能採取為學術而學術的資產階級的態度，而必須是政治掛帥。但在五七年以前，對於業務就偏重一些，因而就顯得思想性不夠突出。
2. 去年大煉鋼鐵的同時，進行教學改革。當時看不出這二者的關係，後來于書記說：大煉鋼鐵就是我們已經開課了，吳書記說：煉鋼即所謂煉人，才初步把二者關係搞明確。

## 11月13日　星期五　晴

本日草擬現代文學函授學習進度表。

下午寄金築和心村各十一元，並還張拱貴十五元，暑期金築、心村回家所借。

早起為小蘇編了一個兒歌：「小兒子，快快長，拿起槍，打老蔣，殺盡美國野心狼。」我帶表情念了兩遍，他下午就會照著念了。

晚間系中開全系師生大會，宣佈幾個犯錯誤的學生的處理決定，其中兩個開除，三個留校察看。

## 11月14日　星期六　晴

下午理髮，並到新華書店買《茅盾文集》第四卷，價一點九元。

之後，買了襯衣一件，價四點六四元，上有污點，只好將就了。

## 11月15日　星期日　晴

上午討論函授計畫，並參加大掃除。

下午整理講稿。

晚上帶孩子們看電影《神筆馬良》[100]。

## 11月16日　星期一　晴

收到金築用旅行醫藥盒寄來的糖果。

下午系裏開會，由馬書記、李建釗、印錫華傳達南京參觀的情況。

## 11月17日　星期二　晴

「魯迅的戰鬥歷程和思想演變」一節，整理就緒。

下午吳書記作關於紀律問題的報告，因不知時間，前半節沒有去，朱培元來電話通知才曉得。范一德為我傳達到前一半的主要內容。

## 11月18日　星期三　晴轉陰雨

晚間黨總支召集緊急會，討論一張反動標語的性質和處理問題，到十一時始散。

## 11月19日　星期四　陰雨

昨夜睡眠時間不夠，今日精神不濟。

下午教研組會議。並沒有什麼事，卻拖了一個下午。

## 11月20日　星期五　陰

上午李校長講不斷革命論和革命發展階段論。

下午到徐州會堂聽李局長講八中全會文件學習的情況和問題。

---

[100] 木偶電影，上海電影製片廠1957年出品，洪汛濤編劇（根據童話《神筆馬良》改編），靳夕、尤磊導演。

# 11月21日　星期六　晴

下午九三開會，發表組織對個人有何幫助的意見。

晚間與興華帶京、蘇看《荒山淚》[101]。先不知是京戲，結果等於浪費，但小蘇倒說了一句：一家人都死掉了。

九三組織生活

一、學習方面：

1. 到無錫後，從不請假，從不遲到早退。

2. 得到組織的幫助，①經常開展思想鬥爭；②有的同志的進步的要求，促使我的反省；③對於組織性、紀律性的培養；④有接觸實際的機會；⑤同志們的具體幫助。

   反右後認識到有改造的必要，每定一次規劃，思想有鬥爭，經常開展思想鬥爭。

3. 參觀訪問：認識到新舊社會的本質上的差別，認識到人民公社的優越性。

4. 彙報思想：每一次小組發言，實際上是思想、生活、工作的彙報。

5. 國慶前夕會上，明確了自我改造的具體內容。

6. 向黨彙報思想情況，感恩圖報，戴罪立功

二、勞動方面：

1. 放下了架子；

2. 對同學去勞動也認為是教學活動的一部分。

三、生活方面：

1. 遵守政府法令

   ①買魚。

   ②不換紅薯。

   ③國慶不排隊。

2. 米已盈餘，煙酒無關，並不感到不便。

四、工作方面：

---

[101] 彩色戲曲片，1956年攝製。程硯秋、胡學禮、李四廣、李少廣、賈多才等主演。

　　1.分配我教什麼就教什麼；
　　2.函授工作；
　　3.地點問題；

## 11月22日　星期日　晴

天明得句：

旭日東昇教子女，

夕陽西去度殘年。

晚飯後與興華偕小蘇看蘇聯影片《寡婦》。

## 11月23日　星期一　晴

晚六時半至七時，為學生講學習現代文學的方法問題。

## 11月24日　星期二　陰

下午擬考查題。徐封祥等來質疑，晚間戴素蓮來質疑。

## 11月25日　星期三　晴

上午結束魯迅專章的講授，並為鄭學弢、周慶基講稿提意見。

晚間到三四班輔導。

## 11月26日　星期四　晴

為鄭學弢看「瞿秋白」專章講稿，並整理魯迅專章講稿生平部分畢。

晚間三、四班考查，鄭學弢抄題，我監考。

## 11月27日　星期五　晴

晚與興華到文化宮看《唐·吉訶德》。

上午下午均學習，並佈置寫學習心得。

## 11月28日　星期六　晴

上午聽鄭學弢講瞿秋白，並把講稿魯迅專章送請周慶基看看。

下午一時半徐州市各民主黨派反右傾、鼓幹勁動員大會。

## 學習心得

自從學習八屆八中全會的決議與文件以來，兩個多月了。在這段時間內，聽了院首長的報告，結合閱讀文件、小組討論，以及參觀訪問，在思想認識上有一定程度的提高。

首先，聽了于書記的報告後，明確尚未改造好的地富反壞右是右傾機會主義思想產生的階級根源，這不僅使我認識到右傾機會主義的危害性，而且認識到不加以改造的危害性，必須在黨的領導下加強自我改造。

其次，認識到過去存在不少模糊認識。例如：

1.在大煉鋼鐵運動中有一種隱藏著的資產階級正規化思想。自己對大煉鋼鐵和教學改革是贊成的，也是擁護的。但是卻希望勞動時間固定下來，最好編入課程。聽了吳書記的報告後，認識到這是一種不正確的想法，以為革命的群眾運動是不正常的。另外，也反映了思想方法的片面性，靜止地看待群眾運動，誤認群眾運動的「高潮」為正常秩序，以為會一直這樣。

2.右傾機會主義者主要是反對「鼓幹勁」，企圖把總路線的「多快好省」拉到「少慢差費」的境界去。

3.在教改運動中，對批判的老師內心產生一些「同情」，暴露在思想深處對群眾運動的支持是不夠的。學習了劉主席的文章和李校長的報告，才知道對知識份子的政治思想的改造認識不足，對知識份子的思想改造應堅持不斷革命的觀點，而群眾運動就是對知識份子的不斷革命的最好的方式之一。

4.在教學工作中表現主動性積極性不夠。在本學期初，對「現代文學」的講稿，我打算一部分編寫，一部分利用南師或其他兄弟學校的，這就暴露出幹勁不足。經過系黨總支馬書記的指示，才認為自編教材可以提高這門課的學術水平和教學質量，於是才決定全部編寫。從這一件事看，在工作中不依靠黨的領導，就會犯「右傾」的錯誤。

5.在學習文件前後，民主黨派組織了兩次參觀，一次是參觀徐州市果園，一次是參觀賈汪大泉鄉人民公社。這兩次參觀，給了我深刻的教育。通過參觀，總路線、大躍進、人民公社才在我腦子裏有了鮮明的形象。徐州市果園是在黃河故道上建立起來的。在舊社會只是氾

濫成災的遺跡，只是一片荒涼的象徵，而今天，卻像綠色的防風林，出產水果的質量不亞江南。這種活生生的事例，是黨的領導的勝利。至於人民公社使我感受更深。我們一共一百四十餘人去參觀，被招待了一頓豐美的午餐，菜肴花色多至十餘種，實質上是人民公社一年來的成就的展覽。如果停留在高級社，根本無法招待這麼多的人。僅從這一點看，不僅證明了集體經濟遠勝個體經濟，更說明了人民公社的優越性。

第三、在提高認識的基礎上，更認清了右傾機會主義的危害性，並能初步批判。

1.右傾機會主義分子反對「鼓幹勁」，誣衊人民公社是「小資產階級的狂熱性」，實際上是企圖篡改總路線「多快好省」的基本精神，用「少慢差費」的辦法使祖國停留在一窮二白的落後狀態。

2.右傾機會主義分子認為人民公社的出現違反客觀經濟發展規律，經過學習，認識到總路線、大躍進、人民公社的出現是馬克思主義不斷革命論在我國的發展和具體的運用，它們是一個從勝利走向勝利的過程。

3.認識了黨的方針、路線的正確性與貫徹執行過程中產生的暫時的、局部的缺點之間的區別。黨的方針路線是絕對正確的，在執行過程中的暫時的局部的缺點是可以克服的，決不能像右傾機會主義分子那樣攻其一點，儘量誇大，不及其餘。

第四、在提高認識的基礎上，進一步認識到政治學習對教學、工作的指導作用。

例如毛主席提出的兩結合的創作方法，實際上是馬克思主義的革命發展階段論和不斷革命論的統一論在創作方法上的具體運用；又如現代文學的性質與分期，在劉主席提出了三條總路線後得到進一步的明確。

通過學習之後，黨的領導與三個萬歲[102]，已進一步在思想上肯定下來，但如何在實際工作中、行動中體現出來，還有一段艱苦的過程等待著自己去完成。

一九五九，十一、二十八，下午

---

[102] 即總路線萬歲，大躍進萬歲，人民公社萬歲。

## 11月29日　星期日　晴

上午十二時與興華帶孩子們到軍人影院，希望看《萬水千山》[103]。事先不知道，不賣票給一般群眾，白跑一趟。折返公園看獅豹猴狼。磨菇到四點才到中山堂去看《老兵新傳》[104]。

晚間到一、二、五、六班輔導。

## 11月30日　星期一　晴

上午把學習心得送到系工作室，並為鄭學弢看稿。

下午周慶基把魯迅專章第一節稿子送還，提了一些小意見。

整日看《沫若文集》第七卷，掌握他的生平材料。

## 12月1日　星期二　陰

上午派出所叫興華去談話，說她上次向他彙報思想情況，是控告了黨。說也奇怪，竟出現了向黨控告黨的人。

## 12月2日　星期三　晴

下午勞動，抬土，抬磚頭，幹了四小時。

在勞動前，鄭學弢說，于書記問他：魯迅雜文中曾說有人見了短袖，就胡思亂想，問我記得嗎？我說，我最近幾天剛看過，他要我找一找。晚上在燈下，偶爾一查，查著了，是魯迅《小雜感》最後一節[105]。

## 12月3日　星期四　晴

下午開中學教師座談會，范一德、陳有根先後來通知，我請了病假。會後，盧安晰來看我，並還書。

---

[103] 八一電影製片廠、北京電影製片廠1959年合拍黑白故事片。

[104] 上海電影製片廠1958年攝製，導演沈浮，編劇李準，主演崔嵬、顧也魯、仲星火等。

[105] 內容是：「一見短袖子，立刻想到白臂膊，立刻想到全裸體，立刻想到生殖器，立刻想到性交，立刻想到雜交，立刻想到私生子。　中國人的想像惟在這一層能夠如此躍進。」

## 12月4日　星期五　晴

整天政治學習，是討論並檢討個人主義思想。

晚間蔣老頭通知：明日九三直屬小組成立，要我參加。

## 12月5日　星期六　晴

下午九三直屬小組成立，有牛子春部長等講話。會後，九三同志在淮海賓館便餐。

## 12月6日　星期日　晴

上午九三繼續開會，十一時閉幕。

下午與興華赴中山堂看墨西哥影片《躲藏的激流》，回來因家用吵了一場。她不吃晚飯，幾個孩子把她逗笑了，才吃飯兩碗。孩子們成為緩衝之物，也算是開始起作用了。

夜間開始寫郭沫若專章講稿。

## 12月7日　星期一　晴

晚飯後，興華關門打小印，聲聞戶外；我與姑媽叫開門，她竟扭著我打。我只有自衛。正在口角中，吳姓體育教員等二人，相繼入室，竟驚動鄰居，丟盡面子，殊為可惡。

## 12月8日　星期二　晴

下午教研組開會，晚間系裏開會，由馬書記動員，明日全體師生去挖石狗湖。

## 12月9日　星期三　晴

上午七時出發，到石狗湖挖湖泥，一直到下午五時半才回。全身筋骨疼痛。

## 12月10日　星期四　晴

下午鄭學弢來談復習題。

晚間派出所找興華開會。

## 12月11日　星期五　陰雨

整天學習文件，並擬發言提綱。

## 12月12日　星期六　陰雨

下午廖序東來談話，晚間張秀華來質疑。

## 12月13日　星期日　陰雨

上午鄭學弢幾次來談復習提綱，考查分數、工作成績等。
為金築寄十五元，心村十二元。

## 12月14日　星期一　陰雨

上午到中山堂聽梁書記的政治報告。
晚間小蘇發燒到三十九點六度。

## 12月15日　星期二　轉晴

上午完成郭沫若專章的第一節（生平）初稿。
晚間有學生路明立、于彥、朱金祥等先後來訪。

## 12月16日　星期三　小雪

今天特別寒冷。下午開教研會議，討論復習提綱等事。
準備分析《女神》。

## 12月17日　星期四　陰冷

下午鄭學弢來商談為函授教育通訊寫稿問題。

## 12月18日　星期五　雪

整天聽市委宣傳部鄒部長作關於世界觀改造的報告。
下午起室內升了火爐。

## 12月19日　星期六　雪

上午因小蘇吵鬧，只看完了郭沫若著的歷史劇《屈原》。

下午整理講稿，準備講授郭沫若專章。

## 12月20日　星期日雪霽

下午大掃除，三時半赴軍人影院看電影《青春之歌》。很好。

## 12月21日　星期一　陰冷室內八度

下午鄭學發來說函授教育事。

晚間出席普通話觀摩會。

## 12月22日　星期二　陰轉晴

下午理髮，才知道後面已透頂。老了，真正老了呀！

收到金築寄來的核桃與糖果。

## 12月23日　星期三　陰轉晴

今日系裏去石狗湖勞動，我因連日有課，又須準備二十七——二十八日的集中輔導，沒有去。

晚間張鼎盛來談上課時間。

## 12月24日　星期四　陰晴零下二度

昨晚特別冷。

今日開始教郭沫若專章，上午三、四班，晚間一、二班。

## 12月25日　星期五　陰晴

上下午討論鄒部長報告，並作檢查。

晚間吳海法來談話。

## 12月26日　星期六　晴

下午九三組織生活，請假準備函授教材。

## 12月27日　星期日　晴

上午張鼎盛通知積肥，我因下午要對函授生授課，得以未去。

下午對函授生講現代文學的性質與發展規律。

## 12月28日　星期一　晴

上午對函授生講「講話」[106]的劃時期的歷史意義，下午講「講話」對語文教學的指導意義，並佈置小組討論的題目。

四時許，朱培元來通知：馬書記找我談話。我去時，張久如亦在座，要我寫一個從9月以來的書面檢討，還要擬一個改造規劃。

## 12月29日　星期二　晴

晚間派出所找興華開會，王梅同去。

## 12月30日　星期三　雪

上午上了四節課，下午開了一下午會。

## 12月31日　星期四　雪

下午參加科二（六）班聯歡會，我朗誦了《我來了》[107]，漏掉「喝令三山五嶽開道」。晚間參加周步榮婚禮。十時半又參加科二（五）班聯歡會，至一時半始結束，可以說是晚會到朝會，從除夕到元旦。

---

[106] 指「毛澤東《在延安文藝座談會上的講話》」。
[107] 陝西安康民歌，發表於1958年。

# 【後記】
## 從「土改」到「反右」
## ——《吳奔星一九五〇年代日記》

　　本書呈現給讀者的，是先父吳奔星（一九一三——二〇〇四）一九五〇年代的部分日記，內容主要分為「土改」、「思想改造」和「反右」三個部分。其實，從某種意義而言，正好為知識份子的「受難三部曲」。

　　「土改」部分的日記從一九五〇年開始，到一九五一年結束。眾所周知，彼時剛剛步入中國共產黨執政新政權的眾多知識份子，都面臨著從靈魂到身體的全方位轉變；對先父來說，也概莫能外。

　　這期間，父親先在北京重工業部「國立高工」教書，後到北京人民政府文教局工農教育處做編審。他在很短時間內，為亟需提高文化水平的工農幹部選編了六本一套的中級程度的語文課本（後被河北人民出版社翻印，總印數達十萬冊以上），贏得相關部門領導的讚賞。語文課本編纂完成後，生性熱愛自由的父親對坐機關的刻板工作感到疑慮，於是接受武漢大學的聘請前往擔任文學院教授。結果，甫一抵達武漢，就和武漢大學文學院眾多師生前往漢中地區參加土改運動。

　　「狀元三年一考，土改千載難逢」（毛澤東語），本來和知識份子並無直接關係的農村土改運動，因為最高領袖的意見，不但中共中央分批組織知名民主人士去各地參觀土改，眾多高等院校的師生也作為土改工作團成員，直接參與了土改運動。

　　父親素有記日記的習慣。儘管一九五〇年到一九五一年間，他生活欠安定、工作變動大、人在旅途多，日記停頓的情況較多，但在湖北漢川地區參加土改的經歷，卻基本完整記錄下來。

　　一九五二年，則是眾多中國知識份子的又一個轉捩點。當年年初，父親作為武漢大學中文系教授參加漢川地區土改後返京，北京市人民政府文教局工農教育處挽留他繼續工作下去，但他出於對坐辦公室的「深惡痛疾」，不願意在機關任職，而選擇到無錫蘇南文教學院

任教，參與蘇南師範學院（後正式定名為江蘇師範學院，即現在的蘇州大學）的籌建，從而開始了他在江蘇長達半個多世紀的動盪生活。

父親在江蘇生活伊始，就親自見證了中國知識份子在一九四九年後所經歷的第一次大規模的政治運動——思想改造運動。他在記錄自己心路歷程的同時，因其教師思想改造學習小組副組長的特殊身份，也留下了江蘇文教界眾多名流在思想改造運動中自我檢討和「互相幫助」的珍貴記錄。讀這些日記，沒有那個時代經歷的讀者或許會感到愕然和不解。先父當年同事紀庸先生的哲嗣紀英楠在讀了這部分日記後曾感慨：「知識份子『交心』的確很真誠，有時還作很『深刻』（其實往往『過火』）的自我批判，最後熱忱變成罪行，這種經歷我也有，好在是在文革中，後來都推翻了。」

一九五八年，對正在南京師範學院中文系任教的父親來說，又是一個重要的人生轉折。在反右鬥爭的深入過程中，他被補劃為右派，不久即因「工作需要」被調至無錫新成立的江蘇師專工作，旋即又因江蘇師專北遷而舉家搬至徐州。

自一九五〇年以來，父親陸續參加過土改運動、思想改造運動，既改造過別人的思想，也被別人改造過。誠然，一九四九年後參加政治運動，傷筋動骨雖在所難免，但像反右鬥爭那樣，把一個人驟然打入另冊而不得翻身，這是作為一介書生的父親，有生以來未曾經歷過的羞恥。

而在一九五八年的日記裏，既可以看到父親被劃為右派後的苦悶、懊悔及他所認為從輕處理後的慶倖，也能夠看到他期望真心改造、重返人民行列的天真卻遭受另眼相待後的憤懣。

先父吳奔星的日記，可謂一段沒有經過任何粉飾的歷史側影，但必須指出：日記儘管是最接近歷史的初始狀態，卻因傳主當時所處的客觀狀況的限制和主觀情緒的掌控，具有強烈的個人印記，未必能夠百分之百還原歷史，對此，相信讀者諸君自有鑒別能力和判斷能力。

為了能夠反映出先父的真個性、真思想，我在日記整理過程中秉持嚴格尊重日記手稿的原則，只對明顯錯字加以改正、辨識不清的字跡加以說明，極個別因涉及到隱私問題的少量刪節，均在注釋中做了說明。我所希望展示的父親是一個完整的形象，而不是一個完美的形象。父親在日記中所流露的很多缺點和弱點，是他那個時代知識份

子身處特殊環境所顯示的共性，不必因「為尊者諱」的古訓而刻意隱瞞。我想，日記的整理和發表，先父在天之靈也會感到安慰。

關於日記，父親曾說過這樣幾句話[1]：

> 日記，是個人靈魂馳騁的天地，是人之一生的延續，其中充滿了生命的細胞，除了自己，別人是看不到的，一般也不給別人看。
>
> 寫日記，是為了寄託自己的精神，並非為了出版，為了賺稿費。如果帶有功利之心，日記就不能說真話了。
>
> 《魯迅日記》之所以好，好就好在以三言兩語流露自己的真情實感，或愛或憎，或近或拒，兼而有之，魯迅的靈魂、魯迅的心都活躍在字裏行間。日記，是魯迅真正自由世界。
>
> 最自然、最活潑、最不擺架子而又最精煉的文學作品，莫過於日記。
>
> 在整理日記的時候，我還沒有看到父親上述關於日記的幾句話，然而，我很清楚地感到了父親一生的延續、聽到了父親所說的真話，也同樣看到了他的真正自由世界。

在日記整理過程中，《萬象》雜誌王瑞智兄、《蘇州雜誌》黃惲兄、青島良友書坊臧傑兄、《老照片》馮克力先生、《書脈》古農先生以及父親的學生陳振國教授、儲繼芳女士、周玉甫先生都給予了很大的鼓勵和幫助，在此表示誠摯的謝意。

南京學者周正章先生從一開始就關心日記的整理工作，聽說日記可能出版，又慨允作序，感激良深。

內子浦雷不但協助錄入不少日記，並幫助辨識了不少文字，功不可沒。

吳心海

二〇一二年八月二十三—二〇一三年三月十二日誌於南京

---

[1] 見《日記是靈魂馳騁的天地—著名學者吳奔星談日記》，《名家談日記》，北京：同心出版社，2002年1月，第18頁到19頁。

Do人物009　PG0380

# 從「土改」到「反右」
## ——吳奔星一九五〇年代日記

作　　　者／吳奔星
編　　　者／吳心海
主　　　編／蔡登山
責任編輯／林千惠
圖文排版／詹凱倫
封面設計／陳怡捷

出版策劃／獨立作家
發 行 人／宋政坤
法律顧問／毛國樑　律師
製作發行／秀威資訊科技股份有限公司
　　　　　地址：114 台北市內湖區瑞光路76巷65號1樓
　　　　　電話：+886-2-2796-3638　傳真：+886-2-2796-1377
　　　　　服務信箱：service@showwe.com.tw
展售門市／國家書店【松江門市】
　　　　　地址：104 台北市中山區松江路209號1樓
　　　　　電話：+886-2-2518-0207　傳真：+886-2-2518-0778
網路訂購／秀威網路書店：https://store.showwe.tw
　　　　　國家網路書店：https://www.govbooks.com.tw

出版日期／2014年4月　BOD一版　定價／550元

|獨立|作家|
Independent Author

寫自己的故事，唱自己的歌

從「土改」到「反右」：吳奔星一九五〇年代日記 / 吳奔星
著；吳心海編. -- 一版. -- 臺北市：獨立作家,
2014. 04
　　面；　公分
BOD版
ISBN　978-986-5729-05-9 (平裝)

1. 中國史　2. 知識分子

628.7　　　　　　　　　　　　　　　　103002360

國家圖書館出版品預行編目

# 讀者回函卡

感謝您購買本書,為提升服務品質,請填妥以下資料,將讀者回函卡直接寄回或傳真本公司,收到您的寶貴意見後,我們會收藏記錄及檢討,謝謝!
如您需要了解本公司最新出版書目、購書優惠或企劃活動,歡迎您上網查詢或下載相關資料:http:// www.showwe.com.tw

您購買的書名:＿＿＿＿＿＿＿＿＿＿＿＿＿＿＿＿＿＿＿＿＿＿＿＿＿

出生日期:＿＿＿＿＿年＿＿＿＿＿月＿＿＿＿＿日

學歷:□高中 (含) 以下　　□大專　　□研究所 (含) 以上

職業:□製造業　□金融業　□資訊業　□軍警　□傳播業　□自由業
　　　□服務業　□公務員　□教職　　□學生　□家管　　□其它＿＿＿＿

購書地點:□網路書店　□實體書店　□書展　□郵購　□贈閱　□其他

您從何得知本書的消息?
　□網路書店　□實體書店　□網路搜尋　□電子報　□書訊　□雜誌
　□傳播媒體　□親友推薦　□網站推薦　□部落格　□其他＿＿＿＿＿＿

您對本書的評價:(請填代號　1.非常滿意　2.滿意　3.尚可　4.再改進)
　封面設計＿＿＿　版面編排＿＿＿　內容＿＿＿　文／譯筆＿＿＿＿　價格＿＿＿

讀完書後您覺得:
　□很有收穫　□有收穫　□收穫不多　□沒收穫

對我們的建議:＿＿＿＿＿＿＿＿＿＿＿＿＿＿＿＿＿＿＿＿＿＿＿＿＿

＿＿＿＿＿＿＿＿＿＿＿＿＿＿＿＿＿＿＿＿＿＿＿＿＿＿＿＿＿＿＿＿＿

＿＿＿＿＿＿＿＿＿＿＿＿＿＿＿＿＿＿＿＿＿＿＿＿＿＿＿＿＿＿＿＿＿

＿＿＿＿＿＿＿＿＿＿＿＿＿＿＿＿＿＿＿＿＿＿＿＿＿＿＿＿＿＿＿＿＿

11466
台北市內湖區瑞光路 76 巷 65 號 1 樓
# 獨立作家讀者服務部 　　收

·····································································

（請沿線對折寄回，謝謝！）

姓　　名：_____　年齡：_____　性別：□女　□男

郵遞區號：□□□□□

地　　址：_____

聯絡電話：(日) _____ (夜) _____

E-mail：_____